1921-2021
厦门大学
XIAMEN UNIVERSITY

厦门大学百年校庆系列出版物

百年院系史系列

厦门大学
图书馆百年纪事

厦门大学图书馆　编

厦门大学出版社
XIAMEN UNIVERSITY PRESS
国家一级出版社
全国百佳图书出版单位

图书在版编目（CIP）数据

厦门大学图书馆百年纪事 / 厦门大学图书馆编. --
厦门 ：厦门大学出版社，2021.12
（百年院系史系列）
ISBN 978-7-5615-8479-8

Ⅰ. ①厦… Ⅱ. ①厦… Ⅲ. ①厦门大学－院校图书馆－图书馆史 Ⅳ. ①G259.256

中国版本图书馆CIP数据核字(2021)第275194号

出 版 人 郑文礼
责任编辑 林 灿
封面设计 李嘉彬
技术编辑 朱 楷

出版发行 厦门大学出版社
社　　址 厦门市软件园二期望海路 39 号
邮政编码 361008
总　　机 0592-2181111　0592-2181406(传真)
营销中心 0592-2184458　0592-2181365
网　　址 http://www.xmupress.com
邮　　箱 xmup@xmupress.com
印　　刷 厦门集大印刷有限公司

开本 720 mm×1 000 mm　1/16
印张 23.5
插页 4
字数 410 千字
版次 2021 年 12 月第 1 版
印次 2021 年 12 月第 1 次印刷
定价 88.00 元

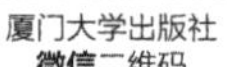
厦门大学出版社
微信二维码

厦门大学出版社
微博二维码

本书编委会

主　编：钞晓鸿

委　员：（按姓氏笔画排序）

李　剑　肖　铮　吴明杰　陈小慧　陈全松

陈　娟　陈　滨　钞晓鸿　侯利标　戴鹭涛

编写组：（按姓氏笔画排序）

朱弋玮　刘心舜　苏海潮　张徐芳　陈宇人

陈丽娟　陈晓亮　邵剑彬　邵洪婷　林丽敏

林振锋　郑咏青　钞晓鸿　盛　承

撰稿人：盛　承

2021年图书馆同仁合影

总　序

厦门大学　党委书记　张　彦
校　　长　张　荣

2021年4月6日，厦门大学百年华诞。百载风雨，十秩辉煌，这是厦门大学发展的里程碑，继往开来的新起点。全校师生员工和海内外校友满怀深情地期盼这一荣耀时刻的到来。

为迎接百年校庆，学校在三年前就启动了“百年校庆系列出版工程”的筹备工作，专门成立“厦门大学百年校庆系列出版物编委会”，加强领导，统一部署。各院系、部门通力合作，众多专家学者和相关单位的工作人员全身心地参与到这项工作之中。同志们满怀高度的责任感和紧迫感，以“提升质量，确保进度，打造精品”为目标，争分夺秒，全力以赴，使这项出版工程得以快速顺利地进行。在这个重要的历史时刻，总结厦大百年奋斗历史，阐扬百年厦大“四种精神”，抒写厦大为伟大祖国所做出的突出贡献，激发厦大人的自豪感和使命感，无疑是献给百岁厦大最好的生日礼物。

“百年校庆系列出版工程”包括组织编撰百年校史、百年组织机构史、百年院系史、百年精神文化、百年学术论著选刊、校史资料与学生名录……有多个系列近150种图书将与广大读者见面。从图书规模、涉及领域、参编人员等角度看，此项出版工程极为浩大。这些出版物的问世，将为学校留下大量珍贵的历史资料，为学校深入开展校史教育提供丰富生动的素材，也将为弘扬厦门大学“自强不息，止于至善”校训精神注入时代的新鲜血液，帮助人们透过“中国最美大学校园”

的山海空间和历史回响，更加清晰地理解厦门大学在中国发展进程中发挥的独特作用、扮演的重要角色，领略“南方之强”的文化与精神魅力。

百年校庆系列出版物将多方呈现百年厦大的精彩历史画卷。这些凝聚全校师生员工心血的出版物，让我们感受到厦大人弦歌不辍的精神风貌。图文并茂的《厦门大学百年校史》，穿越历史长廊，带领我们聆听厦大不平凡百年岁月的历史足音。《为吾国放一异彩——厦门大学与伟大祖国》浓墨重彩地记述厦门大学与全国34个省级行政区以及福建省九市一区一县血浓于水的校地情缘，从中可以读出厦门大学在中华民族伟大复兴征程中留下的深深烙印。参与面最广的“厦门大学百年院系史系列”、《厦门大学百年组织机构史》，共有30多个学院和直属单位参与编写，通过对厦门大学各学院和组织机构发展脉络、演变轨迹的细致梳理，深入介绍厦门大学的党建工作、学科建设、人才培养、组织管理、社会服务等方面的发展历程，展示办学成就，彰显办学特色。《厦门大学校史资料选编（1992—2017）》和《南强之星——厦门大学学生名录（2010—2019）》，连同已经出版的同类史料，将较完整、翔实地展现学校发展轨迹，记录下每位厦大学子的荣耀。“厦门大学百年精神文化系列”涵盖人物传记和校园风采两大主题，其中《陈嘉庚传》在搜集大量史料的基础上，以时代精神和崭新视角，生动展现了校主陈嘉庚先生的丰功伟绩。此次推出《林文庆传》《萨本栋传》《汪德耀传》《王亚南传》四部厦门大学老校长传记，是对他们为厦大发展所做出的突出贡献的深切缅怀。厦大校友、红军会计制度创始人、中国共产党金融事业奠基人之一高捷成的传记《我的祖父高捷成》，则是首次全面地介绍这位为中国人民解放事业做出杰出贡献的烈士的事迹。新版《陈景润传》，把这位“最美奋斗者”、“感动中国人物”、令厦大人骄傲的杰出校友、世界著名数学家不平凡的人生再次展现在我们眼前。抒写校园风采的《厦门大学百年建筑》、《厦门大学餐饮百年》、《建南大舞台》、《芙蓉园里尽芳菲》、《我的厦大老师》（百年华诞纪念专辑）、《创新创业厦大人2》、

《志愿之光》、《让建南钟声传响大山深处》、《我的厦大范儿》以及潘维廉的《我在厦大三十年》等，都从不同的角度，引领我们去品读厦门大学的真正内涵，感受厦门大学浓郁的人文精神和科学精神。

此次出版的"厦门大学百年学术论著选刊"，由专家学者精选，重刊一批厦大已故著名学者在校工作期间完成的、具有重要价值的学术论著（包括讲义、未刊印的论著稿本等），目的在于反映和宣传厦门大学百年来的学术成就和贡献，挖掘百年来厦门大学丰厚的历史积淀和传统资源，展示厦门大学的学术底蕴，重建"厦大学派"，为学校"双一流"建设提供学术传统的支撑。学校将把这项工作列入长期规划，在百年校庆时出版第一辑共40种，今后还将陆续出版。

"自强！自强！学海何洋洋！"100年前，陈嘉庚先生于民族危难之际，抱着"教育为立国之本，兴学乃国民天职"的信念，创办了厦门大学这所中国历史上第一所由华侨独资建设的大学。100年来，厦大人秉承"研究高深学术，养成专门人才，阐扬世界文化"的办学宗旨，在实现中华民族伟大复兴的征程上书写自己的精彩篇章。我们相信，当百年校庆的欢庆浪潮归于平静时，这些出版物将会是一串串熠熠生辉的耀眼珍珠，成为记录厦门大学百年奋斗之旅的永恒坐标，成为流淌在人们心中的美好记忆，并将不断激励我们不忘初心继承传统，牢记使命乘风破浪，向着中国特色世界一流大学目标奋勇前行！

张彦　张荣

2020年12月

厦门大学百年院系发展概述

朱水涌

100年在历史长河中只是短暂的一瞬，但对于一所中国现代大学以及这所大学的学院科系来说，则意味着经历过极不平凡的历程。百年学府沧桑、十秩院系辉煌，为迎接厦门大学建校百年华诞，学校决定编撰出版“厦门大学百年院系史”系列，梳理淬炼院系的建设发展历程，以史为鉴，彰往考来，将院系的昨天、今天与明天联系在一起，发扬踔厉，这是一件极富建设意义与厦大特色的历史性工程。

一

20世纪初的中国，正如校主陈嘉庚所言：“吾国今处在列强肘腋之下，成败存亡千钧一发。”就在这千钧一发之际，为救国而创办大学成为一道时代的特别风景。马相伯因“慨自清廷外交凌智”而创办震旦学院（复旦前身）[①]，南开大学的创办者因国家的“贫弱”是因为“教育未能发展”而创立南开[②]，唐文治执掌交通大学砥砺第一等人才，目的就是“宏济艰难，救我中国”[③]。厦门大学校主陈嘉庚则在《筹办厦门大学演讲词》中直截了当地指出：“今日国势危如累卵，所赖以维持者，惟此方兴之教育与未死之民心耳。”出自民族救亡而诞生的中国现代大学，在她向欧美学习现代大学的办学时，一开始便融入了民族救

---

① 《复旦大学百年志》编纂委员会：《复旦大学百年志（1905—2005）》，复旦大学出版社2005年版，第9页。

② 《南开大学校史资料选》，南开大学出版社1989年版，第12页。

③ 唐文治：《上海交通大学第三十届毕业典礼训辞》，载《茹经堂文集》三编卷一。

亡图存的历史内涵和办学志向，民族振兴的需求与国家最需要的人才，成了中国现代大学初创时学科与专业设置的重要出发点，呈现出中国现代大学鲜明的中国特色。这里，当年的创办者与一校之长的救国思想和办学理念产生了重要作用。

厦门大学创校时期选择的教学体制沿用了近代英国大学学制，但在科系组成与学科设置上却没有完全按英国大学的体制与模式，与民国时期的各大学一样，当时并没有很强的专业观念，而依照时代与国家的急需人才设立科系。厦大建校初期，科系成形时的学科最初形态是文科设8个系，理科设6个系，工科归理科，其中的教育、工、商、新闻，都是那个危机时代国家急需人才的学科。

1930年2月，在通过国民政府大学院立案后两年，厦门大学遵照国民政府教育部令，将“科”改为学院，设5个学院21个学系。至此，经过近10年的建设，厦门大学具备了较为完备的院系体制，开始以院系这样一种与世界接轨的基本单元建构教学科研体制，开展“研究高深学术，养成专门人才，阐扬世界文化”，厦大的多学科性业已形成。

1929年，世界经济危机爆发，陈嘉庚公司每况愈下，1934年1月公司被迫收盘。这期间虽然有厦大教职员的半年捐薪活动，有陈嘉庚的“出卖大厦办厦大”惊世壮举，厦门大学的办学经费还是难以为继。在此情况下，厦大及时调整院系结构，以系科合并的方式突围经济上的窘迫，推进学科的艰辛运转。至私立时期的最后几年，全校5个学院压缩成文学、理学、法商3个学院，21个系经合并与撤销浓缩为9个学系。尽管这种合并是无奈之举，从数字上看办学规模是缩小了，但这次的学科浓缩却无意中为学科的整合、为打破欧美当年系科划分过细的弊端打下了基础。

建校时期厦门大学的院系建设与学科发展，按国民政府大学院调查专家的看法，在全国高校中有“方之他处，有过无不及”[①]的优势。这一时期，林文庆主持制定的《厦门大学校旨》(以下简称《校旨》)明确指出：“本大学之主要目的，在博集东西各国之学术及其精神，以研究一切现象之底蕴与功用，同时并阐发中国固有学艺之美质，使之融会贯通，成为一种最新最完善之文化。”《校旨》从大学文化的建构出发，鲜明地提出厦门大学办学的理念与目标。与这个理念和目标相联系，厦大初期的院系与学科、专业的建设，有如下几个特点：

① 《厦门大学十周年纪念刊》(1931年4月)，载《厦门大学校史》第1卷，厦门大学出版社1990年版，第94页。

其一是注重“功用”,“切于实用”,培养国家、民族稀缺人才。《校旨》提出教学“以切于实用,造就应用科学人才为前提”。建校初期,教育学占有举足轻重的位置,原因如《校旨》所言:“我国目下师资及教育专门人才甚为缺乏,故对于教育学科特加注意,以期养成良好师资及教育界领袖,因以提高一般教育之程度。”[①]陈嘉庚的信念是“国家之富强,全在乎国民,国民之发展,全在乎教育”[②],他办厦门大学一个重要的担当就是要纠正当年教育的“偏估”与“颓风”,解决中国教育缺乏新知识新思想师资的问题,以免“国粹日稀,精神日减,必至无救药之惨痛”。厦大商学与工学的较早创设与运行,也都体现了这样一种办学理念。这个特点,奠定了厦门大学从国家需要出发建设专业发展学科的厚重底色。

其二是博集东西精神、阐发中国学艺之美质、“研究高深学术”的学科特色。厦大成立时,《厦门大学组织大纲》明确表明厦大的三大任务之一是研究高深学术。林文庆在《校旨》中具体指出要建设科学研究机关,厦大要“成为我国南部之科学中心点”[③];院系体制形成后,厦大各学院在其“学院学则”的第一条“宗旨”中都一致性地提出“以培养专门人才,研究高深学术为宗旨”[④],这表明厦大建校初期就具备浓厚的学科建设意识。而且,在西学东渐、中西文化激烈论争与冲突的情势下,厦大独到地提出“阐发中国固有学艺之美质”和“首重国文”的主张,这也就形成了厦门大学学科建设中注重本土资源与文化精神的中国特色。文科的国学研究与理科的生物学研究是这方面的范例。1926年创建的国学研究院被认为是“大有北大南移之势”,是当年全国国学研究的中心之一。其影响不仅在于大师云集、研究规划与实际成果,更重要的是厦大国学研究体现了五四时期“重估价值”的精神,它的学科新范畴,研究问题的新方法、新史料和新观点,代表了五四之后国学研究的新趋势。植物系与动物系同样引起全国乃至世界的关注,尤其是结合本土地理优势的海洋生物研究更是锋芒毕露。1923年厦大美籍教授莱德的论文《厦门大学附近之文昌鱼渔业》在国际顶尖科学期刊 *Science* 上发表,成为中国高校最早在 *Science* 上发表的研究成果之一,引起国际学术界瞩目。鉴于海洋生物学科的成果,中央研究院及太平洋科学协会,特别委托厦门大学建立海洋生物研究室。与此同时,

---

① 《厦门大学校史》第1卷,第26页。

② 陈嘉庚:《筹办厦门大学演讲词》,载《新国民日报》1920年11月30日。

③ 《林文庆校长报告》,载《厦门大学民国十年度报告书》,1922年。

④ 《厦门大学一览》(1935—1936年度),载《厦大校史资料》第1辑,厦门大学出版社1987年版,第66页。

厦大的动植物标本的数量与丰富多样在全国领先。

其三是开放性的院系学科构成与人才培养学制。在中国高等教育滥觞时期，中国的大学虽然学的是西方体制，但中国文化原本就缺乏精确细致的分类，对事物不那么条分缕析，而且大学刚刚兴起，很多学科、专业更是因国家需要而设置而存在，大学的一切都在尝试与践行当中，这也就带来了中国现代大学院系学科设置上的开放性。从厦大私立时期四次较大的院系变动与学科设置中，就可以清楚地看到这个现象。院系设置与专业、学科结构的不断变动，实际上对打破学科体制的僵化是有驱动力的，它为以后厦大百年发展中院系所面临的不断调整、不断改革奠定基础。

在人才培养上，厦门大学"虽为厦门大学，实为世界之大学"①，一开始就招收大量的东南亚华侨子女和朝鲜国学生，颇具开放性。这所地处东南沿海一隅的大学却坚持要"使本校之学生虽足不出国外，而其所受之教育，能与世界各大学相颉颃"②，除不惜重金聘任国内外特别是具有世界名牌大学经历的名师学者外，在教学体制上，厦门大学沿用英国近代大学学制，本科修业 4 年，以修满 150 学分(绩点)并通过毕业论文及有关实验为毕业，各院各系实行课程交叉的修课计划，注重了知识结构的多元化。打破课程的专业界限，这样一种强调博集东西学术，打通院系界限、学科界限的修学制度，实际上更吻合现代大学的人才培养规律。

厦门大学建校初期 16 年间，其"切于实用"的人才培养方针，"研究高深学术"的学科特色，院系学科结构与教学体制的开放性，不仅是时代的产物，也是百年厦门大学的宝贵珍藏，在百年厦大的院系建设发展中体现了一所名校的潜在发展实力，不仅为厦大创建"世界之大学"目标打下了坚实的基础，而且在学科的发展上为一流学科的发展奠定了先天优势。

二

1937 年 7 月 1 日，私立厦门大学正式改为国立厦门大学。7 月 6 日，国民政府行政院任命清华大学萨本栋教授出任厦门大学校长。7 月 7 日，抗战全面爆发。12 月，日寇兵临厦门，厦门大学内迁山城长汀，坚持在烽火硝烟中办

---

① 《林文庆先生在中华俱乐部之演说词》，载《南洋商报》1925 年 2 月 2 日。

② 《林文庆校长报告》，载《厦门大学民国十年度报告书》，1922 年。

学,“单独担负铁路线(粤汉铁路)以东国立最高学府的全付责任”[①],成为加尔各答以东最逼近战场的学府,肩起中国高等教育的东南半壁江山。由此开始到1949年新中国成立,这是厦门大学的国立时期。

抗战时期,在极其艰难困苦的条件下,萨本栋校长抱着“在艰危中”“不负嘉庚先生毁家兴学及政府将厦大收归国立之至意”的意志[②],以自己的未雨绸缪和身体力行,推进拓展厦门大学的院系与学科建设,赢得了战争中“国魂所托的事业”[③]的重大发展。

作为坚守在战区的最高国立学府,在战争中自觉担负起为战后的祖国建设培养与储备人才的使命,这成了厦大院系与学科建设的出发点与目的地。萨本栋说:“吾人应知此次战争,关系数千年固有文化之持续,将来永固国基之奠定者至巨。”[④]置身残酷的战争中,厦大想的是战后建设所需的大量“永固国基”的人才。据当年的新闻媒体报道,厦大筹备设立水产研究室,是为了“战后东南沿海水产研究之总框”[⑤];增设外国文学系与法律系司法组,“以应目前全面反攻及将来建国之需要”[⑥]。

这种穿透硝烟的未雨绸缪,更体现在厦门大学工科院系的创设与发展上。厦大工科开始于1922年,在1930年科改系后,工科已悄然消失。萨本栋来自清华大学,自己又是著名的电机专家,他对工科建设既熟悉又有主见,从战后建国的急需出发,工科人才显然要比其他学科人才需求更迫切、需求量更大,萨本栋决定补齐厦大学科上的工科短板。

1938年7月,厦大创设土木工程系,到1941年秋季,萨本栋校长就很自豪地说:“现在土木系设备,固尚未达到我们理想的境地,但教师则已充实到可以与国内任何大学相颉颃。”[⑦]这个科系,为战后中国大规模的基础设施建设培养了大批人才。1940年秋季,在土木工程大力扩展的同时,萨本栋又创设机电工程系。机电工程系创立后,理学院扩充为理工学院。1944年4月,创建航空工程系,厦大成为全国最早开办航空专业本科教育的少数高校之一,培

---

① 《萨本栋开学词》,载《厦大通讯》第3卷第10期,1941年10月25日。

② 萨本栋:《勖勉同学词》,载《唯力》旬刊第3期,1938年4月3日。

③ 萨本栋:《勖勉同学词》,载《唯力》旬刊第3期,1938年4月3日。

④ 萨本栋:《“七七”二周年纪念与节约运动》,载《唯力》第2卷第7/8期合刊,1938年7月7日。

⑤ 《母校设立水产研究室》,载《厦大通讯》第6卷第1期,1944年3月31日。

⑥ 《厦大增设外语、司法等系组》,载《东南日报》1945年8月4日。

⑦ 《萨本栋开学词》,载《厦大通讯》第3卷第10期,1941年10月5日。

养出像中国工程院院士张启先这样一批优秀的中国早期航天航空专家。

1945 年 12 月厦大复员厦门，汪德耀已接掌厦大。这期间院系与科建设的最大事件是 1946 年夏季海洋学系与中国海洋研究所的创办。海洋学科创立于天时地利人和之中：抗战胜利后海洋与海权重要性凸显，复员厦门后的东南沿海地理环境优势，校主陈嘉庚"力挽海权，培育专才"的誓言与著名海洋学家唐世凤博士的加盟，共同促成了中国第一个海洋学系诞生，同时，厦大与中英文教育基金会合办的中国第一个海洋研究所也在厦大成立，厦大的海洋观测站也获准设立。由此，厦门大学在全国率先开始了"谋中国海洋科学事业之发展""研究与教育并重"的造就培养海洋人才的行动。

国立时期文科的发展以复办法学为主要标志。厦大的法学，最早创立于 1926 年 6 月，1937 年改归国立后，法律系奉命撤销，法学学科停办。到 1940 年，由于国民政府教育部不同意建立福建大学，并将已经开学的福建大学法学院并入厦门大学，这样，战火中的厦大法学学科就在接收福建大学法学院的契机中复办起来。

在人才培养理念与培养模式上，萨本栋取的是美国芝加哥大学的通识教育思想和从清华带过来的通识教育理念，遵循梅贻琦的"通识为本，专识为末"[①]教育思想制定校制、设置课程，实行强化通识基础与打通学科界限的修学制度，实施教授全力上课制度。他要求即使在战争中，也要坚持"未到'最后一课'的时候，应加紧研究学术与培养技能"[②]，他提出，"现在不是个推诿责任的时代"，"需一身肩负二人之重任，一日急二日之操作"[③]，以不辜负陈嘉庚先生的期待，不辜负国家事业所托。比如新成立的机电工程系系主任朱家炘教授，据统计一学期每周上课最高达 81 课时，每周最高达 1725 人时。这时期的厦大学生则"把战区当课堂，把笔杆当枪杆"，越是艰难越是坚韧学习。在 1940 年与 1941 年国民政府教育部举行的两次专科以上学生学业竞赛中，厦门大学获奖总数与获奖系数的比例评定，均名列全国第一。

从抗战全面爆发到复员厦门，在极其艰危的战争环境与艰苦的复员中，厦门大学的院系建设不仅没有停顿，而且还得以有力扩充，院系规模与学科发展都有历史性的突破，多科性大学已然向综合性大学迈进，也因此开始确立厦门

① 梅贻琦：《大学一解》，载《清华学报》第 13 卷第 1 期，1941 年 4 月。

② 萨本栋：《勖勉同学词》，载《唯力》旬刊第 3 期，1938 年 4 月 3 日。

③ 萨本栋：《"七七"二周年纪念与节约运动》，载《唯力》第 2 卷第 7/8 期合刊，1939 年 7 月 7 日。

大学位居全国高等教育前列的位置。更重要的是这一时期积淀下来的办学精神，那种由战争烽火淬炼出来的自强、坚韧与艰危中担当重负的使命感，为厦门大学的发展积累了一份极宝贵的精神财富。

三

1949 年 10 月 1 日，中华人民共和国成立，人民当家做主的时代开始。10 月 17 日，厦门解放，厦门大学迎来了办学史上的新纪元。1949 年 10 月 21 日，中共厦门市委在厦大建立中共厦门大学支部。不久，在原有基础上设立中共厦门大学党组。1950 年 5 月，中华人民共和国政务院任命著名经济学家、曾任厦门大学法学院院长的王亚南为厦门大学校长。

1952 年 6 月，中共福建省委派 15 名党的干部到厦大，7 月，中共福建省委决定程璐任中共厦大临时党委书记，党在学校的领导得以体现与加强；1953 年 1 月，厦门大学成立校务委员会，标志着学校由“校长负责制”开始向“党委领导下的校长负责制”过渡。这一年，符合条件的科系先后成立党支部。1955 年 1 月召开中共厦门大学第一次代表大会，成立中共厦门大学党委会，之后，各系先后建立系党总支，直到 1999 年校院二级管理体制改革时，党总支、党支部为厦门大学各科系的最直接领导，保证科系建设与学科发展的正确方向和健康发展。

新中国成立后，在东西方意识形态冷战的背景下，中国大学放弃对西方欧美的学习，而强调向“苏联老大哥”学习。1952 年，中央提出高等教育“发展专门学院和专科学校，整顿和加强综合大学”的方针，并学习苏联高校模式，进行大规模的院系调整。从 1952 年到 1955 年底，厦门大学在调整中从多学科大学向文理科综合大学转变，被确定为华东四所综合性大学之一。

1952 年 8 月，一年前刚刚由省立并入厦大并改名的厦大农学院奉命与福州大学农学院合并为福建农学院；9 月，厦大海洋系一分为三，厦大航海专修科与集美水产商船专科合并成立福建航海专科学校，之后再分别归入大连海运学院与上海海运学院；海洋系理化组并入山东大学，与山东大学海洋学科建立海洋系，发展为山东海洋学院，即后来的青岛海洋大学；为保存厦大发展海洋学科的力量，厦大成立海洋生物研究室，将海洋生物组的骨干教师与标本留在厦大，聘郑重教授为研究室主任。1953 年 7 月，厦大又奉命将工学院的土木、电机、机械 3 个系及土木专修科调整到浙江大学、南京工学院和华东水利学院，将企业管理并入上海财经学院，法学院归入华东政法学院。1954 年 7

月，厦大教育系调整到福建师范学院；8月，俄语专修科部分师生并入南京大学。

在此调整中，厦门大学文、理科也有所壮大。1951年私立福建学院的政治、法律、经济归并到厦大。1952年福州大学财经学院的会计、贸易、财金、统计、企业管理5个系并入厦大财经学院，并增加贸易专修科。1953年，福州大学文理两院的中文、外文、历史、数学、物理化学、生物学6个系也奉命并入厦门大学。1955年，厦大奉命停办统计、会计、财金、贸易4个系，改在经济系之下设政治经济学、统计学、会计学、货币与信贷、贸易5个专业。

从历史现场上看，大规模院系调整是新中国改造旧教育制度、建立新教育体制的战略措施，这是中华人民共和国教育史上一个重要事件。这场调整既为厦大文理科综合大学模式打下基础，也一定程度上削弱了厦大综合性大学的实力，厦大一些经营多年而形成厦大特色的院系、学科被调整出去，充实其他高校乃至成为新学校成立的基础。厦大在为国家做出贡献的同时，也造成基础学科与应用学科的相互分离，综合性大学学科交叉渗透的优势也受到一定的损失。

院系调整后，苏联高等教育的专业制度也随之取代了中国大学的院系体制。新中国成立之前的大学一般只设学科不设专业，学科业务范围要比专业宽阔，但专业有利于针对性培养专门人才，培养目标十分专一。为实现专业人才培养目标，厦门大学院级建制最后被正式撤销，以系为教学单位，系内设若干专业，形成按专业培养人才的办学模式。到1958年，全校设8个系16个专业，并设16个专门化科目。

这一时期，教育部确定厦门大学发展方向为“面向东南亚华侨，面向海洋”，要求各专业各教研组加强与南洋、台湾、海洋及本地特点有关的各种问题研究。王亚南校长对厦大的综合性大学也提出新的目标定位，他说：“今天我们所在的学校是个综合性大学，不是工业大学、农业大学，而是综合性大学，不同地方是培养目标不同。工农科培养工农业所需技术人才，师范培养教师，综合性大学主要是培养研究人员，科学研究人员。”他对学生说：“你们将来就是要培养成为科学家。”[①]这样的办学方向与文理综合性大学的形成，明确指明科学研究是厦大办学的重要任务，学科建设水平成为办学水平的重要表现。

由此，在那个以专业为主的发展时期，厦门大学依然将研究机构建设与学科建设发展当成院系建设的重要内容。

---

① 王亚南：《怎样做一个大学生》，摘录自厦门大学校办档案56-11。

王亚南校长抵达厦大后，首先恢复和建立研究机构，成立了经济研究所、化学研究所和南洋研究馆(1963 年升格为教育部部属研究所)、人类博物馆，文科理科各学院普遍成立研究室。这时福建研究院社会科学研究所也奉命归并厦大，充实了厦大文科主要是经济学科的研究实力。

这一时期，经济学科开始成为全国的翘楚学科。从 1946 年王亚南的《中国经济原论》研究被誉为“中国式的《资本论》”开始，厦门大学“以中国人的资格研究政治经济学”的独特学派开始形成。1950 年王亚南执掌厦大后，建立厦大财经学院，创办全国第一个经济研究所，这是当年全国高校最新经济学教学科研建制。院系调整中财经学院被撤销。1958 年 9 月，中国经济问题研究所成立，并创办中国第一份全国性经济学刊物《中国经济问题》。这个时期，经济学各学科研究全面展开，在《资本论》研究，社会主义所有制研究，会计、统计、财政学方面的研究，成绩斐然，为全国瞩目，奠定了经济学迈向一流学科的坚实基础。

化学为厦大理科中最早的学科之一，展示着一流学科的形象。1939 年，傅鹰博士受聘厦门大学并任教务长兼理学院院长，他给厦门大学带来了化学正在从经典的统计热力学深化为理论化学、结构化学的最新发展信息与理论，从而让厦大化学学科及时捕捉到量子化学、量子力学的发展，跟上世界潮流。自此，化学学科的发展呈现云帆济海之势。新中国成立后，催化的研究与应用、海洋化学分析成果显著，电化学研究、物质结构研究、有机物电极、电分析和有机物电解制备也都在学术界崭露头角。1972 年，蔡启瑞教授与唐敖庆、卢嘉锡两教授联袂承担国家重大基础理论研究课题“化学模拟生物固氮”研究，与国际同步攻关世界理论难题，成果受到国际同行的赞赏。这个时期的厦大化学，已具备国内一流、国际具有重要影响的学科声望。

除此，海洋生物研究，金定鸭研究及北京鸭与金定鸭的杂交研究，半导体物理、半导体化学、植物生物学以及数学等方面的基础理论研究，都有全国性影响。理科各系与福建省其他单位联办建立的 8 个新的研究所，有效地促进了厦门大学科学研究与地方建设的紧密结合，拓宽了厦门大学科学研究的思路与途径，这也说明了成为文理综合性大学的厦门大学在学科建设上的明显进展。

从 1949 年新中国成立到 1966 年“文化大革命”爆发，厦门大学与全国高校一样，经历过“整风运动”、“教育大革命”和“大跃进”高潮。作为两岸对峙炮火中的海防前线大学，社会主义的办学方向和党在学校中的领导地位更加明确与坚定，厦门大学在人才培养与科学研究上探索前进，书写出新中国高等教育的新篇章。1963年9月12日，教育部以〔63〕教厅秘字第178号文件，将厦门大学定位为全国重点大学，“这是国家对厦门大学几十年来办学成就的充分肯定，从教育体制上明确地确立了厦门大学在全国教育事业中的重要地位”①。

1966年到1976年“文化大革命”运动期间，厦门大学与全国高校一样，遭受空前的洗劫。这是中国高等教育发展史上一次挫折和重大教训，经历过这样的风雨，拨乱反正之后，厦门大学的院系与学科建设空前发展。

四

1976年10月6日，党中央一举粉碎“四人帮”；1977年9月，全国恢复高考制度，1978年2月，教育部恢复厦门大学为全国重点大学。1981年10月，厦门被国务院确立为中国四个经济特区之一，身处中国经济特区的国家重点大学，厦门大学被历史推向了改革开放的前沿，学校逐渐顺利走向“党委领导下的校长负责制”的领导体制中，院系建设发展进入一个历史新时期。2000年之后，按照校院二级管理体制改革，各学院建立学院党委，建立并逐步完善学院党政联席会议制度，厦门大学院系建设得到空前发展。

至2020年，改革开放中的厦门大学全校已建有30个学院16个研究院，展现出门类齐全、学科强劲、专业特色明显、布局合理的整体风貌。依据院系建设与发展的历史，以1995年启动“211工程”为界，40多年的改革开放可分为两个时期：1978年至1995年为恢复与快速发展时期；1995年之后伴随着国家“211工程”、“985工程”、创建“双一流”建设，厦门大学院系建设进入跨越式发展时期。

1978年春天，当恢复高考制度后的第一届大学生走进厦大时，厦大共设有10个系29个专业，这些系与专业还只是集中于自然科学与人文社会科学的基础理论学科，基础雄厚，但面对世界新技术革命浪潮的兴起，新时期党和国家工作中心转移到社会主义现代化建设和改革开放上，尤其是经济特区和沿海开放城市、经济开发区的设立，原本的科系已经不能很好地适应新形势的需要，于是，学校大胆突破文理结构框架，调整学科与专业设置，大力充实、改造、复办老专业，增设一批新学科，优先创办一批涉外专业、应用科学和应用技

① 厦门大学档案馆、厦门大学校史研究室编：《厦门大学校史》第2卷（1949—1991），厦门大学出版社2006年版，第142页。

术专业，开展边缘新兴学科研究，迈步向文理渗透、多学科组成的综合性大学方向发展。

其一，以“起点要高，起点要新”的要求，创办一批新专业，集中在涉外、经济管理、新兴交叉学科与新技术专业。到1995年，全校已发展到26个系61个专业，突破长期以来保持的文理财经综合性大学格局，形成了包括智能科学、技术科学、人文科学、社会科学、管理科学、教育科学在内的多学科、结构比较合理、内容比较先进的学科体系。

其二，开始恢复学院建制。专业增多后，科、系不断发展，从管理与学科建设出发，开始逐步恢复学院建制。在20世纪80年代初期，先后成立经济学院、政法学院、全国综合性大学的第一个艺术教育学院、技术科学学院，其中技术科学学院的成立既带有复办工科的动机，更是以为国家培养急需的大量科技人才为目标，着重造就工科与理科相结合等交叉学科的开创性人才。学院作为学校派出机构，具有一定自主权。

其三，以长远的战略眼光，充实、更新老专业。如20世纪70年代复办海洋系。在1952年的院系调整中，厦大将海洋系一分为三，用建立海洋生物研究室的名义战略性留住了海洋生物学科的骨干师资与教学标本，这使得厦大在1962年前后依然成为我国海洋科学的重要基地之一。海洋系虽然不再存在，厦大理科其他系却增设了海洋物理、海洋化学和海洋生物等新的专业，各系与华东海洋研究所密切配合，共同进行了26项海洋科学研究，成果引起国外学术界注意，《美国科学界对中国科学的看法》一书也提到厦大海洋科学研究的情况。复办后的海洋系，采取少招本科生、多招研究生、重拳科研、提高质量的策略，开展学科建设，并增设海洋水文气象和海洋地质地貌两个专业，为海洋系建设全国一流学科打下了坚实良好的基础。

1995年，厦门大学进入国家“211工程”行列；2001年，被列入国家“985工程”重点建设高校；2017年，入选国家A类“双一流”建设高校。在中国教育从教育大国走向教育强国的历史进程中，厦门大学的院系发展与学科建设，实现了跨越式发展。

1999年3月，全校深化校内管理体制改革，开始实行校院二级管理，学院建制全面铺开，各学院按照学院办大学的发展趋势，遵循“优化结构、强化内涵、扶优促新、鼓励交叉”的原则推动学科与专业建设，从1995年到2020年，全校共设置30个学院16个研究院，新增52个专业，撤销4个专业，调整18个本科专业，最终设置本科专业99个，涵盖文学、哲学、历史学、法学、经济学、管理学、理学、工学、建筑学、医学、艺术学等11个学科门类，以学科为支撑，打造一批定位明确、管理规范、改革成效突出、师资力量雄厚、培养质量一流的院系与专业群;全校有17个国家级特色专业、2个国家级人才培养模式试验区、2个国家级专业综合改革试点,3个专业入选基础学科拔尖学生培养计划,24个专业13个项目入选教育部卓越人才培养计划。

这个时期,也是厦大研究生教育的大发展时期。1986年9月,国务院批准厦大试办研究生院;1996年3月,厦大正式获准设立研究生院;2018年,厦大成为全国首批20所学位授权自主审核单位之一。至2020年,全校共设有32个博士后流动站、36个一级学科博士学位授权点、45个一级学科硕士授权点。研究生院的建设与发展,推动了厦大研究生教育的空前发展,也更紧密地将厦门大学的学科建设与学院建设融为一体。

学科作为高校实施科研、教学活动和集聚人才的最基本的单元,是学校根本性的基础建设,也是院系建设发展的基础与支撑。这个时期,凭借国家"211工程"、"985工程"建设和创建"双一流"的支持,院系以学科为支撑,以学科建设为重心,凸显了学科建设的基础性与关键性。

其一,以学科建设为支撑为龙头,整合组建符合学科发展和拓展创新学科建设的学院,优化学科布局。如整合厦大早期传播和研究马克思主义与当代马克思主义教学研究的资源,成立马克思主义学院,设立"985工程"重点学科"马克思主义理论"、"211工程"三期国家重点学科"中国特色社会主义理论与实践"建设项目,与中共福建省委宣传部合作共建"厦门大学中国特色社会主义理论体系研究与培训基地",加强学科建设,建设国内高水平的马克思主义理论学术创新基地。如整合全校电子工程、电子科学、微电子与集成电路、电磁声等相关学科,组成电子科学与技术学院,入选国家示范性微电子学院;整合软件学院、物理科学与技术学院、计算机与信息工程学院相关资源成立信息学院;将公共事务管理学院的社会学系与人文学院的人类学系组合成社会与人类学院,更准确对应国际学科范式;而像数学科学学院、国际关系学院、台湾研究院、教育研究院、萨本栋微米纳米科学技术学院,则是应对历史与国家的需求,在学校原本的优势或特色学科基础上建立起来的学院。其中数学与应用数学为国家级一流专业、国家一类特色专业、国家理科数学与应用数学基础科学研究和教学人才培养基地,入选国家基础学科拔尖学生培养计划;台湾研究院入选国家高端智库试点建设、培育单位。以教育部人文社科重点研究基地会计发展研究中心和国家重点学科工商管理为依托,整合MBA和EMBA、会计系、工商管理系、管理科学系与旅游管理专业组成管理学院,很快使管理学院成为中国最具竞争力的十大商学院之一。工商管理、会计学、财务管理和电子商务4个专业入选国家一流本科专业建设点，在2017年教育部公布的全国第四轮学科评估中，工商管理一级学科获评A类学科，经济学与商学进入ESI全球前1%行列。

其二，以大学科理念、通过国家人才培养基地和重点学科的依托带动，推进院系与学科的建设发展。1999年校院二级管理体制改革伊始，学校就开始推行大学科的学院建制理念，文、史、哲3个系6个一级学科，以国家文科历史学基础科学研究和教学人才培养基地与国家重点学科中国经济史为带动，组建人文学院，力图打通文史哲，"研究高深学问"和培养人文学科精英人才。以大医科理念，整合生命科学学院、医学院、药学院、公共卫生学院等力量，推进学科交叉融合，构建医、教、研有机融合的医科教育体系。2018年和中国卫生信息与健康医疗大数据学会共同建立医疗健康大数据国家研究院，汇聚理、工、医及社会科学十几个学院的教师与研究团队，通过自主创新和跨学科合作，产生一批国内外领先的具有良好产业转化价值的一流研究成果，凸显大学科整体的优势。

在大学科建设与学科协同创新中，以厦门大学牵头，与复旦大学、中国社会科学院台湾研究所、福建师范大学共同建设的国家协同创新中心"两岸关系和平发展协同创新中心"，以厦门大学、复旦大学、中国科学技术大学和中科院大连化物所为核心层组建的国家级协同创新中心"能源材料化学协同创新中心"，都体现出大学科、跨学科与跨越部门、学校的创新优势。2018年12月，国家自然科学基金委依托厦门大学建设"国家天元数学东南中心"。该中心由数学科学学院牵头，联合5个省14所高校为共建单位，更是以大学科、大组合、大跨越的组织形态打造具有一流核心竞争力的科学研究重镇。

其三，发挥优势，打造国内领先、国际一流的高峰学科，是这一时期厦大院系建设与发展水平最基本也是最重要的成果之一。目前厦门大学有理论经济学、应用经济学、工商管理、化学、海洋科学5个国家一级重点学科，另有25个国家二级重点学科，分布在经济、管理、化学化工、海洋与地球、生态与环境、法学、生命科学、人文等学院。另有化学、工程学、农学、社会科学、计算机科学、分子生物学与遗传学、微生物学、药物理与毒理学、地学、物理学、经济学与商学等18个学科在ESI全球排名前1%；17个学科在QS世界大学学科排行中榜上有名，上榜数居中国大陆高校第12位；37个学科登上软科世界一流学科排行榜，上榜数居中国大陆高校第8位。2017年，化学、海洋科学、生物学、生态学、统计学入选国家"双一流"建设行列。

当我们对厦大100年的院系发展做出梳理后，我们会发现，厦大百年院系的历史脚步，实际上是伴随着100年来中华民族伟大复兴的风云变幻与中国高等教育的命运嬗变而砥砺行走的，它走的是一条从小到大、从少到多、从大到强的历史发展之路，一条是院系建设与学科发展紧密融合的道路，一条是国际竞争力和整体实力不断提升的道路。百年院系不断调整不断演化的进程，也就是百年学科不断变革不断创新的历程，这里有成功的喜悦，也有挫折的教训，有起伏的艰辛，也有前进的欢笑，但无论在什么时候、在什么样的空间里，都向着校主陈嘉庚先生提出的“世界之大学”目标前行，都秉着“与世界各大学相颉颃”的意志行进，都朝着“中国特色，世界一流”的憧憬踔厉奋进。

五

“厦门大学百年院系史”系列的编撰出版，是各院系向厦门大学百年华诞献上的一份礼物，她以100年来各个学院、研究院的学科发展、专业建设、院系在时代中变动的脚步为主要内容，呈现不同历史时期南方之强的个性与风采。目的在于总结经验，传承命脉，弘扬自强不息、止于至善精神，激励“双一流”建设，为厦门大学与中国高等教育留下一份珍贵的历史叙述。全校共有30多个院系、研究院及厦大出版社参加了这个规模空前的编写工程。每部院系史主要包含以下内容：

一、历史的脚步。这是全书最主要的叙述，它通过对院系的历史梳理，描述出在各个历史时期的发展脉络与特征，客观呈现各学院发展进程中的主要事件，重点叙述以学科建设、人才培养为重心的发展变化、主要特点和成就，以及行政管理、社会服务上的变更发展。

二、党政管理。叙述院系党的建设情况，行政机构的变更，历任党政领导等。

三、学科发展。叙述院系学科建设发展的轨迹与特色、地位与成绩，包括博士授权点、硕士授权点介绍及其人才培养特色，研究基地、研究所、中心介绍及其工作特色，重点实验室介绍及其工作成就，对外交流成果等。

四、教学成果。阐述院系在人才培养与教学教育中的发展嬗变，包括专业设置、课程体系、精品课程与教改项目、教学成果奖、特色专业与创新试验区、教学团队、教材建设、人才培养基地、创新创业教育等内容。

五、学术成就。配合学科建设的发展，叙述学术上的做法与成就，包括获奖学术成果、主要著作与论文、主要研究课题。

六、附录：院系大事记。

这是一项具有长远意义且严肃的工作，学校要求各院系在编撰中坚持正确的政治导向，突出与中国共产党同龄的厦门大学教育救国、教育兴国、教育强国的历史步点；重点叙述与提炼各学科、各专业及人才培养的发展与成就，彰显学术大师和著名校友的贡献；历史须客观叙述，要求准确无误、有根有据，尽可能追根溯源，填补漏缺，还原历史，强调学术传承。但历史的写作须经千锤百炼，百年院系历史的叙述需要长期的淬炼，今天迈出的这个脚步，难免深浅不一，难免有疏漏之处，还有许多需要打磨甚至勘正的地方，还请各位读者批评指正。

全校的百年院系史系列编撰工作在2019年的春天启动，历时两年，在厦门大学百年华诞到来之际，终于与厦大人、与各方读者见面了。当各院系的撰写者在各自的历史隧道中搜寻攫微、考辨记载而写出自己的院系历史的时候，实际上是在对一个学科、一个院系的过去与今天的研究梳理，也是对明天的一个重要启示。相信经过这次院系史的研究编写，各学院各学科将会以史为鉴，以更宏伟的规划更准确的定位更实在的工作，在党的坚强领导下，向着“中国特色，世界一流”的建设方向，奋力推进厦门大学院系建设与学科发展。

2021年3月12日

追寻厦大图书馆的早期发展印迹
（代序）

在辽阔的东海之滨，毗邻台湾海峡，矗立着百年学府——厦门大学。建校伊始，图书馆就与学校骨脉相连、休戚与共，并在教学、科研、文化传承等方面发挥着举足轻重的作用。回首百年历程，学校从僻居鹭岛的私立大学，跻身为跨海越洋的国家重点学府。图书馆也从数百册藏书的两间陋室，发展成为建筑面积超过十万平方米、馆藏超过千万册的大型综合性图书馆群。走进一片花海，也许为各色花朵所吸引，可以联想到破土而出的秧苗、含苞待放的花蕾以及落英缤纷的物候变化；踏入一座大型综合性图书馆，便如置身于知识与信息的海洋，源源不断地汲取古往今来人类各领域的精神财富。是什么因素促成图书馆与大学的良性互动、共同发展呢？从厦大图书馆早期的发展历程中可以寻得若干线索与启示。

第一，不断扩充的馆舍与馆藏。图书馆不仅是图书文献的收藏地，也是阅览、研讨、传习等活动的重要场所，如今更成为信息资源的访问中枢。宽敞舒适的阅读空间，竞争协作的学习氛围以及丰富多元、查找方便的文献资源，给读者带来了其他场所难以企及的学习效率与体验，也给阅读推广、探究研讨创造了绝佳的条件与机会。一所大学的底蕴、实力与潜力，可以部分地透过图书馆反映出来，这其中就包括馆舍与馆藏。

厦大图书馆初始于映雪楼的两间小室，从楼名可知其深刻寓意，体现了校主陈嘉庚先生等前贤硕彦的良苦用心与励志期盼。随着图书增多、读者增加，集美楼成为图书馆的所在地。后来在总馆之外，还在其他楼栋增加阅览室，馆舍条件明显改善。全面抗战爆发后，学校西迁长汀，办学异常艰苦，但图书馆却得到倾力保障。据当年《厦大通讯》记载，1937 年刚迁至长汀时，即以驻汀行署前半部分作为图书馆。次年移至万寿宫，馆舍面积增加了数倍。1939 年建成嘉庚堂，增添参考阅览室，被誉为战时内迁大学中最美丽堂皇的馆舍。当时物资极端匮乏，萨本栋校长锐意经营，尽可能提供最佳的图书阅读条件，又在龙山之下修建阅览室，玻璃大窗，电灯照明，故有“水晶宫”之称，这在抗战时期的闽西山区是难以想象的。1946 年，即将毕业的历史系才女陈兆璋撰文《我的厦大生活》，对母校的眷恋与深情溢于言表，自豪地戏称这个阅览室就像自己的“办公厅”。

比馆舍更重要的是馆藏。若座位不足，图书尚可借出阅读；若文献资源不能保障，学校的教学科研则会营养不良，甚或伤筋动骨。馆藏要丰富，经费是保障，通常来说文献资源购置费要么来自财政拨款，要么则是筹措捐助。1927 年，黄奕住先生允捐图书经费国币 3 万元；两年后，曾江水先生允捐新加坡币 18 万元，此笔捐款后来基本用于采购图书。这两笔巨款有力地推动了厦门大学图书文献的建设与发展。1931 年建校十周年，学校特意为二位捐赠者勒石纪功，两通石碑至今还镶嵌在群贤楼的廊厅两侧。文献资源购置费既可从总量来考察，据以反映文献购置的体量；又可从其所占学校财政拨款的比例来分析，据以反映主政者的眼光及对图书馆的重视程度。据 1946 年元旦的《厦大校刊》报道，抗战胜利后当年厦门大学的财政拨款总计 720 万元，包括建筑费、仪器设备费、实习材料费以及图书费等项目，其中图书购置费为 200 万元，按此计算，文献资源购置费超过了当年财政拨款的 27%，这真让当今的大学图书馆界羡慕不已！

1944 年，英国文学家任义克（William L. Renwick）到长汀厦门大学参观演讲，对学校设备“备极赞扬”。任义克尚未离开，美国地理学家葛德石（George B. Cressey）接踵而至，对学校设备亦“称赞不置”，并称“厦大为加尔各答以东之第一个大学”。这一美誉主要是就学校的设备而言，无疑包括图书馆及文献资源。而抗战时期的厦大学生在全国学业大赛中蝉联第一、屡创佳绩，也说明这些投入包括图书馆建设是有明显“回报”的。

第二，止于至善的管理与服务。以馆舍馆藏为基础，想要充分发挥图书馆的功能功用，则要看管理与服务。此中涉及事项甚多，兹举数例。建校次年，图书馆学家裘开明出任厦大图书馆主任，即采用现代图书馆学来分类和管理图书。1926 年，时任厦大图书馆主任林语堂十分重视图书采访，并由学院与图书馆共同拟定采购书单，既尽可能满足教学科研需求，又合理使用文献资源购置费。

起初，厦大图书馆的期刊与工具书均为闭架阅览，手续烦琐，阅读不便。据 1935 年《厦大周刊》发布的消息，图书馆于是将“全部杂志，均公开陈列于阅览室中，任人自行翻阅；并将各种普通参考书如字典辞书等，亦陈列阅览室，以便参考。阅者甚感便利云”。此即今天所说的开架阅览。另据《厦大通讯》记载，迁至长汀后，阅览室经常座无虚席，于是延长开放时间，实行“全日开放”，但每当夜晚闭馆铃声响起，读者离馆，书刊未能物尽其用，因而再次进行改革：读者晚上可以将正在阅读的书刊借回宿舍阅读，但有一项条件，必须在次日清晨开馆之前，将所借书刊送回参考阅览室；否则借书证将被扣押，停止借阅权限一至两周。这一“跨夜”借阅，大大地提高了书刊的利用率，也方便了师生的研究与学习。至于基本书库的书籍，当时也是闭架借阅。不过，毕业班的学生因要撰写毕业论文，所以允许入库查阅书籍，实行开架阅览。这些革新既需要改革者的智慧与胆识，也需要工作人员服务读者的情怀与付出。在当时人员编制十分有限的情况下，图书馆人加班加点、兢兢业业，对此“一点也没有怨尤”。

除了在馆阅览，图书馆的利用程度还可以通过书籍外借反映出来。据统计，1939 年第二学期，厦大师生人均借出图书 16 册，如此推算一年人均借书 32 册。套用今天的专业术语，当年厦大的读者借阅率是相当高的。爱读、便读相互激励，服务、成就良性循环，学校赢得“南方之强”美誉，这是全体厦大人努力奋斗之结果，其中也包括图书馆人的无私奉献。

第三，与时俱进的视野与理念。比馆舍馆藏、管理服务更深邃的，是厦门大学的办学理念与胸怀。1921 年，被誉为“华侨旗帜、民族光辉”的陈嘉庚先生回国创办厦门大学，这是中国近代史上第一所华侨创办的综合性大学。在建校之初，即以“研究高深学问，养成专门人才，阐扬世界文化”为宗旨。在校徽设计中，盾形中心的城及城门图案也象征着广纳贤才、开放办学。注重中西交流既是厦大的办学理念与特色，也促进了科学技术与文教事业的显著进步。建校仅两年，厦大动物学教授莱德（S. F. Light）即在国际著名刊物 *Science*（《科学》）上发表了“Amphioxus Fisheries near the University of Amoy, China”（《中国厦门大学附近的文昌鱼渔业》），这一研究发现引起了国内外学术界的广泛关注，也使厦门大学的声名远播重洋。十一年后，卢嘉锡在厦大完成其学士学位论文《文昌鱼之化学分析》。在此类科学文化研究的背后，正是图书文献资源的支撑。按 1924 年的数据，厦大图书馆藏有中文杂志 100 余种，而西文杂志达 400 余种，中西日文报纸 40 余种。建校十周年的时候，这一中西文杂志的比例仍得以保持，另藏中文图书 4 万余册，西文图书达 2 万余册。诸此说明，唯有掌握学术动态与国际大势，方能追踪科学前沿、研究世界文化；唯有知己知彼，方能引领时代、勇攀高峰！

图书馆馆藏也在国际化的交流中日益丰硕，并在教书育人等方面发挥了重要作用。1928 年，爱国华侨林义顺先生将《星洲同盟会录》赠予厦门大学，其中不仅收有该会的成立过程及会员名录，还有孙中山等人在新加坡等地的活动与照片，这一研究同盟会尤其是新加坡分会历史的珍贵文献，目前已是孤本，弥足珍贵。继上述美国地理学家葛德石之后，1944 年，英国皇家学会会员、剑桥大学李约瑟博士(Joseph Needham)也到厦门大学参观演讲，同时代表中英科学合作馆赠送了英文书籍。抗战胜利后，汪德耀校长自重庆开会归来，又带回中英科学合作馆赠予厦大的一批新书杂志，到馆后立即被教授们“抢借一光”。这位李约瑟，后来毕生致力于中西科学文化交流研究，领衔撰写了多卷本的 *Science and Civilisation in China*(《中国的科学与文明》，现一般译作《中国科学技术史》)。1987 年，卢嘉锡院士在剑桥大学拜访李约瑟教授，看到了先师张资珙教授送给李约瑟博士的相片，更加引起这位厦大人的“思念和回忆”。大学时期的卢嘉锡正是在张资珙教授的鼓励指导之下开始主攻化学，后来成为著名化学家，出任中国科学院院长。

林文庆校长曾撰文《谈谈大学的图书馆》，开篇即言：“大学图书馆，为大学最重要的设备。”前辈的办学理念及成就对后继者而言，既是鼓励，更是鞭策，需要认真地加以继承，并在新时代予以发扬光大。回首百年，我们向支持、投身于厦大图书馆建设发展的前辈们致敬！正是百年累积的文献资源、视野理念，撑起了厦大这所大厦、成就了一代代厦大人的事业。我们深知图书馆的文献和服务与师生读者的现实需求存在相当差距，需要图书馆人更加努力地予以保障与提升；同时我们盼望学校及社会各界继续关心、支持图书馆的建设与发展。厦大图书馆的发展印迹证明：图书馆的发展与学校的发展休戚相关；图书馆从学校与社会汲取营养，也会更好地服务师生、加倍地回馈社会！

厦门大学图书馆馆长　钞晓鸿

2021 年 5 月

编纂说明

《厦门大学图书馆百年纪事》采用编年体进行编纂，记述厦门大学图书馆一百年间的史事。谨就本书编纂过程中的一些基本问题，说明如下。

其一，史料。本书编写的主要依据是各个年代留存下的文字记录，主要有三大类：一是文书档案，包括图书馆档案室保存的近一千卷档案，从厦门大学档案馆检索出的近三百件档案。二是馆藏报刊，包括图书馆馆藏的《厦大周刊》《厦大校刊》《厦大通讯》《新厦大》《厦门大学报》等校办报刊，以及《星光日报》《江声报》《厦门日报》等校外报刊。三是其他资料，主要包括厦门大学OA系统内的资源，校内各单位以及其他高校、政府机构、学术团体等的新闻报道等。另外，收录的图片除特别注明出处者，其他均为本馆收藏。

其二，史事。书名称“百年纪事”而非“百年大事记”，是因为“大事”必先有取舍，难以准确把握，亦不能全面呈现史实。史事择取以图书馆为中心，凡是有可信依据的人与事，本书都收录在内。编写原则是“只纪不议”，叙事尽可能保持事件原委，比如图书馆向学校呈送某份报告，在编写时首先叙述这份报告的基本信息，然后对报告中的重要内容进行摘编，学校有明确结论的则加以注明。收录史事起于1921年4月6日，止于2021年4月6日。

其三，排序。采取依时纪事的编辑体例，一事一条，以年月日的先后顺序排列，日期不明的事排在对应月份的末位，月份不明的事紧排在对应年份12月之后。另外，年度业务统计数据置于每年的末位。

其四，文字。民国时期文献中的繁体字，新中国建立以后使用的“极度简化字”，径改为现代汉语标准简体字。文献记载中同一人的名字出现音同字异的情况，如萧德洪与肖德洪、王明理与王明礼、林彩红与林彩虹、陈小慧与陈小惠或陈晓慧等等，均统一改为现用名字。

其五，称谓。若是校外相关史事，则全称“厦门大学图书馆”，或简称“我馆”；若是校内相关史事，则称“图书馆”，或具体称为“某分馆”“某部门”。

由于编纂时间的紧迫和编者水平的有限，对史料的搜集远未达到“竭泽而渔”的程度，本书尚有不少问题，有待以后继续修订和补充。

目录

c o n t e n t

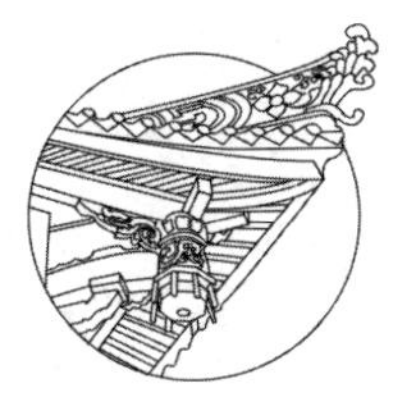

第一部分

1921—1937 年

1921年

4月6日，由华侨陈嘉庚创办的厦门大学正式成立。前一月，教务长郑贞文已前往上海采购中西文图书杂志，随后又向英美等国购置西文书籍。创校伊始，学校设立“图书课”，隶属于教务处，是为图书馆的雏形。图书课设主任主持馆务，由国文教员郑天挺担任。

7月，郑天挺辞职。随后，商科主任陈茗之兼任图书课主任，并聘用章于天为事务员。

1922年

2月，演武场新校舍落成，图书课馆舍位于映雪楼一楼的两间小房，藏书约500册。

3月，裘开明任图书馆主任。是时，图书课改称图书馆，脱离教务处而直属于校长，馆址从映雪楼迁往集美楼。

裘开明履职后，重新规划图书馆事务。第一，清理书籍，将图书馆分为藏书室、阅书室、阅报室三个功能区，占用三间小房。第二，建议学校组织成立图书委员会，作为图书馆事务的议事决策机构。第一届图书委员会由林文庆校长担任委员长，刘楚青、陈茗之、林玉霖、周忭民、林淑敏、裘开明担任委员。第三，重新统一分类书籍，编制卡片目录，初步建立科学规范的目录体系。中文书目卡片购自商务印书馆，西文书目卡片购自美国国会图书馆。第四，订立章程规则，办理借阅业务。

自建校至本年7月,图书馆购书经费总额达国币洋5,863.136元,馆藏中文图书3,993册,西文图书1,300册;中文杂志67种,英文杂志50种,日文杂志3种;中文报纸20种,英文报纸5种,日文报纸1种。全校师生150多人,到馆阅览书籍者平均每日约50人,借阅书籍者平均每日约20人。

9月,图书馆设置专职办理业务的馆员,聘任卢希圣为馆员。

12月,聘任郑碧珊为馆员。

1923年

2月,聘任毛简为馆员。

3月,图书馆主任裘开明撰写《厦门大学图书馆报告》,连载于《厦门大学周刊》第16、17、21期。除详细介绍图书馆的发展历程和现状外,对图书馆建设提出三个方面的建议,即"培植馆员人才"、"建筑永久馆舍"和"添购重点书籍"。

1924年

夏,馆藏图书3万余册,西文杂志400余种,中文杂志100余种,中西日文报纸40余种。图书馆专任职员有襄理1人,馆员3人。编制西文目录所用卡片全部从美国购置齐备,中文目录卡片则由本馆设计并编目。

秋,裘开明主任公派赴美留学,襄理冯汉骥代为主持馆务,另聘孙述万为襄理。集美楼全部扩充为图书馆馆舍,一楼为中西文书库、办公室;二楼东面为出纳处、阅览室、教授预备室、参考书室,西面为阅报室、装订室、成绩展览室。

1925年

秋,冯汉骥任图书馆代理主任。

1926年

1月12日,驻厦日本领事井上庚二郎致函我校,捐赠日本大正一切经刊行会出版的汉译大藏经，总计约 1.3 万卷。

3 月 30 日，阅书报室从集美楼一层搬迁到集美楼二层 101、102、103 室，原阅书报室改为中文书库。新图书馆久未动工建设，书籍日渐增多，集美楼一层馆舍不敷使用，因此进行馆藏布局调整。

9 月，林语堂兼任图书馆代理主任。

11 月，张星烺、林语堂共同议定增购中文书籍书单，转呈林文庆校长批复。经图书馆查阅所列书籍是否已经购买，最终确定新购《三长物斋丛书》《惜阴轩丛书》《梅氏丛书》《英氏书目》《八史经籍志》《唐写本切韵》《写礼庼遗书》《石室秘录》《皕宋楼藏书源流考》《敦煌石室真迹录》《天一阁书目》《骈雅训纂》《昭代檀几丛书合刻》《读画斋丛书》等书，并由总务处照单购买，预计 12 月底运达学校。

1926 年，中华教育改进社代表中国参加在美国费城举办的世界博览会，向厦门大学征集图书馆影像作为教育类展览资料，并荣获教育类甲等奖。

1927 年

3 月，林语堂从厦门大学辞职。

8 月，黄奕住向我校捐赠图书经费国币 3 万元，自本年 8 月起至次年 7 月止分 12 个月支付，每月捐助 2,500 元。

1928 年

截至 4 月，馆藏中文书籍 3.4 万余册，西文书籍 1.6 万余册，另有订购尚未到馆书籍 1,000 余册。由于现有书库不敷使用，将中、西文书库毗连的两间房屋凿通，增加书库容量；另在生物学院新设分馆，可藏书 8,000 余册，专门储藏贵重书籍；积极筹备建筑新馆，拟 3 年内建成，可容纳读者 250 余人，藏书 20 余万本。部分中文线装书籍改为西洋装，贵重书籍则保持原貌。杂志室搬迁至集美楼二层 108、109、110 室，其中 108 和 109 室储藏旧杂志。图书馆订购欧美杂志 400 余种，其中 80 余种全套旧杂志尤其珍贵，据称为国内所仅有。增购新杂志 60 余种、新闻报纸 30 种，均已陆续到馆。黄奕住捐赠的图书经费已购置中文书籍 1,000余册、西文书籍 900 余册，均已到馆，正在编目。另外，驻厦英美烟草公司向我馆捐赠 Everyman's Library 丛书已到馆，全套共计 700 余册。

9 月，林义顺将其编纂的《星洲同盟会录》赠予我馆。

秋，冯汉骥任图书馆代理主任。

1929 年

2 月，福建省政府批准拨予我校津贴 6 万元，其中划出 1 万元给教育科专门购置书籍。

3 月 30 日，《厦大周刊》载：南洋华侨曾江水捐助厦门大学图书馆建筑费 15 万元、图书馆设备费 3 万元，合计新加坡洋 18 万元，折合国币 20 余万元。

截至 4 月，本年度收到购置中文图书 2,077 本（线装本占 95%），西文图书 1,200 本，中西文杂志 3 部（《钱业月报》全套 1 部，*Science* 全套 1 部，*American Political Science Review* 全套 1 部）。本学年度借出中文图书 3,550 册，西文图书 4,393 册。

图 1　图书馆西文藏书库[①]

① 该照片出自《厦门大学己巳年刊》（1929 年 6 月）。另，本书未注明出处的照片均为本馆收藏。

秋，孙述万任图书馆代理主任。

11月9日，学校第三十三次图书委员会会议通过《购书办法》，包括图书费分配法、订购法、订购细则等3款，共计21条。

11月9日，《厦大周刊》载：本校学生薛澄清将龙溪县清乡局陈家瑞先生赠送的一部家藏《漳州府志》转赠我馆，不久后便可到馆。

11月，图书馆通过福建省教育厅，向上海商务印书馆八折购买一套《万有文库》。

1930年

1月10日，学校图书委员会在生物院三楼校长会客室召开会议，商议新图书馆建筑事宜，林文庆、区兆荣、陈德恒、廖超照、孙述万等人参加会议。会议议决：第一，林文庆校长提议全馆建筑费15万元，其余作为设备费；第二，请图书馆主任查明达特茅斯学院图书馆（Dartmouth College Library）的建筑费用，作为图书馆建筑费的参考；第三，向天津德忠公司查询钢铁书架的价格及其生产状况。

3月18日，《厦大周刊》载：校友伍献文赴法留学，委托南京科学社向我校捐赠有关生物学的英文册子80本。

3月，学校图书委员会决定新图书馆建筑工程由天津基泰工程公司承建，并就承建条件进一步接洽沟通。该公司承建过清华大学、南开大学及东北各大学等的图书馆。

4月23日，学校第七次行政会议通过图书馆代理主任孙述万提议的购书手续："各学院及预科订购图书，须先填图书馆之图书介绍片，经院长预科主任审定，转交图书馆审定有无复本，再由各学院及预科直交由事务处购置。"

截至4月，馆藏中文图书4万余册，西文图书2万余册，中文杂志100余种，西文杂志400余种，中西文日报20余种，其中有成套杂志40余种。馆舍包括集美楼全部和群贤楼两室，即将集美楼二楼旧杂志库搬迁到群贤楼一楼5和6号室，原旧杂志库改为阅报室。图书馆职员增至7人，另有学生助理1人。本学年度购书经费预算约1万元，其中0.65万元从群进公司捐款内划拨，0.35万元从学校所收学费中划拨。本年度购置中文书籍345部910册，西文书籍1,476部1,650册；接收捐赠图书600余册；受经费的限制，订购的自然科学杂志由200

余种减至 74 种。本年度外借图书者，学生 406 人，借出图书 1.35 万册；教职员工 140 人，借出图书 0.6 万册。

5 月 3 日，《厦大周刊》载：商务印书馆向我校教育学院赠送该馆出版的小学教科书及儿童读物，总计 48 种 192 册。

5 月 17 日，《厦大周刊》载：中华书局向我校教育学院赠送该局出版的全套小学教科书，总计 118 册。

6 月，图书馆编制 Everyman's Library 丛书目录，拟下半年借与学生阅览。

7 月 28 日，学校图书委员会召开会议，讨论关于建筑新图书馆事宜。

8 月 6 日，学校图书委员会召开会议，讨论新图书馆图案事宜。

9 月，杨希章任图书馆主任。

10 月 18 日，《厦大周刊》公布新修订的图书馆各项规章，包括《厦门大学图书馆借阅图书规则》、《图书阅览室规则》、《教职员借阅图书规则》和《厦门大学图书馆办事规则》。

截至 11 月，馆藏中文书籍 4 万余册，西文书籍 2 万余册。西文书籍采用杜威十进法分类；中文书籍分类亦采用杜威十进法，对于细目不符合中文书籍者，则稍加变通。中文图书编目原无专人负责，编目不全或混乱现象严重，杨希章就任图书馆主任后，对全部书籍进行彻底清查，划定统一分类标准及著者号码，中文书籍书目即将完成并付印。新聘林挺宵担任英文事务员，秦贤行担任中文事务员。

截至本年冬季，图书馆使用黄奕住捐赠的经费购置西文图书 1,814 册，总价 25,396 元，中文图书 6,120 册，总价 5,234 元。在捐购书籍上，图书馆均贴上黄奕住藏书票，并拟另编书本目录。另外，图书馆近期收到林文庆校长捐赠的《清文启蒙》2 册、北京大学图书馆捐赠的《北大英文文学类目录》、河北大学图书馆捐赠的《河北大学图书馆书目》，以及北平中国学术团体协会西北考察团理事会捐赠的《徐旭生西游日记》3 册。

本年度图书委员会组成人员：林文庆（主席）、徐声金、张资珙、孙贵定、陈德恒、薛永黍、朱君毅、廖超照、杨希章。

1931 年

3 月，因图书散佚严重，学校规定各系图书都搬迁至集美楼图书馆统一保存，并规定教职员工借书册数。

图2 群贤楼群(右二集美楼即为图书馆)[①]

截止4月，馆藏中文图书4万余册，西文图书2万余册，中文杂志100余种，西文杂志400余种，中西文报纸20余种。馆舍包括整栋集美楼、生物学院1室和群贤楼3室，馆内职员8人，馆内设办公室、阅览室、书库3个部门。办公室分主任室、编目室和装订室，阅览室分学生阅览室、教员研究室和阅报室，书库则分中文书库、国学馆、西文书库、中文杂志室以及西文杂志室。各部所用书架、目录柜、写字台、打字机等一应俱全，而装订设备尤为完备，能装订及修补中西文图书、杂志报章等。本年订购中西文杂志500余种，计国币4,000元；新购图书1,000余种，获赠图书50余种，已到书共700余种。图书分类采用杜威十进法，对不符合中文书籍的地方则稍加变通。编目兼采卡片和书本两种形式，中文卡片本馆用钢笔缮写，西文卡片则购自美国国会图书馆，卡片上注明书名、著者、版本、页数等项；书本目录即将付印。学生阅览室位于集美楼二楼北侧，可容纳读者60余人，馆藏中文杂志、参考书籍及教员指定参考书，每日预览人数约160人。教员研究室位于集美楼二楼南侧，可容纳读者约40人，馆藏西文杂志400余种，每日阅览人数约60人。本年度外借图书，学生406人借出图书13,500册，教职员工140人借出图书6,000册。另外，拟于明年动工建造新馆舍，外部采用中式建筑，内部布置则仿照美国哈佛大学商学研究院图书馆。

4月25日，《厦大周刊》载：因本年暑期举办暑期生物研究会，拟于8月8日后将动物系生物图书室内书籍全部搬迁至集美楼图书馆。

5月，图书馆汇编馆藏中英文图书书目，拟于暑假期间付印。

6月13日，学校在群贤楼下竖立碑刻二通，分别铭记曾江水、黄奕住捐助厦

① 该照片出自《厦门大学十周年纪念刊》(1931年4月6日)。

门大学图书馆的事迹。

暑假期间，图书馆主任杨希章辞职，校长秘书詹汝嘉兼任图书馆代理主任。

10月24日，《厦大周刊》载：各书坊出版研究中日问题的新书甚多，图书馆挑选、订购其中颇有价值的约50种，已交由事务处购买。

10月，图书馆汇编《黄奕住先生捐赠图书目录》，并由林文庆校长作序。

11月中旬，学生借书出纳处从集美楼二楼学生阅览室迁移到一楼图书馆办公室内。

11月，《厦门大学中文图书目录》出版。该书为道林纸平装本，近200页。图书馆中文图书分类法采用杜威十进法并稍加变通；著者号码则采用王云五四角号码，据称分类精审，登记完备。

11月，图书馆经过调查研究，停购各学院不重要的西文杂志；将馆藏化学书籍暂时搬迁至化学系图书室。

12月，图书馆添置中文书籍木夹和书架。

图3　图书馆中文藏书库[①]

本年度图书委员会组成人员：林文庆（主席）、徐声金、陈子英、区兆荣、孙贵

① 该照片出自《厦门大学十周年纪念刊》(1931年4月6日)。

定、陈德恒、薛永黍、朱君毅、廖超照、詹汝嘉。

1932年

3月22日，学校图书委员会在校长会客厅召开会议，讨论刊印西文书目及添购中文书籍、扩充书库等问题。西文书目分期刊印，自然科学书目先行印刷。

截至4月，馆藏中文图书4.5万余册，西文图书2万余册，中日文杂志100余种，西文杂志400余种，中西文报纸20余种。馆舍包括整栋集美楼室和群贤楼部分空间。本年度图书馆经费1万余元，其中书报购置费约6,000元；另从文化基金会补助本校理学院及教育学院每年3万元中拨出书报费5,000元，全年书报费共约1.1万元。从本学期起，参照国内其他大学的管理办法，图书馆开始征收图书费，每季度每生2元。本学年度购置《万有文库》、《百衲本二十四史》、《道咸同三朝筹办夷务始末》、中日问题有关书籍以及辞典类书等数千余册。本学年度外借图书，学生600余人借出图书2.53万册，教职员工100余人借出图书1.82万册。图书馆正在编制西文图书目录，拟分期编印出版；正在编排馆藏丛书细目及单行本书籍的书名索引。另外，新馆舍建设尚需时日，拟于集美楼之后新建凸字形馆舍一座，已经图书委员会讨论，尚待校董陈嘉庚批复。

4月13日，因商务印书馆上海工厂被毁后已有书籍无法再版，学校特向本埠商务分馆订购各种书籍数百部，价值600余元。

4月30日，《厦大周刊》载：文学院教授缪篆（子才）向图书馆捐赠中文图书100余种300余册。

4月，图书馆贵重书籍照常上架借阅。此前寒假期间，因时局关系，根据教职员会议决议，将贵重书籍装箱保存。近期因本校已经开学上课，函请校长批准，恢复旧规。

1931—1932学年度，学校图书经费占总支出（不含文化基金补助费开支）的0.9%，经费总额为9,708元。

本年度图书委员会组成人员：林文庆（主席）、徐声金、陈子英、曾天宇、孙贵定、陈德恒、薛永黍、廖超照、詹汝嘉。

1933 年

1 月 7 日,《厦大周刊》登载《厦门大学二十一年度平均每月收支预算表(21 年 8 月至 22 年 1 月)》,图书馆每月平均支出 1,009 元(普通图书及杂志报纸等均包括在内)。

2 月 3 日,图书馆职员秦贤行与法学院学生李治年、易元勋等 3 人北上,参加抗日工作。不久后,3 人均壮烈牺牲。

截至 4 月,图书馆馆舍为集美楼和群贤楼一部分。馆藏中文图书 45,152 册,西文图书 20,185 册;中文杂志 100 余种,西文杂志 400 余种。

9 月,校长秘书詹汝嘉任图书馆主任。

11 月 11 日,《厦大周刊》载:学校第七十一次行政会议通过关于毕业班学生还书的规定,即“嗣后毕业班学生,应由各院长或高中部主任核定并经图书馆证明已清还借书后,方得发还赔偿准备金”。

1932—1933 学年度,学校划拨图书经费 2,301.93 元,占总支出的 0.8%,全年图书馆经费总额为 12,108 元。

本年度图书委员会组成人员:林文庆(主席)、徐声金、陈子英、曾天宇、孙贵定、陈德恒、薛永黍、廖超照、詹汝嘉。

1934 年

1 月 30 日,图书馆向上海商务印书馆订购 1 部《四库全书珍本初集》,预约价大洋 560 元,另外运费 30 元,预定本年 7 月出版。

2 月,鼓浪屿篆刻家龚樵生向我馆赠送其生平篆刻作品《亦楼印存》,共计 8 册。

3 月 8 日,图书馆向上海商务印书馆订购《四部丛刊续编》。该套书第一期书预约价大洋 150 元,全书定为 500 册,自本年 1 月至 12 月每星期出版一次,每次约出 10 册,每册平均 60 页。

截至 4 月,馆藏中文图书 46,495 册,西文图书 20,310 册,中文杂志 100 余种,西文杂志 400 余种,中西文报纸数十种。馆舍包括整栋集美楼和群贤楼 2 间大房。馆内设办公室、书库、阅览室 3 个部门，办公室分主任办公室、编目室、装订处和出纳处，书库分中西文书库和中西文杂志室，阅览室分教员阅览室、学生阅览室和阅报室。图书馆设主任 1 人，主任之下设馆员 1 人、事务员 4 人、装订员 1 人。近期，图书馆补充登记中西文书库内书籍，清查旧有杂志并设法补购缺本、汇齐装订。

图 4 图书馆西文书库①

6 月 8 日，管理中英庚款董事会朱家骅来函，该董事会决议补助我校购置科学图书费 3 万元，分 3 年平均分拨。

7 月 10 日，学校接到管理中英庚款董事会通过购置科学图书补助费 3 万元的通知书。

10 月 3 日，管理中英庚款董事会向我校赠送外交史料，已出版部分先行寄送，包括光绪朝外交史料 111 册、宣统朝外交史料 24 册、西巡大事记 12 册；尚未出版部分待出版后由该书编纂处直接寄送，包括外交史史料索引、锌版精印地图、清季外交年鉴等。

12 月 12 日，学校将各学院拟购中外文书单详列成册，寄送管理中英庚款董

① 该照片出自《厦门大学十三周年纪念刊特刊》(1934 年 4 月 6 日)。

事会审核，使用该会补助我校购置图书费(国币1万元)购买。

本年度图书馆委员会组成人员：林文庆(主席)、周辨明、张希陆、杨振先、孙贵定、薛永黍、廖超照、詹汝嘉。

1935年

2月25日，《厦大周刊》登载《厦门大学图书馆二十三年度新购中文书目》。

2月，图书馆向师生发放“征求介绍国内杂志函”，调查师生的阅读兴趣，以方便采购。

3月1日，《厦大周刊》登载图书馆最近购买4部大部头图书：《万有文库》第二集，合计正编2,000册、参考书28册；《四库全书珍本初集》第一期，共59种426册；*Thin Keris Library* 共41册；1934年日本植物文献刊行会出版的 *Siebold Jarma Iaprnica*(《日本动物志》)，全4卷计4大册，该书限定出版300部。

3月7日、25日和4月8日、15日，《厦大周刊》分期登载图书馆1934年度新购中文书目。

5月13日，《厦大周刊》登载：图书馆原拟将1934年度新购书目全部在本刊发表，但因该项新书超过千种以上，本刊篇幅有限，不能一时全部刊登。自本期开始，图书馆改为将最近到馆新书书目刊登，1934年度新书目录以后再行续登。

6月4日，图书馆改进委员会召开会议，讨论改进图书馆事宜。

8月，俞爽迷任图书馆主任。到任以后对馆务进行大规模整顿：第一，全部中西文杂志及各种普通参考书公开陈列于阅览室，允许自由翻阅。第二，将出纳处从西文书库外部搬迁至二楼阅览室内，并在出纳台近旁书库的楼板上开凿一孔，书籍出纳由此流通。第三，9月2日召开全体职员参加的馆务会议，决议星期日上午开放阅览室，定期举行全馆大扫除，并分配工作等重要事项。第四，举行读者竞赛运动。第五，修订6种规章制度。第六，添购香港、汉口、南京等地新闻报纸，加订多种中西文杂志。第七，计划清理历年所藏中西文杂志。第八，新到书籍加编分类卡和书名卡。第九，逐日填写“本馆借阅图书类别统计”、“各学院借阅图书比较”和“各项工作统计”等表格，并按月统计公布。

9月14日，学校第一百二十一次行政会议讨论并通过图书馆各种规则。

9 月 30 日，图书馆创办的《厦大图书馆报》正式创刊发行。

9 月，校董事会通过 1935 年度学校的财政预算，图书馆每月经费 1,155 元。

9 月，图书馆发布公告，征求全国各县县志，至 10 月初已收到 4 种，即《丽水县志》10 册、《永康县志》4 册、《金山县志》4 册、《华阳县志》17 册。

9—10 月，图书馆筹备设立成绩室，陈列本校教职员工及学生的著述。

10 月 7 日，图书馆在二楼出入口处开设"自带物件存放处"，用于保存读者自带的物品。

截至 10 月，馆藏中文图书 48,543 册、外文图书 20,426 册，总计 68,969 册。

11 月 30 日，学校训育处和图书馆联合举行第一届读书竞赛运动。

本年度图书委员会组成人员：林文庆（主席）、周辨明、刘椽、陈德恒、孙贵定、薛永黍、廖超照、詹汝嘉、俞爽迷。

1936 年

5 月，俞爽迷辞去图书馆主任职务，撰写《厦门大学图书馆简况》，并刊发于《厦大图书馆报》第 1 卷第 8 期，总结其担任主任一年来图书馆的概况。截至 5 月，馆藏中文图书 56,206 册，西文图书 21,774 册，中西文杂志 300 余种，中外文新闻报纸增至数十种。图书馆设主任 1 人，馆员 3 人，管理员 2 人，装订员 1 人，助理员 2 人，职员总数达 9 人。馆舍包括集美楼、化学院和生物学院各 1 室、群贤楼 3 室，分为办公室、阅览室、书库等 3 个部门。办公室分主任室、编目室、装订室以及出纳处，书库分中西文书库和中西文杂志室，阅览室分学生阅览室、教授研究室和阅报室。图书馆经费每月预算为 1,155 元，其中购书费约 600 余元，另有中英庚款补助费每年约 800 元。开馆时间为上午 8 点至 12 点，下午 1 点至 5 点，晚上 6 点 30 分至 9 点 30 分；周日则上午 9 点至 12 点，下午 2 点至 5 点，晚上照旧开放。法定节假日则白天闭馆，晚上照旧开放。

6 月，曾郭棠任图书馆代理主任。

7—8 月，曾郭棠履职后，整顿馆务：召开馆务会议，安排具体业务工作并落实到人；整理中西文书库，添置藏书设备，进行图书防腐工作；整理中西文杂志书库，并编制目录；着手增补、编印图书目录；组织图书委员会；定期在《厦大校刊》通报新书目录。

8月17日，图书馆召开第九次馆务会议，讨论通过曾郭棠提出的《厦门大学图书馆二十五年行政方针及实施计划》，对图书馆业务工作进行全面整顿。

9月10日，林文庆校长、詹汝嘉秘书到图书馆视察工作。

9月15日，《厦大校刊》载：校行政会议将本年度中英庚款委员会补助我校购置科学图书的1万元进行分配，其中文学院2,000元，理学院6,000元，法商学院1,000元，图书馆分拨1,000元。

9月16日，1936年度图书委员会第一次会议在生物院校长会客厅召开，会议讨论事项包括：第一，本年度图书购置经费为7,440元（不含中英庚款补助图书购置费1万元），分配方案为文学院1,292元（内西文杂志约1,100元，图书约192元），理学院792元（内西文杂志约600元，图书约192元），法商学院712元（内西文杂志约520元，图书约192元），图书馆4,644元（内杂志约1,200元，图书约3,324元，装订材料费120元）。第二，完善订购图书手续。各学院及图书馆拟购图书时，每本书填写2份图书馆"添配图书单"，送交图书馆查核有无复本，并留存1份图书馆备查。查无复本的图书，由图书馆备函，交总务处汇款寄出。第三，各院系介绍购置的新书到馆后，图书馆应立即办理登记、编目等手续，并分别通知各原介绍院系，先行借阅。第四，图书委员会每学期至少召开会议两次，一次在开学后一星期，一次在放假前一星期，临时会议有必要时随时召开。第五，从图书馆图书购置费项下每月拨出大洋10元，作为图书馆装订材料购置费。第六，通过图书馆提出的"廿五年度行政方针及实施计划书"。

9月22日，图书馆召开第十次馆务会议，讨论新书出借方案、编制图书馆行政周历、中西文杂志开放时间、教职员出入各书库规则等问题。

9月，图书馆自本学期开始制定"职员工作自检表"，每人1份，内容分为拟办工作、已办工作、难题、改进方法、心得或其他、主任签约等6项。职员逐日根据工作实况一一填写，每周六下班前送主任批阅，并于下周一发还。

9月，图书馆自本学期开始，取消"新书存馆一月"旧例，实行"每日新到图书随到随编"的办法，并将书名、目录随时公布，凡属公布新书即可出借。另外，将积存图书或破损旧书，重新登记并补编目录。

9月，图书馆尚未装置书夹的中文线装书籍，一律改装西式护书夹。

10月6日，图书馆公布《厦大图书馆报》停刊，总共出版1卷8期；图书馆重要消息转由《厦大校刊》登载。

10 月 15 日,《厦大校刊》登载《9 月份图书馆工作统计》,公布图书馆各部门 9 月份业务数据。

10 月,图书馆向各省市及实验县共计发函百余份,征集各种统计报告及概况等类刊物。

11 月 1 日,《厦大校刊》登载《厦大图书馆二十五年度秋季行政历》,即根据《厦门大学图书馆二十五年度行政方针及实施计划》,制定每周的工作要点。

11 月 27 日,图书馆召开第十一次馆务会议,讨论并制定图书管理办法、出纳股取出图书手续、未编图书保管手续、新书到馆处置办法、教职员出入书库简则等规章制度。

12 月 1 日,《厦大校刊》登载《10 月份图书馆工作统计》,公布图书馆各部门 10 月份业务数据。

12 月 15 日,《厦大校刊》公布《图书馆馆丁服务规则》。

本年度图书委员会组成人员:孙贵定(主席)、李相勗、刘椽、陈德恒、詹汝嘉、曾郭棠。

1937 年

1 月 1 日,《厦大校刊》登载:最近外交部函告本校,拟赠送光绪年间石印大字本线装《大清会典》1 部。

1 月,图书馆印行《厦门大学图书馆中日文期刊目录(附日报目录)》。

2 月 9 日,中英庚款董事会补助我校 1936 年度购置科学图书的 1 万元到校,至此原计划补助的 3 万元(分 3 年平均拨给)全部兑现。随后,学校向该董事会继续申请拨予补助款,即图书馆书库建设费 2.5 万元和各学院添购图书经费 1.5 万元。

3 月 1 日,图书馆查点书库工作完成。因编印书本式目录的需要,图书馆利用寒假时间查点书库,并对书码进行校正。

3 月 15 日,《厦大校刊》载:近期学校接到教育部社会教育司来函,介绍《宋会要》一书的出版情况,我校决定使用中英庚款补助费订购,全书 200 册。

3 月 15 日,《厦大校刊》载:近一个月来,图书馆收到本年度订购西文新书 360 多册,杂志 100 多种;又订购中文参考书 100 余册。

3 月 15 日，《厦大校刊》载：南京国民政府外交部赠送我校《大清会典》1 部，总计 492 册，分装 82 函；国立中央图书馆筹备处赠送我校西文刊物两大箱，总计 100 余种。

4 月 30 日，我校收到中华文化基金董事会赠送的科学研究教授及科学研究补助金研究员所著论著 86 种，并交由理学院保存。

截至 4 月，馆藏中文图书 62,400 册，西文图书 22,635 册；中文杂志新旧 800 余种，共 20,004 册；西文杂志新旧 400 余种，共 39,062 册；图书、杂志总计 144,071 册。此外，中外文新闻报纸增至 28 种。曾郭棠接任图书馆主任以来，确定行政方针，编制行政周历，扩充书库，添置书架，清理积存新书，编制图书馆目录，整理中西文杂志室，订立图书分类标准，提高图书流通效率，设置职员工作自检表等。图书馆设主任 1 人、管理员 2 人、编辑 1 人、馆员 4 人、装订员 1 人、助理员 2 人，职员总数增至 11 人。馆舍包括集美楼、化学院和生物院各 1 室、群贤楼 3 室，分为办公室、阅览室、书库等 3 个部门。办公室分设主任室、编目室、装订室以及出纳台，阅览室分学生阅览室和教授预备室，书库分中西文书库和中西文杂志室。本年度经费预算为 11,868 元，其中购书经费 6,540 元；另有中英庚款补助购买科学图书费 10,000 元。

5 月 15 日，《厦大校刊》登载《厦大图书馆二十五年度春季行政历》。

7 月 27 日，国立厦门大学校长萨本栋接收图书馆。本年厦门大学由私立改为国立。

7 月 21 日，学校公布新任职员，曾郭棠任图书馆代理主任；校长秘书杨永修任图书馆委员会主席。

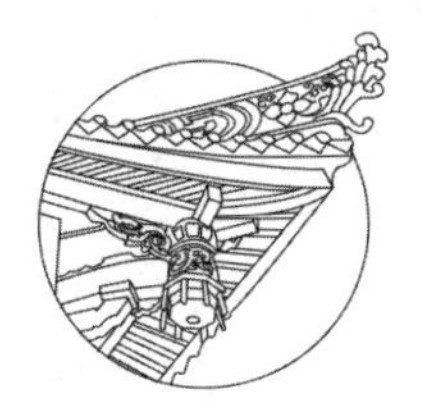

第二部分

1938—1945 年

1938 年

1 月，厦门大学迁至闽西长汀。图书馆及馆藏重要文献随迁，陆续运抵长汀。尽管提前计划、充分准备，但因交通运输困难、日军迅速占领厦门，部分图书来不及搬迁，约计损失中文图书 8,000 余册，西文图书 3,000 余册。

迁校之初，长汀县腾出福建省第七区专员公署一部分、孔子庙以及大批民房作为校舍，图书馆位于驻汀行署的右前部，相继设立书库、阅览厅、阅报室、杂志室等，运抵图书 180 多箱，参考图书及书报杂志基本能够满足教学需求。

9 月，校长秘书杨永修兼任图书馆代理主任。

本年度图书委员会组成人员：杨永修（主席）、李庆云、陈世騠、刘椽、吴士樟、朱保训、林庚、李祥麟、吴有客。

1939 年

年初，图书馆迁至学校附近的万寿宫，馆舍面积增大数倍。楼下设立中文书库、西文书库、阅览厅（可容纳 120 余人）、办公室、编目室、登录室、储藏及装订室，楼上 6 间大房储藏杂志和报纸，并设立中国文学、历史、教育、商业、经济等 5 个教授研究室。上学期陆续运抵长汀的图书杂志 330 余箱，累计运到 550 余箱，图书 7 万余册。可以订购的西文杂志 40 余种，中文杂志 60 余种。

嘉庚堂建成以后，图书馆在其内增设理学院参考室兼中西文杂志室。

截至年底，馆藏图书杂志 74,370 册。

本年度图书委员会组成人员：杨永修、李庆云、傅鹰、陈子英、黄雁秋、黄开禄、林庚、俞浩鸣、叶国庆。

图5　嘉庚堂中西文杂志室[①]

1940年

3月20日,《厦大通讯》登载《中英庚款委员会续汇购置图书购置费》。据悉:此前管理中英庚款委员会决议补助我校图书馆书库建筑费及图书购置费国币4万元,计划于1937年和1938年分拨。后因全面抗战爆发,厦门大学迁至长汀,图书馆书库一时难以建筑,学校商请该委员会同意后,将该笔经费全部用作图书购置费。该委员会于1938年3月汇款1万元,1939年汇款1.5万元,近期又汇款1.5万元,全部经费已经到账。学校已向国内外订购数批图书,部分已经运抵长汀。近期,学校再次向该委员会申请续拨图书购置费4万元和仪器购置费4万元。

截至4月,馆藏中日文图书44,050册,西文图书15,962册,中文杂志5,375册,西文杂志16,222册,总计达81,609册。此外,订购中文报纸26种,西文报纸3种,中文杂志144种,西文杂志113种。馆址位于万寿宫,楼下分为中西文

① 该照片出自《厦大特刊》(1948年7月)。

书库、办公室、编目室、订购室、出纳处以及 2 间阅览室，楼上则分为杂志报纸储藏室和中国文学、历史、教育、商业、经济等 5 个教授研究室。图书馆隶属教务处，馆内设主任 1 人，下设订购、编目、出纳 3 股。开馆时间自上午 7 点至晚上 8 点半。1939—1940 学年上半学期，全校师生 400 余人共外借图书 7,000 余册。另外，已向中外著名书局订购价值 2 万余元、1,000 余册的图书，近期将陆续运抵学校。针对读者和图书不断增加，图书馆拟继续扩充阅览室和书库，改善藏书环境；并拟将图书分类法由王云五中外图书分类法改为皮高品分类法。

下半年，图书馆购买并到馆中文图书 2,310 册，西文图书 600 多册；另外，新建一间大阅览室，可容纳读者 140 多人。

本年在龙山之麓新建大阅览厅。

截至年底，馆藏图书杂志 79,363 册。

1941 年

暑期，在万寿宫扩建阅览厅，即文法商阅览厅。

截至年底，馆藏图书杂志 83,367 册。

1942 年

6 月，学校将万寿宫(图书馆)前面两翼小楼打通，新建为书库。

9 月，陈贵生任图书馆主任。

截至年底，馆藏图书杂志 88,174 册。

本年度图书馆已有 5 个馆藏和服务点：万寿宫总书库，负责一般书籍的储藏和借还服务；工商参考室，负责工商学院的学生参考书籍，本年新入藏全部旧中文报纸与杂志；嘉庚堂理学院参考室，负责理学院的学生参考书籍，并入藏中西文杂志；文法参考室，负责文学、法学两个学院的学生参考书籍，并入藏各种百科全书、图书集成等大套书籍；府背西文杂志室，入藏整套的旧杂志。

1943 年

1 月 30 日，《厦大通讯》登载图书近期简讯：萨本栋校长致函全体教职员工，请勿代校外人士在本校图书馆外借图书,以免图书散佚;图书馆两月来新编中文图书 500 余册、西文图书 100 余册,合计约 700 册;图书馆近期增订全国各地报纸 30 多种,并增订价值 1 万多元的中文新书;拟在文法参考室附近新建一栋两层书库。

截至年底,馆藏图书杂志 90,671 册。

1944 年

截至年底,馆藏图书杂志 93,793 册。

1945 年

抗战胜利以后,厦门大学从长汀迁回厦门,学校成立"复员委员会"。

12 月 1 日,汪德耀校长在仓颉庙校长公馆召开第一百三十三次校务会议。复员委员会报告本会下设交通、图书、仪器、员工、眷属等 5 个小组。其中,图书组由谢玉铭、朱保训、李庆云、陈贵生等 4 人组成,谢玉铭担任召集人。另外,成立"厦门复员处",图书馆郑碧珊担任该处图书员。

12 月 24 日,厦门大学招收的新生在厦大临时校舍——鼓浪屿英华中学举行开学典礼,正式上课。图书馆先期已派遣郑碧珊、庄德明前往鼓浪屿英华中学百友楼布置图书分馆。

12 月 27 日,国民政府教育部下发社字第 65647 号训令,添购图书及有关研究必备参考书,开列书目呈报教育部集中办理。我校根据各院系提供的书目,第一批向教育部呈报采购西文专刊杂志 200 余种。

12 月 30 日,汪德耀校长确定"残余校舍之使用计划",拟安排群贤楼为图书馆馆舍。

本年度,图书馆将近年来购买的中文杂志分年装订,总计 1,649 册。截至年底,馆藏图书杂志原册数为 15 万余册,合装后为 99,875 册。清理并装订历年购买的残缺古籍;参加厦门市开明书店举办的上海新书新报展览,抄录书目并订购图书。

图 6　1945 年图书馆同仁合影(右五为图书馆主任陈贵生)[①]

本年度图书委员会组成人员:谢玉铭(主席)、陈德恒、黄苍林、李庆云、朱家炘、王亚南、何炳棵、陈贵生(兼任秘书)。

---

① 此照片由陈贵生先生哲嗣陈孔立教授提供。

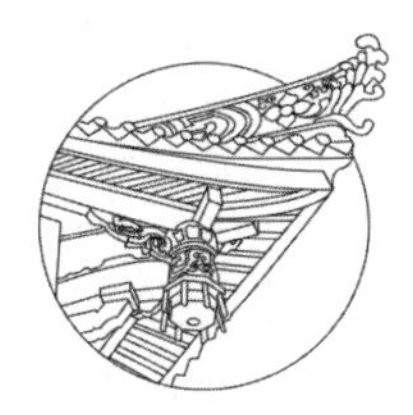

第三部分

1946—1949 年

1946 年

1 月 6 日，学校复员委员会在校长办公楼召开第九次会议，决议：各系和图书馆设计木箱，载明种类、厚薄、大小、数量，在一星期内送校长办公室。

1 月 13 日和 15 日，先后由汪德耀校长、彭传珍总务长、黄典诚秘书率领鼓浪屿图书分馆郑碧珊、庄德明二人前往厦门市政府及日本领事馆，接收日本掠夺我校的图书，计中文 1473 册、西文 784 册。

1 月 15 日，复员委员会交通、公物组联席会议在校长办公楼召开，会议研究决定："通知图书馆一年生用之普通图书及复本之书，立即尽数装箱，以备最近起运。"

1 月 16 日，《厦大校刊》登载图书馆新到西文图书 22 种。

1 月 25 日，第一批图书 56 箱从长汀启程运往厦门，主要是一年级新生所需书籍。

1 月，为方便应届毕业生撰写论文，长汀图书馆实施开架阅览，允许学生入库自由取阅，并制定《图书馆书库开放暂行办法》。

3 月 16 日，《厦大校刊》载：台湾大学图书馆发现不少本校图书，系厦门沦陷期间，日本从本校窃取后运抵台湾大学。学校分别致函台湾长官公署和台湾大学，要求将这批图书寄回我校，或暂为保管，由我校派人取回；另外，请长官办公署代为调查台湾其他专科学校或大学，是否存有我校图书，以便设法收回。

6 月 16 日，《厦大校刊》载：最近我校接到中华教育文化基金委员会来函，通知本校在美国订购的图书共 17 箱，现已存放在美国国会图书馆，等待运输。我校接函后，已函请美国国会图书馆设法将这批书籍委托美国运输舰早日运抵厦门。

6 月，图书馆复员工作结束。从本年 1 月开始，图书馆将馆藏图书分装 900 多箱，分 30 批从长汀运往厦门。返厦后，图书馆书库设于群贤楼底层；文法商阅览室和理工阅览室分设于群贤楼二、三层，可容纳读者 400 余人；报纸杂志阅览室设于集美楼。此外，图书馆已订购最新出版的西文杂志 250 余种，中文杂志 110 余种；美国国务院图书馆赠书 11 箱、南京国民政府教育部代购图书 9 箱，均将陆续到校。图书馆在行政组织上隶属教务处，馆内设主任1人、职员15人，分为采访、编目、流通3股。

11月，学校委托黄启显教授前往台湾大学收回图书资料和仪器设备。此为厦门沦陷期间，日本窃取并运抵台湾大学的厦门大学图书和仪器设备。

12月29日，黄启显教授从台湾大学收回的部分本校图书运抵厦门，总计293箱。

本年度图书委员会组成人员：陈朝璧（主席）、黄苍林、王亚南、李庆云、朱家炘、萧贞昌、叶蕴理、卢嘉锡、陈贵生（兼任秘书）。

1947年

5月31日，《厦大校刊》载：教育部去年代本校订购成套西文专门刊物多种，第一批业已抵达上海，将由教育部驻沪图仪接运处代为寄运至校。这批西文刊物系1940—1946年间出版物，共计89种，其中以理科刊物为主，计有65种。

10月1日，学校在临时大礼堂（东膳厅）举行1947学年上学期开学典礼，汪德耀校长致辞，迁回厦门一年来，计增中文图书杂志6,400余册，西方图书杂志1,900余册。

10月25日，《厦大校刊》登载《学校复员一年来添购图书四万七千余册》，中文图书5,433册，西文图书4,379册（内有美国赠1,181册，中华图书协会赠1,006册）；中文杂志1,049册，西文杂志14,852册（内有教育部代订著名专门刊物65种共12,501册）；台湾运回中文图书6,892册，西文图书3,594册；已订购而未寄到中文图书610册，西文图书435册；总计47,244册。[①]

10月31日，学校第一百四十八次校务会议在大南新村22号召开，讨论本校教员借书数量是否限制等事宜，决议教员借书以40种册为限。

11月10日，学校建筑委员会第五次会议在校长室召开，商讨建筑新图书馆事宜。陈烈甫前往菲律宾募捐得建筑图书馆经费菲币6.4万元，并称次年还可再募捐菲币10万元，因此建筑委员会对建筑新图书馆进行商讨并决定：新图书

---

① 各分数之和为37,244册，与总数相差10,000册，疑为登载数学有误。

馆选址在集美楼对面、生物院前空地。建筑设计以工程设计室所绘草图为蓝本，送请各委员研究后再行决定。

11月30日，《厦大校刊》载：菲律宾华侨高祖柒先生捐赠西文图书50余种60余册，已由陈烈甫教授带回学校。这批图书主要是有关机电、航空工程及社会科学的书籍，极富参考价值，随即展开编目并借阅。

12月5日，学校建筑委员会第六次会议在校长室召开，继续商讨新建图书馆工程事宜。建筑旅菲华侨纪念图书馆的工作已经启动，除已致函菲律宾洽购主要建筑材料外，并与输出入口管理委员会厦门办事处交涉准予进口。会议议决："关于建筑旅菲华侨纪念图书馆，其内部设计力求理想，厅内不用支柱，必要时也用木架。厅内外均采用太阳灯，并用暗线装置。关于建筑材料之采购，由建筑委员会组织五人小组负责办理。施工时组织工程处，执行工程管理及督促事宜。"

12月8日，图书馆报纸杂志室改为整日开放，每日上午8点起至晚上9点30分止。

12月22日，学校图书委员会本年度第一次会议在教务长办公室召开，会议议决：第一，各学系提存图书杂志办法草案，因有碍图书流通，应呈请暂缓实行，并商定补救办法，建议在囊萤楼与工学馆分设理、工两学院阅览室，将有关各院参考书分别提存陈列各室，以便参考；各学系主任借书数量酌予提高。以上两项建议拟提请校务会议决定。第二，关于"修装图书杂志"应即着手办理。第三，师生借书遗失应按市价加倍赔偿。第四，关于杂志库，等到内部整理完竣后再行定期开放。

本年度图书委员会组成人员：陈朝璧（主席）、黄苍林、王亚南、李庆云、朱家炘、萧贞昌、安明波、叶蕴理、卢嘉锡、罗志甫、陈贵生（兼任秘书）。

1948年

1月27日，学校建筑委员会第七次会议在校长办公室召开，商讨旅菲华侨纪念图书馆建筑事宜。会议决议："一、登报招标，但投标商须有下列二种资格：1.曾在厦大包工，经认为满意者；2.登记丙种以上营造商有执照，或执有建筑大工程之证明文件者。又施工细则由工程设计室拟定，并拟请陈烈甫、寿俊良二委员审核印行。二、关于门窗工程即行出包，暂定杂木及杉木二种，视价格高低再行决定。三、关于门窗金属件，先估计数量，再由陈烈甫及寿俊良二委员会同方虞田主任决定。”

2月25日和27日，学校建筑委员会第八次和第九次会议在校长办公室召开，商讨旅菲华侨纪念图书馆建筑事宜。关于旅菲华侨纪念图书馆门窗及地基工程开标结果，会议决议：“一、门窗工程：依最低标价交怡发公司承包，付款办法：先付国币一亿元，余三亿元以二百万元一担米价折米，以后按期依米额发款。二、地基工程：因物价狂涨，重行招标恐费时日，且难得结果，决就次标工大营造厂承包，包价为十八亿元，以二百万一担米价折算，计为九百担米，并限一百天完成。”

4月6日，外国语文学系洪深教授为祝贺27周年校庆，特将珍藏的《全唐诗》一套计32册捐赠给图书馆。

6月1日，学校建筑委员会第十二次会议在校长办公室召开，会议讨论决议：“关于菲华馆第二期工程(即第一层中央部分)，内外墙决定掘旧基石料砌筑，外墙面用水泥涂抹假石条状，中门部分用表面石砌筑。此项工程俟设计估价完成后再行决定招标。”

6月22日，菲律宾华侨纪念馆(图书馆)地基地座工程完成，学校举办简短的奠基典礼。该馆面积为111.2平方丈，两层共为180.9平方丈，书库可容50万册，阅览厅可容700人。全部工程需美金7万元，因建筑费仅募集得3万美元，因此决定分四期进行。第一期工程已经完成，第二期工程为中部一楼，即将开始。第三期为中部二楼，第四期为两翼。剩余工程之建筑费尚待向菲律宾华侨继续募捐。

6月30日，《厦大校刊》载：图书馆使用教育部配拨的外汇直接向国外订购一批新出版西文图书，最近到馆309种，已经编目完成，开始出借阅览。另外，联合国图书馆赠送我馆图书12本、杂志126本，英国文化委员会赠送我馆杂志19本，南京国民政府教育部拨赠我馆教材20种计600本。

10月1日，1948年度第一学期开学典礼在临时大礼堂(东膳厅)举行，汪德耀校长致辞：上年度采购已到校书籍杂志，中文有5572册，西文有4221册；未到校的尚有 3746 册，内有西文 423 册。

10 月 23 日，《厦大校刊》载：菲律宾华侨捐资我校建筑菲律宾华侨纪念馆（图书馆）原为 3 万美金，至 6 月底已收到三次汇款，每次 5,000 美金，共计 1.5 万美元。现已拨付工大营造厂承包的第一期地基工程款美金 5,439.8 元，怡发号承包的门窗工程款 350 元；第二期工程建筑材料砖、洋灰、锌版、铁条等 7,702.5 元，旅运费 253 元，杂支 349.2 元。截至本日尚存美金 905.5 元，已折合金圆券存于银行。

10 月 23 日，《厦大校刊》载：教育部此前分拨 1.2 万美金予我校添购图书仪器，学校决定分配 7,000 美元向国外订购各学科的图书杂志，最近统计已寄到西文图书 697 册、杂志 1,484 册。教育部代购西文图书，已经寄到 573 册，尚未寄到 1,033 册。另外，国内外各文化教育机构捐赠我校中文书籍 1,474 册，西文图书 223 册，内有北平第七十兵工厂会计处长李耀祖先生捐赠其著作《我国银行会计制度》及《工厂管理与成本会计》。

10 月 27 日和 11 月 13 日，学校建筑委员会第十五次和十六次会议召开，讨论决议："图书馆第二期工程，经比价审核结果，工大营造厂开价较为合理，且愿减低总标价百分之十四，故决定交由工大承建；又以现存捐款不敷第二期全部工程之用，决议除书库暂行缓建外，其余照原计划进行。"

11 月 30 日，《厦大校刊》载：学校以美金 200 余元自英国购到 Linguaphone 留声机会话唱片 3 套，图书馆决定每周向学生公开放映一次。

11 月，收到教育部代购西文工程及商业类书籍，总计 48 种 60 册；收到联合国教科文组织赠送西文土木工程类杂志 67 种。

本年度图书委员会组成人员：陈朝璧（主席）、黄苍林、王亚南、李庆云、朱家炘、萧贞昌、安明波、寿俊良、方锡畴、罗志甫、陈贵生（兼任秘书）。

1949 年

寒假期间，菲律宾华侨纪念馆（图书馆）第二期工程动工，但受经费所限，只能先建筑东部一层房屋，以作为图书馆阅览室。

2 月下旬，经南京国民政府教育部驻沪教育器材接运处办理，海粤轮将联合国善后救济总署捐赠我校的12箱图书运抵厦门。

3月31日,《厦大校刊》载:最近陆续收到两批教育部代购的西文图书,共计939本,其中社会科学类379本、物理化学类246本、土木工程类105本、电机工程类42本、机械工程类74本、航空工程类31本、文学类35本、史地类37本;英国文化协会赠送我校西文各科杂志29种;洪深教授捐赠有关文学及社会科学中文图书300余册,西文图书70余册。图书馆均已编目借阅。

4月,菲律宾华侨纪念馆(图书馆)因经费短缺而停工。

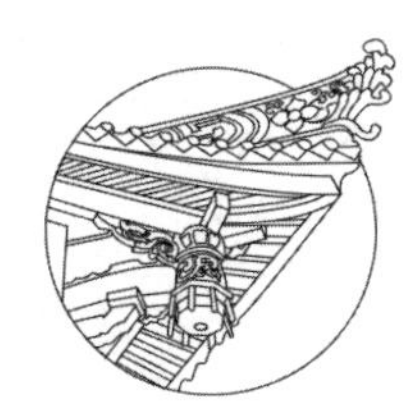

第四部分

1949—1978 年

1949 年

10 月 17 日，厦门解放。

10 月 23 日，厦门市军管会正式接收厦门大学，并入驻学校。经过清点，接收图书约 20 万册，其中外文图书 8 万余册、杂志 6.7 万余册，尚未整理的图书杂志 4.8 万余册。

1950 年

7 月 6 日，新任校长王亚南抵达学校，并在群贤楼二楼文法商阅览室与学生座谈。

7—9 月，学校组织师生员工清查校产，并制定新的物资保存和使用制度。其间，学校清点了图书资料，并对书库进行修缮。

9 月 23 日，《新厦大》登载：学校第一次校务委员会提出本校初步修建计划，其中新图书馆大楼由建设委员会设计，预定一年内完成，建设经费由陈嘉庚先生负责募集。

9 月 30 日，厦门市私立海疆学术资料馆的图书资料和设备全部移交到厦门大学南洋研究馆，并专设海疆资料室进行管理，陈盛明、陈一民分任正、副主任。

9 月，图书馆改为校直属单位，朱保训任图书馆馆长，下设编目流通组。

1951 年

2 月 17 日，《新厦大》载：为了不影响群贤楼二楼阅览厅的阅读环境，总务处将装在阅览厅旁的公用电话移到楼下左楼梯旁的小房间内。

3 月 25 日，《新厦大》登载：林惠祥教授将其多年来搜集的 800 余册图书、400 多件古物标本捐赠学校。

4 月 6 日，《新厦大》登载：国际贸易系已故系主任庞勋先生的夫人隋若兰女士，向学校捐赠一批中外经济学书籍，其中有精装原文《国富论》等名贵书籍 30 余部。

7月，图书馆下设编目流通组和馆务采购组。调整藏书布局与服务体系，编制资料索引，健全目录组织体系，各系图书统一编目，调整书库与阅览室，设马列主义阅览室。

11月，图书馆预订的100部《毛泽东选集》运抵学校，其中40部分拨给内迁至龙岩的厦门大学理学院和工学院，60部入藏校本部。

1952年

9月7日，《新厦大》公布《厦门大学组织系统表》，根据学校院系调整，图书馆从学校直属单位改隶教务处，下属机构改"组"为"科"，馆内设馆长秘书、采购装订科和编目流通科。

10月1日，《新厦大》公布行政机构负责人员名单，朱保训任图书馆馆长，吴人珊任秘书，陈建东任采购装订科科长，陈贵生任编目流通科科长。

本年，图书馆成立资料室，工作任务主要是编制杂志索引和报纸剪贴。

1953年

9月14日，资料室由集美楼迁至映雪三楼，并正式开放。除普通阅览室外，新设教师阅览室。资料室已编制杂志标题索引卡片2万余张，解放后出版的主要杂志重要篇目基本上已经完成索引的编制。同时，编制资料分类表和杂志要目分类索引卡片，与标题索引相辅相成；已将1952年和1953年上半年的剪报资料装订成500余本合辑本，馆藏剪报资料合辑本累计达4,600多本。另外，还有解放前后的报纸合订本(按月合订成册)共31种540多册。

1953年，学校成立以张玉麟为主任的图书清查委员会，开展清查图书资料和整顿藏书建设。

1954年

7月16日，《新厦大》公布《厦门大学一九五四——九五五学年度工作计划要点》，其中包括：统一调整图书流通系统，提高图书流通效率；改进图书编目工作，继续做好新旧图书期刊的整理装订工作，设法补购脱期杂志，重新订购理科过期杂志；调整图书馆机构，将原有两科改为采购、装订、编目流通三科。

10月，厦门大学研究部资料科并入图书馆。

12月28日，图书馆决定在考试期间全天开放文、财、理各科阅览室及期刊阅览室(包括星期天)。

1954年，学校实行全校图书报刊统一采购制度。

1955年

5月30日，图书馆新馆成智楼正式投入使用。新馆馆舍面积共3,728.88m²，其中三楼大阅览室面积468m²，是全国各大学中最大的阅览室之一，大、小阅览室一共可容纳1,000余人；另外还设有教师研究室。楼下设书库和办公厅。由于反空袭斗争，当时仅限320人阅览。

图7 建南楼群(右一成智楼即为图书馆)

5月，陈明鉴兼任图书馆馆长。

10月24—29日，为纪念米丘林100周年诞辰，生物系和图书馆在映雪楼举办纪念米丘林图片标本展览会。

1955年，《厦门大学校务委员会暂时组织规程(草案)》规定，图书馆直属校长管辖，馆长配秘书，下设馆务采购组、编目流通组和资料组。学校成立厦门大学图书采购计划审查委员会，实行全校图书报刊统一采购，并制定厦门大学验收委员会组织及验收流程，规定所有图书委托图书馆验收。

本年馆藏图书累计约36万册。

1956 年

3 月 1 日,图书馆开始整理馆藏外文杂志,计划分 3 个阶段,拟于 5 月中旬完成。

6 月,水电科、事务科安装完成图书馆的电线和窗帘设备。为防空需要,窗户安装黑色窗帘,保障阅览室在晚上也能开放。

10 月,图书馆在成智楼三楼设立政治阅览室,入藏马、恩、列、斯和毛主席的经典著作及其相关的马列主义著作。

截至 10 月,馆藏图书累计 46 万册,并规划在 7 年内发展到 100 万册。

下半年学期,资料科编制资料标题索引卡片,与已经编制的约 6 万张资料分类索引卡片配套使用。

1956 年,为贯彻党中央发出向科学进军的号召和教育部召开的全国第一次高等学校图书馆工作会议精神,学校将图书馆调整为隶属教务处,下设采购装订科、流通科和编目科。

1957 年

1 月 7—23 日,为方便学生复习备考,图书馆各阅览室白天和晚上全部开放;从书库和各系调出参考书 191 种 608 册,编目完成 400 多册新购参考书,放在第一阅览室以供学生参考。

截至 10 月,馆藏图书 50 多万册。

12 月 6 日,《新厦大》登载教务处工会小组《对组织机构系统表草案的意见》,认为组织机构系统表草案中,图书馆之下设立采购科、编目科、流通科、资料科等 4 个科,可以缩减为采购编目科、流通科、资料科等 3 个科。

1958 年

3 月 30 日—4 月 8 日,图书馆和中文系、公共外语教研组联合举办高尔基著作展览会,展品包括高尔基一生的著作、外文译本和评论高尔基著作的文章,以及介绍高尔基生平的油画。

6月25日,《新厦大》登载题为《图书馆开展合理化建议运动,多快好省地为教学和科学研究服务》的报道。

8月7日,《新厦大》登载题为《为政治为教学服务便利读者,图书馆打破成规大整大改》的报道。

9月8—9日,蒋介石国民党军队炮击厦门,图书馆大部分门窗玻璃破损。

1958年,学校掀起教育大革命的热潮,图书馆恢复为校直属单位,馆长配秘书,下设采编科、流通科和资料科;胡体乾任图书馆馆长。

1958年,馆藏图书50余万册,中外文杂志和期刊700余种,阅览室可容纳2,000余人。

1959年

1月12日,图书馆向学校反映,各系、科资料室向图书馆借用数额不等的图书资料,但缺乏有效的管理,致使图书资料未能发挥应有的作用,提请学校整顿各系、科资料室的管理工作,并由图书馆在业务上直接领导各系、科的图书管理员。

1月15日,学校向全校各单位印发通报(〔59〕厦室字第021号)。根据图书馆1月12日的报告,认为各系、科在图书的管理工作上存在严重混乱的现象,使图书设备未能发挥应有的作用,为此特做出如下决定:立即根据各单位的具体情况,对图书杂志资料作一次彻底清查,建立必要的图书管理和借阅制度,并将执行情况向校长办公室报告;各单位的图书管理人员今后在业务工作上应接受图书馆的领导。

3月7日,《新厦大》登载题为《更好地为政治、教学和科学研究服务,图书馆制定今年上半年业务学习计划》的报道。

4月1日,《新厦大》登载题为《大搞技术革新,提高工作效率》的文章,报道图书馆提高工作效率的多项技术革新。

7月17日,《新厦大》公布《关于整理环境卫生与绿化工作的包干执行方案》,图书馆负责本馆内部卫生。

8月3日,卢嘉锡副校长主持召开图书资料工作会议,听取图书馆和各系有关人员的汇报，着重讨论如何提高图书采购质量和改进图书资料的保管、保养、使用等问题，最后卢副校长就存在的问题做出指示，并要求各单位重视这一工作，根据会议决议改进工作（〔59〕厦室字第584号）。会议反映：

第一，解放10年来图书馆的发展很快，也有一定的成绩，但采购质量仍跟不上形势的要求，目前图书选购主要采取以系为主、图书馆为辅，根据订货目录选定的方式进行。图书馆与各系的联系不够，除了目录的往返之外，联系甚少。有的系选购存在着只顾眼前需要、不做长远打算的倾向。关于边缘科学的图书各系重视不足，或无人圈选，或失之遗漏。工科各系近来选订数量很少，尤其是外文图书。教师在外埠选购前与有关单位联系不够，家底没有摸清，重复采购的数量为数不小。重视选购工作的系，有制度、有措施，如数学系即有图书委员会，选购质量较好。

第二，以前在图书保管和使用上曾有混乱情况，各系阅览室或资料室虽有管理员，但管理混乱，散失情况十分严重。1957年初，各系管理员改由各系与图书馆双轨领导，建立制度，组织业务学习，情况有了好转，但目前仍有散失，执行规章制度还存在松懈现象。

第三，期刊很多未曾装订，线装书大部分没有书套，只用麻绳捆起，极易损坏或散失。年来内部和保密资料采访甚多，但无保管制度，亦无目录，很不妥当。

最后，卢副校长根据会议讨论意见提出，各单位必须重视图书资料工作，及时采取措施，迅速改进：

一、在提高采选质量方面：

（一）应加强图书馆与系的合作，系领导应予以足够的重视，指定专人负责联系工作。专业图书以系选购为主，政治教研组要考虑全校政治书籍的选购，图书馆应起补充作用。各系选定要考虑全校需求量，购置边缘学科图书要有长远打算，对新发展的学科更应该多予注意。一般图书及一般工具书更多由图书馆考虑，根据全校需要圈选。

（二）各系应健全或成立图书小组，尽可能参考书评选购，图书馆要广泛收集各种书目和目录。

（三）复本的采购办法另案专门考虑。

（四）经费分配方面，线装书、过期期刊、经典著作须备专款，各系根据需要提出重点购置书单，分期分批专款采购。一般购置不分系科，由图书馆控制使用。

二、在图书保管保养和使用方面：

（一）各系阅览室或资料室逐步向分馆方向发展，目前可试点搞分馆，取得经验再予推广。

（二）大生里疏散图书馆期刊各库继续保留，并须增加设备，照常流通。

（三）期刊的装订应予以足够重视，积压部分可招工赶制，经常装订工作由图书馆装订厂办理，工具书及常用期刊应保证装订质量。馆装订厂可考虑一部分人纳入行政编制，图书馆考虑提出预算。

（四）线装书函套分批制作，由图书馆提出预算。

（五）内部和保密资料的管理制度和办法另案专门考虑。

会议指出，为使图书资料工作能密切配合教学和科学研究的任务，各单位必须抓紧时间，发动群众，对存在的问题迅速做出改进，做到既能供教学与科学研究的需要，又能贯彻勤俭办校的精神，使每一册书刊发挥其应有的作用。

8月23日，中国科学院第二次全院图书馆工作会议在大连召开，作为受邀单位，我校派遣图书馆流通科副科长谢植桂参加此次会议（〔59〕厦图字第391号）。

10月30日，《新厦大》公布《厦门大学1959—60学年度工作计划》：在图书资料方面，应加强管理工作，清查遗失或错落图书，存书应适应图书资料分散情况；改进流通办法，既要便利查找借出，又要保证不致散失；新书应提高编目速度，做到及时供应。

12月2日，《新厦大》登载图书馆《三年内改变面貌跃为先进馆》的报道，介绍未来三年的工作计划。

12月30日，《新厦大》登载《紧紧跟着教学科学研究大跃进形势，图书、资料工作大大发挥参谋、先行的作用》，介绍图书资料工作“大跃进”的局面。

1959年，吴兆莘任图书馆代理馆长。

1960年

年初，人事处原处长、组织部部长刘峙峰任图书馆副馆长，主持图书馆工作。

1—2月，为迎接毛泽东思想学习高潮的到来，图书馆集中搜集、整理以及采购有关图书资料。

2月1—6日，图书馆举办第一届图书馆干部训练班，本单位及学校各系、所的图书管理员共22人参加。

2月10日—3月10日，图书馆在全校图书资料工作中开展“服务良好月运动”，并进行红旗竞赛，提出四项要求作为评比条件，即比贯彻图书工作方针任务好，比配合教学、科学研究工作好，比服务态度好，比政治业务学习好。

2月20日，《新厦大》公布“光荣榜”，图书馆荣获“先进集体”称号；并登载题为《当好持续大跃进的先行官》的文章，报道图书馆“大跃进”中的事迹。

3月30日，校党委在图书馆召开技术革新技术革命现场会议，各系教师代表、生产基建代表、服务部门代表、行政部门代表等500多人参加会议。

4月1日，《新厦大》登载《为实现图书工作机械化而奋斗》和《图书馆技术革新杂记》，介绍图书馆在技术革新、技术革命运动中的先进事迹。

1961年

4月3日，王亚南校长主持召开各处处长会议，听取图书馆的工作汇报，对我校当前图书资料工作中所存在的问题进行研究。会议决定：

第一，本年度购置图书经费预算10.5万～11万元，其中中外文期刊（主要是外文）6万元，国外订购外文图书2.5万元，国内订购中文图书2.5万元，并尽力提高购置图书期刊的质量。

第二，为加强图书馆的领导，使全校图书资料工作更好地为教学、科学研究和学校其他工作服务，设置图书委员会，参加该委员会的成员由教务处、人事处、图书馆会同各系提出名单，提请校长聘请。

第三，图书馆应贯彻我校“面向东南亚、面向海洋”的特点，从速充实这些方面的图书。

第四，近年来图书馆的桌椅散失很多，会议决定除散失在各系阅览室的不追回外，其余的全部收回。

第五，我校图书馆自1957年以来，没有进行编写总书目的工作，没有总书目，对教师使用图书、开展馆际互借、补充所缺图书都感到困难，会议同意图书馆立即开始进行总书目的编写工作。采取分卷分期编写的方法，具体计划由图书馆拟出，报校长批准。所缺的人力，少数由人事处解决，多数靠各系支持，由图书馆同各系具体研究。

第六，目前遗失图书期刊严重，会议决定图书馆全体工作人员和各系图书管理员提高责任心，认真做好图书期刊的管理工作，杜绝图书期刊的遗失。如再遗失，图书馆主要负责干部和各系的图书管理员负责赔偿。为此，立即修订补充现行的图书期刊借读规则，严肃处理借书逾期遗失损坏者，实行借书逾期罚款办法，具体办法由图书馆拟出，经校务委员会通过后坚决执行。

为加强系阅览室的领导，使各系图书资料更好地为各系中心任务、教学、科学研究服务，图书馆提议各系图书管理员纳入图书馆的编制，在业务上由图书馆直接领导。会议认为图书馆的意见可以考虑，具体的实行办法由图书馆同各系具体研究，意见统一后，提出方案送校长批准实行。

第七，待审查处理的二十一箱废书造具清册，送教务处审查后处理，未审查前装箱保存。

第八，图书馆所提出的基建修缮及增加书架问题，基建因今年基建经费不多无法考虑，书架因今年无木材无法考虑，大生里书库的修理按原计划做好。

第九，近两三年内国内出版图书数量很少，我校藏书已不能满足学校教学、科学研究的需要，为此必须加速图书的周转，会议同意图书馆提出的限制借书册数和缩短借书期限的方案，讲师以上的可借 30 册，助教进修教师、研究生可借 15 册，限期 3 个月。每学年全面清还一次，对逾期不还者，实行罚款并停止借书权。图书馆草拟借阅规则和罚款办法，交校务委员会通过，如有违犯者给予相应处分。

1962 年

11 月 28 日，学校向中共福建省委宣传部致函(〔62〕委字第 051 号)，我校图书馆副馆长刘峙峰同志决定调任他职，其缺额拟由经济系副教授陈仁栋同志及历史系陈明鉴同志兼任。

1963 年

1 月 23 日，中共福建省委组织部下发通知(〔63〕组五处字 22 号)，经研究同意，陈仁栋、陈明鉴兼任图书馆副馆长。

图 8 1963 年图书馆同仁合影[①]

1965 年

2 月 22 日，图书馆统计总共捐赠长汀劳动学校图书 1,244 册，期刊合订本 174 册、散本 677 册。

7 月 16 日，学校向中共福建省委组织部致函（〔65〕委字第 020 号），因年龄和身体原因，拟免去陈明鉴兼任图书馆副馆长职务，申请审批。

8 月 19 日，我馆与省市科委、市工人文化宫、市图书馆等 5 家单位在市工人文化宫联合举办科技资料展览会。

本年图书馆入藏图书 5,109 册，累计馆藏图书 642,233 册。

① 该照片由李秉乾先生提供。

1966 年

夏,“文化大革命”开始,图书馆事业受到严重破坏。随着学校停课,图书馆也停止开放,工作人员除8人留守外,均下放劳动改造。

本年图书馆入藏图书9,008册,累计馆藏图书651,441册。

1967 年

本年图书馆入藏图书5,365册,累计馆藏图书656,806册。

1968 年

本年图书馆入藏图书160册,累计馆藏图书656,966册。

1970 年

10月29日,福建第二师范学院图书馆向我校移交图书报刊总计330,789册,其中中文版279,394册、英文版38,993册、俄文版10,946册、法文版673册、日文版296册、德文版411册、其他文种版76册。

本年内,学校招收试点班,图书馆设法恢复业务工作,设办公室、采编组、流通组和期刊组。本年图书馆入藏图书3,077册,累计馆藏图书660,043册。

1971 年

1971年图书馆入藏图书10,400册,累计馆藏图书670,443册。

1972 年

4月18日,图书馆向学校政治处呈报《厦门大学图书馆图书借阅规则》。

12 月 18 日，学校印发《通知》（厦大革政字〔1972〕25 号），从 1973 年 1 月起试行《厦门大学图书借阅管理暂行规定（草案）》。

1972 年图书馆入藏图书 18,967 册，累计馆藏图书 689,410 册。

1973 年

3 月 1 日，学校向福建省革命委员会呈报《关于学校处、系干部增补、调整意见的请示报告》（厦大委字〔1973〕3 号）。经校党委常委研究决定，增补苏敏、李文桂为厦门大学图书馆副馆长。

4 月，图书馆开始改革与统一使用图书分类法；设宣传资料组开展书评资料工作。

10 月 25 日，福建省革命委员会下发《刘峙峰等任职通知》（闽革〔1973〕组字 046 号），苏敏任厦门大学图书馆副馆长。

11 月 15 日，报纸资料室向图书馆呈报《报纸资料室财产清理整理工作汇报》，对近期搬迁和清理报库的工作进行总结。

11 月，学校成立中共厦门大学图书馆直属支部，苏敏兼任党支部书记，李文桂任党支部副书记。

1973 年，学校恢复图书馆为校直属单位的管理体制，图书馆各部门名称改“组”为“科”，下设采编科、流通科、期刊科以及资料科。

1973 年图书馆入藏图书 17,753 册，累计馆藏图书 707,163 册。

1974 年

3 月 6 日，图书馆颁布《文财分馆借阅规则》。

3 月 14 日，图书馆颁布《厦门大学图书馆内部图书借阅制度》。

3 月 26 日，图书馆颁布《厦门大学图书馆的任务和办馆方向（试行稿）》，即：“厦大图书馆是社会主义综合性大学图书馆。它担负着宣传马列主义、毛泽东思想，为三大革命运动服务，为教育革命服务的重要任务。为此，必须加强党的领导，坚决贯彻执行党的基本路线和毛主席的无产阶级教育路线。坚持开门办馆方向，贯彻群众路线，深入调查研究，主动、积极地做好各项工作。努力办好社会主义新型大学图书馆。”

3月，图书馆颁布《厦门大学图书馆期刊借阅规则》《厦门大学图书馆报库借阅规则》。

5月8日，图书馆颁布《厦门大学图书馆图书报刊借阅暂行规定》。

1974年图书馆入藏图书26,754册，累计馆藏图书733,917册。

1975年

1月8日，图书馆颁布《厦门大学图书馆图书报刊借阅管理暂行规定》。

5月5日，图书馆制定《厦门大学图书馆关于书刊划分的若干规定》。

6月6日，图书馆整理完成《下系调查情况汇集》，供学校内部参考。

8月1日，图书馆颁布《关于外国原版报刊管理借阅规定》。

1975年图书馆入藏图书29,857册，累计馆藏图书763,774册。

1976年

1976年图书馆入藏图书24,037册，累计馆藏图书787,811册。

1977年

7月26日，学校根据图书馆的报告，向北京外文书店致函索要美国《荧光新闻》期刊附带赠送的资料。

7月，学校任命李文桂为图书馆党支部书记，任命卞守耆为图书馆党支部副书记。

10月，图书馆编《厦门大学图书馆馆藏地方志目录》油印出版。该书采用表格形式，收录1977年以前馆藏的全国方志770种。

11月10日，图书馆起草新版《厦门大学图书馆图书报刊借阅管理暂行规定》和《厦门大学图书馆图书、报刊赔偿制度》。

11月20日，图书馆起草《厦门大学图书馆八年规划(1978—1985)》的讨论提纲。

12月23日，学校印发《关于吴赛莺等一位普通高等学校工农兵毕业生转正定级的决定》(厦大革资字〔1977〕1号)，吴赛莺转正定级为图书管理员。

1977年，学校指定李维三为图书馆负责人，主持工作。图书馆下设采编科、流通科、期刊科和宣传组。

1977年图书馆入藏图书22,220册，累计馆藏图书810,031册。

1978年

1月3日，《厦大校刊》登载《我校教学科研先进单位、先进工作者暨三好学生名单》，图书馆卞守耆、吴赛莺、王以炎、郑安康荣获"先进工作者"称号。

3月5日，图书馆举办"纪念周恩来总理八十诞辰书刊图片展览"，展出周总理的中外文版著作，全国各地编印出版的歌颂和怀念周总理的文集、诗词集、歌选、图片、画报、学报、文艺和科技等刊物，共计200多种400余册。

3月17日，《厦大校刊》登载《我校受省教育战线代表大会表扬的单位、代表名单》，图书馆吴赛莺荣获"先进工作者"称号。

5月17日，《厦大校刊》登载题为《坚决杜绝窃损图书资料的歪风：校图书馆积极采取措施狠抓管理工作》，向全校师生介绍图书馆近几年图书资料的损失情况，以及图书馆采取的针对性措施。

7月4日，图书馆向学校呈报《图书馆抓计划生育工作简要汇报》。

7月，图书馆制定《1978—1985年图书馆发展规划(草案)》。

8月23日，学校接到教育部《印发〈关于加强高等学校图书资料工作的意见〉的通知》(〔78〕教高字754号)，曾鸣校长批示："拟请图书馆根据这一精神，结合我校情况，提出一个加强图书资料工作的意见，提请校党委常委研究。"

9月8日，图书馆向学校呈报《关于加强我校图书资料工作的意见》，对"文革"时期遭到严重破坏的图书馆事业提出全方位的整改建议。

10月14日，《厦门大学报》登载《校图书馆简介》，向全校师生介绍图书馆的总体布局和馆藏情况。

12月7日，学校印发《关于卫守一等同志任免的通知》(厦大委组字〔1978〕26号)，根据中共福建省委宣传部1978年11月15日闽委宣〔1978〕108号文件，陈仁栋任厦门大学图书馆副馆长。

1978 年,我校经济系萧贞昌教授将珍藏几十年的财政会计专业书籍 100 余册捐赠图书馆,其中包括不少德文、英文、俄文等外文版图书。

1978 年图书馆文献资源购置费 40 万元;本年入藏图书 37,658 册,累计馆藏图书 847,689 册。

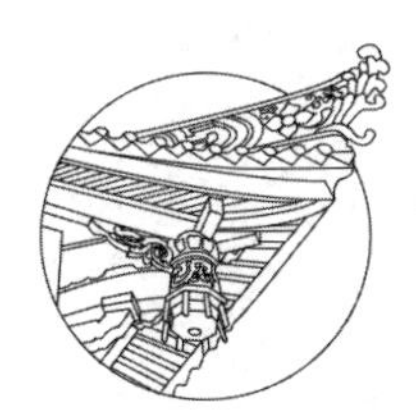

第五部分

1979—2021 年

1979 年

3 月 21 日，学校印发《通知》(厦大校办室字〔1979〕12 号)，转发教育部《关于试行高等学校实验技术和图书情报人员职务名称确定与提升的两个〈规定〉的通知》(〔79〕教政字 003 号)，启动图书资料人员职称评审与提升工作。

4 月，图书馆制定《厦门大学图书馆工作暂行条例(草案)》。

6 月 9 日，福建省教育局下发《转发有关涉外借阅图书规定的通知》(闽教高〔79〕399 号)，要求我校遵照北京图书馆制定的《关于接待外籍读者借阅图书的请示报告》内容执行。

7 月 21 日，学校向中共福建省委宣传部、福建省科委分别致函，申请审批 1980 年度我校续订外国原版报刊(包括港澳台)社会科学部分 72 种 72 份，新订的 135 种 135 份；续订外国原版报刊自然科学部分 80 种 80 份，新订的 91 种 91 份。

7 月 23 日，《厦门大学报》公布《一九七七——一九七八年度对敌斗争和治安纠察先进单位、立功、积极分子名单》，图书馆治保小组荣获“先进单位”称号。

7 月 23 日，《厦门大学报》登载《校图书馆散记》，介绍图书馆的日常服务工作。

9 月 13 日，学校向教育部呈报《关于报送“厦门大学图书馆基建计划任务书”的报告》(厦大校基字〔1979〕15 号)，送审新建图书馆馆舍的计划和方案。

9 月 25—26 日，厦门大学工会第十五届会员代表大会隆重召开，陈仁栋副馆长当选厦门大学工会第十五届委员会委员、常务委员。

10 月 12 日，教育部下发《关于图书馆工程计划任务的批复》(〔79〕教基字 435 号)，同意我校呈报的新图书馆工程计划任务书：建筑面积(包括师生阅览室、书库、办公和辅助用房)定为 14,000m^2；投资额控制在 231 万元以内。并要求学校抓紧委托设计，积极做好基本建设的前期工作。

10 月 15 日，《厦门大学报》登载《校图书馆的巨变》，介绍图书馆解放后发生的变化。

10 月 23 日，学校向福建省基本建设委员会致函，商请委托福建省第四建筑工程公司承建厦门大学新图书馆；又向上海工业建筑设计院致函(校总字〔1979〕

70 号)，商请在今年第 4 季度完成厦门大学新图书馆的扩初设计。

11 月 9 日，厦门市基本建设委员会致我校《关于厦门大学新建图书馆用地的意见》(厦建地字〔1979〕15 号)，同意我校新建图书馆选址为第二群贤楼东北面。

11 月 22 日，学校向厦门市城建局致函(厦大校基字〔1979〕24 号)，考虑到新建图书馆将来的人员流动量巨大，商请将原定选址改为新建公共教室北面，即与我校将来拟建的理工实验中心楼对换。

11 月 25 日，福建省图书馆学会成立大会暨第一届科学讨论会在福州召开。我馆有 4 名代表参加会议，陈仁栋副馆长当选福建省图书馆学会副理事长。

11 月 26 日，图书馆向学校呈报"改评升级领导小组"名单。为认真贯彻中发〔79〕70 号文件精神，根据校党委〔1979〕32 号文件规定，图书馆成立"改评升级领导小组"，由王金海、陈仁栋、王忠俊、周永筠、郭友山、朱立文、杨钤、刘淑珍、陈家忠、王立祥等 10 人组成，王金海任组长，陈仁栋任副组长。

12 月 15 日，图书馆向学校教务处师资科请示：图书馆在岗职工 62 人，其中多数人不具备图书馆学的理论知识和专业技术，难以适应图书馆事业现代化发展的要求。因此，希望学校联系北京大学和武汉大学的图书馆学系，商请我馆各派 1 人前往进修图书馆学专业。若有可能，力争今后每年都能安排人员前往学习培训。

12 月 22 日，厦门市基本建设委员会致我校《关于更改新建图书馆选址的函》，同意我校将新建图书馆与规划中的理科实验中心对换，改在新建教室北面。

12 月，图书馆制定《贯彻〈教育部(79)教政字 003 号文件——关于高等学校图书和资料情报人员职务名称确定与提升的暂行规定〉的若干具体补充说明(具体方案)》，根据教育部〔79〕教政字 003 号和教育部在长沙召开的"双员"评定职称会议的精神，并参照上海师范大学、北京大学图书馆人员评定职称试点工作的经验，结合我校图书馆的实际情况，对助理馆员、馆员、助理研究员、副研究员、研究员的考核标准制定相应的细则。

1979 年，图书馆编印《厦门大学图书馆馆藏解放前报纸合订本目录》。

1979 年，图书馆下设三科三室一组，即采编科、流通科、期刊科、办公室、视听复制资料室、修补装订室、参考咨询组。学校划拨图书馆图书资料购置经费 45.5 万元；本年入藏图书 66,402 册，累计馆藏图书 914,091 册。

1980 年

3 月 25 日，《厦门大学报》登载《校图书馆入藏一批美国出版的图书》，介绍近期图书馆接收一批美国约翰·威利出版公司出版的图书，共计约 1,000 种，包括数学、物理、化学类，天文、地学、生物类，医农类、应用科学及工程技术、环境科学类、社会科学类。这批图书编目后放在文科教师阅览室供阅览。

3 月 25 日，《厦门大学报》登载《记侨胞与校图书馆二三事》，介绍图书馆事业发展过程中华侨曾江水、黄奕住、林义顺、高淑端等人慷慨捐助的事迹。

4 月 10 日，《厦门大学报》登载《我校图书分类法简介》，介绍馆藏图书的分类方法，以便师生方便快捷地检索图书。

4 月 15 日，图书馆向学校呈报《关于修建简易书库的几点意见及要求》。为缓解书库严重不足、阅览室座位严重短缺的现状，学校拟在总馆后山平地修建一座简易馆舍，面积约 1,000m^2。该馆舍采用二层楼房式，今年第一期修建 600m^2，其余明后两年续建。根据这个方案，图书馆初步计划：一楼作为书库，二楼作为采编科业务工作用房及待编书库；原采编科工作室及待编书库改为学生阅览室和过刊阅览室。另外，由于新建简易馆舍依山临海，湿度较大，建议在具体设计时要充分考虑防潮措施。

4 月 23 日，图书馆制定《关于图书报刊资料清查工作的意见》，指导学校清查核资工作中对图书资料的清查。

4 月 28 日，图书馆向学校请示：为加强对馆藏古籍的保护，申请将傅家麟副校长从美国带回的一部较为新式的复印机分配给图书馆使用。

5 月 3 日，图书馆向学校请示："文革"前，学校报刊的订购方案是校内各资料室和本馆阅览室的报刊由图书馆负责，校部机关各部处的报刊则由宣传部负责，这样可以根据教学科研和行政管理的各自特点，做好报刊的征订和分配工作。"文革"期间，因各种制度不健全，学校决定校部机关的报刊也暂由图书馆代订。在我校恢复全国重点大学后，校内各方面工作都已走上正轨，现在校部机关部处的报纸已恢复由宣传部订购，但刊物仍由图书馆代订，在刊物分配和经费使用上存在问题。因此，建议学校参照中发〔80〕6 号文件的精神和校党委有关经费问题的规定，凡校部机关部处的报刊均由宣传部负责选订和分配。

5 月 10 日，《厦门大学报》登载《现代化图书馆简介》，向全校师生介绍图书开始由印刷版图书向现代化图书发展的新趋势，即出现了非印刷品的新形式，开始走向缩微化和视听化，比如缩微胶卷、胶片、磁带、录音录像带、唱片、幻灯、电影以及卫星资料照相版等。

5 月 21 日，图书馆向学校呈报《关于培训我校图书资料专业人员的请示报告》。鉴于我校图书资料人员不足、业务水平较低、机构尚不完善的状况，建议学校从现有扩招班的文、理科学生中考核选拔 20～30 名，由图书馆负责进行为期 1 年的专业培训，毕业后留在图书馆及校内其他单位资料室工作。

5 月 28 日，图书馆制定《厦门大学图书馆资料管理暂行办法(讨论稿)》。

7 月 2 日，图书馆向学校呈报《关于确定和提升图书馆工作人员职称(第一批)的报告》。图书馆在校党委和组织人事部门的领导下，根据教育部《关于高等学校图书和资料情报人员职务名称确定与提升的暂行规定》(〔79〕教政字 003 号)和教育部在长沙召开的“双员”评定职称会议的精神，并参考上海师范大学、北京大学图书馆人员评定职称试点工作经验，结合我校图书馆的实际情况，从去年 10 月开始，经过学习文件、个人总结、小组汇报、全馆范围交流和评议、外文和古汉语笔试、图书馆学术考评领导小组评审等环节，第一批评定职称工作已基本结束。全馆在岗职工 63 人，其中工人编制 11 人，干部编制 52 人。第一批评定职称 37 人，其中副研究员 3 人，占全馆人数 4.7%；助理研究员 19 人，占全馆人数 30%；馆员 15 人，占全馆人数 24%；助理馆员待评。具体人员名单为：副研究员：吴人珊、陈德辉、王以炎。助理研究员：郭其旭、郭载中、林金声、王喜源、杨铃、陈曾唯、陈家忠、傅儒林、朱立文、刘淑珍、孙景雪、黄祥钟、李秉乾、石翠金、周永筠、杨怀贞、林世惠、甘美凤、郑瑞龙。馆员：陈曼丽、林顺泉、赵启安、张兴文、方锡鹏、柳荣华、黄聪华、黄奕好、卢维春、吴赛莺、郑安康、陈永良、王立祥、潘毅梅、邹佩芳。

7 月 8 日，图书馆成立“福建省图书馆学会厦大学组”，并向省图书馆学会上报学组负责人名单，即朱立文任组长，郭其旭任秘书。

7 月 17 日，图书馆向学校呈报《关于图书经费问题的报告》。去年年底，学校财务处承诺本年图书经费不少于去年的指标，即含业务费在内共 45.5 万元，但今年 4 月份学校财务会议确定给图书馆的经费为 30 万元。当时图书馆提出至少应在 45 万元以上才能维持正常业务，对此学校有关领导口头答应下半年酌情再分配适当数额的经费。经图书馆预算，本年度满足各单位教学与科研基本需求所制定的书刊采购计划，全年共需经费46万元。今年前三季度应付经费34.5万元，已支付26万元，欠账8.5万元；加上年终需要预付明年书刊订购费，年底学校还需划拨经费20.3万元。

7月22日，学校向省建委、省建工局呈报《申请安排我校图书馆工程施工力量并列为重点工程的报告》(厦大校基字〔1980〕34号)，申请将校图书馆建设工程列为省重点工程，并下达福建省第四建筑工程公司安排施工。

7月22日，学校向中共福建省委宣传部致函(厦大校图字〔1980〕2号)，申请审批1981年度我校续订的进口原版报刊(包含港澳台)社会科学部分171种171份，新订的44种44份，合计215种215份。

7月24日，图书馆向学校呈报《1980—1981学年度第一学期工作计划的具体意见》。

8月，图书馆编印《厦大图书馆概况和图书馆利用》。

9月1日，为进一步满足教学与科研需要，图书馆修订借书办法，根据不同读者对象和馆藏的具体情况，分别适当增加借书的册数。具体规定：副教授(副研究员)以上可借30册，讲师(助理研究员)可借25册，助教、研究生(实习研究员)可借20册，毕业班四年级学生可借10册。另外，还从储备书库中整理抽出原法学院留存及过去入藏的法学书籍数千册，调往文财分馆，供本学期新开设的法律系师生借阅。

9月27日，学校向上海外国语学院致函，依据教育部《关于日本国际交流基金向我大学赠书事》(〔80〕教外字761号)的精神，厦门大学分配得一批图书资料，并由上海外国语学院代为接收，商请将该部分图书资料及教学设备直接寄往厦门大学图书馆，所需运费由我校图书馆如数交付。

10月7—18日，应德意志联邦共和国科学交流中心的邀请，陈仁栋副馆长参加教育部组织的我国第一个大学图书馆代表团前往西德考察。代表团访问了西柏林、波恩等9个城市和国立图书馆、普鲁士文化遗产馆、柏林自由大学等17个图书馆，参观了第25届国际图书博览会，以及马克思、恩格斯故乡纪念馆。陈仁栋副馆长回国后，除在校内传达考察情况外，还应邀分别在省文物图书工作会议和福州、厦门、泉州等地作报告。

10月28日，学校向教育部呈报《关于报送〈厦门大学图书馆工程计划书〉补充意见的报告》(厦大校基〔1980〕50 号)。鉴于我校图书馆馆舍纯属重建,从我校现状和发展规划等因素慎重考虑,提出图书馆工程的建筑面积增至 19,460m^2,工程投资预算增至 486.5 万左右。

1980 年,图书馆先后收到国内外数位热心祖国教育事业人士的捐赠书刊。厦门市爱国归侨郑伟毅先生捐赠其父郑万年先生生前收藏的中外文书刊 52 册,其中包括多种图书馆未藏图书,如印尼已故总统苏加诺所著《在革命的旗帜下》(印尼文)以及全套 24 册英文版《大英百科全书》。新加坡华侨乔吉南先生捐赠《东南亚年鉴》《丰子恺书画集》《海粟大师山水小景》等 8 册。已故语言学家、文学家、翻译家孙俍工之子孙长宁捐赠其父所著《戏剧作法讲义》和《中国民族文艺史》(线装)。联合国总部图书馆的爱国华侨高端淑女士赠送有关图书馆业务书刊 5 册。上海文艺出版社丁景唐、王汉玉两位先生捐赠珍藏三十多年的 1930 年版、1938 年版《资本论》。

1980 年上半年,入藏图书 39,063 册,累计馆藏图书 953,154 册。

1981 年

3 月,为丰富学生的课余文化生活,图书馆在学生会阅览室增添 80 余种杂志期刊。

4 月 15 日,学校印发《关于杨振士等同志任免的通知》(厦大委组字〔1981〕4 号),王忠俊任厦门大学图书馆秘书。

4 月,图书馆印行朱立文编撰的《厦门大学图书馆六十年》。

4 月,校友庄汉卿、丁政曾、蔡悦诗、邵建寅等人在校庆期间向图书馆捐赠东芝牌复印机 1 台,价值约人民币 3,000 元。

5 月 4—6 日,图书馆举行首届"图书馆学学术讨论会",福建省图书馆学会、泉州市图书馆、厦门市图书馆以及本校各系、室等单位的图书资料人员参加会议。会议围绕图书馆学、目录学、流通学、人才学等议题展开讨论,充分展现与会者对图书馆性质作用的认识和看法。

5 月 7 日,图书馆向学校呈报《关于学习〈中华人民共和国高等学校图书馆工作条例〉(讨论稿)和〈关于加强高等学校图书馆工作的几点意见〉(讨论稿)的讨论意见》。该讨论意见并由学校于 10 日转呈福建省教育厅高教处。

6 月，图书馆采编科编订《厦门大学图书馆采编工作手册》。

6 月底，为庆祝中国共产党成立 60 周年，图书馆举办“福建革命斗争史略”图片展，主要内容包括福建籍各个时期党的领导人、在福建参加过革命实践活动的领导人的照片，各个革命时期的文物和遗址照片，福建人民子弟兵参加红军长征概况的统计数字和革命根据地图表等。

7 月 2 日，学校人事处给图书馆下发《通知》(〔81〕字第 004 号)，经校提升职称领导小组研究，我校图书、档案、资料人员职称评定委员会由陈仁栋、韩振华、钱伯海、钟同德、郑元球、李文桂、陈国强等 7 人组成，陈仁栋任主任。

7 月 20 日，根据学校 7 月 15 日下发的《通知》要求，图书馆向学校呈报《图书馆期终工作小结和下学期工作计划》。

7 月 30 日，图书馆向学校呈报《关于图书报刊清产核资工作报告》。借鉴武汉大学、华中工学院清点图书资料的经验，图书馆提出我校书刊清核工作的初步设想以及急需解决的人力、财力以及场地问题。

7 月，图书馆向全校师生编印《厦门大学图书馆读者须知》。

10 月 10 日，陈仁栋副馆长主持召开“图书口职称评议会议”，校图书口职称评委(钟同德缺席)、各单位主管本图书资料工作的负责人以及人事处吴天祥、郑玉英参加会议。会议主要听取陈仁栋副馆长介绍图书馆评议职称的基本情况。

10 月 15 日，《厦门大学报》登载题为《米基夫人赠书我校图书馆》的文章。曾在我校高校英语师资培训班任教的澳籍专家米基夫人，委托澳大利亚迈耶基金会向我校图书馆转赠图书 28 册，主要内容涵盖小说、戏剧、画册等，其中有一套简明百科全书。

10 月 17 日，陈仁栋副馆长主持召开“图书口职称评议会议”，校图书口职称评委(钟同德缺席)及郑玉英参加会议。会议对各单位评议通过的人员逐个进行评议。

10 月 20 日，图书馆向学校呈报《图书馆 1981—1982 学年工作计划》。

10 月 24 日，陈仁栋副馆长主持召开“图书口职称评议会议”，校图书口职称评委，人事处吴天祥、郑玉英等人参加会议。此次会议延续上次会议内容，继续对各单位评议通过的人员逐个进行评议。

10 月 31 日，陈仁栋副馆长主持召开“图书口职称评议会议”，校图书口职称评委(钟同德缺席)以及人事处吴天祥、郑玉英等人参加会议。此次会议对前几次会议评议中出现争议的人员继续进行讨论。

11 月 7 日，陈仁栋副馆长主持召开"图书口职称评议会议"，校图书口职称评委以及人事处吴天祥、郑玉英等人参加会议。此次会议讨论部分人员同等学力的问题。

11 月 16 日，图书馆向学校呈报《港、台中文期刊借阅制度》。经校领导审核并提出部分修改意见，该制度于 11 月 25 日正式颁布。

11 月 20 日，陈仁栋副馆长主持召开"图书口职称评议会议"，李文桂、钟同德、钱伯海、郑元球、郑玉英等人参加会议。此次会议继续讨论部分人员同等学力的问题。

11 月 25 日，图书馆颁布《厦门大学港、台中文报刊借阅制度》，自 1981 年 12 月 1 日起执行。

11 月 5 日，图书馆颁布《静电复印管理暂行规定》。

1982 年

1 月 16 日—2 月 1 日，全国高等学校图书馆工作委员会组织专家组来我校检查图书资料的清查工作。

2 月至 7 月，王小牧赴武汉大学图书馆学系图书馆学教研室进修学习。

2 月 25 日，《厦门大学报》登载《厦门大学一九八一年优秀通讯员名单》，图书馆朱立文荣获"优秀通讯员"称号。

3 月 8 日，《厦门大学报》登载《学校评选三十八名"三八"红旗手名单》，图书馆刘淑珍荣获厦门市"三八"红旗手称号，王小牧荣获校"三八"红旗手称号。

3 月 25 日，图书馆向学校呈报《关于征集我校师生发表的学术论著及内部刊物样本的报告》。为做好本校师生的学术论著的典藏工作，使其在教学科研中发挥更大的作用，图书馆提出以下建议：凡公开发表的论著，包括集体或个人编著的专著、论文集、教材、参考资料以及书法、绘画作品等，本单位资料室应负责送 3 至 5 册（件）样本到图书馆收藏；凡公开发表的单篇学术论文或文章，本单位资料室均应认真登录，并将编目卡片送一份到图书馆收藏；凡经校党政认可的内部发行刊物，编辑单位应每期送 3 至 5 份到图书馆收藏；《厦门大学学报》及厦门大学校刊，仍按照以往的办法送到图书馆收藏。

3 月，图书馆根据学校的部署，开展“全民文明礼貌月”活动。

4 月 3 日，学校向教育部呈报《关于要求提前建设我校图书馆工程的请示报告》(厦大校图字〔1982〕1 号)。为解决我校图书馆舍所存在的严重问题，拟定今年第四季度施工建设新馆舍，并于 1985 年底交付使用。

4 月 15 日，图书馆召开图书资料人员职称评审工作党委汇报会，未力工、谢白秋、卞守耆、陈仁栋、李文桂、吴天祥等 6 人参加会议。陈仁栋副馆长详细汇报了此轮职称评审工作各个步骤的具体情况，提请大会逐个进行研究决定。

4 月 17 日，图书馆继续召开图书资料人员职称评审工作党委汇报会，未力工、谢白秋、卞守耆、陈仁栋、李文桂等 5 人参加会议。会议研究决定，图书馆图书资料人员此轮评审结果为：同意评上副研究馆员 3 名：陈德辉、吴人珊、王以炎；同意评上馆员 21 名：朱立文、刘淑珍、孙景雪、周永筠、杨怀贞、林世惠、甘美凤、郭其旭、傅儒林、郭载中、林金声、陈曼丽、陈曾唯、李秉乾、石翠金、郑安康、郑瑞龙、陈家忠、杨钤、王喜沅、林顺泉。

4 月 26 日，图书馆召开落实知识分子座谈会，李文桂、王金海、朱立文、郭其旭、陈德辉、王以炎、吴人珊、杨钤、甘美凤、欧声和等 10 人参加会议。

4 月 30 日，学校印发《关于张秋萍同志定级的决定》(〔82〕厦大校人字第 044 号)，图书馆工人张秋萍于 1981 年 1 月参加工作，1981 年 10 月从膳食科调到图书馆，根据省劳动局《关于适当调整学徒和熟练制职工的工资待遇问题的通知》(闽劳薪〔1979〕003 号)规定，同意该同志定级为高行 21 级，从 1982 年 4 月起执行。

4 月，图书馆颁布《内部报刊借阅规则(试行)》。

5 月 2 日，《厦门大学报》公布《厦门大学“全民文明礼貌月”活动先进单位、积极分子名单》，图书馆林顺泉、柳荣华荣获“先进积极分子”称号。

5 月 4 日，学校向福建省委宣传部致函(厦大校图字〔1982〕2 号)：鉴于我校与国外和港澳等地区的 164 家单位建立了书刊交换关系，为减少书刊邮寄接收过程中的繁杂程序，申请设立 1 个厦门大学图书馆专用信箱。

5 月 24—28 日，福建省高等学校图书馆工作会议在福州市召开，参加会议的有 21 所大专院校分管图书馆工作的副校(院)长，图书馆馆长、副馆长，10 所部属重点中等专业学校的有关人员，以及省教育厅、省图书馆、省社联、省科协、新华分社、福建日报社等单位的代表，共 60 多人(闽文教〔1982〕030 号)。会议主要内容是传达、学习教育部召开的全国高等学校图书馆工作会议精神、教育部颁发的《中华人民共和国高等学校图书馆工作条例》和周林同志在全国高等学校图书馆工作会议上的两次讲话，进一步明确高等学校图书馆的性质、任务、地位和作用；并结合我省实际情况研究如何加强高等学校图书馆建设的问题。厦门大学图书馆原馆长陈明鉴出席会议。

6月7日，学校印发《批准朱立文等五十位同志晋升为馆员职称的通知》(厦大校人字〔1982〕28号)，图书馆朱立文、刘淑珍、孙景雪、李秉乾、石翠金、郑安康、杨怀贞、林世惠、甘美凤、郑瑞龙、郭其旭、傅儒林、郭载中、林金声、陈曼丽、陈家忠、杨钤、王喜沅、林顺泉等19人晋升馆员。

6月14日，教育部印发《关于检查图书、资料清查工作的通知》(〔82〕教供字036号)，要求各高校于本年底完成图书资料的清查工作：善本、贵重图书要数量清，账(卡)物相符；一般图书要数量清；对校、系两级图书馆(资料室)存放的合订本期刊要数量清。图书、资料的检查组按大区组织，由各校图书馆抽调一至二人组成，教育部派人参加。组长单位仍由原清产核资验收组组长单位担任，厦门大学为华东区组长单位。

6月25日，中共福建省委宣传部印发《关于同意厦门大学图书馆设立一个专用信箱的批复》(闽委宣新〔1982〕018号)，同意厦门大学图书馆设立1个专用信箱，用于境外科研机构交换书刊资料，邮检按海关规定执行。

7月1日，陈钦霖向图书馆领导提交《报告》，汇报古籍装修的进展状况。自图书馆决定在流通科线装书库附设古籍装修机构后，流通科于今年3月间即着手筹备；4月下旬，陈钦霖和廖鹭芬二人前往福建省图书馆学习，并参观福建师范大学、福州大学、福建博物馆等单位有关古籍管理及装修方面的情况；5月上旬起，流通科利用现有的简单设备，研究需要修补的藏书实况，开始进行修复工作。现已初步完成修补本、金镶玉本、裱装本三种类型古书的初步装修样本，请示本馆领导和科室领导审核和指导。

7月3日，图书馆召开全体图书资料人员会议，通报第一批职称评定的情况，并布置第二批职称评审工作。

7月6日至8月23日，朱梅兰、黄惠芬、吴成、李碧瑜、秦婷媛等5人参加省教育厅、省高校图书馆协作委员会委托福建师范大学举办的福建省高校第一期图书馆业务培训班。

7月19日，福建省人民政府文教办公室印发《对〈关于成立福建省高等学校图书馆协作委员会及其成员名单的报告〉的批复》（闽文教〔1982〕032号），同意成立“福建省高等学校图书馆协作委员会”，由福建省教育厅领导和管理。我馆陈仁栋副馆长当选副主任委员。

7月24日，加拿大国际开发署（CIDA）教育项目代表团参观我馆，并主动提出帮助补齐十年动乱期间造成的外文期刊缺口。

7月31日，教育部下发《关于为培养文科学位研究生订购外文图书的通知》（〔82〕教高一字077号），我校1982年分配得外汇4.5万美元，人民币8.1万元。

7月，美国俄亥俄大学图书馆馆长李华伟博士应邀来我馆讲学，作题为“美国图书馆的现代化和发展趋势”的学术报告。

8月6日，图书馆向学校呈报《图书馆1981—1982学年工作总结和1982—1983学年工作计划》。

9月24日，图书馆向学校报告：图书馆因书库用房紧张，拟将总馆一楼左侧两个房间调整为书库，以使新购图书能上架流通。经学校基建办实地勘察，认为须进行挖沟、砌墙、垫高地板等改造后，这两间房才能满足作为书库的基本要求。该工程总造价约5,200元，申请学校审批。

9月底，图书馆设立现刊阅览室，主要供我校教师、研究生、干部以及毕业班同学阅览。室内存放当年中外文期刊及部分港台报刊，并拟从1983年1月起，增加前一年期刊，以方便读者连续查找资料。

10月25日，厦门市基本建设委员会致我校《对厦门大学图书馆、经济学院楼设计方案的意见》（厦建〔1982〕280号），建议图书馆、经济楼的设计应与南普陀寺的建筑相协调。

10月，福建师范大学图书馆副馆长许仲凯调至我馆工作。

11月8日，图书馆向学校报告：为改善学校教学和科学研究条件，校领导研究决定从香港购买一部台湾商务印书馆出版的《四库全书》，总价约港币128,300元，拟从我校函授学院自创外汇经费中列支。此事已经厦门市人民政府进出口办公室和厦门海关同意，申请学校向福建省人民政府办公厅请示，以尽早获批购买。

11月9日，图书馆向学校报告：为解决图书馆及校内各系各单位报刊装订问题，经校办公会议同意，由校园管理科筹办1个装订厂，拟从图书馆业务经费中预支装订经费1万元作为该厂筹备经费，申请学校审批。

12月2日，学校向教育部民族教育司致函（厦大校教字〔1982〕225号），按照教育部《关于支援边疆地区高等学校教学仪器设备和图书资料的通知》（〔82〕教民字021号）的精神，我校积极向边疆高校捐赠图书资料，其中文科946册、理工科1,363册。

12月22日，图书馆召开第二轮评定职称工作会议，明确此轮评定的基本要求和前期工作内容。

12月25日，学校印发《关于表彰一九八一年度先进党支部和优秀共产党员的决定》（厦大委组字〔1982〕22号），图书馆朱立文荣获"优秀党员"称号。

12月，联合国总部图书馆高端淑女士从美国向我馆寄赠联合国文件资料和书刊147册。

自本年开始，图书馆开始向上级业务指导部门提交年度基本情况和业务数据，此后历年数据均来源于这些统计材料。本年全馆在岗职工74人，其中大专学历以上38人；另有非正式职工34人。图书馆馆舍面积7,500m^2。全馆有阅览室8间，拥有阅览座位856个。图书馆经费42万元，其中购书经费38万元。本年入藏图书40,624册，报刊6,899册，资料20,981册。截至12月31日，馆藏文献资料累计1,265,519册。

1983年

1月5日，美国俄亥俄大学图书馆馆长李华伟博士应邀到我校讲学，在映雪（二）教学楼做题为"美国图书馆的现状及其发展趋势"的学术报告，图书资料和科技情报人员约200多人参加报告会。

1月26日—2月1日，根据教育部《关于检查图书、资料清查工作的通知》（〔82〕教供字036号）的精神，华东地区部属院校图书资料检查小组到我校进行检查和工作总结。

1月，图书馆完成图书资料的清查工作，并呈报《厦门大学图书馆图书资料清查工作汇报》。1980年学校开展清查核资工作，全校各单位对对图书资料进行了一次全面的清点，主要是逐库逐架逐册清点，并统计出实际的馆藏数字。1982年6月，教育部下发《关于检查图书、资料清查工作的通知》（〔82〕教供字

036 号)，要求各高校于本年底完成图书资料的清查工作，重点在清查善本与贵重图书。

2 月 1 日，学校印发《关于周珊等十二位同志定级的决定》(〔83〕厦大校人字 11 号)，扩招班毕业留校到图书馆工作的彭文权，于 1982 年 10 月见习期满并通过考核，顺利转正定级为行政 23 级，自 1982 年 11 月起执行。

2 月 8 日，学校收到教育部《关于印发全国高等学校图书馆工作委员会第二次全体会议文件的通知》(〔83〕教高一字 001 号)后，傅衣凌副校长批示："图书馆建设是高校大事，请图书馆阅后转送常委、正副校长一阅，并请图书馆根据此次清查结果，拟具工作计划，由办公会议讨论一次。"

2 月 22 日，教育部下发《关于使用世界银行贷款进口书刊的通知》(〔83〕教贷字 010 号)，经与世界银行协商，决定从大学发展项目贷款中划出 500 万美元左右，为各项目院校进口外文书刊，其中分配给厦门大学 15 万美元，并要求于 3 月 15 日前上报分类购书计划。

3 月 9 日，图书馆向学校呈报《关于图书馆过渡用房的请示报告》。近年来，图书馆每年新进图书约 8 万册，在新馆舍建成之前的三四年间，新进图书总数预计达 30 万册，加上目前溢库图书资料已积压到近 20 万册，总计约 50 万册图书资料没有地方存放，无法上架提供给读者使用。因此，紧急调整一批过渡用房是解决图书馆书库紧张局面的当务之急，拟建议学校分期分批处理：

第一，现在应立即解决的书库用房。原外文食堂角落堆放的剪报资料，豆干房边的装订本旧报纸，大礼堂堆放的 4.7 万册图书，数学系两个房间堆放的 4 万册图书，总馆地下室堆放的 5 万册图书，总馆一楼原期刊办公室堆放的一套《万有文库》，这些图书资料已不同程度地发霉、虫蛀，部分情况已经很严重，需要紧急调整出约 200m^2 的房间放置，否则会造成严重的损失。

第二，本学期内应解决的用房。现刊阅览室地方狭小，无法满足师生的要求；报库搬到第一食堂楼下的一个角落以后，地方过于拥挤，无法接待读者。建议把现在辞典组使用的地方调整出来，扩展为现刊阅览室；同时把期刊登记、出纳、阅览都归属到现刊阅览室，既方便读者，也便于管理。

第三，今年内应解决的用房。调整出集美(二)楼下四间教室给图书馆，以便把近年来积压堆放在几个书库的 7 大堆"死书"整理出来，上架流通。另外，考虑开放工具书阅览室，以满足读者的需要。前两项总计需要调整出约 500m^2 的地方，才能够满足使用。

第四，明年内应解决的用房。再调整出约 800m^2 旧房，最好是盖一座新房，今后三四年新采购的书刊可以在此存放和上架流通。图书馆不再使用后，可调给其他单位使用。

3 月 22 日，学校印发《关于许仲凯等同志任职的通知》（厦大委组字〔1983〕18 号），根据福建省人民政府文教办公室党组 1983 年 3 月 5 日闽文教干〔1983〕036 号通知，许仲凯任厦门大学图书馆副馆长。

4 月 21 日，学校印发《关于批准一九八二年度业余大学中文、电子大专班“优秀学员”及“学习积极分子”的决定》（〔83〕厦大业字第 01 号），图书馆向毓轩、王小牧荣获“学习积极分子”称号。

4 月 23 日，教育部印发《关于 1983 年订购文科外文图书有关问题的通知》（〔83〕教高一字 022 号），我校分配得 1983 年订购文科外文图书外汇指标 4 万元。

5 月 16 日，学校印发《关于陈顺斌同志定级的决定》（〔83〕厦大校人字 31 号），历史系扩招班毕业留校到图书馆工作的陈顺斌，于 1982 年 10 月见习期满，后因其个人原因延长半年，经考核予以转正定级为机关行政 23 级，自 1983 年 5 月起执行。

6 月 6 日，图书馆向学校呈报《关于图书馆、阅览室问题的改进措施——复“两代会”代表座谈会意见》。图书馆于 5 月 19 日参加校党委召开的“两代会”代表座谈会，听取代表们有关图书馆的意见后，在馆内进行了传达；并于 6 月 3 日和 4 日分别召集馆里有关人员对开放时间和采购等工作进行研究，制定以下改进措施：

第一，加强职工和家属工的政治思想教育。开展“爱书如命、爱馆如家、爱读者如亲人”的活动，树立一切为读者，全心全意为我校教学、科研服务，搞好本职工作的思想。加强考勤和评比工作，表彰先进，带动后进，对个别经教育不改者进行工作调整。从 5 月 25 日起，11 个出纳台、阅览室均设读者意见簿，由馆、科领导及时处理读者反映的意见。

第二，调整改进阅览室开放时间。理科学生阅览室准备实行开架借阅，文科学生阅览室准备半开架借阅。现刊阅览室 6 月 13 日开始增加晚上开放时间；文、理科学生阅览室开放时间仍维持上午 7：30—11：10、下午 2：30—晚上

9∶50。每周开放 68.5 小时，上午和晚上闭馆后尚需 20 分钟整理内务。其他阅览室人员配齐，也同样实行。

第三，加强专业图书资料采购工作。1981—1982 年度因经费限制，专业参考书复本比例是 1∶3，偏低了一些。今年复本量已经提高到 1∶6.32，超过了各校 1∶6 的复本。因为图书馆现状地点分散，在每个点存书量就显得很少，今后将继续做好专业用书的调整，加强征订工作，增加教学参考书的订量。另外，对交叉的公共课用书和本校教师的译著也尽量多采购。

第四，尽可能改善图书流通管理工作。现在图书书库溢库现象十分严重，无法上架流通，因此进库的书不能全部与读者见面，难以充分发挥图书作用。由于超量问题，图书馆只好延长借阅期限，现限期长达一年，致使约 20 万册常用参考书在读者手中，期限过长，急需者无法借阅所需的参考书。对此，拟缩短借期，适当降低借书量，以提高图书周转率；对复本量多的参考书鼓励集体借阅，复本量少的且是大家都需要的参考书，则充实到文、理科阅览室进行借阅。

6 月 10 日，福建省人民政府印发《关于成立"福建省图书馆专业干部业务职称评定委员会"的批复》(闽政〔1983〕综 314 号)，同意成立"福建省图书馆专业干部业务职称评定委员会"，我馆陈仁栋副馆长任评委会委员。

6 月 10 日，图书馆给各单位印发《通知》：为加强图书经费管理工作，今后各单位所需图书报刊资料均需报送图书馆统一采购。同时，考虑到各单位实际需要，经与财务处研究决定，每年给文科各系 600 元、理科各系 300 元，作为图书机动经费，以补充内部资料之用，希望各单位严格掌握使用。

6 月 18 日，图书馆召开馆职称评委会工作会议。经研究决定，赵启安、黄聪华、叶素青、柳荣华通过馆员资格初评，林娟娟通过助理馆员资格初评。

6 月 20 日，学校向中共福建省委宣传部呈报函件(厦大校图〔1983〕1 号)，申请审批我校 1984 年续订进口的原版报刊(含港澳台)社会科学部分报刊 235 种 235 份，新订原版报刊 38 种 38 份。

6 月 6 日—7 月 9 日，孙景雪赴西安交通大学参加"高校理工科科技情报检索课程讲习班"学习。

7 月 1 日，学校公布《厦门大学工会积极分子名单》，图书馆邹佩芳、周寿康、刘淑珍、吴成荣获"积极分子"称号。

7 月 18 日—8 月 20 日，受福建省高校图书馆协作委员会委托，我馆举办福建省高校图书馆第二届业务培训班，学员来自全省各地大专院校和部分中专、党校、情报部门等三十个单位从事图书资料工作人员，共计 85 人。厦门大学陈德辉、吴人珊、傅儒林、朱立文、刘淑珍、王忠俊、郭德凤、石翠金、陈素月等 9 人担任教师，图书馆蔡白杨、武红、向毓轩、廖鹭芬、郑保山、骆鸣珍、郑雅华、谢传洁、孙婉芬等 9 人参加此次培训。

8 月 13 日，图书馆向学校呈报《关于购买木制书架的请示报告》。为使文科学生阅览室实行半开架借阅服务，申请学校购置 20 个六层书架。由于今年经费要减少，学校未批准该申请。

8 月，图书馆设立办公室、采编科、流通科、期刊科等 4 个部门。

8 月，厦门大学职工业余大学（夜大）开设秘书班和图书馆学两个班，共招收学员 48 名。夜大是教育事业中的重要组成部分，学员修完所规定的课程后毕业，可获得教育部认可的学历。夜大图书馆学班的开设，为图书馆人才队伍的建设发挥重要作用。

9 月 5 日至次年 6 月 30 日，陈顺斌赴兰州大学参加“高等学校图书馆专业干部进修班”学习。

9 月 9 日，图书馆起草《图书馆工作计划（83—84 年度）》。

10 月 14 日，图书馆向学校呈报《关于筹设厦门大学图书馆学系的初步意见》。根据潘懋元副校长关于在我校筹设图书馆专业或图书馆学系的意见，图书馆于 1983 年 10 月 13 日上午召开包括馆党支部、馆行政负责同志和部分老馆员等共 11 人参加的座谈会，传达了校领导的意见，并介绍今年 4 月全国图书馆学、情报学教育工作座谈会的精神和高教一司副司长夏自强同志在该座谈会上所作的“图书馆学、情报学教育的发展和改革问题”的发言内容。经过讨论，与会人员肯定了筹设图书馆学系的必要性和紧迫性，愿意为在我校筹设图书馆学系，发展图书馆学、情报学的教育事业尽一份力量。经过深入探讨，会议在筹设图书馆专业或图书馆学系、培养规格、教学内容、师资、招生、图书馆学系与图书馆的关系、当前筹办步骤等 7 个问题上形成了初步意见。

10 月，王洛林将其父王亚南珍藏的译著捐赠给图书馆。我校已故校长王亚南生前曾收藏大量书籍，但“文革”中损失殆尽。王洛林把幸存的钤有“亚南藏书”印章的译著《现代世界经济概论》和《世界经济机构总体系》（上、下册）计 3 本赠送给图书馆。

11 月 10 日—12 月 10 日，受福建省高校图书馆协作委员会的委托，我馆举办福建省高校图书馆西文编目专题业务培训班，来自全省 12 所大专院校的图书馆工作人员共 14 人参加培训。

11 月 16 日，为充实边区高校图书馆的馆藏图书资料，根据教育部(83)教民厅字 011 号通知，我馆向湖南吉首大学捐赠图书 2,438 册。

11 月，国际交换组统计 1979 年以后我馆开展的国际书刊交换工作情况，与我馆建立固定交换关系的有美国、英国、西德、荷兰、加拿大、澳大利亚、新西兰、日本、泰国等国家以及中国香港地区的 57 家高校图书馆或藏书单位。1980 年收到图书 718 册，期刊 312 种；1981 年收到图书 489 册，期刊 185 种；1982 年收到图书 656 册，期刊 325 种；1983 年上半年收到图书 307 册，期刊 234 种。三年半总计收到图书 2,170 册，期刊 1,056 种。

12 月 1 日，图书馆向学校呈报《关于向教育部高教一司呈报专款购买台版文科书籍的请示报告》。申请在文科学位研究生图书专款中专项拨给美金 15 万元，作为我校充实文科台版图书的购置经费。该申请得到学校批准，并上报教育部高教一司。

12 月 6—9 日，福建省高等教育厅在福州召开省高校图书馆经验交流会，许仲凯副馆长、朱立文等 2 人参加会议。

本年在岗职工 104 人，其中大专学历以上 35 人；另有非正式职工 2 人。图书馆馆舍面积 7,523.8m^2。图书馆经费 57.66 万元，其中书刊购置费 49.66 万元。截至 12 月 31 日，馆藏文献资料累计 1,311,128 册。

1984 年

1 月，法律系陈安副教授向法律系资料室捐赠外文法律图书 99 册。

2 月 13 日—7 月 7 日，彭文权赴北京师范大学参加“高校图书馆专业干部进修班”学习。

2 月 22 日，教育部印发《关于在高等学校开设〈文献检索与利用〉课的意见》的通知(〔84〕教高一字 004 号)，鼓励高校以图书馆为基地来组织开设“文献检索与利用”课程。

2—7 月，卢维春赴中山大学参加“高校图书馆期刊工作进修班”学习。

3月15日，教育部下发《关于图书馆初步设计的批复》(〔84〕教基字065号)，同意我校图书馆初步设计方案，核定建筑面积为17,420m^2，工程概算为560万元。

4月14日，教育部下发《关于一九八四年高等学校文图书专款使用问题的通知》(〔84〕教高一字20号)，我校1984年度文科图书专款外汇额度为6万美元。

5月16日，图书馆向学校呈报《关于藏书馆舍问题的报告》。在新馆舍建成之前，申请学校帮助解决当前和今后几年过渡性馆舍问题。

5月17日，学校印发《厦门大学各类人员定编方案计划(讨论稿)》，图书馆定编图书资料人员112名。

5月28日，图书馆向学校呈报《关于我馆人员定编的意见》。学校定编方案中的112名仅为按教辅人员1∶14标准分配的专业人员额数，从图书馆实际情况看，编制数额偏紧。根据图书馆的工作性质、任务及馆舍分散等具体情况，提出在编制上应分配专业人员112人、政工干部2人、行政人员3人、技术人员3人、技术工作4人、工勤人员6人、编外人员6人。以上专业、政工、行政、技术、勤杂等人员的定编计划，按照高校图书馆工作条例提出的要求，由各科(部)先订出具体的工作细则，即"工作职责范围"，尔后统一调配，采取定额计量管理，建立岗位责任制，严格考核奖励制度，逐步消除忙闲不均和"吃大锅饭"等现象，加强科学管理，提高工作效率，更好地为我校教学科研服务。

5月31日，图书馆向学校呈报《厦门大学图书馆暂行管理规则》。

6月18日，图书馆印发《关于发放各系机动图书经费的通知》。为加强我校藏书建设和图书经费管理，及时照顾各系教学科研工作的实际需要，经校领导同意，决定以全校图书总经费5%发放给各系作为机动图书经费。今年指标为2万元，文科每系1,200元，理科每系800元。该款仅限购买专业对口的内部出版物，凡书店公开出售的出版图书报刊均报校图书馆按计划统一订购，希望各系严格掌握使用，以免交叉重复造成浪费。各系自购的图书资料由各系自行编、管，图书馆负责业务指导。

6月19日，"福建省高校图书馆藏书建设专题研讨会"在华侨大学陈嘉庚纪念堂会议室召开，厦门大学潘懋元副校长、图书馆许仲凯副馆长以及各部室负责人参加会议。

6月23日,厦门市建委、市设计院、厦门大学图书馆和基建办负责人及相关人员,在厦门大学群贤楼会议室召开厦门大学图书馆施工图设计问题讨论会。图书馆许仲凯副馆长、朱立文、黄聪华等3人参加会议。

7月13—31日,王小牧参加福建省高校图书馆协作委员会委托华侨大学图书馆和厦门大学图书馆举办的“西文图书采编业务培训班”。

7月15日—8月25日,卢维春赴南开大学参加“社科文献检索课师资培训班”。

8月21日,学校人事处印发《通知》,图书馆原“以工代干”人员谢传洁、孙婉芬、王小牧、向毓轩、孔音雷,经校党委审批同意自1981年8月21日转为干部编制。

9月29日,图书馆向学校呈报《关于解决图书馆人员缺编问题的请示报告》。在去年7月的校务会议上,图书馆建议学校向教育部申请20名大专生指标,生源从高招落取生中选择,在校内进行图书馆专业学习培训,半天上专业理论课,半天在馆里从事实际工作,学制2年,毕业后分配图书馆工作。该方案是解决图书馆人员问题、改变图书馆面貌的根本措施,也是为新馆建成以后图书馆职工队伍建设做准备。该建议在当时已得到校领导的认可,现正式上报,申请审定执行。

11月21日,学校印发《关于颜清芳等四十四位同志任职的通知》(厦大委组字〔1984〕36号),周寿康任图书馆党支部书记,王金海任图书馆党支部副书记。

11月21日,学校印发《关于庄明萱等三十八位同志任职的通知》(厦大校人字〔1984〕81号),陈德辉任图书馆馆长,许仲凯任图书馆副馆长,赵启安任图书馆馆长助理。

图 9　1984 年图书馆同仁合影[①]

12 月 7 日，吴宣恭副书记、副校长主持召开校领导办公会议，会议讨论有关图书馆的两个问题：第一，关于图书馆阅览室拥挤，要求增加阅览场所问题。会议决定：(1)为解决目前阅览室拥挤问题，由教务处负责，在本学期先腾出集美二楼下两间教室，交由图书馆辟为阅览室。另外两间教室在下学期腾出作阅览室。至于教室不足，安排下午上课。(2)与工会协商，借用工会俱乐部半年，作为报库之用。工会晚间放映电视，改在校大礼堂，仍由工会负责管理，由仪器厂协助做电视架。第二，关于延长阅览室开放时间。会议决定：同意延长阅览室开放时间，从星期一至星期日，除星期四下午政治学习和星期六晚上外，全周每天开放。每天 7：30—22：30 为开放时间。由于延长开放时间，图书馆工作人员不足，决定采取学生勤工俭学的办法，选聘 30 名符合条件的学生参加图书馆的管理工作，每小时按 0.25 元计酬，由图书馆负责选聘。

12 月 20 日，图书馆颁布《厦大图书馆复印管理及收费标准暂行规定》，自 1985 年 1 月 1 日起执行。

---

① 该照片由李秉乾先生提供。

12月21日，图书馆向学校呈报《关于〈图书馆一九八五年家具设备投资计划〉的报告》。由于图书馆现有家具和设备在数量和质量上都不能适应发展的需要，向学校申请购买桌椅家具若干、汉字自动打字机1台、快速复录机1台、缩微阅读复印机1台，总预算约10.75万元。并拟于2月底完成家具类投资，上半年内逐项完成设备投资。

12月29日，学校印发《关于陈旭华等105位同志任职的通知》(〔84〕厦大校人字99号)，朱立文任图书馆办公室主任，黄聪华任图书馆办公室副主任，王忠俊任图书馆期刊资料部主任，邹佩芳任图书馆期刊资料部副主任，郭其旭任图书馆采访编目部主任，萧德洪任图书馆采访编目部副主任，刘淑珍任图书馆流通阅览部主任，吴赛莺任图书馆流通阅览部副主任，王小牧任图书馆流通阅览部副主任。学校按照干部"四化"要求，健全图书馆的馆、部(室)两级领导班子，配备图书馆党支部正、副书记各1人，正、副馆长各1人，馆长助理1人，正、副部主任9人(原"科"改称"部")。

本年在岗职工90人，其中大专学历以上64人；另有非正式职工35人。图书馆文献购置费62.20万元，其中购书费40.02万元，购刊费22.18万元。本年入藏图书100,713册，中文期刊2,675种，外文期刊3,289种。截至12月31日，馆藏文献资料累计1,390,750册。

1985年

3月26日，学校向教育部基建局呈报《报送我校图书馆扩初设计》(厦大校基字〔1985〕14号)，上报我校图书馆第二次扩初设计和概算书。该楼委托南京工学院建筑设计院设计，建筑面积17,602m^2，总造价概算696万元。

3月26日，图书馆向学校呈报《1985年所需图书经费的报告》。综合考虑各类因素，预计图书馆1985年度需支付中文图书19万元、外文进口图书18万元，外文影印图书6万元、中文期刊报纸8万元、外文期刊报纸20万元，总预算达71万元。另外，为满足我校文科教学科研的需要，1984年订购台湾出版的《中国方志丛书》一、二、三期，除去年已付定金10万元，今年全部到货还需支付余款33万多元；学校要求订购《四库全书》一套，需美金3.6万元，折合人民币11.88万元；历史系建议购买《敦煌宝藏》一套，总价约4万元。三套大型图书合计需要人民币 49 万元，请另拨专款解决。

4 月 26 日，学校印发《部门工会委员会组成名单》(〔85〕厦大工字 5 号)，图书馆部门工会委员会由刘淑珍、林强緾、叶欣荣、陈建南、林振锋、杨钤、朱立文等 7 人组成，朱立文任主席，杨钤任副主席。

4 月，荷兰莱顿大学陈敬廉教授捐赠我校图书共 12 包 59 册，经由中山大学图书馆代收并托运到我馆。

5 月 9 日，图书馆向学校呈报《关于我馆成立书刊资料综合服务部的申请报告》。图书馆拟成立小集体所有制的经济实体“书刊资料服务部”，进一步扩大图书馆的服务范围，更好地为读者、为社会服务。该申请得到学校的批准。

5 月 9 日，图书馆向学校呈报《关于微机使用的申请材料》。为推动图书馆现代化的发展，拟在外文图书采购和流通部出纳台使用微机进行管理，申请学校购置设备。

5 月 10—30 日，为协调图书馆与各院、系、所资料室的工作，更好地为教学科研服务，图书馆成立工作小组，深入各院、系、所、公共课教研室等单位进行调研；并于 14 日和 30 日分别召开理科和文科院、系、所资料室负责人座谈会，听取对图书馆建设的意见和建议。在调研和座谈的基础上，图书馆向学校呈报《关于做好图书馆、资料室藏书建设的调查报告》。

5 月 25 日，学校印发《批复部门工会委员名单》(〔85〕厦大工字 6 号)，图书馆部门工会副主席改选为刘淑珍。

5 月 28 日，福建省图书馆学会厦门分会厦大学组决定下设三个小组，并选举产生学组及小组正、副组长。学组由陈建南任组长，李金庆、陈淑仁(厦门大学哲学系资料室)任副组长；第一小组由陈建南任组长，邹佩芳任副组长；第二小组由李金庆任组长，李秉乾任副组长；第三小组由陈淑仁任组长，苏恒山(鹭江大学图书馆)任副组长。

6 月 10 日，图书馆向学校呈报题为《锐意改革，开创图书馆工作的新局面》的工作汇报。

6 月 15 日，图书馆向学校呈报《关于我校成立“厦门大学书刊资料综合服务部”申请执照的报告》。学校同意申请营业执照，并于 17 日向厦门市工商行政管理局呈报《关于我校成立“厦门大学书刊资料综合服务部”申请执照的报告》。

6 月 25 日，图书馆向学校呈报《关于取消在图书馆北侧建造“一条街”的报告》。由于新建的图书馆与“一条街”相距太近，在功能上存在严重矛盾，建议学校取消商业“一条街”的建设项目。

6 月 30 日—7 月 2 日，福建省高校图书馆表彰大会暨经验交流会在福州大学召开，许仲凯、吴人珊、王以炎、徐轩在、杨钤、黄奕好等 6 人出席会议。

6 月，我馆向厦门市少年儿童图书馆捐赠图书 700 册。

7 月 10 日，学校向厦门市经济贸易委员会呈报函件（厦大校图字〔1985〕1 号），拟筹办“厦门大学书刊资料综合服务部”，地址设在学校图书馆内。

7 月 15 日，福建省高等教育厅印发《关于福建省高校图书馆工作委员会组成名单的通知》（闽高教〔85〕教字 136 号），陈德辉馆长当选为省高校图工委委员、副主任委员。

7 月 16 日，学校印发《厦门大学关于各类人员定编暂行办法》（厦大校人字〔1985〕90 号），图书馆人员编制参照教育部关于高等学校图书馆管理条例计算标准，结合我校目前实际情况，定员编制为 130 人。

7 月 19 日，厦门大学、南京工学院以及福建省第四建筑工程公司在化学楼二楼会议室举行厦门大学图书馆基础工程设计交底会审，三方就基础工程有关问题进行磋商研究。

8 月 26 日，学校印发《关于批准 1984—1985 学年度夜大学“优秀学员”、“学习积极分子”的决定》（〔85〕厦大校教字 1 号），图书馆王小牧、周慧明荣获“优秀学员”称号，林梦如荣获“学习积极分子”称号。

9 月 14 日，厦门市经济贸易委员会印发《关于同意设立“厦门大学书刊资料综合服务部”的批复》（厦经贸〔1985〕1040 号），同意厦门大学图书馆设立厦门大学书刊资料综合服务部，经销国内出版的图书报刊资料，承接校内外书刊资料的复印、装订和科技资料信息咨询服务。

9 月 26 日，国家教委印发《印发〈关于改进和发展文献课教学的几点意见〉的通知》（〔85〕教高一司字 065 号），要求进一步贯彻〔84〕教高一字 004 号文件的精神，凡有条件的学校可将“文献检索与利用”作为必修课开设，不具备条件的学校将其作为选修课或专题讲座开设，今后要逐步发展和完善，研究生更应该补上这门课。

10 月 15 日，厦门大学书刊资料综合服务部董事会制定《厦门大学书刊资料服务部章程（初稿）》。

10 月 26 日，图书馆制定《关于家属工管理的若干规定》。

11 月 15 日，美国俄亥俄大学图书馆馆长李华伟博士到访我馆。

12 月 11 日，学校印发《关于图书借阅的规定》(厦大校图字〔1985〕2 号)。为加速图书的流通，提高图书资料的利用率，根据各方面的意见，图书馆制定修改图书借阅的规定，适当减少借书册数和缩短借期。该规定自 1986 年 3 月 1 日起执行。

本年在岗职工 88 人，其中大专学历以上 64 人；另有非正式职工 38 人。图书馆经费 60 万元，其中书刊资料购置费 57 万元；另外，国际银行贷款 13.2 万元。截至 12 月 31 日，馆藏文献资源累计 1,465,903 册(件)。

1986 年

1 月 10 日，学校印发《关于招收许玉羡等四十五人为全民所有制合同工人的决定》(〔86〕厦大人字 002 号)，傅强、洪霞、颜建国、林长峰、陈迎欣、张丽闽、刘晓婷、钟斌、陈颖、吴彩红等 10 人招收录用为全民所有制合同工人，分配到图书馆工作，试用半年后签订正式合同。

2 月 6 日，学校印发《关于万惠霖等六位同志的任职通知》(厦大人字〔1986〕第 10 号)，庄呈芳任图书馆第一副馆长。

3 月 11 日，图书馆修订《图书馆关于家属工管理的若干规定》。

3 月 28 日，我馆接收福州大学图书馆赠送的理工类图书 346 种 520 册。

5 月，图书馆起草《厦门大学图书馆“七·五”发展规划的设想(草稿)》。

5 月，荷兰归国华侨郑自治先生向我馆捐赠 Silver 微机 1 台及显示器等附件。

6 月 9 日，我馆向湖南省永州市菱角乡土塘村残疾知识青年黄欣捐赠图书 98 册。稍早前，黄欣来信我馆，要求给予支持开办个人图书馆，经馆领导商议并报学校批准，决定支持农村文化事业的发展。

6 月 17 日，图书馆修订《厦门大学图书馆复印管理规定》。

6 月 23 日，学校印发《厦门大学图书馆委员会组成名单》(厦大图字〔1986〕3 号)，根据原教育部颁发的《中华人民共和国高等学校图书馆工作条例》的规定，为加强对我校图书资料情报工作的领导，经研究决定成立厦门大学图书馆委员会，并颁布《厦门大学图书馆委员会章程（草案）》。厦门大学图书馆委员会由王洛林任主任委员，郑学檬、陈德辉任副主任委员，庄瑞澄、周祖譔、刘贤彬、陈永山、方贻岩、周畅、余扬政、钟同德、潘容华、许振祖、吴存亚、曾文彬、陈仁栋、庄呈芳、许仲凯等 15 人任委员。

8 月 8 日，按福建省教育厅《关于开展高校图书馆工作评估（检查）活动的通知》（闽高教〔86〕教字 055 号）的要求，图书馆完成《厦门大学图书馆自我评估报告》。该报告由学校呈报给福建省高校图工委。

8 月 26 日，学校印发《关于批准 1985—1986 学年度夜大学“优秀学员”、“学习积极分子”的决定》（厦大教字〔1986〕137 号），图书馆周慧明、林梦如荣获“学习积极分子”称号。

8 月 29 日，学校向福建省人民政府呈报《关于香港王宗鑫先生赠送复印机等物的请示报告》（厦大外字〔1986〕47 号）。香港华鑫国际贸易公司王宗鑫先生为支持我校图书馆的馆务工作，赠送复印机 1 台、电动打字机 2 台、有关唱片 106 张和绘图笔 1 套，申请省政府批复并知照厦门海关，以便办理免税入关手续。

8 月，图书馆编印《厦门大学图书馆图书报刊借阅管理规则汇编》。

9 月 8 日，国家教委下发《关于下达一九八六年度高等学校文科引进图书专款有关问题的通知》（〔86〕教高一字 025 号），我校 1986 年度为培养文科学位研究生引进图书外汇额度为 5.3 万美元。

9 月，学校将校管科装订厂划归图书馆领导和管理，并移交压凹机等固定资产和库存原材料。

9 月至 1987 年 7 月，向毓轩赴华中师范大学图书情报学系“图书馆专业干部进修班”学习。

10 月，图书馆编印《厦门大学图书馆岗位职责汇编》。

12 月 23 日，图书馆颁布《厦门大学图书馆各种罚款、赔书款财务管理规定》，自 1987 年 1 月 1 日起执行。

12 月 25 日，学校向国家教委外事局呈报《关于我校图书馆与苏联外国文学图书馆建立书刊交换关系的请示报告》（厦大外字〔1984〕64 号），申请双方建立书刊交换关系，苏联外国文学图书馆向我馆提供英文、俄文书刊，我馆向苏联外国文学图书馆提供人文社会科学和经济方面的书刊。

1986 年起，根据国家教委《关于改进和发展文献课教学的几点意见》(〔85〕高教一司字 065 号)的精神，图书馆在每学年的短学期内开设“文献检索与利用”选修课。

1986 年，图书馆实行馆、部(室)、组三级建制。在原有部、室建制的基础上，充实领导班子，制订馆党政以及各部室的职责范围。

本年在岗职工 98 人，其中大专学历以上 44 人；另有非正式职工 32 人。图书馆文献购置费 94.9 万元，其中购书费 56.6 万元，报刊费 38.3 万元。购置中文图书 4.99 万册，外文图书 1.2 万册，中文报刊 2,755 种，外文报刊 2,260 种，其他资料 1 件。截至 12 月 31 日，馆藏文献资源累计 1,527,911 册(件)。全校读者 11,417 人。开架图书面向全校 1.3 万册，教师 51 万册，学生 4.3 万册；开架现刊 1,600 种。全年文献外借 275,040 册；纸本复制 3.14 万张；提供解答咨询 650 条；举办展览 250 期。开设文献课程，聘任兼职教师 6 人，选课人数约 200 人。另外，编制馆藏中文法学图书目录 3 册。本年开始使用计算机系统，配置专业人员 1 人。全馆拥有微机 3 台，磁盘磁带机 1 台，打印机 2 台，复印机 6 台，缩微阅读器 3 台。本年建立期刊目录数据库(磁盘)，著录条目约 3,000 条。

1987 年

3 月 21 日，学校印发《关于王豪杰等同志职务任免的通知》(厦大人字〔1987〕25 号)，庄呈芳任厦门大学出版社副社长，免去其厦门大学图书馆副馆长的职务；孙晋华任厦门大学图书馆副馆长，免去其厦门大学历史系副主任职务。

3 月 28 日，学校印发《关于林事恒等同志任职的通知》(厦大委组字〔1987〕33 号)，周寿康任中共厦门大学图书馆直属支部书记，王金海任中共厦门大学图书馆直属支部副书记。

4 月 2 日，学校印发《关于第三届“南强奖”获奖者名单的通知》(厦大办字〔1987〕5 号)，图书馆流通阅览部荣获“南强奖”。

4 月 11 日，学校下发《关于各类专业技术职务首次聘任数的通知》，经校领导研究决定，分配给图书馆图书资料系列专业技术中级职务首次聘任数为 25 人。

4 月 16 日，图书馆向学校呈报《图书馆搬迁经费预算报告》。经馆领导和搬迁小组逐一核算，图书馆从旧馆搬迁至新馆所需经费约11.8万元。

6月22日，学校印发《关于李绍宗、郭惠兰夫妇安置事》（厦大人字〔1987〕65号），根据国家和福建省相关部门的文件精神，我校同意接收安置缅共人民军退伍人员李绍宗、郭惠兰夫妇，分别前往南洋研究所和图书馆工作。

7月25日，国家教育委员会印发《关于颁发〈普通高等学校图书馆规程〉的通知》（〔87〕教材图字009号），原教育部1981年颁发的《中华人民共和国高等学校图书馆工作条例》经过修订，更名为《普通高等学校图书馆规程》，各高校遵照执行。

7月28日，学校印发《关于吕子玄等同志职务任免的决定》（〔87〕厦大人字058号），王小牧任图书馆流通阅览部主任；萧德洪任图书馆流通阅览部副主任，免去其图书馆采访编目部副主任职务；陈建南任图书馆采访编目部副主任。

7月底至9月中旬，图书馆完成150万册图书从旧馆搬迁至新馆的工作，顺利保障新学期图书馆新馆向读者开放。

9月15日，为保持新馆的良好环境，图书馆向全校各单位印发《入馆须知》。

9月20日，学校印发《关于批准"厦大部门工会选举产生新的委员会组成名单"的通知》（〔87〕厦大工字5号），图书馆部门工会委员会由李小陵、张兴文、林世惠、林振锋、黄若青、赵启安、戴鹭涛等7人组成，赵启安任主席，林振锋任副主席。

9月21日，图书馆新馆舍正式开馆投入使用。

图 10　新落成的图书馆正门

9 月 21 日，图书馆向学校呈报《图书馆要求安装电话的报告》。新馆舍面积大，工作人员上班时间不宜离开岗位，需要通过电话进行联系和沟通。因此，申请学校在馆长室、采编部、期刊部、流通部出纳台、参考咨询部、传达室等 6 处安装程控电话，共计 6 部；另外在 1～5 楼各业务部门安装校内电话，共计 10 部。

9 月，根据省委宣传部《关于加强对社科类港澳台及外国报刊管理的通知》(闽委综宣〔1986〕123 号)的精神，本着严格管理、适当利用的原则，图书馆制定《厦门大学图书馆港台中文报刊借阅规定》，即在图书馆内设立一个港台中文报刊阅览点，由专人负责管理，限在馆内借阅，限定读者范围。

9 月至次年 7 月，骆鸣珍赴南开大学图书馆学情报学系"图书馆专业干部进修班"学习。

10 月 24 日，厦门大学书刊资料综合服务部向学校呈报《厦门大学书刊资料服务部财务管理若干规定(初稿)》。该规定得到学校的批准。

10 月 28—31 日，国家教委直属华东地区高校图书馆协会第二次年会在南京大学图书馆举行，图书馆直属党支部书记周寿康、期刊资料部副主任邹佩芳参加会议。此次会议讨论通过《国家教委直属华东地区高校图书馆原版期刊协作网协议书》。

11 月 23 日，学校印发《关于处理职称评定工作遗留问题的通知》(厦大人字〔1987〕121 号)，图书馆陈德辉、吴人珊(评后退)晋升副研究馆员，郑瑞龙、黄汉钟晋升馆员，任职资格起算时间为 1983 年 8 月 31 日。

11 月 23 日，学校印发《关于批准各专业技术职务任职资格的通知》(厦大人字〔1987〕122 号)，图书馆朱立文、许仲凯、郭其旭、吴啸英(评后调至图书馆)晋升副研究馆员，卢维春、叶素青、潘毅梅、林娟娟、陈永良、赵启安、李小陵、邹佩芳、林强緾、王忠俊、黄聪华晋升馆员，副研究馆员任职资格起算时间为 1987 年 6 月 12 日，馆员任职资格起算时间为 1987 年 6 月 17 日。

11 月 26 日，图书馆向学校呈报《关于在校非教学科研人员中发放"入库证"的报告》。新馆启用以后，广大读者对图书馆的管理方式提出了新要求，"非教学科研人员要求入库借书"便是其中之一。图书馆拟按单位发放若干入库证，并由各单位统筹使用。该方案得到学校的批准。

12 月，图书馆颁布《厦大图书馆治安保卫条例(试行)》。

本年在岗职工 111 人，其中大专学历以上 54 人；另有非正式职工 43 人。图书馆馆舍面积 18,196m^2，阅览室有座位 2,000 个。图书馆经费 101.11 万元，其中学校拨款 77.26 万元，其他来源经费 23.85 万元。本年购置中文图书 6.15 万册，外文图书 1.44 万册，中文报刊 2,655 种，外文报刊 2,191 种。截至 12 月 31 日，馆藏文献资源累计 1,603,765 册(件)。本年校内读者学生 7,926 人，教职工 3,460 人。开架图书面向全校 1.3 万册，教师 51 万册，学生 4.2 万册；开架现刊 2,600 种。全年文献外借 43.7 万册；馆际互借借入 4 册；纸本复制 2.5 万张；提供解答咨询 300 条；举办培训班 2 次，听讲人数约 230 人。开设文献课，聘任兼职教师 4 人，自编教材 2 种，培训读者 89 人。数字化建设方面，本年度配置专业人员 1 人。全馆拥有微机 3 台，磁盘磁带机 1 台，打印机 2 台，复印机 5 台，缩微阅读器 3 台。建立期刊目录数据库(磁盘)，著录条目约 3,000 条。

1988 年

1 月 4 日，学校印发《关于成立厦门大学各类专业技术人员聘任委员会的通知》(厦大办字〔1988〕2 号)，成立"厦门大学各类专业技术人员聘任委员会"，由辜联崑任主任，王洛林、林祖赓、郑志成任副主任，庄瑞澄、郑冬斯、陈悦、江启温、陈德辉、黄良快、周养性、孙和平、林鸿禧、魏洪沼、黄少华、王学文、陈昆宁等 13 人任委员。聘任委员会设秘书组，由陈悦任组长，江启温任副组长，陈德辉、陈昆宁、陈长源、王学文、林鸿禧、黄少华、李承志、许宏业等 8 人任组员。

1 月 26 日，图书馆公布《图书馆奖励搬迁工作得奖者名单》。一等奖 5 名：向毓轩、李秉乾、汤兰芳、张兴文、潘毅梅，每名奖金 30 元。二等奖 13 名：王小牧、王忠俊、王喜源、李国强、萧德洪、林振锋、林强缅、陈家忠、陈建南、苏美英、黄秀丽、黄聪华、赖寿康，每名奖金 20 元。

2 月 6 日，美国驻华大使洛德先生和美国驻广州总领事馆参赞谭宁先生到访我馆。

3 月 14 日，学校印发《关于批准各专业技术人员初级职务任职资格的通知》（厦大人字〔1988〕15 号），萧德洪、陈建南、陈江帆、李金庆、林振锋、李玲玲、李国强、黄若青、赖寿康、刘小岚、曹凌、刘坚宁、彭文权、陈顺斌、谢传洁、吴成、王小牧、向毓轩、林梦如、周慧明、黄惠芬、蔡白扬、朱梅兰晋升助理馆员，郑瑛、孔雷音晋升管理员，高青晋升会计员，任职资格起算时间均为 1987 年 12 月 28 日。

3 月 14 日，学校人事处下发《关于聘用干部的通知》，图书馆“以工代干”人员苏慧英、陈继红通过考试（考核）合格，符合聘干条件，自 1987 年 12 月 31 日起聘为干部编制。

3 月 21 日，图书馆向学校呈报《关于购买光笔系统的报告》。拟在借还人次最多的文艺书库引用光笔系统，以减轻流通方面的部分压力。申请经费 1.3 万元，购买条形码阅读器及软件、20-40M 硬盘、条形码打字机，并配备现有的一台 213M/AT 机，以实现文艺书库的出借自动化。

3 月 25 日，学校印发《关于增设行政机构的通知》（〔88〕厦大人字 016 号），图书馆增设参考咨询部（科级建制）。该部为学校重点学科提供情报咨询服务，接受读者用户情报咨询，积极收集文献并编发《信息参考》，并承担图书馆学教育等业务。

3 月 25 日，学校印发《陈美明等九位同志的任职通知》（〔88〕厦大人字 017 号），朱立文任图书馆参考咨询部主任，免去其图书馆办公室主任职务；林梦如任图书馆流通阅览部副主任；潘毅梅任图书馆期刊资料部副主任。

4 月 8 日，学校印发《关于王忠俊等同志的任免通知》（厦大人字〔1988〕19 号），王忠俊任厦门大学图书馆副馆长，兼办公室主任，免去其期刊资料部主任职务；陈德辉任厦门大学图书馆管理研究室主任，免去其图书馆馆长职务；免去许仲凯厦门大学图书馆副馆长职务。

4 月 20 日，国家教委下发《关于一九八八年度高校文科引进图书专款项目有关问题的通知》(〔88〕教高一司 016 号)，我校 1988 年分配专款额度为 4.68 万美元，分配外汇含人民币 17.4069 万元。

5 月 6 日，图书馆向学校呈报《图书馆内务整理工作经费申请报告》。150 万册图书从旧馆搬迁至新馆后，需要投入大量的人力和物力进行全面的整理和上架，因此申请拨付相应的经费，预算约 54,169 元。

5 月 12 日，学校向中国联合国教科文组织委员会呈报《关于在厦门大学设立联合国教科文组织藏书点的申请报告》(厦大综字〔1988〕17 号)，申请我校设立联合国教科文组织藏书点。

5 月 18 日，图书馆颁布《厦门大学图书馆对外服务办法》。

5 月 19 日，学校印发《关于王豪杰等同志任职的通知》(厦大人字〔1988〕33 号)，许仲凯任厦门大学图书馆管理研究室副主任。

5 月 25—28 日，华东地区国家教委直属高校图书馆第 2 次原版期刊订购协调会议在我馆召开，来自复旦大学等 11 所高校图书馆的期刊部主任、采访部主任和负责原版期刊协调的负责人 20 余人参加会议。本次会议的主要内容为：回顾总结一年来协调工作的经验；审议修改协作网的协议书；讨论 1989 年协调计划。

5 月 27—30 日，美国 Blackwell 公司远东部主任黄瑞仙女士来访我馆，并作题为“纲目订书方法”的学术报告。

6 月 1 日，学校印发《关于周存南等同志任职的决定》(〔88〕厦大人字 032 号)，林振锋任图书馆期刊资料部副主任。

6 月 8 日，学校印发《关于批准各专业技术人员初级职务任职资格的通知》(厦大人字〔1988〕41 号)，图书馆陈继红、苏美英晋升助理馆员，丁瑞珍晋升管理员；“以工代干”人员胡中奇晋升助理馆员，郑雅华、骆鸣珍、武红晋升管理员，任职资格起算时间为 1987 年 12 月 29 日。

6 月 8 日，学校印发《关于批准各专业技术人员中级职务任职资格的通知》(厦大人字〔1988〕42 号)，图书馆张兴文、何爱贞、王以炎(补评任职资格)晋升馆员，任职资格起算时间为 1988 年 4 月 16 日。

6 月 12—16 日，国家教委在北京召开全国高等学校图书馆工作会议，原馆长陈德辉出席会议。

6 月 21 日，学校印发《关于钟斌等四同志工资定级的决定》(〔88〕厦大人字 040 号)，1985 年 12 月招收的合同制工人钟斌、颜剑国、林长峰等 3 人通过考核，定级为普通工，从 1987 年 10 月 1 日起执行。

7 月 1 日，图书馆试行《采编部定额管理奖金发放办法》。

7 月 8 日，福建省职称改革领导小组印发《关于图书资料、文物博物专业不具备规定学历人员申报专业技术职务任职条件补充规定》(闽职改字〔1988〕146 号)，同意对不具备规定学历人员申报专业技术职务任职条件问题，在原有规定的基础上进行适度调整。

7 月 21 日，学校印发《关于批准 1987—1988 学年度夜大学“优秀学员”、“学习积极分子”的决定》(厦大教字〔1988〕108 号)，图书馆陈菁荣获“优秀学员”称号，廖鹭芬、许妙娟荣获“学习积极分子”称号。

8 月 1 日，教师研究生第一、二阅览室和学生第一、二阅览室实行“半开架”管理方式，读者可以将书包带至座位上。

8 月 20 日，学校印发《关于胡朝东等二十八位全民合同制工人执行转正工资的决定》(〔88〕厦大人字 053 号)，1987 年 12 月招收到的合同制工人(普通工)胡朝东、沈泓、王淑琴、郭韶青、蔡秀英、邱慧星、许妙娟、黄丽蓉、粘秋虹、黄慧玲、沙毅功、吴丽丽通过半年试用期考核，顺利转正定级，从 1988 年 7 月 1 日起执行。

8 月 21 日，图书馆向学校呈报《书刊经费与外文报刊订购情况》。由于学校划拨购买书刊的经费原本就紧张，加上书刊价格大幅上涨，致使书刊订购品种减少，超支数额增加，申请学校研究增拨经费。

9 月 5 日，图书馆向学校呈报《申请科研经费的报告》。图书馆拟整理出版《日本末次资料内容提要》(约 20 万字)，申请划拨研究经费 2,000 元。该申请得到学校批准。

9 月 7 日，北京大学图书馆学情报学系厦门函授站印发《关于表彰 85 级 1987—1988 学年度“学习积极分子”的决定》，图书馆黄小敏、唐希文荣获“学习积极分子”称号。

9 月 10 日，福建省教委颁发“福建省普通高等学校图书情报系统先进集体和先进工作者光荣册”。根据省教委《关于评选普通高等学校图书资料系统先进集体和先进工作者的通知》(闽教高〔87〕009 号)的精神,在各校评选出校级先进集体和先进工作者的基础上,评选出全省普通高校图书情报系统新建集体 27 个和先进工作者 53 人。我馆流通阅览部、采访编目部、现刊阅览室荣获“先进集体”称号,黄聪华、王小牧、杨钤、王喜源、林世惠、黄汉忠、戴鹭涛荣获“先进工作者”称号。

9 月 13 日,图书馆颁布《厦大图书馆技术组管理暂行办法》。

9 月 29 日,学校印发《关于沙毅功、吴丽丽、郑晨棠执行本、专科毕业生见习期临时工资标准的通知》(〔88〕厦大人字 06 号),沙毅功 1986 年毕业于合肥联合大学工民建专业(本科四年制),吴丽丽 1988 年毕业于厦门大学夜大英语专业(专科三年制),根据有关规定,二人按普通高校本、专科毕业生执行工资标准。

9 月 30 日,学校印发《关于戴鹭涛等十五位同志工资定级的决定》(〔88〕厦大人字 065 号),戴鹭涛、苏秀芬、吴秉岚、廖鹭芬于 1984 或 1985 年 9 月被录取到夜大专科班学习并顺利毕业,根据有关规定按大专毕业生定级工资。

9 月,我馆向福建省诏安县桥东中学捐赠图书约 1,000 册。

10 月 10 日,学校印发《关于转发福建省职改领导小组文件的通知》(厦大人字〔1988〕67 号),确认陈德辉、吴人珊为副研究馆员,职称起算时间为 1983 年 8 月 31 日。

10 月 10 日,学校印发《关于王小牧同志申请保留公职的批复》(〔88〕厦大人字 068 号),王小牧助理馆员 1988 年 10 月至 1989 年 9 月自费到澳大利亚留学,停薪留职一年。

11 月 18 日,图书馆向学校呈报《关于举办图书情报专业中专函授教育的申请报告》。图书馆拥有相当数量中、高级职称的专业人员,并自 1984 年以来多次承担省内中、初级图书情报学专业业务培训工作,承担北京大学图书情报专业大专与本科函授班厦门地区的教学任务,因此具有一定的教学经验和良好的教学及实习基地。拟向学校申请举办福建省图书情报专业中专函授培训。

11 月 19—21 日,美国伊利诺伊大学图书馆总馆助理馆长兼亚洲部主任汪燮教授到访我馆,并作题为“美国大学图书馆行政新趋向”的学术报告。

11 月 29 日,图书馆和计算机系联署向学校呈报《关于实现图书馆计算机管理的报告》,建议学校启动图书馆管理的自动化和现代化建设。

12 月 4 日，全国人大常委会副委员长王汉斌视察我校，并参观图书馆。

12 月 13—15 日，福建省图工委副秘书长熊益强来馆调研，布置全国文献资源调查工作。

12 月 16 日，图书馆召开“全国文献资源调查”工作会议，对全校文献资源的调查工作进行研究和部署，具体落实各项目分工负责人员和完成任务的时间要求。会议成立由本馆各部室和各系资料室负责人共 25 人组成的工作小组，孙晋华副馆长任组长，许仲凯副馆长任具体负责人。

12 月 19 日，学校印发《关于唐希文等四位同志执行大专毕业生定级工资的决定》(〔88〕厦大人字 086 号)，唐希文、柯素贞、黄小敏、周水琳等 4 人于 1985 年 9 月至 1988 年 6 月参加北京大学图书馆学函授专修科学习并顺利毕业，按有关规定从 1988 年 7 月 1 日起执行大专毕业生定级工资。

12 月 21 日，图书馆向学校呈报《关于图书馆赔款、罚款收入使用办法》。经学校批准：图书馆现行赔款、罚款的现金收入，统一使用财务处收款收据，全数上交财务二科。其中赔款部分主要用于补充图书经费；罚款部分的 30%可做相关人员劳务补贴，按月或季向财务二科报领。

12 月 29 日，图书馆成立“厦门大学图书馆爱国卫生运动小组”，王忠俊任组长，林萍芳任副组长，张宗剑、张兴文、陈建南、林梦如、林振锋、苏海潮、周慧明等 7 人任组员。

本年在岗职工 110 人，其中大专学历以上 65 人；另有非正式职工 39 人。图书馆经费 103.36 万元，其中学校拨款 75 万元，其他来源经费 28.36 万元。本年购置中文图书 46,952 册，外文图书 8,221 册，中文报刊 7,447 份，外文报刊 2,809 份，音像资料 50 件。调入文献 8,579 册，剔除文献 10,000 册。截至 12 月 31 日，馆藏文献资源累计 1,669,041 册(件)。本年校内读者学生 8,696 人，教职工 4,100 人；校外读者 60 人。开架图书面向教师和研究生 1,669,041 册，面向学生 35,740 册；开架现刊 5,572 种。全年文献外借 331,806 册；馆际互借借入 10 册；复印纸本 55,000 张，音像 40 盒；提供解答咨询 49 条；编辑资料 91 篇。开设文献课，聘任兼职教师 5 人，自编教材 5 种，培训读者 736 人。数字化建设方面，本年度配置专业人员 1 人。全馆拥有微机 3 台，打印机 4 台，复印机 5 台，缩微阅读器 1 台。建立采购书目数据库(磁盘)，著录条目约 3,000 条；期刊目录数据库(磁盘)，著录条目约 4,000 条。

1989 年

1 月 7 日，王洛林副校长在图书馆主持召开厦门大学图书情报委员会本年度第一次会议，14 位委员出席会议，图书馆有关人员列席会议。会议听取孙晋华副馆长汇报 1988 年度图书馆的工作情况和 1989 年度的工作计划，重点讨论研究学校图书资料经费问题。

1 月 25 日，图书馆向学校呈报《关于返聘陈德辉等三人的报告》。申请学校返聘陈德辉、许仲凯、吴人珊等 3 位副研究馆员，聘期为半年。

1 月 26 日，图书馆向学校人事处呈报：老馆员、归侨甘美凤拟于 1989 年 3 月退休，图书馆考虑请她在退休之前在业务上帮助青年同志并做好交接工作。1988 年 12 月接到学校通知，甘美凤应于 1988 年 12 月 31 日前退休，这对原计划的工作交接存在一定影响。根据工作需要和本人意愿，图书馆拟请甘美凤继续工作到 1989 年 3 月份。

3 月 1 日，我馆与美国伊利诺伊大学图书馆签订《关于图书交流的协议》，决定在原来的基础上扩大书刊交换的范围，以后我馆每年提供一定数量的伊利诺伊大学所需的国内公开出版发行的学术著作，伊利诺伊大学亦相应地提供我馆所需的书刊，双方所提供的书刊仅限于为本校的教学科研服务。

3 月 15 日，图书馆与苏海潮、谢传洁签订《厦门大学书刊资料综合服务部承包合同》，厦门大学书刊资料综合服务部交由二人承包经营。

3 月 16 日，学校印发《关于增补校优秀教学成果奖评审领导小组成员的通知》（厦大办字〔1989〕9 号），孙晋华副馆长增补为校优秀教学成果奖评审领导小组成员。

3 月 19 日，图书馆向王洛林、郑学檬两位副校长呈报：图书馆工作繁重，创收相当困难，工作人员的福利比较差，因此恳请学校对图书馆放宽政策。今后按学校给图书馆的定编数发放综合奖；根据 1989 年 1 月校图书情报委员会讨论的意见，图书馆结合业务创收的收入，60％用于图书馆发展基金，40％用于职工福利。如能这样，图书馆准备依靠自己的力量，在今后三四年内把内部创收收入的 60％用于组建图书馆视听室，以发挥现有馆藏视听资料的作用，满足读者对现代信息传播的要求，提高为教学、科研服务的能力。

3月21日，图书馆向学校呈报《关于林萍芳同志转为图书系列的报告》。林萍芳于1988年3月从哲学系调至图书馆从事图书系列业务统计工作，能力强、效率高，申请将其列为图书馆专业技术人员系列。

3月27日，学校向厦门市经济贸易委员会呈报《关于厦大书刊资料综合服务部扩大营业范围的申请报告》（厦大综字〔1989〕11号）。经研究决定，拟由厦门大学书刊资料综合服务部扩大以下项目：图书设备的代销、设计、安装、维修和技术培训，饮料、干食、文化生活用品的销售，所需资金由该部自筹解决，营业地点设在我校图书馆大楼。

4月6日，厦门大学建校68周年，图书馆正式开放“厦门大学教职员工及校友著作展览厅”。

4月8日，我馆举办“第四届图书馆学情报学科学讨论会”，图书馆及各院系资料室工作人员积极参加，提交大会论文50余篇。

4月29日，闽南金三角图书情报资源协作委员会筹备会议在图书馆一楼接待室召开，华侨大学图书馆、厦门水产学院图书馆、漳州师范学院图书馆、集美航海专科学校图书馆、国家海洋局三所情报所、厦门大学图书馆等单位的负责人参加会议。

5月2日，厦门市经济贸易委员会印发《关于厦大书刊资料综合服务部扩大营业范围的批复》（厦经贸内管〔1989〕187号），同意我馆厦门大学书刊资料综合服务部增加经营图书设备的代销、设计、安装、维修和技术培训，销售食杂、饮料、文化生活用品等。

5月12日，国家教委下发《关于一九八九年高校文科引进图书专科项目有关事项的通知》（〔89〕教高司字016号），我校1989年分配专项额度为4.68万美元。

5月13日，图书馆向学校财务处呈报：为实现图书馆计算机化，根据中国教学仪器设备公司进出口处的通知，拟购买AST-386（价格33,990元）作为流通系统的主机使用，购买AST-286（价格19,800元）作为备用主机和终端使用，所需费用由我馆结余设备费（6万元）中开支。

5月15—16日，闽南地区图书情报协作委员会在我馆成立，并讨论通过外文原版期刊采购协作工作、发放公共阅览证、开展专业人员交流与培训等协作项目。

7 月 12 日，学校印发《关于批准 1988—1989 学年度夜大学“优秀学员”、“学习积极分子”的决定》（厦大教字〔1989〕106 号），图书馆陈菁、郭韶青荣获“优秀学员”称号，陈迎欣、许妙娟、蔡秀英荣获“学习积极分子”称号。

7 月，图书馆制定《厦门大学图书馆工作人员考核试行办法》。

8 月 21 日，工具书检索室完成扩充并正式开放。该室藏书由原来的3,278 册增至 5,414 册，并决定以后继续不断充实藏书量，使其成为全校的检索中心和“文献检索与利用”课程的实习基地。

8 月 21 日，总出纳台推出“预约借书”服务项目。读者填写索书单后交给工作人员，隔日取书。

8 月 25 日，图书馆面对全校新生开展“怎样利用图书馆”的培训活动。

8 月 26 日，厦门大学书刊资料综合服务部修订《厦门大学书刊资料综合服务部章程》。

9 月 4 日，图书馆颁布《厦门大学图书馆工作人员考核试行办法》，在全馆范围内正式试行工作量制度和考核办法，并实施奖惩政策。

9 月 7 日，新华社香港分社张浚生副社长到访我馆。

9 月 12 日，学校印发《关于范小玫等三十一位本科毕业生转正定级的决定》（〔89〕厦大人字 056 号），1988 年毕业分配到图书馆工作的本科毕业生林彩虹、马昕、洪淑瑜、洪国栋通过见习期考核，顺利转正定级，前 2 人从 8 月执行，后 2 人自 9 月执行。

9 月，采编部设立图书信息室，陈列未编新书、国际交换书刊、联合国教科文组织赠书以及亚洲基金会赠书，供读者阅览。另外，提供新书出版目录，方便读者订书和购书。

10 月 15 日，图书馆向学校呈报《申请创办不定期打印刊物〈厦大图书情报通讯〉的报告》。图书馆拟出版不定期内部刊物《厦大图书情报通讯》，刊登馆务动态、读者之声、新书刊、馆际交流、国外图书馆动态、专人采访等信息。

10 月 17 日，图书馆向学校呈报《厦门大学图书馆安全保卫工作总结》。

10 月 18 日，塞内加尔前驻华大使、塞中友好协会主席姆邦格先生到访我馆。

10 月 21 日，学校印发《启用新钢章的通知》（厦大办字〔1989〕35 号），从 1989 年 11 月 1 日起，启用“厦门大学图书馆”新钢章一枚，原“厦门大学图书馆服务台”印章一枚作废，交校办处理。

10 月 23 日，日本琉球大学教授、福建师范大学客座教授中松竹雄到访我馆。

10 月 27 日，日本东京外国语大学中国语言学科金丸邦三、有田和夫、高桥均等 3 位教授到访我馆。

11 月 5 日，北京大学图书馆学情报学系厦门函授站印发《关于表彰 1988—1989 学年度“学习积极分子”的决定》，图书馆周水琳荣获一等“学习积极分子”称号。

11 月 14—16 日，华东地区直属国家教委高校图书馆协会第四届年会在厦门大学召开。福建省高校图工委副主任、厦门大学图书馆副馆长孙晋华主持会议，交流各馆发挥“两个职能”的经验，研讨“为何开展图书馆工作”的评估。

11 月 30 日，日本长崎县教育委员漱荣次、植木两一、川下满之等 3 人到访我馆。

12 月 25 日，学校印发《关于批准专业技术人员任职资格的通知》(厦大职字〔1990〕1 号)，图书馆李秉乾、孙景雪晋升副研究馆员，萧德洪、蔡白扬、林萍芳、黄惠芬晋升馆员，任职资格起算时间为 1989 年 6 月 30 日。

12 月 29 日，图书馆与校学生会社会学习部联合对 400 名本科生进行民意调查，及时了解读者的阅读倾向和对图书馆工作的意见。

12 月，新编一万余条目的西文主题目录正式投入使用，该目录采用美国国会图书馆标题法进行主题标引。

本年在岗职工 100 人，其中大专学历以上 61 人；另有非正式职工 29 人。图书馆经费 100.87 万元，其中学校拨款 75 万元，其他来源经费 25.87 万元。本年购置中文图书 20,927 册，外文图书 7,551 册，中文报刊 2,606 份，外文报刊 3,384 份，音像资料 2 件。调入文献 1,278 册，剔除文献 15,527 册。截至 12 月 31 日，馆藏文献资源累计达 1,686,659 册(件)。本年校内读者学生 7,555 人，教师 3,333 人，职工 1,129 人；校外读者 414 人。开架图书面向教师和研究生 1,678,935 册，面向学生 62,898 册；开架现刊 5,990 种。全年文献外借 328,081 册；复印纸本 188,000 张，音像 40 盒；提供解答咨询 156 条；编纂文摘 163 篇、索引 630 条，编辑资料 38 篇。开设文献课，聘任兼职教师 2 人，自编教材 2 种，提供实习用检索工具 5,621 种。数字化建设方面，本年度配置专业人员 2 人。全馆拥有微机3台，打印机4台，复印机5台，缩微阅读器1台。建立采购书目数据库（磁盘），著录条目约3,000条；期刊目录数据库（磁盘），著录条目约4,000条。

1990年

1月12日，福建省省长王兆国来我校视察，其间参观图书馆。

2月12日，学校印发《关于王金海同志离职休养和离休后享受处级待遇的决定》（厦大委组〔1990〕5号），图书馆直属党支部副书记王金海同志离职休养，离休后原工资照发，并享受处级的政治、生活待遇。

2月15日，图书馆向学校呈报《有关图书馆人员编制问题及其解决办法》，在缺编较为严重的情况，提出补充人员和逐步调整人员结构的建议：选留今年毕业的大中专毕业生；从校内或校外调进愿意从事图书馆工作的人员；每年将10%左右的优秀临时工转为临时性的合同工；出台政策限制大专毕业的合同工在继续教育完成后短期内跳槽；允准图书馆今年招收专门“跑库取书”的合同工；增加1名清洁工。

2月27日，学校印发《关于胡培兆等同志的任职决定》（厦大人字〔1990〕5号），孙晋华任厦门大学图书馆馆长。

3月5日，流通阅览部为解决1986级毕业生撰写毕业论文查资料的需要，决定从3月5日至6月15日向1986级学生开放2至4层总书库，毕业生可以开架借阅，开放时间是每周一、二、四、五上午。

3月10日，孙晋华馆长主持召开图书馆“学雷锋，学先进”心得体会座谈会，全馆近百名干部、职工参加会议。

3月13日，郭其旭草拟《〈厦门大学图书馆馆藏中文社会科学工具书目录〉编制计划初步意见》。

3月20日，图书馆荣获1990年厦门大学教职工拔河比赛“集体荣誉奖”。

3月22日，学校向福建省委宣传部呈报《关于批准放行厦门大学图书馆国外进口书刊的报告》（厦大综字〔1990〕19号）。报请省委宣传部批准，我馆从国外进口的书刊资料，除黄色、淫秽书刊外，其他书刊资料请厦门海关给予放行。我馆将严格执行进出口书刊的管理规定，根据工作需要和书刊资料的内容，确定读者范围，不得任意扩大。

3月22日，学校印发《关于周寿康同志离职休养和离休后享受处级待遇的决定》（厦大委组字〔1990〕11号），图书馆直属党支部书记（副处级）周寿康同志离职休养，离休后原工资照发，并享受处级的政治、生活待遇。

3月24日，厦门市图书馆学会暨首届学术交流会在同安县党校隆重召开，我校图书馆和系所资料室的38名学会会员参加会议。图书馆朱立文、陈建南和哲学系陈淑仁当选学会首届理事会理事，朱立文为理事长，孙晋华馆长为理事会名誉理事长。

4月2日，为帮助读者更好地熟悉和利用图书资源，图书馆与校学生会在博学二报告厅联合举办"怎样利用图书馆"的专题讲座，采编部萧德洪副主任、流通部向毓轩副主任、期刊部林振锋副主任担任主讲嘉宾。

4月6日，中共福建省委宣传部印发《关于厦门大学要求批准放行厦门大学图书馆国外进口书刊的报告》（闽委宣宗〔1990〕44号），对于图书馆进口的科技学术类专业书刊以及校际的学报交换，如无重大问题，厦门海关可以酌情验放；对于时事政治类及文艺类等书刊，应严格按照中央有关规定，通过中国图书进出口总公司或中国教育图书进出口公司的渠道进口。

4月7日，为庆祝建校69周年，校工会、党委宣传部、校史办在映雪二207室联合举办教职工校史知识竞赛，图书馆代表队荣获三等奖。

4月，图书馆制定《图书馆廉政建设措施》。

5月5日，学校印发《关于确定叶鹏飞等153位同志的初级专业技术职务资格的通知》（厦大职字〔1990〕8号），图书馆林彩虹、马昕、洪淑瑜、洪国栋晋升助理馆员，任职资格起算时间为1989年9月。同时，印发《关于确定郑振耀等25位同志的初级专业技术员职务资格的通知》（厦大职字〔1990〕9号），图书馆陈雪琴、陈小慧、苏海潮、周建昌、黄春强晋升助理馆员，任职资格起算时间为1988年9月；黄文萍晋升助理馆员，任职资格起算时间为1988年10月；文新兰晋升助理馆员，任职资格起算时间为1989年9月。

5月11日，图书馆向学校呈报《图书馆职改工作复查报告》。根据国家教委《关于对委直属高校专业技术职务评审聘任工作进行复查的意见》（〔89〕教直司字074号）和国家人事部《关于对专业技术职务评审聘任工作进行复查的通知》（人职发〔89〕4号）的精神，按照学校职改领导小组的部署，图书馆用两周的时间听取群众意见，召开馆推荐考核小组成员会议，对这次复查工作进行研究，未发现在评聘工作中有“弄虚作假，不按政策规定办事，任意扩大评聘范围，降低评聘质量”等问题。

6月19日，校图书资料清理整顿工作小组印发《校图书资料清理整顿工作全面铺开》的通知，正式开展全校各单位图书资料清理工作。

7月8—23日，我馆与福建省图书馆学会联合举办福建省图书资料管理员培训班。

7月28日，国家教委高教司下发《关于一九九〇年度高校文科引进图书专款项目有关事项的通知》(教高司〔1990〕121号)，我校1990年分配专款外汇额度为46,800美元。

9月19日，学校印发《关于杨金德同志等职务任免的通知》(厦大委组字〔1990〕40号)，郑松锟任中共厦门大学图书馆直属支部书记。

9月19日，学校印发《关于陈昭逸同志等职务任免的通知》(厦大人字〔1990〕74号)，郑松锟兼任厦门大学图书馆副馆长。

9月26日，学校印发《关于厦门大学各部门工会委员会组成名单的通知》(〔90〕厦大工字004号)，图书馆部门工会委员会由张兴文任主席，向毓轩任副主席，李秉乾、郑雅华、黄若青、马昕、林萍芳等5人任委员。

10月30日，图书馆完成《厦门大学图书馆工作自评报告》。根据省教委《关于开展普通高等学校图书馆工作评估试点工作的通知》(闽教高〔90〕048号)及省高校图工委《福建省高等学校图书馆工作评估实施办法及指标体系(修订稿)》的有关精神和计分标准，图书馆于9月至10月上旬对本馆的工作情况进行了认真的自我评估和逐项打分。

10月，图书馆修订《厦门大学图书馆工作人员考核办法》。

10月，为解决“以工代干”人员专业技术职务的问题，图书馆制定《厦门大学图书馆以工代干人员专业职务聘任、任职条件、任职资格评审工作程序及考核办法暂行规定(试行)》，并向校职改办、校职称办递交《关于图书馆以工代干人员申报专业技术职务的报告》，希望学校考虑到图书馆人才队伍的现状，通过制定一种“小政策”来调动以工代干人员的工作积极性，更好地为教学和科研服务。

10月，王骏、李小陵起草《厦大图书馆自动化系统发展规划及流通子系统设计方案》。

11 月 2 日，根据学校《关于开展一九九〇年税收、财务、物价大检查的通知》(厦大财字〔1990〕88 号)的精神，图书馆向学校呈报《厦大图书馆财务工作自查报告》。

11 月 15—17 日，图书馆在厦门大学第二十七届田径运动会中荣获教工男、女老中青团体总分第二名。

11 月，北京大学图书馆学情报学系厦门函授站公布《关于表彰 1989—1990 学年度"学习积极分子"的决定》，图书馆黄小敏荣获二等"学习积极分子"称号。

12 月 11—15 日，福建省普通高等学校图书馆评估专家组来我校评估图书馆的建设水平。

12 月 13 日，图书馆向学校呈报《关于改进我校文献课程教学的意见》。为改善我校文献课程的落后状态，建议由教务处主持先配备 2 名专职教师，成立独立建制的文献课教研室，并采取专职与兼职相结合的方式，吸收图书馆学兼职教师，从下学期开始在部分系作为必修课纳入教学计划；扩大师资队伍、健全组织以后，在各系普遍开设文献课程，图书馆密切配合、协同组织。

12 月 24 日，校机关第一团总支在图书馆召开团员教评活动动员大会。校团委陈惠光副书记宣布机关第一团总支教评领导小组名单，组长陈营做了动员报告，图书馆党支部郑松锟书记在会上作了重要讲话。

12 月，图书馆修订《厦门大学图书馆门卫守则》和《厦门大学图书馆夜间护馆人员守则》。

本年在岗职工 103 人，其中大专学历以上 61 人；另有非正式职工 31 人。图书馆经费 124.34 万元，其中学校拨款 78 万元，其他来源经费 46.34 万元。本年购置中文图书 22,213 册，外文图书 4,893 册，中文报刊 7,038 份，外文报刊 1,985 份。剔除文献 15,046 册。截至 12 月 31 日，馆藏文献资源累计达 1,722,270 册(件)。本年校内读者学生 7,634 人，教师 1,977 人，职工 1,910 人；校外读者 170 人。开架图书 153,979 册，现刊 4,686 种。全年文献外借 316,633 册；馆际互借借入 16 册，借出 2 册；复印纸本 300,000 张，音像 40 盒；提供解答咨询 170 条，检索课题 7 个；编纂文摘 296 篇、索引 1,200 条，撰写报告 2 篇，编辑资料 350 篇。开设文献课，自编教材 2 种，培训读者 165 人。数字化建设方面，本年度配置专业人员 2 人。全馆拥有微机 2 台，复印机 6 台，缩微阅读器 3 台，缩微复制机 1 台。建立"采购书目"数据库(磁盘)，著录条目约 3,000 条；建立期刊管理的“期刊目录”数据库(磁盘),著录条目约 4,000 条。

1991 年

1 月 12 日,为更好地贯彻《普通高等学校图书馆规程》,提高我校系、所资料室的管理水平和业务工作水平,图书馆起草《厦门大学系、所资料室业务工作规范(草案)》,作为系、所资料室工作评价和工作人员考核的参考依据。

1 月 19 日,学校印发《关于厦门大学图书情报委员会组成的通知》(厦大办字〔1991〕4 号),调整厦门大学图书情报委员会成员。郑学檬任主任委员,孙晋华、洪成德任副主任委员,陈永山、吴水澎、何耿丰、周敬华、方贻岩、周畅、余扬政、钟同德、许金钩、许振祖、黄拔荆、许克平、曾文彬、黄佩文、刘金桂、李国梁、方俊金、陈国凤、王忠俊、郑松锟、朱立文、郭其旭、李秉乾等 23 人任委员。

1 月 25 日,根据学校离退休工作有关规定,图书馆成立离退休工作领导小组,并制定《厦门大学图书馆离退休工作领导小组工作条例》。领导小组由郑松锟、张兴文、谢植桂、林萍芳、杨钤、向毓轩、郑雅华等 7 人组成,郑松锟任组长,张兴文、谢植桂、杨钤任副组长。

3 月 16 日,郑学檬副校长在图书馆主持召开厦门大学图书情报委员会会议,来自全校各部门、院、系的二十多位委员出席。图书馆馆长、副主任委员孙晋华和图书馆副馆长王忠俊分别就《图书馆“八五计划”(讨论稿)》《图书馆一九九一年工作计划》《厦门大学盗窃书刊处罚规定(修订)》《厦门大学丢失书刊赔偿规定(修订)》《厦门大学系、所资料室业务工作规范》的有关内容、拟定原则等问题向会议作了汇报和说明。会议就图书馆经费和办馆条件、人才队伍建设、藏书的建设和利用等问题进行讨论,提出了不少的宝贵意见和建设性建议。

3 月 16 日,图书馆公布《1990 年度图书馆工作积极分子名单》,并决定于暑假组织赴江西庐山考察,路费由图书馆承担,食宿自理。获奖者为陈家忠、王喜源、苏美英、叶素青、李秉乾、许妙娟、林世惠、郑雅华、周慧明、张宗剑等 10 人。

3 月 18 日,中共福建省委书记陈光毅在厦门市副市长蔡望怀的陪同下视察我校,就贯彻党的十三届七中全会精神,办好社会主义大学等问题,同王洛林、郑学檬、未力工、王豪杰、刘瑞堂等我校党政领导及田昭武、葛家澍、邹永贤、陈孔立等部分老教授进行座谈。座谈后,陈光毅在厦门市和我校有关领导的陪同下,参观了厦门大学国际学术交流中心、明培体育馆、图书馆等新建项目的建设工地。

3月，厦门大学图书情报工作委员会成立“厦大书刊资料财产管理工作领导小组”，图书馆馆长孙晋华任组长，图书馆副馆长王忠俊、经济学院中心资料室主任孙旺根任副组长，图书馆办公室副主任林萍芳任秘书，图书馆陈建南、林振锋、林梦如以及各院系资料室负责人任小组成员。

3月，图书馆制定《厦门大学书刊资料财产管理制度》。

4月初，在厦门大学70周年校庆之际，厦门大学读书会在图书馆正式成立。

4月17日，教务处与图书馆联合向各院系印发《关于成立“文献检索与利用”课教学组及开设该课程的通知》。为加强对“文献检索与利用”课程的领导和建设，决定如下：由图书馆牵头，有关院系的图书资料人员或教师参加，成立“文献检索与利用”课教学组，教学组成员由图书馆与有关院系商议确定；“文献检索与利用”课程从今年短学期开始，在二年级本科生中作为必修课开设(36学时)，课程结束时要进行考试，成绩合格者获得2学分；师资是开设好文献课的关键，近几年内要作为重点工作来抓，目前先从图书馆、资料室工作人员和教师中抽调热心并适合这一工作的人员来承担教学任务；积极创造条件，开辟检索室，逐步建立文献课的专门实习室。

4月30日，图书馆向学校呈报《厦门大学书刊资料综合服务部变更登记申请报告》。由于主要业务从书刊资料服务转移到图书设备技术方面，因此申请将“厦门大学书刊资料综合服务部”更名为“厦门大学图书设备技术服务部”，经营范围只限于厦大校图〔1985〕1号、厦经贸〔1985〕1040号、厦大综字〔1989〕11号和厦经贸内管〔1989〕187号文件批准的部分项目，即“图书馆设备的销售、设计、安装、维修和技术培训；复制、装订；书刊资料、文化生活用品的零售和信息咨询”。其他内容均不改变。学校批准了该申请，并于5月1日向厦门市经济贸易委员会呈报《厦门大学书刊资料综合服务部变更登记申请报告》(厦大管字〔1991〕012号)；厦门市经济贸易委员会于5月3日批准了该申请。

4月，图书馆起草《厦门大学图书馆工作“八五”计划(修订稿)》。

5月6日，图书馆公布“厦大图书馆1991年专业技术职务考核推荐小组成员名单”，孙晋华任组长，郑松锟任副组长，王忠俊、郭其旭、朱立文、李秉乾、萧德洪、潘毅梅、叶素青等7人任组员，林萍芳任秘书。

5月31日，学校向福建省侨办致函(厦大综字〔1991〕43号)：厦门大学台湾校友陈安祺、李该博先生向母校赠送的2台386微机，用于图书馆自动化管理，申请办理进口免税手续。

6月10日，学校印发《关于调整厦门大学各类专业技术职务评审委员会委员及专业评议组成员的通知》(厦大职字〔1991〕5号)，调整部分成员。评审委员会由刘瑞堂任主任委员，许克平、孙晋华任副主任委员，邓子基等19人任委员。图书资料、档案专业职务评议组由孙晋华、朱立文、陈国强、陈永山、余扬政、郭其旭、盛新民等7人组成，孙晋华任组长，余扬政任副组长。

6月13日，图书馆向学校呈报《图书馆党支部秘密文件管理工作自查报告》。根据校保密委员会、校党委办《关于对秘密文件管理进行保密检查的通知》精神，图书馆党支部对1989年以来秘密文件的管理工作进行了回顾和检查。

6月，王骏、李小陵起草《基于Novell网的厦门大学图书馆自动化系统及首期工程方案》。

6月，学校对图书馆消防系统进行改造。

7月15日，学校印发《关于确认周永[illegible]同志的馆员任职资格的通知》(厦大职字〔1991〕6号)，根据闽职改字〔1986〕011号文和〔1987〕008号文的精神，经校职改领导小组研究决定，确认图书馆周永筠的馆员任职资格，起算时间为1988年4月16日。

7月30日，图书馆公布《厦大图书馆视听室承包条件和要求(定额管理)》。

8月14日，学校印发《关于批准专业技术人员任职资格的通知》(厦大职字〔1991〕7号)，图书馆吴广(评后流动到图书馆)、陈曼丽晋升副研究馆员，陈建南、林振锋、李金庆、陈江帆、陈顺斌、李玲玲晋升馆员，郑雅真、赵时燕、李娇蓉、苏素尽、苏慧英、邱晓霞(由“助工”转)晋升助理馆员，陈琼华晋升管理员；“以工代干”人员沙毅功、廖鹭芬、吴秉岚、唐希文、周水琳、蔡智强、苏劲红、戴鹭涛、苏秀芬、柯素贞、黄小敏晋升助理馆员，任职资格起算时间均为1991年6月29日。

8月28日，林祖赓校长主持办公会议，讨论通过图书馆自动化系统建设的《基于Novell网的厦门大学图书馆自动化系统及首期工程方案》。

8月29日，学校印发《关于批准执行〈厦门大学图书馆对盗窃、撕割书刊行为的处罚规定〉和〈厦门大学图书馆丢失书刊赔偿规定〉的通知》(厦大综字〔1991〕74号)，自1991年10月1日起执行。

9月12日，图书馆向学校呈报《关于征藏本校专家学者私人藏书的报告》。

图书馆拟对大量捐赠图书文献的教师本人或其家属进行表彰，发给捐赠图书的纪念证书；根据图书文献的价值，以奖励的形式付给捐赠图书文献的报酬，并在图书经费中列支；将所捐赠的图书在图书馆门厅进行展览介绍，并根据需要在报刊上进行宣传报道。该申请得到学校的批准。

9 月，图书馆制定《厦门大学图书馆藏书剔除方法》。

9 月，图书馆制定《厦门大学图书馆为国外大学图书馆代购书刊资料的工作程序》。

9 月，福建省社会科学情报学会厦大学组成立。

10 月 14 日，图书馆向学校财务处汇报：图书馆征藏得已故教授陈仁栋先生私藏图书 1,528 册，估价约 1.5 万元；征藏得已故教授庄为玑先生私藏图书 2,141册，估价约 2 万元。根据图书馆 1991 年 9 月 12 日呈报财务处并经校领导批准的《关于征藏本校专家学者私人藏书的报告》精神，拟以奖金形式支付陈仁栋先生捐赠私人藏书报酬 4,000 元，支付庄为玑先生捐赠私人藏书报酬 5,000 元，申请财务处办理付款手续。

10 月，图书馆向学校呈报《关于编制〈厦门大学图书馆规章制度〉课题经费申请报告》。图书馆在本年 4 月启动《厦门大学图书馆规章制度》的编纂工作，拟于明年 6 月脱稿交付印刷，申请课题经费 2,000 元。该课题小组人员组成为：王忠俊、朱立文、郭其旭、李秉乾、陈建南、林萍芳、林梦如、林振锋、李小陵。

11 月 6 日，图书馆向学校呈报《关于购买一台 29 吋全制式彩电的报告》。图书馆录像室的设备系 20 世纪 70 年代末的产品，其功能仅限于播放国内彩色制式(PAL 制)的资料，而图书馆现有的教学科研录像资料来自世界各地，以致许多资料无法播放。知悉学校器材公司从日本进口若干台 29 英寸全制式国际线路彩电供应校内各单位，每台 7,000 元，比市场价便宜约 4,000 元，图书馆拟申请购买一台，费用从图书馆购买声像资料专款(计划 5,000 元)开支，不足部分从购买图书资料经费中补足。

12 月 12 日，图书馆自动化技术组第二次会议在校友会接待室召开，陈明堂、李名世、陈志伟、孙晋华、王忠俊、郑松锟、王骏等 7 人出席会议。王骏介绍了《基于 NOVELL 网的厦大图书馆自动化系统及首期工程方案》，与会人员就方案设计、设备采购、经费使用等问题进行商讨。

12 月 30 日，学校印发《公布〈各类单位各类人员定编方案〉及定编数的通知》(厦大人字〔1991〕122号),1990年9月至1991年8月全校图书资料人员定编209人,其中图书馆123人;另外图书馆定编政工人员1人、工勤人员4人。

12月31日,我校向国家教委呈报《关于申请科技成果查新点的报告》。根据国家教委教备司〔1991〕211号文,并参阅国家科委有关文件,我校图书馆经过调查、研究对照,认为基本具备各方面条件,申请成立科技成果查新点。

1991年,图书馆下设办公室、采访编目部、流通阅览部、期刊资料部、参考咨询部等5个部门。

本年在岗职工102人,其中大专学历以上65人;另有非正式职工28人。图书馆经费118.56万元,其中学校拨款75.5万元,其他来源经费43.06万元。本年购置中文图书27,494册,外文图书3,018册,中文报刊6,669份,外文报刊2,019份,音像资料93件。调入文献3,669册,剔除文献20,000册。截至12月31日,馆藏文献资源累计达1,750,458册(件)。本年校内读者学生8,016人,教师2,564人,职工912人;校外读者180人。开架图书170,000册,现刊4,481种。全年文献外借290,671册;馆际互借借入34册;复印纸本270,000张;提供解答咨询3137条,检索课题14个,翻译9篇;编纂文摘195篇、索引1308条,编辑资料273篇。开设文献课,购买教材2种,提供实习用检索工具5,500种;成立教研室,聘任兼职教师20人,必修课培训读者1700人,讲座培训读者550人。在数字化建设方面,本年度配置专业人员2人。全馆拥有微机2台,打印机2台,复印机6台,缩微阅读器3台。建立采购书目数据库(磁盘),本年著录条目约3,000条。

1992年

1月8日,学校印发《关于确定刘小斌等46位同志的初级专业技术职务资格的通知》(厦大职改字〔1992〕03号),图书馆林黎胜、郑金珠晋升助理馆员,卜卫兵、郑道建晋升管理员。

1月16日,图书馆向学校呈报《关于图书设备技术服务部提交我馆经营管理劳务费的处理意见》。根据校财务管理的要求,从1992年起我馆拟将从服务部提取的劳务费转入校财务二科代管,代管后该款项仍归图书馆掌握使用,学校不再从中提取各种基金或进行再分配。该处理意见得到学校的批准。

1月16日，图书馆向学校呈报《关于我馆计划外办证收入及违章罚款收入的分配问题的报告》。学校批复，“考虑到图书馆人员多，由收入中返回一部分增加福利，全部由学校负担不行，拟同意图书馆报告”，即计划外办证30%作为劳务费，30%作馆发展基金，40%上交校基金；罚没收入进特种基金，返回30%作劳务费。

1月30日，国家教委印发《关于批准在北京大学等十五所高校建立文科文献情报中心及有关事项的通知》(教高〔1992〕3号)，同意我校筹建文科文献情报中心，并要求按照1991年9月颁布的《高等学校文科文献情报中心管理暂行规定》立即着手工作。

1月，图书馆公布《馆九一年度工作积极分子》，张宗剑、陈家忠、张兴文、叶素青、石翠金、苏美英、许妙娟、蔡白杨、林世惠、周慧明等10人被评为“馆工作积极分子”，王骏、黄小敏、陈菁、戴鹭涛、陈迎欣等5人被评为“青年馆员积极分子”。

2月，图书馆起草《图书馆面向21世纪(2000年)奋斗目标发展规划和实施方案》。

3月4日，学校印发《关于表彰一九九一年度“巾帼建功”先进集体、先进个人的通知》(厦大办字〔1992〕13号)，图书馆流通阅览部荣获校“巾帼建功”先进集体称号，叶素青、林世惠、向毓轩荣获校“巾帼建功”先进个人称号。

3月5日，郑学檬副校长在图书馆主持召开厦门大学图书情报委员会会议，来自全校各部门、院、系的委员出席。会议听取和讨论了孙晋华馆长所作的《91年主要工作和92年工作要点》的汇报，并就图书馆如何深化改革，改善内部机制，首先在学校范围内试点“工资总额包干”的管理办法进行了初步的研讨。

3月5日，学校印发《关于郑瑛等同志确定职务工资的决定》(〔92〕厦大人字012号)，郑瑛于1988年9月被录取到北京大学专升本函授图书馆学专业学习，现已毕业，按有关规定给予按本科毕业学历确定职务工资。

3月16日，为建设母校图书馆自动化系统，厦门大学旅港校友会捐赠大量软硬件设备，主要包括AST PII 386/33微机2台、AST 386/83V微机2台、AST 386/43V微机3台、EPSON LQ-1600K汉字打印机1台、HP-DESKJET喷墨打印机1台、HP/3液光打印机1台、CP-150B磁带机1台、激光并行式条码阅读器3台、3C503以太网卡3块、3C505以太网卡2块，以及随机系统软件、有关外设驱动程序、条码印制程序等。

4月6日，图书馆成立“厦门大学图书馆离退休老人保健福利基金会”，并制定《厦门大学图书馆离退休老人保健福利基金会章程》。“基金会”首届理事会理事由会员选举产生，谢植桂任主任理事，陈德辉任副主任理事，杨钤、周永[illegible]、郑松锟、张兴文等4人任理事。

4月14日，美国Blackwell公司远东图书服务部与中国教育图书进出口公司在我馆联合举行纲目订书会议，浙江大学、汕头大学、集美航海学院等高校图书馆，福建省图书馆，厦门市科技情报所等单位参加。会上，黄瑞仙女士提出美国俄勒冈赠书委员会向福建省赠书事宜。

4月15日，学校印发《关于聘用方仁德等二十八位同志为干部编制的通知》(〔92〕厦大人字028号)，聘用图书馆郑雅华、戴鹭涛为干部。

4月15—20日，国家教委高教司在厦门大学召开高等学校文科文献情报中心筹建会议，中国人民大学、南开大学、中山大学、厦门大学、北京师范大学、华东师范大学、北京外国语大学、上海外国语大学和中央民族大学等9所高校主管图书馆的校长、研究生院院长和图书馆馆长参加会议。国家教委“中心”领导小组组长王镭，副组长奚广庆、庄守经、刘凤泰，领导小组成员范文曜、邢西武等同志出席会议。会上，9所院校分别汇报和交流了本校筹建“中心”的设想及采取的措施，并研究和部署了下一步的工作。

4月25日，图书馆颁布《厦门大学图书馆工作人员仪容、举止、语言规范》。

4月，图书馆颁布《厦门大学图书馆馆藏外国和港台报刊借阅规定》。

5月12日，图书馆公布《厦门大学图书馆推荐九二年度晋升专业技术职务人员名单》。经图书馆专业技术职务考核推荐小组考核，1992年度推荐林梦如、周慧明、向毓轩晋升馆员，郑瑛晋升助理馆员。

5月15日，由校体委、校工会、校团委和学生会联合举办的全校师生乒乓球比赛结束，图书馆代表队获教工组亚军。

5月21日，学校职改办向图书馆下发《确认任职资格通知书》(厦大职改办〔92〕01号)，经研究同意确认胡德芳的馆员任职资格。

5月21日—6月3日，美国雪城大学尤蒂卡学院图书馆馆长威尔斯教授到访我馆，与馆领导、采编部、流通阅览部、期刊资料部、参考咨询部等进行了座谈和交流。

5月22日，学校印发《关于沈泓等六位同志执行大学专科定级工资的决定》(〔92〕厦大人字040号)，合同制工人沈泓、郭韶青、蔡秀英、洪霞、黄慧玲、粘秋红等6人1992年1月毕业于厦门大学夜大图书馆学专业，根据有关规定确认6人大学专科学历，并执行大学专科定级工资，从1992年2月1日起执行。

5月，学校将台湾厦大校友会及校友陈安祺、杜俊敏先生以及友好人士李该博先生捐赠的2.3万美元拨予图书馆，用于建设图书馆自动化系统流通子系统，并成立以林祖赓校长为主任的筹建委员会。

5月，在计算机系李名世副教授和计算中心的指导、协助下，图书馆王骏设计的"图书流通子系统方案"通过论证。

6月11日，图书馆向学校呈报《图书馆关于动用专款购买微机设备的请示报告》。去年校庆时，台湾校友会捐赠的1万美元、陈安祺校友捐赠的1万美元以及杜俊敏校友所捐赠的一部分，总计23,800美元为图书馆自动化建设专款，用于在香港购买所需的计算机硬件设施。所需设备现已和供应商(香港)联想电脑公司谈妥，设备总价为23,570美元，另需运费约1,700港元。拟向学校请示动用专款，用于交付货款和运费。该请示得到学校的批准。

6月18日，福建省新闻出版局史志编辑室主持召开福建省图书馆、福建师范大学图书馆和厦门大学图书馆等单位负责人及有关人员参加的座谈会，研究解决出版史志资料征集工作中的有关问题，集中讨论了《福建历代刻书、印书机构名录》和《建国前福建期刊简介》两个专题资料收集整理工作的任务分工及编写体例问题。我馆古籍组李秉乾副研究馆员、期刊部林振锋副主任参加会议。经过讨论协商，我馆承担两部分工作：民国时期福建历代刻书、印书机构的资料搜集整理工作，具体由李秉乾负责，在一年内完成；新中国成立前福建期刊的总目编制，并由福建省图书馆和福建师范大学图书馆配合补充，在今年国庆节前完成。

6月18日，计算机系和图书馆联合向学校呈报《关于图书馆自动化系统流通子系统工程的实施报告》。经研究协商，图书馆自动化管理系统流通子系统的软件编制任务由计算机系负责，图书馆协助，共同完成，并达成以下方案：第一，成立软件编制开发课题组，由计算机系李名世、吴碧霞，图书馆王骏等3人组成。李名世任组长，王骏任副组长。第二，图书馆成立由12人组成的贴码、输入、制证等工作组，由林梦如、李小陵负责。第三，计算机系副主任李堂秋和图书馆馆长孙晋华参与该项任务的整体协调工作。第四，完成时间：8 个月（1992 年 7 月至 1993 年 2 月）。为使子系统尽早投入运行，建议从下学期起图书馆的总出纳台和文艺书库出纳台只开放半天，以腾出人手进行大量的贴码和输入工作。第五，课题劳务费 9,500 元，其中 6,000 元拨给计算机系作为软件课题组劳务费，3,500 元拨给图书馆的 12 人工作组。第六，耗材费用总计约 4 万元，先从图书馆的年度经费中预支。今后每张借书证向读者收回工本费 2 元，逐年弥补垫支的耗材费用。第七，课题任务完成后，建议由学校组织有关人员组成成果鉴定小组，进行鉴定、验收。该方案得到学校的批准。

6 月 20 日，学校印发《关于颁发 90—91 年度公共基础课优秀教学奖的决定》（厦大教字〔1992〕18 号），图书馆李金庆、陈江帆荣获"华强奖教金"。

6 月，图书馆举办"中外文书刊分编培训班"。

6 月，学校成立"厦门大学图书馆评估工作领导小组"，正式开始为期半年的迎接福建省教育委员会组织开展的全省高校图书馆评估工作，主要分为组织动员、群众评议、自我评价、撰写自评报告、接受省教委专家考评等五个阶段。常务副校长郑学檬任组长，图书馆副馆长王忠俊、教务处副处长林铁民、科研处副处长方俊金任副组长，图书馆朱立文、陈建南、萧德洪、林梦如、林振锋任成员，苏海潮任秘书。

7 月 7 日，学校印发《关于批准专业技术人员任职资格的通知》（厦大职改字〔1992〕15 号），图书馆林梦如、周慧明、向毓轩、卓桂英、黄天行、徐斌、李碧霞晋升馆员，郑瑛、姜小明、黄思福晋升助理馆员。

9 月 10 日，学校职改办给图书馆下发《确认任职资格通知书》（厦大职改办〔92〕12 号），经研究同意确认崔晓西由讲师转为馆员的任职资格。

9 月 14 日，图书馆起草《厦门大学图书馆工作任务、岗位职责、人员编制意见（"八五"期间）》的初稿。

9 月 21 日，图书馆公布《图书馆 1991—1992 年度考核综合测评结果》，年度考核优秀者 27 人，称职者 69 人，基本称职者 8 人，不称职者 1 人，其中林萍芳、林梦如、向毓轩、潘毅梅、林振锋、陈建南、朱立文、萧德洪、蔡白杨、郑瑞龙、陈迎欣、郑雅华、王喜源、张兴文、黄小敏、郭其旭、周慧明、叶素青、李秉乾、陈菁、许妙娟、黄丽蓉、苏慧英、苏秀芳、张宗剑、戴鹭涛、吴广等 27 人考核为"优秀"。

9 月 24 日，"厦门大学文科文献情报中心"筹建问题研究会召开，辜建德、吴水澎、孙晋华等人出席会议。会议就“中心”的重点和布局、“中心”领导机构和组织实体、“中心”的人员编制以及“中心”的经费等问题进行研讨，并形成《关于筹建国家级“厦门大学文科文献情报中心”几个问题的报告》。

9月25日，美国俄勒冈大学科学图书馆 Stirling 馆长访问我馆，并介绍美国图书馆界的经费、协调合作、资源共享以及自动化建设情况。

9月26日，学校印发《关于郭如梅等三十二位同志确定职务工资的决定》(〔92〕厦大人字066号)，1991年毕业分配到图书馆工作的本科毕业生钟建法通过见习期考核，顺利转正定级。

9月26日，学校印发《关于徐荻惠等三十三位同志确定职务工资的决定》(〔92〕厦大人字068号)，1991年毕业分配到图书馆工作的中专毕业生徐荻惠、苏怀阳通过见习期考核，顺利转正定级。

9月，图书馆举办“中文书刊标准化著录培训班”。

10月12日，“厦门大学图书馆自动化系统流通子系统”工程正式启动。

10月28日，图书馆完成《厦门大学图书馆工作自评报告》。根据省教委《关于开展普通高校图书馆评估工作的通知》(闽教高〔92〕039号)的精神，图书馆对1988年以来，尤其是1990年我馆进行试点评估工作以来的各项工作情况进行回顾、检查和总结，依据《福建省高等学校图书馆评估指标及实测评分标准》，发动全馆群众评议、馆务会议讨论评估、“领导小组”评定等方式，对我校近5年来的图书馆工作情况进行实事求是的评价，并找出工作中的差距和问题，讨论制定今后解决问题的措施。

10月30日，文科文献情报中心筹委会向学校请示：我校建立文科文献情报中心，需要订购有关书刊和购置必要设备，申请增拨经费3万元。该申请得到学校的批准。

10月30日，福建省教育委员会印发《关于组织专家组，开展普通高等学校图书馆实地评估工作的通知》(闽教高〔92〕110号)，福建省教育委员会组织福建省高等学校图书馆评估专家组，对省内高校的图书馆建设水平进行评估。我馆杨钤、郑瑞龙入选专家组成员。

10月30日，学校印发《关于林萍芳等同志职务任免的决定》(〔92〕厦大人字076号)，林萍芳任图书馆办公室主任，林梦如任图书馆流通阅览部主任，潘毅梅任图书馆期刊资料部主任，胡德芳任图书馆采编部副主任；免去王忠俊兼任的图书馆办公室主任职务，免去郭其旭图书馆采编部主任职务，免去陈建南图书馆采编部副主任职务。

10月31日，厦门市图书馆学会第2届会员代表大会在厦门艺园宾馆召开。此次会议选举新一届理事会理事，我馆朱立文当选为理事长。另外，孙晋华馆长受聘为名誉理事长。

11月4日，图书馆向学校呈报《关于在我馆天桥底下搭建我馆所属服务部业务场所的申请报告》。鉴于图书馆事业的发展，近年新建了视听室、微机室、港台书刊阅览室等，馆舍使用面积逐渐紧张，图书馆所属厦门大学书刊资料综合服务部业务经营场所严重短缺，图书馆拟在我馆天桥底下搭建一小块作为经营场所，既不影响环境和馆舍外貌，又能解决服务部经营场所之急需，使之能更好地为全校师生服务。该申请得到学校的批准。

11月8日，学校印发《关于发布〈厦门大学系、所资料室管理办法(试行)〉的通知》(厦大综〔1992〕91号)，根据《普通高等学校图书馆规程》，制定系、所资料室及其人员的管理细则。

11月9日，学校印发《关于确定我校科以下工作人员行政职务的决定》(〔92〕厦大人字082号)，图书馆张宗剑、郭惠兰确定为科员。

11月21日，学校向国家教委呈报《关于申请成立"国家教委厦门大学文科文献情报中心"的报告》(厦大综〔1992〕93号)。经过前期积极筹备，确定以我校文科中具有特色和优势的台湾研究、经济研究和东南亚研究等三个学科为重点，正式向国家教委申请成立"国家教委厦门大学文科文献情报中心"。

11月28日，学校印发《关于郑学檬等同志任职的通知》(厦大人〔1992〕109号)，郑学檬兼任厦门大学文科文献情报中心主任，吴水澎、孙晋华兼任厦门大学文科文献情报中心副主任，吕联钟任厦门大学文科文献中心副主任。

11月28日—12月1日，福建省教育委员会高校图书馆评估专家组第一专家小组来我校开展图书馆建设水平评估工作。

12月，在全国高校进行内部管理体制改革的进程中，学校决定在图书馆率先进行工资总额包干制的试点，制定《图书馆"三定一聘"管理体制改革方案(试行)》及其《实施细则》。

1991—1992年，图书馆用近一年的时间调整二、三、四、五、八层书库的近60万册图书的藏书布局，新设立"保存本书库"及其阅览室(326室)，二、三层书库的近40万册常用图书实行开架借阅。经过此次调整,开架借阅图书总量增至50万册,为实行计算机管理做好前期准备工作。

1992年,为配合学校筹建经济学图书资料中心,图书馆成立外文文献编译组;经学校批准,图书馆音像室对外开放,并坚持以社会效益为主、经济效益为辅的原则。

1992年,我馆被评为厦门市文明单位。

本年在岗职工102人,其中大专学历以上76人;另有非正式职工23人。图书馆经费164.79万元,其中学校拨款157.38万元,其他来源经费7.41万元。本年购置中文图书24,140册,外文图书3,243册,中文报刊9,356份,外文报刊3,364份,音像资料99件。调入文献7,349册,剔除文献30,000册。截至12月31日,馆藏文献资源累计1,793,650册(件)。本年校内读者学生8,100人,教师2,564人,职工912人;校外读者245人。开架图书150,000册,现刊3,600种。全年文献外借1,992,465册;馆际互借借入19册,借出19册;复印纸本200,000张,音像资料4400件;提供解答咨询7062条,检索课题20个,翻译29篇;编纂文摘264篇、索引1602条,撰写报告1篇,编辑资料310篇;举办讲座4场,放映音像资料60场次,举办展览4场。在数字化建设方面,本年度配置专业人员1人。全馆拥有微机9台,打印机3台,复印机7台,缩微阅读器3台。

1993年

1月4日,学校印发《关于确定王海涛等58位同志的初级专业技术职务任职资格的通知》(厦大职改字〔1993〕02号),图书馆钟建法晋升助理馆员,徐获惠、苏怀阳晋升管理员,任职资格起算时间为1992年9月。

1月4日—5月4日,萧德洪赴香港中文大学进修学习。

2月13日,学校印发《关于表彰一九九二年度"学先进、比奉献巾帼建功"竞赛活动先进集体、巾帼建功奖获得者的通知》(厦大综〔1993〕7号),图书馆叶素青、黄惠芬、陈迎欣荣获校"巾帼建功奖"。

2月22日,图书馆自行开发编制的"厦门大学图书馆自动化系统流通子系统"投入运行。图书馆借还书使用计算机管理,结束了手工操作的历史,约50万册常用图书全面向读者开架服务,改变了图书馆的面貌和服务模式。

2 月，图书馆修订《厦门大学图书馆防火安全守则》、《厦门大学图书馆治安保卫条例》和《厦门大学图书馆夜间护馆人员守则》。

2 月，经学校办公会议研究同意，在人事处的指导下，根据教委定编要求，图书馆的编制从 135 人压缩为 119 人，正式实行工资总额包干，“增人不增工资总额，减人不减工资总额”。与此同时，馆内实行“定任务，定编制，定职责和实施聘任”的“三定一聘”制度。在此基础上，逐步建立起岗位责任制、考勤考核制、奖惩制，内部管理逐步走上制度化轨道。

3 月 18 日，学校印发《关于聘用胡文云等三十四位同志为干部的决定》（〔93〕厦大字 014 号），全民所有制工人陈玉青、黄小敏聘用为干部，聘期三年，即从 1993 年 3 月至 1996 年 2 月。

3 月，“国家教委厦门大学文科文献情报中心”的建设工作正式挂牌启动。该中心与图书馆合署办公，并编辑出版《文科研究通报》。常务副校长郑学檬任主任，图书馆馆长孙晋华、研究生院副院长吴水澎任副主任，图书馆吕联钟任常务副主任，萧德洪任秘书。该中心旨在进一步加强高等学校文科文献情报工作的整体化建设，为形成合理的全国高等学校文献情报保障体系、实现资源共享、提高文科高层次人才的培养和科学研究，提供必需的文献保障能力。

3 月，图书馆开展以遵守《图书馆工作人员工作守则》为内容的优质服务活动。

4 月 4 日，学校印发《1993 年“九州奖”获得者名单》(厦大办〔1993〕9 号)，图书馆朱立文荣获非教学科研类“九州奖”。

4 月 7 日，学校印发《关于设立图书馆技术部的通知》(厦大人〔1993〕25 号)，图书馆设立技术部。

4 月 13 日，图书馆采编部王骏起草《厦大图书馆自动化系统二期工程采编子系统设计方案》。

4 月，图书馆对视听室进行技术改造，增添视听设备和资料，提供高质量的录像、复制、听音服务。

5 月 20 日，福建省图书情报协作委员会在福建省科技情报所召开 1993 年度图书情报协调工作会议，讨论决定自本年 6 月 1 日起正式启用“馆际借阅证”，在包括我馆在内的 14 个成员馆馆际借阅使用。

5 月，厦门市总工会授予厦门大学工会图书馆委员会“民主管理优秀工会”

称号。

6 月 8 日，图书馆颁布《关于图书超期罚款的补充说明》。

6 月 22 日，学校印发《关于确定许丽芳等五位同志的初级专业技术职务任职资格的通知》(厦大职改字〔1993〕09 号)，图书馆陈晓清晋升助理馆员，任职资格起算时间为 1993 年 4 月 1 日。

6 月 29 日，学校印发《关于表彰先进党组织、优秀共产党员、优秀党务工作者的决定》(厦大委组〔1993〕15 号)，图书馆孙晋华荣获“优秀共产党员”称号，郑松锟荣获“优秀党务工作者”称号。

7 月 1 月，图书馆直属党支部被校党委表彰为“校先进党组织”。

8 月 25 日，学校印发《关于批准 1992—1993 学年度“优秀学员”、“学习积极分子”的决定》(厦大成教〔1993〕13 号)，图书馆卜卫兵荣获“学习积极分子”称号。

9 月 13 日，厦门建南集团印发《关于林萍芳的任职通知》(建南人字〔1993〕05 号)，图书馆林萍芳调任企业发展部经理。

9 月 20 日，学校印发《关于管翃等十三位同志转正及确定职务工资的决定》(〔93〕厦大人字 038 号)，1992 年毕业分配到图书馆工作的黄国凡通过见习期考核，顺利转正定级，从 1993 年 9 月 1 日起执行。

9 月 20 日，学校印发《关于范圣俭等五位同志转正及确定职务工资的决定》(〔93〕厦大人字 040 号)，1992 年毕业分配到图书馆工作的大专毕业生杨巧云通过见习期考核，顺利转正定级，从 1993 年 9 月 1 日起执行。

9 月 20 日，学校印发《关于李敢峰等九位同志转正及确定职务工资的决定》(〔93〕厦大人字 041 号)，1992 年毕业分配到图书馆工作的中专毕业生吴加银通过见习期考核，顺利转正定级，从 1993 年 9 月 1 日起执行。

10 月 2 日，图书馆制定《厦大图书馆机要文件传阅管理制度》。

10 月 10 日，图书馆向学校呈报《厦大图书馆九三年度财务工作自查报告》。根据学校《关于开展一九九三年税收、财务、物价大检查的通知》(厦大财字〔1993〕68 号)及学校财检动员大会的精神，图书馆召开全馆职工大会，发动全馆职工积极参加的基础上，对全馆今年有经济收支的部门和项目进行认真的清理和检查。

10 月 18 日，学校印发《关于下发 1993—1994 年度各单位各类人员的编制核定数的通知》(厦大人〔1993〕69号),图书资料人员按规定标准1∶47计,编制数为181人(不包括科研及直属单位的资料人员),实际定编到各院、系的图书资料人员为69人,校图书馆112人。

10月,由校友黄保欣先生联系,香港西区扶轮社捐赠40万港元,学校拨予图书馆建立"厦门大学扶轮光盘检索中心"。

11月3日,学校印发《关于设立"厦门大学工程、实验、卫生技术职务评审委员会"、"厦门大学图书馆资料、出版、翻译及经济管理专业技术职务评审委员会"及调整专业评议组成员的通知》(厦大职改字〔1993〕14号)。评审委员会由郑学檬任主任委员,孙晋华任副主任委员,邓子基等21人为委员。图书资料与档案专业评议组由孙晋华、李秉乾、陈国强、陈永山、陈曼丽、郑文贞、余扬政、郭其旭、盛新民等9人组成,孙晋华任组长,郑文贞任副组长。

11月3日,学校印发《关于公布第一批取消和调整的机关收费项目的决定》(厦大监〔1993〕3号),图书馆补办图书证工本费由5元/本降为3元/本。

11月10日,国家教委下发《关于下达一九九二、一九九三年国外及台港澳图书购置款项目有关事项的通知》(教高厅〔1993〕15号),我校1992年和1993年分配额度分别为4.68万美元,另额外追加2万美元。

11月10日,图书馆职工王骏调至计算机系工作。

11月15日,我馆于去年被评为"厦门市文明单位",根据厦门市精神文明建设活动领导小组的要求,向其呈报年度精神文明建设《自查报告》。

12月10日,学校印发《关于史虞龙等同志职务任免的通知》(〔93〕厦大人字053号),萧德洪任图书馆馆长助理(正科级)。

12月19日,我馆在古籍室举行台湾佛陀教育基金会捐赠图书仪式,获赠摛藻堂影印本《四库全书荟要》一套500册。

12月20日,学校印发《关于确定余逸文等41位同志的专业技术初级职务任职资格的通知》(厦大职改字〔1993〕19号),黄国凡晋升助理馆员,杨巧云、吴加银晋升管理员,任职资格起算时间为1993年9月。

12月24日,图书馆向学校呈报《图书馆情况汇报》,汇报"三定一聘"的人事制度改革的试行状况。

12月30日,学校印发《关于黄海等同志任职的通知》(〔93〕厦大人字060号),黄海任图书馆技术部主任。

12月31日，学校印发《关于郑松锟等同志任免的通知》（厦大人〔1993〕93号），郑松锟任厦门大学新闻传播系代系主任，免去其厦门大学图书馆副馆长职务；印发《关于司卓亚等同志任免的通知》（厦大委组〔1993〕26号），免去郑松锟中共厦门大学图书馆支部委员会书记职务。

12月31日，学校印发《关于黄毅惠等三十位同志转正及确定职务工资的决定》（〔93〕厦大人字061号），1992年12月招聘到图书馆工作的黄毅惠、张淑敏、王榕、李育红、尤慧玲、蔡云涌、郑燕华、高秀闽通过见习期工作考核，顺利转正定级，从1993年6月1日起执行。

本年在岗职工95人，其中大专学历以上75人；另有非正式职工23人。图书馆经费198.96万元，其中学校拨款140万元，其他来源经费58.96万元。本年购置中文图书19,123册，外文图书2,283册，中文报刊6,760份，外文报刊1,880份，音像资料361件。调入文献6,042册。截至12月31日，馆藏文献资源累计1,829,051册（件）。本年校内读者学生9,100人，教师2,564人，职工1,007人；校外读者536人。开架图书500,000册，现刊3,400种。全年文献外借2,596,867册；馆际互借借入15册，借出15册；复印纸本240,000张，音像资料4,500件；提供解答咨询1,593条，检索课题53个，翻译2篇；编纂文摘183篇、索引4,951条，撰写报告1篇，编辑资料320篇；举办讲座6场，放映音像资料100场，举办展览3场。开设文献课，自编教材1种，提供实用检索工具80种；聘任兼职教师7人，必修课培训读者1,100人。在数字化建设方面，本年度配置专业人员3人。全馆拥有微机19台，打印机6台，复印机7台，缩微阅读器3台。

1994年

1月5日，学校印发《关于批准庄总来等同志晋升高一级职务任职资格的通知》（厦大职改〔1994〕02号），图书馆郑松锟、王忠俊、郑瑞龙晋升副研究馆员，周建昌、李国强、苏海潮、朱梅兰、赖寿康、陈小慧、陈雪琴、陈逸华、林彩红晋升馆员，陈玉青、郑雅华晋升助理馆员，任职资格起算时间为1993年12月20日。

1月，图书馆制定《图书馆物资设备管理办法》。

2月21日，根据《国家教委直属高校校园、学生学习和生活环境检查评比指标体系》和学校的相关部署，图书馆召开馆、部两级干部会议，制定《图书馆环境管理计划》。

2 月 23 日，学校印发《厦门大学专业技术职务外语水平考试考核工作的实施办法》(厦大职改〔1994〕09 号)，图书资料人员遵照执行。

2 月，图书馆起草《图书馆面向 21 世纪(2000 年)奋斗目标发展规划和实施方案》。

3 月 1 日，图书馆制定《厦门大学图书馆学生管理委员会组织章程》，并与图书馆学生管理委员会联合制定《厦门大学图书馆环境管理办法》。

3 月 2 日，厦门市消防监督处，厦门大学保卫处、基建处、图书馆联合召开厦门大学图书馆消防整改联席会议，就图书馆存在的消防安全隐患及整改措施进行商讨，并落实具体的工作安排。

3 月 11 日，学校印发《关于孙晋华等同志的任职通知》(厦大委组〔1994〕11 号)，孙晋华兼任中共厦门大学图书馆支部委员会书记。

3 月，学校授予图书馆“巾帼建功”先进集体称号和“三八红旗集体”称号。

3 月，图书馆调整“厦门大学图书馆消防队”组成人员，并制定《厦门大学图书馆消防责任包干区暂时条例》。

4 月 1 日，图书馆制定《图书馆音像室定额管理实施办法》，对图书馆音像室实行定额承包管理制度。

5 月 4 日，学校印发《关于曾建华等同志任职的通知》(〔94〕厦大委组字 002 号)，萧德洪兼任共青团厦门大学图书馆总支部委员会书记。

6 月 13 日，图书馆向学校呈报《关于改革图书资料系列人员中、初级职务评审办法的报告》。图书馆建议：除取得硕士学位以上者，无论何种学历、专业、经历，欲申报晋升馆员及其以下职务者，均须参加由图书馆主持举办的培训或自学，并经考试合格后，方可申报晋升中、初级职务，然后按学校有关规定参加评审。在此原则上，提出具体的实施方案。

7 月 9 日，图书馆向学校呈报《图书馆保密工作自查情况》。根据学校《关于开展全校保密检查的通知》(〔94〕厦大委办 5 号)，图书馆对近两年的保密工作进行自查。

8 月 25 日，学校印发《关于印发〈各类专业技术职务任职条件和岗位职责选编〉的通知》(厦大职改〔1994〕20 号)，其中详细制定了“图书、资料专业系列”各级专业技术职务的任职与晋升条件。

9月8日，学校印发《关于成立“高速信息网络”筹建小组的决定》(厦大科〔1994〕91号)，决定成立厦门大学“高速信息网络”筹建小组，图书馆黄海入选筹建小组成员。

9月16日，学校印发《转发校图书馆〈关于改革图书资料系列人员中、初级职务评审办法的报告〉的通知》(厦大职改〔1994〕27号)，同意图书馆制定的《关于改革图书资料系列人员中、初级职务评审办法的报告》，从1995年度起，凡申报晋升图书资料中、初级职务者，均必须经过系统的业务培训，考试合格后方可申报晋升相应职务，以此来提高图书资料人员的业务水平和工作能力，加强图书资料人员队伍的建设。

9月21日，学校印发《关于朱斌等同志转正及确定职务工资的决定》(〔94〕厦大人字029号)，1993年分配到图书馆工作的本科毕业生赖春萍、洪梅、吴涵生，大专毕业生郑贵榕通过见习期考核，顺利转正定级，职务工资标准待工资制度改革实施后一并兑现。

9—12月，戴鹭涛、陈迎欣、陈小慧赴大连理工大学参加“第十三届全国高校图书馆专业干部进修班”学习。

10月11日，根据学校“校园文明建设”的总体部署和方案要求，图书馆制定《图书馆文明环境建设三周行动计划》，分为动员部署、卫生工作、馆舍维护工作三个阶段开展具体工作。

10月，我馆与厦门市图书馆签订馆际互借协议。

11月24日，学校印发《关于调整厦门大学专业技术职务评审委员会及专业评议组成员的通知》(厦大职改〔1994〕32号)，调整部分组成人员。评审委员会由郑学檬任主任委员，孙晋华任副主任委员，马应森等21人任委员。图书资料与档案专业评议组由王忠俊、孙晋华、余扬政、陈曼丽、陈意华、李秉乾、李秀治、翁勇青、曾伊平等9人组成，孙晋华任组长，余扬政任副组长。

12月10日，图书馆制定《室内外环境管理办法》。

12月15日，学校印发《关于确定冯蕾等31位同志的专业技术初级职务任职资格的通知》(厦大职改〔1994〕35号)，图书馆吴涵生晋升助理级工程师，洪梅、赖春萍晋升助理馆员，任职资格起算时间为1994年9月1日。

12月15日，学校印发《关于下发1994—1995年度各单位各类人员编制核定数的通知》(厦大人〔1994〕97 号),图书资料人员按规定标准 1∶50 计,编制数为 184 人(不包括科研及直属单位的资料人员),实际定编到各院系图书资料人员为 67 人,校图书馆为 113 人,尚余机动人员 4 人。

12 月 31 日,学校印发《关于批准确认陈清花等同志专业技术高、中、初级职务任职资格的通知》(厦大职改〔1994〕37 号),图书馆潘毅梅、许建生晋升副研究馆员,任职资格起算时间为 1994 年 12 月 17 日。

1994 年,图书馆全面建成自动化管理集成系统。学校拨出共建经费 100 万元,用于图书馆的藏书建设和购置光盘资料;馆内架设局域网络线路,并同化学化工学院、经济学院连接,在化学化工学院可以利用图书馆的部分光盘资源。

1994 年,新加坡华侨林瑞湍捐款约 4 万元,建立"瑞湍个人收视系统",包括 8 台彩色电视机。

1994 年,林祖赓校长转赠由陈嘉庚国际学会秘书长潘国驹教授赠送的价值 14 万美元最新科技图书,改善和充实了图书馆的馆藏文献。

本年在岗职工 90 人,其中大专学历以上 71 人;另有非正式职工 30 人。图书馆经费 390.71 万元,其中学校拨款 231.90 万元,其他来源经费 158.81 万元。本年购置中文图书 20,939 册,外文图书 2,642 册,中文报刊 3,179 份,外文报刊 1,036 份,音像资料 260 件。调入文献 5,874 册,剔除文献 50,000 册。截至 12 月 31 日,馆藏文献资源累计 1,867,963 册(件)。本年校内读者学生 9,600 人,教师 2,584 人,职工 1,000 人;校外读者 786 人。开架图书 600,000 册,现刊 3,200 种。全年文献外借 568,118 册;馆际互借借入 6 册,借出 4 册;复印纸本 340,000 张,音像资料 120 件;提供解答咨询 6357 条,检索课题 36 个,翻译 3 篇;编纂文摘 192 篇、索引 7966 条,编辑资料 134 篇;举办讲座 12 场,放映音像资料 200 场,举办展览 2 场。在数字化建设方面,本年度配置专业人员 3 人。全馆拥有微机 57 台,打印机 11 台,复印机 5 台。自建或购买的 CD-ROM 或软磁盘数据库记录量总计 138,800 条。

1995 年

2 月 16 日,学校印发《关于表彰 1994 年度"巾帼建功"活动先进集体、先进个人及组织奖获奖单位的通知》(厦大综〔1995〕7 号),图书馆苏慧英、林梦如、胡德芳荣获“巾帼建功”先进个人称号。

2 月 21 日，图书馆向厦门市精神文明建设活动领导小组呈报《自查报告》。根据厦门市精神文明建设活动领导小组对“厦门市文明单位”的要求，图书馆对去年的部门工作进行了全面的回顾和总结。

3 月 6 日，厦门市妇女联合会、厦门市公安局联合印发《关于表彰九四年厦门市人民警察“好母亲、好妻子”同时授予市“三 · 八红旗手”的决定》(厦妇〔95〕012 号、厦公政〔95〕015 号)，我馆郑雅华荣获“好妻子”称号。

3 月 15 日，图书馆起草《筹建“电子文献信息部”规划》，包括电子阅览室、联机检索室、听力室三个部分。

3 月 30 日，图书馆向学校呈报《关于光盘检索中心安装空调的报告》。光盘检索中心位于图书馆四楼(顶层)，面积约 $80m^2$，共有电脑 24 台，夏季高温不利于设备的正常运转和维护，因此申请安装 3 匹格力空调 2 台，经费拟从本馆经费中列支。该申请得到学校的批准。

3 月，图书馆制定《图书馆物资设备采购工作细则》和《图书馆物资设备采购工作有关规定》。

4 月 3 日，学校印发《厦门大学关于表彰校园文明建设先进集体、先进个人的决定》(厦大委办〔1995〕2 号)，图书馆荣获“特别优秀单位”称号，王忠俊荣获“先进工作者”称号，潘毅梅、胡德芳、向毓轩、陈家忠、周慧明荣获“积极分子”称号。

4 月 6 日，在迎接“211 工程”预审中，图书馆积极参与校园文明建设活动，荣获“厦门大学校园文明建设特别优秀单位”称号。

4 月 8 日，图书馆召开领导干部廉洁自律专题民主生活会，馆党政领导、各部室主任以及团总支书记参加会议。

4 月 18 日，图书馆正式开通电子邮箱，为将于 7 月和 8 月召开的国际统计物理学和国际电化学会议做好国际通信准备。

5 月 17 日，图书馆向学校呈报《关于图书馆电子文献信息部电脑机房安装空调的报告》。图书馆新成立的电子文献信息部是国家教委预审我校“211 工程”必看项目之一，拟在原第一学生阅览室建立一个 $40m^2$ 左右的电脑机房，需要安装 3 匹格力空调一台(总价 9,000 元左右)，经费从 100 万元共建费中列支。该申请得到学校的批准。

5 月 18 日，学校印发《关于批准确认朱立文同志研究馆员职务任职资格的通知》(厦大职改〔1995〕06 号)，朱立文晋升研究馆员，任职资格起算时间为 1995 年 3 月 2 日。

5 月 24 日，图书馆制定《图书馆治安保卫工作补充规定》。

5 月 26—28 日，李国强赴陕西西安交通大学参加“九六年度高校外文期刊协调会”。

5 月下旬，学校办公会议批准《筹建电子文献信息部总体规划》。

5 月，图书馆起草《面向 21 世纪图书馆建设规划》。

6 月 9—10 日，国家教委“211 工程”预审专家组来厦门大学图书馆考察评估。专家组组长南京大学曲钦岳教授等对我馆新建的几个自动化信息服务项目给予高度评价，对多媒体信息咨询系统、电子文献信息部、Email 和书目检索系统等项目很感兴趣，认为电子文献信息部的总体规划和功能设置起点高，具有超前意识。

6 月，图书馆修订《厦门大学图书馆工作人员考核办法》。

7 月 4 日，学校印发《关于黄春强等同志职务任免的通知》(〔95〕厦大人字 014 号)，胡德芳任图书馆办公室主任，免去其图书馆采编部副主任职务；林梦如任图书馆采编部主任，免去其图书馆流通阅览部主任职务；向毓轩任图书馆流通阅览部主任。

7—8 月，陈江帆赴陕西师范大学参加国家教委举办的“自然科学文献检索与利用”研修班学习。

8 月 18 日，图书馆向学校呈报《关于图书馆开放时间的报告》。学校从下学期起实施 5 天工作制，为适应新的工作日要求，图书馆参照省内外高校图书馆的做法，拟从下学期开始，对外开放时间调整为：出纳台借还服务，每周一至五上午、下午办理借还书手续；各阅览室服务，每周一至五及星期天上午、下午和晚上均开放，每周开放时间不少于 60 小时。这样调整变动不大，既考虑到图书馆工作性质，满足广大读者的需求，同时也让图书馆职工享受到国家规定的每周 5 天工作制度。

8 月 21—26 日，图书馆举办“图书资料专业技术职务中、初级专业考试辅导班”。

9 月 18 日，按福建省图工委的要求推荐表彰敬业奉献好人好事，我馆赖寿康、王喜源、潘毅梅的事迹选登于《第三次福建高等学校图书馆工作会文集》。

9月22日，学校印发《关于设立图书馆电子文献信息部的决定》（厦大人〔1995〕74号），设立图书馆电子文献信息部，原参考咨询部并入电子文献信息部，不再保留。

10月5日，根据国家教委及中国教育和科研计算机网（CERNET）的有关文件和会议精神，根据厦门大学实施"211工程"重点项目的计划，厦门大学教育和科研计算机网（XMUNET）和图书馆签订共建我校"网络信息和资源服务中心"（XMUNIC）的备忘录。XMUNIC行政隶属于图书馆，业务上受图书馆以及XMUNET专家组和XMUNET网络控制中心指导，有关XMUNIC的具体操作内容由XMUNET领导小组和图书馆在协商的原则下拟定。与图书馆有关的内部信息和资源有关的资源库建立原则上由图书馆负责立项，并负责软硬件（包括服务器）的经费，其他资源库将采用由XMUNET和提供资源单位共同立项的方式，属于学校公共资源的，将由XMUNET领导小组负责项目的经费及软件硬件的经费。XMUNIC的硬件设施主要由XMUNET负责解决，包括网络信息服务器、向下连接的网络端口、管理软件等。图书馆自身资源向上连接的硬件和软件费用，原则上图书馆自行解决。XMUNIC的日常运行费用由XMUNET和图书馆协商解决，原则上由XMUNET负责属于校内外信息流通部分，而由图书馆负责馆内流通的部分。XMUNIC的管理人员采用专职和兼职两部分，专职人员在行政上属图书馆编制，由图书馆管理；兼职人员由XMUNET根据需要由有关系所抽人派调。XMUNET和图书馆双方都同意向学校建议加强XMUNIC的管理工作，并给予编制上的保证。

10月11日，学校印发《关于李树春等同志转正及确定职务工资的通知》（〔95〕厦大人字023号），1994年本科毕业分配来我校图书馆工作的江慧萍、林敏通过见习期考核，顺利转正定级，起算时间为1995年9月1日。

10月19日，图书馆举行"厦门大学扶轮光盘检索中心"开放仪式。

10月23日，台湾比较教育学会秘书长杨思伟先生代表台湾比较教育学会向我馆赠书386种，价值约17万新台币。林祖赓校长参加在图书馆举行的赠书仪式。

10月29日，学校印发《关于表彰离退休服务管理工作先进个人、先进单位及关心、支持"离退管"工作好领导的决定》（厦大委办〔1995〕12号），图书馆荣获

“离退休服务管理工作先进单位”称号。

11 月 2 日，学校印发《关于调整“厦门大学专业技术职务评审委员会及专业评议组”成员的通知》(厦大职改〔1995〕15 号)，调整部分组成人员。评审委员会由郑学檬任主任委员，朱崇实、孙晋华任副主任委员，马应森等 21 人任委员。图书资料与档案专业评议组由孙晋华任组长，余扬政任副组长，方贻岩、王忠俊、孙晋华、余扬政、朱立文、陈意华、李秉乾、翁勇青、曾伊平等 9 人任组员。

11 月 9 日，根据福建省高校图工委《关于推荐省高校图工委常委委员的通知》(闽高图〔1995〕010 号)的要求，我校推荐孙晋华馆长为省高校图工委常务委员人选。

12 月 13 日，学校印发《关于确定黄因等 49 位同志的专业技术初级职务任职资格的通知》(厦大职改〔1995〕21 号)，图书馆杨巧云、江慧萍、林敏晋升助理馆员，任职资格起算时间为 1995 年 9 月 1 日。

12 月 23 日，学校印发《关于下发 1995—1996 学年各单位各类人员编制核定数的通知》(厦大人〔1996〕2 号)，图书资料人员按规定标准 1∶53 计，编制数为 260 人(不包括科研及直属单位的资料人员)，实际定编到各院系的图书资料人员为 67 人，校图书馆 113 人，尚余机动人员 2 人。

12 月 27 日，图书馆向学校呈报《图书馆 1995 年财务大检查汇报》。根据学校“关于开展 95 年税收财务物价大检查的通知”精神，图书馆逐条对照，未发现违背财经纪律问题。

1995 年，图书馆期刊部负责对学校各文科系资料室的外文期刊利用 USMARC 进行著录。

本年在岗职工 92 人，其中大专学历以上 77 人；另有非正式职工 23 人。图书馆经费 358.87 万元，其中学校拨款 300 万元，其他来源经费 58.87 万元。本年购置中文图书 20,795 册，外文图书 1,576 册，中文报刊 2,947 份，外文报刊 1,334 份，音像资料 96 件，光盘资料 81 件。本年调入文献 3,208 册。截至 12 月 31 日，馆藏文献资源累计 1,837,677 册(件)。本年校内读者学生 12,884 人，教师 1,800 人，职工 2,445 人；校外读者 1,282 人。开架图书 900,000 册，现刊 2,500 种。全年文献外借 371,152 册；馆际互借借入 10 册，借出 20 册。在数字化建设方面，本年度配置专业人员 8 人。全馆拥有微机 81 台，小型机(工作站)1 台，服务器 5 台，网上光驱 21 台，打印机 13 台，复印机 2 台。购买 22 个 CD-

ROM 或软磁盘数据库，自建书目数据库、厦门大学学报、厦门大学学位论文、台湾研究论文等数据库。

1996 年

1 月 5 日，学校印发《关于批准确认王德清等同志专业技术高、中、初级职务任职资格的通知》(厦大职改〔1996〕02 号)，图书馆胡德芳、萧德洪晋升副研究馆员，黄小敏、洪国栋晋升馆员，郑道建、卜卫兵晋升助理馆员，任职资格起算时间为 1995 年 12 月 30 日。

1 月 25—30 日，上海交通大学图书馆副馆长、情报科学技术研究所副所长杨宗英教授到访我馆，就图书馆自动化建设和新信息技术应用等方面开展调研和指导工作。同时，杨宗英教授受聘为我校图书馆兼职教授。

3 月 6 日，福建省高校图工委秘书长熊益强及福建师范大学图书馆一行 11 人到访我馆，调研图书馆自动化建设问题。

3 月 9—11 日，我馆邀请深圳图书馆前来介绍深图软件系统，并决定采用深图 ILAS 系统。

3 月 13 日，图书馆举行“青年文明号”活动 13 个参赛点挂牌仪式和全馆职工佩证上岗受证仪式。

3 月 14 日，图书馆向学校呈报《关于购置复印机的申请报告》。复印室自 1987 年以来没有添置新的复印机，原有学校配置的复印机均已报废入库，后图书馆相继购置 4 台二手修复旧复印机使用，复印质量现已不能满足需求。申请学校添置复印机 2 台，总预算约 2.98 万元。该申请得到学校的批准。

3 月 18 日，图书馆与厦门大学图书设备技术服务部法人代表苏海潮签订《厦门大学图书设备技术服务部承包合同》，决定将该部承包给苏海潮经营，承包期限自 1996 年 1 月 1 日至 2000 年 12 月 31 日。

3 月 28 日，图书馆向学校呈报《关于增设图书馆期刊参考阅览室的报告》。拟将图书馆四楼 422 室外刊业务工作用房设法调整出来，增设期刊参考阅览室，作为检索刊物、交换期刊资料、港台社会科学刊物和原版外文期刊专用阅览室，既为读者提供新的服务项目，也可以增加 150 个阅览座位。该申请得到学校的批准。

3 月，图书馆局域网络进行第二期升级改造，采用准智能化布线，提高网络高速传送信息的能力。

3 月，图书馆制定《厦门大学图书馆职业道德教育职工须知》。

3 月，图书馆对“八五”期间的发展情况进行总结，编写《“八五”期间图书馆建设发展简况》。

4 月 6 日，图书馆局域网与厦门大学校园网、中国教科网连接，可以访问北京大学、清华大学、上海交通大学、东南大学等主要高校的图书馆，可查询互联网信息。

4 月 9—10 日，图书馆举办“厦门大学第六届图书馆学、情报学学术研讨会”，厦门大学图书馆及各系资料室、厦门市图书馆、集美大学图书馆等单位的一百余人参加会议。

4 月 10 日，我馆向李成智公众图书馆（南安）赠书共 5,712 册，其中外文图书 340 册，中文图书 5,070 册、期刊 487 册、报纸 3 种 155 册。

4 月 11 日，图书馆制定《图书馆财务管理制度》和《厦门大学图书馆物资设备采购有关规定》。

4 月 16—19 日，福建省高校图工委在我馆召开省高校图工委扩大会议，统一认识、统一规划，进一步讨论研究《福建省高校信息资源共享服务系统建设规划草案》，筹备省高校文献信息中心和学科文献信息中心，研究联机网络建设等有关问题；检查、交流各校制定图书馆自动化建设“九五”规划。

4 月，图书馆向学校呈报《“二一一”工程立项报告》，即“厦门大学网络信息与资源服务中心”建设项目。该项目的建设目标是以建设计算机网络为核心，通过不懈的努力构建一个联合、开放、电子化的文献信息服务体系，把图书馆初步建设成为与厦门特区经济发展和学校教学、科研相适应的多功能文献信息中心，重点建设面向 21 世纪的网络信息资源项目，充分发挥有特色的地区文献信息资源基地的辐射作用。

4 月，我馆与深圳市科图自动化新技术应用公司签订协议书，采购“图书馆自动化集成系统”软件及配套产品和技术人员培训服务。

4 月，厦门大学全文数据库安装成功，并正式投入运行。该数据库包括《厦门大学学报》自然科学版和哲学社会科学版、《台湾研究集刊》以及厦门大学部分硕博士学位论文。

5月6日,学校印发《关于吕联钟同志任职的通知》(厦大委组〔1996〕9号),吕联钟任中共厦门大学图书馆支部委员会书记。

5月13—16日,厦门大学主办华东地区高校外文期刊协作协调会议。

5月14日,国家教委下发《关于核拨1995和1996年度高校人文社会科学图书专款额度及有关事项的通知》(教社科司〔1996〕015号),我校1995年度和1996年度高校人文社会科学图书专款额度各为56,800美元。

5月16日,图书馆制定《厦门大学图书馆职业道德行为管理暂行规则》。

5月21日,全国劳动模范、庐山图书馆馆长徐效钢应邀来我馆作先进事迹报告。

5月28日,李国强赴天津南开大学参加"1997年度全国高校外刊协调工作会议"。

6月6日,福建省教育委员会印发《关于成立第三届福建省高等学校图书情报工作委员会的通知》(闽教高〔1996〕51号),孙晋华馆长担任第三届福建省高等学校图书情报工作委员会委员、副主任。

6月14—16日,图书馆直属党支部组织党员同志和入党积极分子赴龙岩考察学习。

6月15日,我馆向厦门边防站捐赠图书1,000册。

6月18日,图书馆在一层接待室召开1997年外刊订购会议,各系、所主管资料工作的副主任和资料室外刊采购人员参加会议,主要讨论订购工作安排和经费分配问题。

6月27—30日,在国家教委文科文献信息中心领导小组和社科司的主持下,国家教委文科文献中心西文图书联合目录和西文期刊联合目录编委会在厦门大学召开,来自北京大学、复旦大学等15所国家教委直属高校图书馆及文献中心的负责人和编委出席会议。会议期间,演示了图书和期刊两个联合目录数据库的查询系统,与会代表参观了我馆计算机查询系统。

7月1日,图书馆荣获厦门大学庆祝建党75周年教工歌咏比赛"建南杯"三等奖和组织奖。

7月4日,图书馆党总支举办扶助龙岩白沙镇铲坑小学的捐赠活动:我馆捐款5,000元,捐书1,000册;组织党员、团员和入党积极分子赴龙岩参观学习,送书送款;孙晋华、吕联钟等16位同志每人捐款100元,扶助铲坑小学3名特困生；我馆捐款 5,000 元为铲坑小学添置课桌椅。

图 11　图书馆向龙岩白沙镇铲坑小学捐书捐款(左二为孙晋华馆长)

7 月 4 日，图书馆根据厦大组字〔96〕001 号文件精神，成立离退休工作领导小组，具体成员有孙晋华、吕联钟、向毓轩、周永筠、杨钤、胡德芳、林梦如、林振锋、余紫冈、黄海等 10 人，吕联钟任组长，孙晋华、向毓轩、周永筠、杨钤等 4 人任副组长。

7 月 9 日，上海交通大学图书馆教授、厦门大学图书馆兼职教授杨宗英到访我馆，分别作了题为"东亚六国图书馆自动化和第十届东南亚图书馆学术研讨会简介"和"再论数字化图书馆"的两场学术报告。

7 月 10 日，图书馆期刊部经过前期调研完成《有关医学类期刊的情况调查》。

7 月 17 日，图书馆向学校呈报《关于我校医学院心血管专业的书刊文献配置计划》。我校医学方面的文献近乎空白，图书馆拟通过多种渠道采集医学文献，其经费配置计划为：外文图书部分每年 12 万～20 万美元；中文图书部分每年约 10 万元；医学光盘数据库每年约 1,150 美元；外文期刊部分每年约 15 万元；中文期刊部分每年约 1 万元。

8 月 5 日，我馆向漳州平和一中赠书 3,000 册。

9月3—6日，朱立文赴武汉大学参加“96信息资源与社会发展国际学术研讨会”。

9月8日，图书馆完成《文明单位自查报告》。根据厦门市精神文明建设办公室《关于一九九六年度对省、市级文明单位复查的通知》精神，对照《厦门市文明单位建设管理实施细则》要求，图书馆党总支组织党政工团及群众代表对本馆1996年度精神文明建设作了认真的回顾、检查，最终形成《文明单位自查报告》。

9月10日，图书馆制定《图书馆卫生包干区划分及管理办法》。

10月7—12日，我馆受福建省图工委委托，举办图书期刊机读目录著录格式培训班，陈小慧、许妙娟、李金庆、黄慧玲担任主讲教师，校资料室、校外图书资料人员30余人参加。

10月8日，图书馆向学校呈报《关于图书馆开设文化沙龙的报告》。鉴于图书馆阅览座位不够及本馆没有学术报告厅，现有阅览室不宜边阅读边讨论的情况，我馆服务部拟自筹资金，在图书馆桥下试办“文化沙龙”。该沙龙将免费为全校师生提供36～40个自修、研讨座位，支持举办小型学术讲座、座谈会和研讨会，四周广告墙也将允许本校各单位使用。由于本馆经费有限，不能为该沙龙投入资金和人力，而本馆服务在保证社会效益的同时，应适当考虑经济效益，因此既要求服务部自筹投资，也拟同意该沙龙配套兼营书刊展销等活动。

10月21日，为配合学校成立医学院并于秋季招收新生，图书馆制定《关于我校医学院心血管专业的书刊文献配置计划》，并拟设医学院读者阅览室。

10月25日，图书馆修订《厦门大学图书馆消防责任包干暂行规定》。

10月26日，图书馆修订《厦门大学图书馆职业道德行为管理暂行规则》。

10月30日，学校印发《关于调整“厦门大学专业技术职务评审委员会及专业评议组”成员的通知》(厦大职改〔1996〕29号)，调整部分成员。评审委员会由郑学檬任主任委员，朱崇实、孙晋华任副主任委员，马应森等21人任委员。图书资料与档案专业评议组由孙晋华任组长，余扬政任副组长，方贻岩、王忠俊、孙晋华、余扬政、朱立文、陈意华、李秉乾、吴丽琴、翁勇青等9人任组员。

11月11日，学校印发《关于厦门大学工会第一届青年教职工委员会选举结果的通知》(厦大工字〔1996〕12号)，图书馆萧德洪当选为厦门大学工会第一届青年教职工委员会委员。

11月14日，学校印发《关于转发校体委〈关于表彰个人体育积极分子的决定〉的通知》(〔1996〕厦大办16号),图书馆郑道建、萧德洪荣获“个人体育积极分子”称号。

11月16日,图书馆荣获1992—1996年厦门大学体育工作先进集体称号。

12月2日,学校印发《关于江春兰等50位同志转正定级的通知》(〔96〕厦大人字049号),1995年8月本科毕业分配到图书馆工作的陈曦、李明、邹定宏、刘心舜通过见习期考核,顺利转正定级为助教二档,从1996年9月1日起执行。

12月4日,图书馆向学校呈报《关于缩短学生读者图书借期的报告》。图书馆近期召开读者座谈会,就缩短学生的图书借期问题征求意见,多数读者同意缩短。经研究,为提高图书的利用率,拟将原定的学生图书借期3个月、续借3个月,改为借期2个月、续借1个月,其他读者的图书借期不变。该申请得到学校的批准,自新学期起开始执行。

12月23日,图书馆向学校呈报《关于逐年增加图书馆年度书刊等文献购置费的报告》。由于书刊等文献价格大幅上涨,学校重点投入自动化建设,致使书刊等文献购置经费十分紧张。图书馆拟提出以下建议:第一,图书馆购置的书刊、光盘等文献,主要为教学、科研服务,所以理应从各系的科研经费中抽出一定比例用于订购对应学科的文献。第二,据了解,明年有一笔经费作为购买医学文献之用,是否可以考虑从中划出一部分作为图书馆的购书费用,专门用于购置医学文献。第三,在不得已时,只能根据学校下拨经费,按历年的比例调整各系的经费额度。学校批复在1997年学校财政预算时“切蛋糕”统一处理。

12月27日,学校下发《关于下发1996—1997学年各单位各类人员编制核定数的通知》(厦大人〔1996〕126号),图书资料人员定编数按1∶58计应为179人(不包括研究所、附属单位的图书资料人员),实际定编到各院系的图书资料人员66人,校图书馆113人。

12月,图书馆网站“厦门大学知识资源港”建成运行。

本年内,图书馆团总支荣获“福建省新长征突击队”称号;图书馆职工被评为厦门大学“巾帼建功”先进集体。

本年在岗职工94人,其中大专学历以上83人;另有非正式职工19人。图书馆经费321.89万元,其中学校拨款230万元,其他来源经费91.89万元。本年购置中文图书28,619册,外文图书4,282册,中文报刊6,718份,外文报刊1,260份,音像资料380件,光盘资料26件。本年调入文献3,688册,剔除文献

9,000册。截至12月31日,馆藏文献资源累计1,873,821册(件)。本年校内读者学生10,757人,教师1,800人,职工2,450人;校外读者1,062人。开架图书950,000册,现刊3,720种。全年文献外借795,907册。在数字化建设方面,本年度配置专业人员8人。全馆拥有微机108台,小型机(工作站)1台,服务器3台,网上光驱21台,打印机16台,复印机3台。购买8个CD-ROM或软磁盘数据库,自建书目数据库、厦门大学文库。

1997 年

1月6日,学校印发《关于批准确认1996年度评审通过的高、中、初级职务任职资格的通知》(厦大职改〔1997〕01号),图书馆李金庆晋升副研究馆员,戴鹭涛、苏慧英、钟建法晋升馆员,徐荻蕙、苏怀阳晋升助理馆员,任职资格起算时间为1996年12月20日。

1月15日,图书馆公布《关于修订学生借书期限的规定》。

1月17日,图书馆向学校呈报《关于加固保存本库窗户和更换目录厅大门的报告》。为了加强对图书和人身安全的保护,图书馆拟在四、五楼保存本书库北面窗(靠南普陀方向)加固铁丝,将二楼目录厅的三扇木门更换为铁门,总预算约10,774元。因近年来书刊涨价,学校拨付的经费都很紧张,无能力支付维修款项,特申请拨专款解决两项加强安全防范的维修工程。

1月30日,学校印发《关于确定陶佶等59人的专业技术初级职务任职资格的通知》(厦大职改〔1997〕03号),图书馆李明、陈曦晋升助理工程师,郑贵榕、邹定宏、刘心舜晋升助理馆员,任职资格起算时间为1996年9月1日。

1月30日,学校印发《关于调整厦门大学教职工住房分配委员会委员的通知》(厦大综〔1997〕11号),第四届教代会第一次会议选举产生新一届教职工住房分配委员会,图书馆向毓轩当选为委员。

2—7月,陈滨、郑贵榕赴南开大学信息资源管理系参加“图书情报专业干部进修班”进修学习。

3月8日,图书馆和校团委联合向学校呈报《关于设立“厦大读者活动室”的申请报告》。为促进读书活动的顺利开展,同时利用我校读者个人藏书,厦大团委拟在图书馆一楼主办“厦大读者活动室”,用于读者藏书交流和阅览,并开展各类实用科技培训和咨询等活动。日常工作由图书设备技术服务部承办,活动经费自筹。该申请得到学校的批准。

3月10日,图书馆向学校呈报《关于补办借书证手续的报告》。针对借书证“假丢”补证导致的“一人多证”现象,图书馆拟对借书证的挂失和补办程序加以完善。该规定得到学校批准,自1997年4月1日起实施。

3月24日,学校印发《关于转发〈厦门大学公共场所禁止吸烟暂行办法〉的通知》(厦大办〔1997〕16号),图书馆禁止吸烟。

3月31日,图书馆向学校呈报《关于“海峡出版物交换中心”的提议》。厦门市成立海峡交流协会,林祖赓校长出任协会副主席。图书馆拟在我校图书馆国家交换业务的基础上,成立海峡出版物交流中心,并将其纳入该协会活动中,以在国内起到较有影响的积极作用。

4月10日,国家教委社科司印发《关于核拨1997年度高校人文社会科学图书专科额度的通知》(教社科司〔1997〕12号),我校1997年专款的使用额度为56,800美元。

4月10—14日,国家教委科技发展中心在上海华东理工大学召开“委属高校科技项目咨询及成果查新管理工作研讨会”,我校科技处廖鸿祥、图书馆余紫冈参加会议。

4月11日,学校印发《关于陈明光等同志职务任免的通知》(厦大人〔1997〕27号),陈明光任厦门大学图书馆馆长,免去其厦门大学历史研究所副所长的职务;免去孙晋华同志厦门大学图书馆馆长的职务。

4月11日,图书馆修订《厦门大学图书馆“青年文明号”考评条件》和《厦门大学图书馆创建“青年文明号”考核办法》。

4月14日,图书馆制定《厦门大学图书馆关于执行〈厦门大学机关作风建设的若干补充规定〉的规定》。

4月21日,何励生先生子女捐赠同治六年补刊本《说文解字》一部(共16册)和《期颐老人何励生诗集》5册。

4月24日,我馆与福建师范大学图书馆签订《协作协调光盘、软盘资源协议》,双方共享试用光盘、软盘资源,以推动双方图书馆自动化、电子化建设。

4月,图书馆向学校呈报《厦门大学图书馆“211工程”项目建设发展纲要》。

5月4日,校团委表彰图书馆“总出纳台组”、“中文编目组”和“第一学生阅览室”为“青年文明号”小组。

5 月 27 日，图书馆向学校呈报《厦门大学图书馆关于“讲学习、讲政治、讲正气”的整改意见》。根据中共福建省委、厦门大学校党委关于进行领导干部以“讲学习、讲政治、讲正气”为主要内容的党性党风教育的部署，图书馆在学习检查的基础上，在把握形势、队伍建设、宏观调控、党的建设、联系群众、继续教育以及离退休工作等七个方面提出整改措施。

5 月 30 日，图书馆制定《厦门大学图书馆计算机网络安全防护条例》。

5 月，图书馆制定《关于贯彻执行〈厦门大学机关作风建设的若干补充规定〉的具体措施》。

5 月，图书馆汇编《图书馆近年来公布实行的有关规定》，将馆内近期的各项规定集中印发给各部室参照执行。

6 月 17 日，图书馆在一楼接待室召开 1998 年外刊订购会议，各系、所主管资料工作的副主任和资料室外刊采购人员参加会议，主要讨论订购工作安排和经费分配问题。

6 月 16—28 日，陈明光馆长赴新加坡出席学术会议，其间中国驻新加坡大使馆傅学章大使转赠一套由新加坡国立大学法学院陈德镛院长赠送的 1959—1996 年的法学杂志和 1997 年发行的国际及比较法杂志，总计 77 册。

7 月 30 日，图书馆公布《厦大图书馆视听室承包条件和要求(定额管理)》。

7 月，我馆李金庆荣获中国图书馆学会“先进工作者”荣誉称号。

8 月，我馆联合杭州大学图书馆、广西师范大学出版社、东亚古籍研究所、邗江古籍印刷厂等多家单位，影印出版《日本“末次研究所”剪报资料》。

暑假期间，图书馆采访编目部为历史系和建筑系建立资料室藏书书目数据库，总量达 12,100 种，并同时载入总馆中央书目数据库。

9 月 1 日，图书馆与流通部签订《厦大图书馆视听室承包合同(定额管理)》，将视听室承包给流通部经营管理。

9 月 2 日，图书馆向学校人事处呈报“科级机构名称变动及干部任免意见”：原技术部更名为自动化部，原参考咨询部更名为电子文献信息部；任命黄海为自动化部主任，余紫冈为电子文献部主任，林振锋为期刊资料部主任；免去黄海原技术部主任一职，免去朱立文参考咨询部主任一职，免去林振锋原期刊部副主任一职。

9 月 3 日，图书馆起草《关于机读目录数据回溯之工作方式的初步设想》，并向各部主任、馆务会成员以及回溯小组征求意见，制定标准的作业规范。

9 月 8 日，图书馆向学校呈报《关于提议陈滨同志任图书馆团总支书记事》。图书馆团总支书记萧德洪同志因工作繁忙，其现任职务拟由副书记陈滨同志担任，专此提议学校发文任命。

9 月 12 日，图书馆向学校呈报 1997 年职称考核小组名单，由陈明光、萧德洪、胡德芳、黄海、李金庆、陈曼丽、许建生、向毓轩、林梦如等 9 人组成，陈明光任组长，萧德洪任副组长，曾曼玲任秘书。

9 月 15 日，图书馆与电子文献信息部签订《图书馆听力训练定额管理承包协议》，将视听室承包给电子文献信息部经营。

9 月 18 日，图书馆向学校呈报《关于我馆协调物理系 1998 年度外刊订购计划未果的说明》。由于外刊价格上涨，图书馆书刊订购经费紧张，物理系订购外文期刊费用严重超支，图书馆与物理系协商未果，申请学校安排解决。

9 月 22 日，图书馆发布《公告》：经馆考核推荐小组考核评分，推荐申报副研究馆员职称的送审人员为（按名次排列）林振锋、余紫冈、卢维春、吕联钟、陈江帆，推荐申报馆员职称的送审人员为（按名次排列）陈滨、吴兵、陈晓清。

9 月 26 日，学校印发《关于陈国林等 32 位同志转正定级的通知》（〔1997〕厦大人 39 号），1996 年 8 月本科毕业分配到图书馆工作的刘海伟、舒治政、王赛熹、甘碧娇见习期满，通过考核，顺利转正定级为助教二档；1996 年 8 月中专毕业分配到图书馆工作的邵碧珠见习期满，通过考核，顺利转正定级为技术员二档，均从 1997 年 9 月 1 日起执行。

9 月 30 日，学校印发《关于缪东丽等同志职务任免的通知》（〔97〕厦大人 42 号），林振锋任图书馆期刊资料部主任，余紫冈任图书馆电子文献信息部主任。

9 月 30 日，学校印发《关于厦门大学图书馆技术部更名的通知》（〔97〕厦大人 49 号），厦门大学图书馆技术部更名为厦门大学图书馆自动化技术部。

9 月 30 日，图书馆向学校呈报《关于图书馆人事、工资、补贴等问题的请示报告》。在新的人事管理制度改革中，图书馆遇到 4 个方面的问题：第一，由于图书馆 1996—1997 年的编制核定数（122 人）明显不足，新施行的《厦门大学工资总额动态包干管理办法》核算的缺编太少，建议在今年 9 月至明年 8 月仍按我馆实际缺编数拨与缺编工资，并在核定下一年度编制数时考虑酌情增加编制。第二,学校从 9 月起停发阅览室夜班工作人员的夜班补贴,图书馆无法从缺编工资中发放。第三,学校财务处要求临时工防暑降温费从缺编费内支付,但图书馆与人事处签订的包干实施细则中并无此项开支,也不在《厦门大学工资总额动态包干试行办法》规定的缺编人员包干工资支付范围内,建议学校另外拨付或重新核算缺编人均工资基数及其内容。第四,大南校门报栏隶属关系长期不清,图书馆只是替宣传部代管,其维护、人员和经费都没有对口来源,建议学校理顺该处的隶属关系。以上四项减收增支,一年总数达 3 万余元,希望学校根据图书馆的实际情况和建议进行研究。

10 月 9 日,中共厦门大学图书馆支部委员会召开支部大会,增补许建生、陈滨为支部委员。支部增补支委后,委员具体分工如下:吕联钟任组织委员,萧德洪任统战委员,唐希文任宣传委员,许建生任纪检委员,陈滨任青年委员。

10 月 9 日,图书馆制定《厦门大学图书馆治安保卫和消防安全规定》和《违反治保和消防安全规定处罚办法(讨论稿)》。

10 月 17 日,图书馆制定《厦门大学图书馆"讲文明,树新风"先进个人评审办法》。

10 月 22 日,图书馆向学校呈报《关于请求给予我馆执行"厦门大学工资总额动态包干"过渡期的报告》。根据厦大人〔1997〕10 号文件,校内从 9 月 1 日起对工资总额承包单位执行《厦门大学工资总额动态包干试行办法》,图书馆认为贯彻该办法完全必要,但本馆在实际操作上存在着暂时的困难,请求给予一年的过渡期即 1997 年 9 月至 1998 年 8 月,从 1998 年 9 月新的毕业生到岗后再予以严格执行。

10 月 29 日,朱之文副校长在校办接待室主持召开图书馆工作汇报会,基建处孙和平处长、方云林副处长,总务处庄栋良处长,校办陈光副主任参加会议(厦大综〔1997〕89 号)。图书馆陈明光馆长、吕联钟书记汇报图书馆的工作情况,集中说明图书馆在消防安全、馆舍维修和扩建阅览室等存在的问题。会议讨论决定:第一,关于消防安全问题。由图书馆调查摸清灭火器充罐、增配及调配的数量,报保卫处统一采购;室内消防栓维护、电路开关等的更换、消防水管锈蚀破裂修复工作,请有关部门抓紧落实,费用由学校消防专项经费列支。第二,关于馆舍维修问题。由于图书馆使用年限较长,存在问题较多,如:(1)一楼被白蚂蚁所蛀的门框和二楼总出纳台三扇大门的更换;(2)八层书库和 233 室屋顶隔热层的维修;(3)楼房连接部分的沉降缝的修复;(4)二、三楼走廊排水问题的解决;(5)一楼厕所小便槽渗漏的维修;(6)生活供水管道和厕所水管锈蚀破裂的修复;(7)保存本书库和采编部后窗防盗铁丝网的安装。这些都由基建处派员现场查看并维修。另外,破裂门窗玻璃更换由校维修中心负责;关于增修馆舍北面的排水沟或加高地下室气窗,防止雨水渗入地下室问题,纳入学校排洪排污系统改造一并研究解决。第三,关于馆舍面积和设备不足问题。关于扩建2间共400m^2的钢结构教师阅览室和添置检索中心,教师阅览室所需260个双面书架的经费问题,请图书馆另行报告,争取列入学校明年的经费预算。会议决定对馆舍进行较为全面的维护和修缮,解决了因馆舍老化而带来的严重困扰图书馆正常工作的一系列重大实际问题。

10月30日,学校任命陈滨为图书馆团总支书记(厦大团〔1997〕第9号)。

10月31日,图书馆向学校呈报《关于拟实行进出图书馆大门查验证件制度的请示报告》。为加强入馆读者财物和权益的保护,根据图书馆以往的管理制度,并参照其他高校图书馆的管理经验,拟自11月10日起实行读者进出图书馆大门须查验证件的制度。具体做法为:读者入馆须主动向门卫出示本馆借书证或阅览证,无证者不准入馆,门卫有权查验证件;非本馆读者入馆须向门卫出示有效证件并进行登记;本校教职工因借阅之外事务须入馆者,应经门卫许可;团体参观应事先与图书馆办公室联系。该请示得到学校的批准,先试行半年,以观实际效果。

11月3日,图书馆制定《厦门大学图书馆党政领导干部工作若干准则》。

11月5日,图书馆向学校呈报《关于〈文献信息学刊〉移交我馆承办的初步意见》。福建省高等学校图书馆工作委员会拟将原委托福建师范大学图书馆承办的《文献信息学刊》移交到我馆承办,对此事的初步意见是:我馆有必要也有能力编辑和发行该刊;经费则维持原有方式,编委会基本维持原有格局;编辑部重新设立,主编建议由宣传部部长颜章炮担任,副主编由图书馆萧德洪副研究馆员担任,下设专职编辑1名、兼职编辑2名,均由本馆现职人员出任。该初步意见得到学校的批准,并建议主编改由图书馆馆长担任。

11月6日,厦门大学职称改革领导小组印发《关于调整"厦门大学专业技术职务评审委员会及专业评议组"成员的通知》(厦大职改〔1997〕17号),调整部分成员。评审委员会由郑学檬任主任委员,朱崇实任副主任委员,马应森等21人任委员。图书资料与档案专业评议组由许金钩、许建生、陈明光、陈曼丽、萧德洪、李国梁、吴丽琴、郝建华、翁勇青等 9 人组成，陈明光任组长，许金钩任副组长。

11 月 6 日，学校下发《关于林昌健等同志职务任免的通知》(厦大人〔1997〕57 号)，萧德洪任厦门大学图书馆副馆长。

11 月 6 日，学校印发《关于表彰档案工作先进单位和先进工作者的决定》(厦大综〔1997〕86 号)，胡德芳荣获"先进工作者"称号。

11 月 12 日，为落实校工会"建设模范教工之家"的精神，图书馆成立"建家领导小组"，由党支部书记吕联钟、馆长陈明光、工会主席向毓轩、办公室主任胡德芳、团支部书记陈滨负责组织筹建，先后投入建设经费约 2.5 万元。

11 月 25 日，图书馆向学校呈报《关于我馆承办〈文献信息学刊〉的请示报告》。学校批准该报告，并向福建省新闻出版局致函《关于承办〈文献信息学刊〉的报告》(厦大综〔1997〕98 号)，拟自 1998 年 1 月起由厦门大学图书馆承办《文献信息学刊》。

11 月 27 日，学校印发《关于张昌胜等同志职务任免的通知》(〔97〕厦大人 46 号)，免去萧德洪图书馆馆长助理职务。

11 月 27 日，学校财务处下发《通知》，经校"211 工程"建设领导小组研究，批准"211 工程"建设项目 1997 年度资金预算方案，图书馆文献信息服务中心(建设项目)计划投入 38 万元。

12 月 13—16 日，我馆举办福建省"中国学术期刊文献检索咨询站专项咨询服务培训月"活动。

12 月 16 日，文化部图书馆司、国家教委科技发展中心、全国高校图书情报工作委员会、光盘国家工程研究中心、中央国家机关和科研系统图书馆学会、北京清华信息系统工程公司联合主办的"图书情报信息资源建设与信息产业发展研讨会"在厦门大学召开。

12 月 19 日，郑学檬常务副校长在逸夫楼 2 号会议室主持召开本年度第二十三次行政办公会议(厦大办〔1997〕81 号)。会议讨论了院、系、所资料室的管理体制改革问题，陈明光馆长汇报了贯彻落实全校人事师资工作会议精神，拟推行院、系、所资料室的文献资源共享及管理体制改革的设想方案。当前我校各系资料室的人财物资源均存在严重浪费的现象，全校图书资料系列共 179 人，其中院系资料室66人;人员、资料管理松散,影响工作效率和资源的利用率。会议认为,为了充分利用我校的图书资料资源,做到资源共享、人尽其才、物尽其用,推行其管理体制改革是极其必要的。会议同意图书馆提出的改革思路及分步走的两条改革途径,即一是暂时保留原机构,通过分别建立书目数据库,经由校园网,实现资源无偿共享或有偿共享以及管理方式的相应改革;二是重组机构,建立自动化管理的专业分馆,纳入总馆的工资总额动态包干管理体制,首批定在政法学院和经济学院(包括工商管理学院)试点。为保证该方案的实施,会议建议在明年的财务预算中要解决三个问题,以保证院系推行这一改革的积极性:在各系发展基金中切出一块作为图书资料投入;在图书馆的图书资料费中切出一块作为各系自筹投入的配套经费;政法、经济学院(包括工商管理学院)的试点,学校要从经费上给予一定的支持和鼓励。经费问题待讨论1998年度财务预算时再行研究解决。

12月25日,学校印发《关于1997年税收财务物价大检查复查工作安排的通知》(厦大财〔1997〕49号),图书馆接受学校第七财检复查工作组的财务工作检查。

12月,我馆荣获“厦门市文明单位”荣誉称号。

本年内,图书馆建成现刊数据库。电子文献部编写馆藏光盘的“检索指南”,单页印行供读者参考;并将《中国学术期刊(光盘版)》的使用手册发到全校各博士导师,试验性地面向学生开展6个班的“计算机文献检索”短期培训。配合新生入学教育,编印了新版《厦门大学图书馆读者手册》。

本年在岗职工93人,其中硕博士4人,本科41人;另有非正式职工28人。图书馆经费236.42万元,其中学校拨款198万元,其他来源经费38.42万元。本年购置中文图书22,354册,外文图书1,011册,中文报刊3,039种5,934份,外文报刊1,133种1,136份,音像资料15种15件,光盘资料26种119件。本年调入文献7,885册,剔除文献2,684册。截至12月31日,馆藏文献资源累计1,910,540册(件)。本年校内读者本专科生10,009人,研究生1,588人,教职工4,789人;校外读者882人。开架图书520,000册,现刊2,234种。全年文献外借图书357,716册,内阅2,434,449册;馆际互借借入4册,借出105册;提供参考咨询8,079条,检索服务625项,专题服务55项。开设文献课,培训读者186人。在数字化建设方面,本年投入计算机设备费55,250元;配置专业技术人员

4 人。全馆拥有微机 117 台,小型机(工作站)1 台,服务器 6 台,网上光驱 27 台,打印机 16 台,复印机 2 台。购买 6 个 CD-ROM 或软磁盘数据库,自建书目数据库、全文数据库以及新书目录数据库。

1998 年

1 月 12 日,我馆与清华大学光盘国家工程研究中心学术电子出版物编辑部、北京清华信息系统工程公司签订《中国学术期刊文献检索咨询站协议书》,在我馆设立中国期刊文献检索咨询一级站。

1 月 15 日,学校下发《关于表彰节能工作先进集体和先进个人的决定》(厦大综〔1998〕4 号),图书馆张宗剑荣获"节能工作先进个人"称号。

2 月 12 日,学校印发《关于批准确认 1997 年度评审通过的高、中、初级职务任职资格的通知》(厦大职改〔1998〕2 号),图书馆卢维春、余紫冈、吕联钟晋升副研究馆员,吴兵、陈晓清、陈滨晋升馆员,任职资格起算时间为 1997 年 12 月 10 日。

2 月 12 日,学校印发《关于确定甘森忠等五十九位同志的专业技术初级职务任职资格的通知》(厦大职改〔1998〕02 号),图书馆舒治政、刘海伟晋升助理工程师,王赛熹、甘碧娇晋升助理馆员,邵碧珠晋升技术员,任职资格起算时间为 1997 年 9 月 1 日。

2 月 19 日,图书馆制定《厦门大学图书馆"教工之家"活动室管理规则》和《"教工之家"活动管理细则》。

2 月 25 日,林祖赓校长在逸夫楼会议室主持召开 1998 年度第五次校行政办公会议(厦大办纪要〔1998〕4 号)。会议讨论了公共服务体系(图书资料系统)管理体制改革问题:原则上通过了《厦门大学公共服务体系(图书资料系统)管理改革试行条例》,但就如何调动院系积极性,支持分馆的投入和管理,健全分馆的运行机制方面,认为还应作进一步的调查研究。

2 月,图书馆"教工之家"正式挂牌对职工开放。

3 月 2 日,学校下发《关于李若山等同志免职的通知》(厦大人〔1998〕9 号),免去孙晋华国家教委厦门大学文科文献情报中心副主任的职务;免去王忠俊厦门大学图书馆副馆长的职务。

3 月 6 日，图书馆向学校呈报《关于更换窗帘的报告》。图书馆窗帘于 1994 年创建文明校园时更换，四年间经日晒雨淋、台风等因素影响，现已破损严重。为给读者创造一个文明的读书环境，拟更换图书馆外围窗帘 112 个，预算27,730 元。该申请得到学校的批准。

3 月 16 日，图书馆向学校呈报《关于成立分馆筹建小组的请示报告》。为了能从 4 月份起具体开展分馆筹建工作，建议成立一个临时性的工作小组，隶属学校协调领导小组指挥。工作小组由陈明光馆长任组长，经济学院、工商管理学院、政法学院各派一名副院长任副组长，图书馆办公室主任胡德芳、流通阅览部主任向毓轩、期刊资料室主任林振锋、自动化部主任黄海、采编部副主任陈小慧、经济学院中心资料室代表、工商管理学院资料室代表、政法学院资料室代表任组员。

3 月 23 日，学校印发《厦门大学公共服务体系（图书资料系统）管理体制改革试行条例》（厦大办〔1998〕7 号）。该条例于 1998 年度第五次校行政办公会议研究通过，具体内容如下：

为贯彻落实 1997 年全校人事师资工作会议精神，解决当前我校院、系、所资料室存在的“小而全”和资源利用率不高的问题，做到人尽其才、物尽其用，提高文献资源的保障率和利用率，提高管理水平和服务质量，实现资源共享，经校行政会议研究，制定如下条例：

第一条：逐步取消院、系、所原有的资料室，按学科门类建立图书馆专科分馆（以下简称分馆）。

第二条：分馆隶属于校图书馆（以下简称总馆），由总馆统一管理。

第三条：设立分馆的院、系、所取消所有的图书资料人员编制，原有的图书资料人员纳入总馆的工资总额动态包干管理体制，由总馆考核选用、统一调配及进行培训。

第四条：在现有条件下分馆的服务优先保证该学科门类的教师和学生，以后逐步做到“一证全校通用”。

第五条：分馆建设推行“以学校为主，院系为辅”的原则，鼓励院、系、所积极参与分馆建设。分馆书刊订购经费在总馆图书资料费中切块保证的基础上，从单位发展基金中按教职工与学生数确定一定比例经费作为书刊购置补充经费。

第六条：建立分馆后，院、系、所原有的图书资料原则上全部归总馆管理，由总馆统一典藏。少量在特殊情况下购置或捐赠的院、系、所专用图书资料可在分馆内设立“特藏”或“专柜”,由原单位保留使用,但书刊目录编入总馆的书刊总目,以备查询。

第七条:建立分馆后,原有资料室财产的使用权归分馆,所有权属于学校。有关单位事先对财产进行登记造册,以便清点移交。

第八条:为加快改革的试点和推行,学校在年度预算内切出启动费。启动费主要用于书架、阅览桌及自动化设备的配备及必要的图书搬运费用。

第九条:成立厦门大学公共服务体系管理体制改革协调领导小组,加强改革过程中的协调和领导。

第十条:本条例自公布之日起试行。

3月27日,学校下发《关于下发1997—1998学年各单位各类人员编制核定数的通知》(厦大人〔1998〕20号),图书资料人员定编数按1∶61.5计算为186人(不包括研究所、附属单位图书资料人员),实际定编到各院系的图书资料人员66人,校图书馆119人,机动1人。

4月11日,图书馆制定《厦门大学图书馆物资设备采购有关规定》。

4月16日,福建省教育委员会下发《关于调整福建省高等学校图书情报工作委员会组成人员的通知》(闽教〔1998〕高027号),陈明光馆长任第三届福建省高等学校图书情报工作委员会副主任。

4月,图书馆修订一系列规章制度,包括《厦门大学图书馆治安保卫规定》《厦门大学图书馆防火安全守则》《厦门大学图书馆古籍线装书借阅规则》《厦门大学图书馆新书、热门书借阅规则》《厦门大学图书馆开架书库管理规则》《厦门大学图书馆第一教师研究生阅览室文明守则》《厦门大学图书馆第二教师研究生阅览室文明守则》《厦门大学图书馆保存本阅览室管理规则》《厦门大学图书馆理科学生阅览室文明守则》《厦门大学图书馆文科学生阅览室文明守则》《厦门大学图书馆报纸阅览室借阅规则》《厦门大学图书馆中外文过刊阅览室借阅规则》《厦门大学图书馆中文现刊阅览室规则》。

5月27日,图书馆在三楼东侧展览厅举行“纪念周恩来诞辰100周年——童小鹏摄影展”开幕式。

6月1日,郑学檬常务副校长、朱崇实副校长等校公共服务体系管理体制改革协调领导小组成员到政法学院召开现场协调会,政法学院及哲学、政治、法律三系分管图书资料工作的系主任、资料室工作人员及分馆筹建工作小组的成员参加了会议(厦大专纪要〔1998〕4号)。会议就政法学院分馆馆舍用房、分馆筹建的临时工作室、书刊选编及编目等问题进行了讨论、协商和实地考察。会议认为:第一,分馆藏书3万～5万册、250个阅览座位、400m^{2}的馆舍面积较为合适,分馆馆址选择政法学院教学楼(A楼)的一个楼层,分馆建设若有占用教室,必须从各系用房中调剂补充,具体由政法学院和三系协商,统一调整解决。馆舍及教室改造分别由图书馆和政法学院提出方案,基建处负责实施,改造经费从分馆建设启动费中列支。第二,确定政治系学生阅览室作为分馆建设的临时工作室,待分馆开馆时归还政治系。第三,为做好分馆图书的编目,哲学、政治、法学三系领导和资料室工作人员近期内要对本系师生所借阅图书资料进行一次全面的清理,敦促师生限期还书。第四,为最大限度地提高图书资料的利用率,分馆尽可能少设“特藏”或“专柜”。第五,分馆筹建工作小组应尽快进驻政法分馆,配备计算机等设备,认真做好书刊选留及编目、清点等筹备工作。计算机等购置费、条形码工本费、期刊平装费及少量超工作量补贴从分馆建设启动费中列支。第六,确保今年9月顺利开馆。

6月3日,图书馆自动化技术部调往政法学院原政法系现刊室进行网络布线,至9日完成系统安装、调适以及设置工作。

6月5日,学校下发《关于陈志伟等同志职务任免的通知》(〔98〕厦大人21号),向毓轩任图书馆馆长助理。

6月5日,图书馆编目小组调往政法学院原政法系现刊室,指导系资料人员剔除藏书工作,并逐步开展联机编目工作。

6月17—19日,陈明光馆长赴香港岭南学院参加“区域合作新纪元:海峡两岸图书馆与资讯服务研讨会”,研讨两岸图书馆间的区域合作、资源共享和资讯交换标准化等问题。

6月26日,学校下发《关于表彰先进党组织、优秀共产党员和优秀党务工作者的决定》,图书馆直属党支部荣获“先进党支部”,余紫冈荣获“优秀共产党员”。

6月30日,学校撤销图书馆图书设备技术服务部餐饮点。

7月6日,图书馆向校人事处汇报:根据校领导的指示,拟建设分馆的政法学院、经济学院、工商管理学院的图书资料人员自1998年起由我馆考核聘任。根据人事处的通知,应由我馆聘任的共16人,经过研究认为,经济学院吴祥庆、肖绍兰二位同志将于9月退休，应在原单位退休，我馆不予聘任；谢文辉同志属大集体编制，不宜由我馆聘任，拟上交人事处安排；其余13位同志可由我馆聘任，但鉴于目前政法分馆与经济分馆尚未建成，不可能结合具体岗位进行考核聘任，拟先聘半年，待分馆建成投入运转时结合他们的具体岗位续聘。

7月27—30日，应福建省教委、高校图工委和厦门大学图书馆的邀请，留美博士张甲、乐桃文、储荷婷和刘正福来闽讲学。

8月21日，学校印发《关于我校支援抗洪救灾第一批捐赠募捐情况的通报》(〔1998〕厦大委办8号)，图书馆第一批共捐赠衣物547件、现金6,960元。

8月31日，图书馆向学校呈报《关于拨给图书馆分馆建设经费的紧急报告》。图书馆分馆建设先期由林祖赓校长拨给15万元启动费，现已开支40多万元，超支的25万元由图书馆"211工程"共建经费28万元中垫付，另外还有诸多继续开支的项目。申请学校尽快补拨图书馆经费，使分馆按计划开馆，并维持总馆业务的正常运行。

8月，图书馆制定《厦门大学图书馆门卫值班人员守则》。

9月9日，图书馆经济与管理分馆、法学分馆正式揭牌开放。经济与管理分馆位于经济学院原中心资料室及其对面的二层楼，法学分馆位于政法学院教学楼的第四、五层。分馆由图书馆直接领导和管理，初步形成了国际通行的"一校多馆"的图书管理体制，优化了文献信息资源配置，为读者提供资源共享环境。

图12 经济与管理分馆馆舍

图13 法学分馆馆舍

9月10日—12月10日，图书馆在化学化工学院、生物系、高教所开展重点学科外文期刊收藏和利用调查。

9月11日，学校印发《关于於春等39位同志转正定级的通知》(〔98〕厦大人33号)，1997年8月本科毕业分配来校图书馆工作的卓晓云、吴小冰、曾曼玲见习期满，通过考核，顺利转正定级为助教二档。

9月14日，学校印发《关于我校支援抗洪救灾捐赠募集情况的通报》(〔1998〕厦大委办9号)，图书馆第二批共捐赠衣物46件、现金19,640元。

10月9日，图书馆向学校呈报《关于申请法学分馆建立"播放外语教学片录像片点"的报告》。为拓展法学分馆的服务领域，共享图书馆视听资料的资源，经与法学院协商，法学分馆拟在法学院A座6楼原法学院电教室开辟一间专为读者播放外语教学录像片点。利用周末将图书馆馆藏的各类世界优秀影片放映给法学院及艺术学院师生观看，既能提高广大师生的外语视听能力，又能丰富东区师生的业余文化生活。该申请得到学校批准，但要求严格限制播放内容和播出时间。

10月9日，图书馆制定《图书馆职工及家属丧事送花圈仪则》。

10月12日，图书馆向学校呈报《关于建立"厦门大学戴尔文献提供中心"的初步建议》。图书馆拟在已有的网络系统基础上，发挥自动化系统部和电子文献信息部的专业优势，建立"一个面向厦门大学和厦门市及福建省内之科学研究人员、利用电子计算机技术和现代通讯技术快速而广博地提供全世界范围发表之原始文献的机构"。该项目原本列入戴尔公司总裁来校访问时的商谈项目，后因戴尔厦门公司刚开业，欲缓后再议，因此未能建成。

10月14日，图书馆制定《厦门大学图书馆关于本馆职工请假的补充规定》和《厦门大学图书馆关于本馆职工出差的规定》。

10月15日，图书馆制定《厦门大学图书馆离退休人员基金会章程》。

10月21日，图书馆选举产生第二届离退休人员基金会管理委员会，周永筠任主任，张兴文任副主任，朱立文、刘淑珍、张兴文、陈德辉、周永筠、郭其旭、傅儒林任委员。

10月22—23日，图书馆在厦门大学学术活动中心举办关于OCLC图书馆与信息服务的系列讲座，会议分主题为：美国的电子图书馆模式；OCLC的咨询服务；OCLC联机编目服务。

10月，图书馆开通DIALOG联机检索服务，配备2名持证查新员，通过163专线开展科技查新工作，为我校科学研究和技术创新服务，切实提高信息服务水平，保障学校科研课题申报工作的开展。

11月2日，我馆在厦门大学学术交流中心克立楼二楼会议厅举办“生物医学信息集成系统（Integrated Biomedical Informatics）”学术讲座，由美国Ovid公司亚太地区经理Diane Koen和台湾飞资得公司副总经理刘淑德女士主讲。

11月6日，我馆与北京鉴志图书经营中心签订供需协议书，确认其为年鉴类图书供应商，有效期自1999年1月1日至2001年12月31日。

11月12日，学校印发《关于调整“厦门大学专业技术职务评审委员会及专业评议组”成员的通知》（厦大职改〔1998〕15号），调整部分成员。评审委员会由朱崇实任主任委员，吴水澎任副主任委员，马应森等21人任委员。图书资料与档案专业评议组由吕联钟、许建生、陈明光、李金庆、萧德洪、余紫冈、吴丽琴、郝建华、翁勇青等9人组成，陈明光任组长，翁勇青任副组长。

11月18日，图书馆总结“211工程”建设的成果，向学校呈报《“211工程”建设阶段性成果小结——分馆制试点的实施》报告。

11月27日，学校印发《厦门大学专业技术人员职称外语考试实施意见》（厦大职改〔1998〕19号），图书资料系列人员职称外语考试遵照执行。

11月29日，我馆与日本国丸信株式会社信男教育学园签订意向书，共同建立“厦门大学图书馆淑文日语分馆”，信男教育学园自1999年起每年捐赠5,000～20,000册日文图书，赠期不少于20年，总价值约200亿日元。

11月29日，香港科技大学图书馆馆长张敏民教授到访我馆，并作题为“转型中的大学图书馆”的学术讲座，讲解通信技术和信息技术发展下的大学图书馆转型问题。

11月30日，图书馆主页面全面更新，外观与层次设计、内容选择与组织都有很大的提高。新增内容有：（1）中国科技期刊数据库（WINDOWS版）；（2）UnCover征订数据库；（3）厦门大学图书馆主编的“文献信息论坛”期刊全文上网；（4）“鼓浪”文学刊物数据库；（5）期刊报刊；（6）网际导航；（7）学科服务栏；（8）中国音乐经典。

12月4日，图书馆向学校呈报《关于处理自费研究生、委培研究生和硕士专业学位班的图书资料费的建议——有关学校调整经济政策的一个问题》。目前自费研究生、委培研究生和专业学位班(简称三类生)在研究生中占有不小比例，主要来自经济、管理和法学等 3 个学院。图书馆教师、研究生阅览室只有 310 个座位，藏书容量为 7 万册左右，在图书资料费没有增加的情况下，三类生进入图书馆会影响计划内研究生的学习条件。另外，图书馆是工资总额承包单位，人事处下达编制时并不计算三类生。针对此种情况，图书馆建议：第一，根据教育部对图书馆经费的有关规定，学校从每年三类生的收费中按 3％的比例拨出经费，作为经济与管理分馆、法学分馆的专项书刊费，用于增购书刊。第二，每年按三类生的实际人数计算应补编制，以缺编费的形式拨给图书馆作为劳务费。这项经费来源由学校与有关院系从创收分成中协商解决。

12 月 9 日，图书馆制定《我馆职工经部室同意报馆批准在职学习的有关规定》。

12 月 15 日，图书馆向学校呈报《厦门大学图书馆创安检查验收工作小结》。根据学校《关于开展全校创安检查验收工作的通知》(厦大综〔1998〕115 号)，图书馆治安保卫小组在主管领导吕联钟书记的主持下，根据图书馆的实际情况，严格按照《通知》的有关规定，于 12 月初对全馆治安消防安全情况进行全面检查。图书馆不存在明显的消防安全隐患，但也发现一些小问题，馆领导及治保小组已经采取了相应的整改措施。

12 月 17 日，图书馆向学校呈报《关于改变对厦门市科技中学图书资料支持方式的备忘》。经图书馆领导研究，学校同意，从 1999 年 2 月起改变对厦门市科技中学图书资料的支持方式：第一，现已在我馆办理借书证的 68 名科技中学教师从 1999 年 2 月起停止使用借书证，并于 1999 年 1 月持押金收据和借书证到本馆总出纳台办理退证手续。第二，待全部借书证退完后，以科技中学教研室为单位，每个教研室办理 1 张集体借书证，该证可享受我校教师的待遇，使用时需出示本人有效证件。第三，集体借书证参照我馆对厦门市企事业单位的收费标准，每年收费 150 元，工本费 3 元，押金 100 元，可以一年一办，也可以一次性办理数年。

12 月 18 日，我馆与北京鉴志图书经营中心签订供需协议书，委托其采购年鉴类图书，有效期自 1999 年 1 月 1 日至 2001 年 12 月 31 日。

12 月 22—24 日，朱崇实副校长会同学校办公室叶世满副主任、邱伟杰，图书馆萧德洪、向毓轩等人，实地考察化学化工学院、海洋系、生物系、数学系、物理系、马列部、高教所、台湾所、中文系、外文系、新闻系、南洋院、历史系、建筑系、电子工程系、科仪系、计算机系和外语教学部等 18 个系所资料室的工作状况，发现各资料室的工作水平参差不齐，普遍存在资料老化、管理不善、空间紧张的问题。

12 月 28 日，林祖赓校长在逸夫楼会议室主持召开本年度第三十五次校行政办公会议，主要研究讨论 1999 年招生工作等问题(厦大办纪要〔1998〕35 号)。朱崇实副校长向办公会汇报了关于我校 700 名收费研究生无法进入图书馆的问题。会议认为，图书馆是学校公共服务系统，应当先接受收费研究生进馆；图书馆因此增加的工作量所需的编制问题再予以商定。

下半年，图书馆建成经济分馆与政法分馆局域网；WEB 服务器完成从 SUN1000E 到 HP586 NT 的移植，其域名和 IP 地址也相应地分别改为 library.xmu.edu.cn 和 210.34.4.20。

1998 年，图书馆依托 CERNET 和校园网，开放 OCLC FirstSearch 联机查询给重点学科教师直接使用；同时，也提供了新的网上资源如 UMI 公司 Accounting & Tax 数据库和 Ovid 公司的 Medline 全文数据库产品供有关学科的教师试用。

本年在岗职工 109 人，其中硕博士 7 人，本科 43 人；另有非正式职工 18 人。图书馆馆舍面积 19,976m^2，阅览室座位 3,090 个。图书馆经费 352.41 万元，其中学校拨款 267.61 万元，其他来源经费 84.80 万元。本年购置中文图书 15,633 册，外文图书 2,014 册，中文报刊 2,847 种 5,563 份，外文报刊 896 种 896 份，音像资料 44 种 122 件，光盘资料 21 种 694 件。另外，当年调入文献 11,934 册。截至 12 月 31 日，馆藏文献资源累计 1,981,768 册(件)。本年校内读者本专科生 10,051 人，研究生 1,588 人，教职工 4,100 人；校外读者 921 人。开架图书 978,966 册，现刊 2,350 种。全年文献外借 377,522 册，内阅 2,243,156 册；馆际互借借入 14 册，借出 191 册；提供参考咨询 4,518 条，检索服务 1,540 项，专题服务 180 项。在数字化建设方面，本年投入计算机设备费 73,593 元；配置专业人员 5 人。全馆拥有微机 98 台，小型机(工作站)1 台，服务器 6 台，网上光驱 21 台，打印机 22 台，复印机 4 台。购买 16 个 CD-ROM 或软磁盘数据库；自建中英文书目数据库、全文数据库，记录条目总计 32 万条。

1999 年

1 月 7 日，图书馆制定《厦门大学图书馆关于创收和收费的若干规定（讨论稿）》。

1 月 11 日，学校印发《关于批准确认 1998 年度评审通过的高、中、初级职务任职资格的通知》（厦大职改〔1999〕01 号），图书馆崔晓西晋升副研究馆员，吴涵生晋升工程师，洪梅、严小璇、黄国凡晋升馆员。

1 月 15 日，为响应江泽民总书记在视察北京图书馆时的号召，落实李岚清副总理的讲话精神，全国公共图书馆系统的 43 家单位、高校图书馆系统的 60 家单位以及情报（信息）系统的 22 家单位联合发起《文献信息资源共建共享倡议书》。我馆即为高校图书馆系统倡议者之一。

1 月 22 日，林祖赓校长在逸夫楼会议室主持本年度第三次行政办公会议（厦大办纪要〔1999〕3 号）。会议听取了朱崇实副校长关于厦门大学系、所资料室调查情况的汇报，认为目前资料室按系、所建立，过于分散，无法形成规模效益，造成资源严重浪费。为此，会议决定建立图书资料系统集中统一管理的分馆制：继续加强已建成的法学分馆和经济与管理分馆的建设；拟建设理工分馆和文史分馆；保留并强化管理具有特色的台湾所、南洋院、高教所资料室。与此同时，学校要加大图书经费的投入，图书馆也应充分发挥现有图书经费的使用效益。

2 月 10 日，学校印发《关于确定於春等五十一位同志专业技术职务任职资格的通知》（厦大职改〔1999〕02 号），图书馆卓晓云、吴小冰、曾曼玲晋升助理馆员。

3 月 3 日，图书馆草拟《筹建理工资料中心与文科分馆的设想（汇报提纲）》。理工资料中心拟归并海洋系、自动化系、电子工程系、机电系、计算机系、飞机维修、环科中心、测试中心、医学院等单位的图书资料，馆址设在总馆内，设立三个阅览室：四楼 424 现刊室，馆藏期刊约 800 种，设座位 100 个；四楼 422 过刊室，馆藏期刊约 2.3 万册，设座位 60 个；三楼 331 图书阅览室，馆藏图书 2.8 万册，设座位 340 个，另外购置 2 台电子计算机，增加电子文献阅读功能。文科分馆拟归并中文系、外文系、新闻系、历史系、外语教学部、马列室、人类学研究所、体育教学部、德育教研室、军事教研室等单位的图书资料，哲学类图书资料也拟调入文科分馆,设立三个阅览室:图书阅览室,馆藏图书 6.5 万册以上,座位视馆舍而定;现刊阅览室,馆藏期刊约 800 种,座位视馆舍而定;过刊阅览室,馆藏期刊约 3 万册,座位视馆舍而定。

3 月 23 日,图书馆向学校呈报《关于改进总馆开架书库图书外借管理办法的报告》。根据学校 1999 年 3 月 23 日上午学生工作会议转达的学生关于"图书馆的书由于流通速度慢而影响图书的利用率"的意见,加上近几年图书馆因书价上涨而减少复本率的现状,并借鉴当代国外图书馆的流通机制,为提高我馆的图书利用率,进一步满足学生的借阅需求,我馆提出缩短总馆开架图书外借期限、适当增加超期罚款金额等 2 项改革意见。

3 月 31 日,学校下发《关于公布 1999 年"九州奖"评选结果的通知》(厦大办〔1999〕16 号),图书馆书目数据回溯组荣获集体类"九州奖"。

3 月,图书馆修订《厦门大学图书馆职业道德教育职工须知》。

4 月 8—9 日,图书馆搬迁中文系资料室书 8,000 多册、刊 5,000 多册。

4 月 12—19 日,图书馆搬迁海洋系资料室书 6,000 多册、刊 11,000 多册;搬迁体育系资料室书 620 册、刊 1,000 多册。

4 月 15 日,图书馆向学校呈报《关于发展新党员工作自查报告》。根据学校《关于对我校三年来发展党员工作情况进行检查的通知》(〔99〕厦大委组 004 号)的精神,图书馆党总支对 1996 年来发展的周建昌、陈雪琴、吴彩红、向毓轩、戴鹭涛、曾磊、王明理、黄东毅等 8 名新党员进行检查,没有发现不实之处或违规行为。

4 月 16—19 日,图书馆搬迁电子工程系资料室书 1,400 册、刊 1,900 册。

4 月 21 日,朱崇实副校长在校办接待室主持召开了由学校办公室、人事处、资产管理处、基建处和图书馆有关领导参加的图书分馆建设工作会议(厦大专纪要〔1999〕4 号)。会议听取了陈明光馆长关于图书分馆建设进展情况的汇报,着重研究了一些具体问题的解决办法。会议认为:第一,要加快图书分馆的建设步伐,尽可能地减少建设过程中图书资料整理与师生学习工作需要的矛盾;要想方设法增加图书资料,更好地保障教学、科研的需要,创造一个良好的学术环境。第二,海洋系资料室的搬迁工作应立即着手进行,并于 4 月底完成。各系资料室书刊收归图书馆以后,余下的书架、书橱由资产处以拍卖、报废、收存入库等方式予以处理。第三,图书分馆的建设经费正在落实,基建部门应积极配合该项工作，及时开工。第四，尽可能集中搬迁书刊，以节省搬迁用车经费。

4 月 28 日，图书馆向研究生院致函《关于建设我校学位论文数据库的几点建议》。根据教育部"211 工程"中心的 CALIS（中国高等学校文献保障系统）计划的要求，我校图书馆从 1999 年起参与 61 所高校联合建设的"高校学位论文"数据库子项目的实施工作。为使我校博士和硕士学位论文数据规范化，适应上网的要求，特提出以下建议：第一，图书馆负责学位论文全文数据库的软件研制及上网工作，所需数据库专项服务器由图书馆和研究生院共同投资。第二，为确保学位论文数据的规范化和完整，建议研究生院在校内指定若干服务点，提供录文录入、编辑、打印、图像扫描、文本类型转换等服务，并从 1999 年 5 月起开始执行。第三，建议尽快召开研究生院、图书馆和各指定服务点参加的协作会，由研究生院提出有关管理办法和责任要求，由图书馆向各服务点明确学位论文电子文本的格式要求和集中送缴办法。第四，研究生办理离校手续时，须持指定服务点的有关证明，到图书馆签盖"论文可上网"标识，方能离校。学位论文的电子文本由各指定服务点集中保存，定期呈缴。第五，论文及摘要数据的规范化要求，除电子文本格式由图书馆统一规定外，内容规范遵照研究生院学位办的有关规定。

4 月，图书馆制定《物资设备采购有关规定》。

5 月 5 日，朱崇实、朱之文、吴水澎三位副校长，孙世刚校长助理及学校办公室、总务处、资产处、基建处、科研处、图书馆有关负责人在校办中厅听取南洋研究院关于图书资料及大楼修缮问题的汇报，并做出相应决定（厦大专纪要〔1999〕7 号）。南洋研究院大楼建于 1957 年，现存图书资料近 10 万种，但因大楼长期失修，电线均为明线且老化严重，楼板砖木结构承重能力差，相当部分的图书资料堆放于环境潮湿的一楼，加之缺乏必要的保养、防护设备，致使图书资料保存状况堪忧。会议认为，图书资料应立即抢救，时间拖长则损失无法挽回。图书馆应尽快与南洋研究院商量，探讨如何加强报刊等资料的保管和书目统一进入总馆数据库问题。从长远讲，我校实行总分馆制，也考虑设立特色分馆如南洋研究、高等教育研究、台湾研究等。资产处要组织清理前段时间清退出来的旧书架，充分予以利用。

5 月 6 日，图书馆向学校呈报《关于选任一名图书馆副馆长的报告》。图书馆原有专职馆长 1 名、专职副馆长 1 名。1997 年陈明光同志兼任馆长，党委计划选任两名副馆长。1997年学校组织部考核任命原馆长助理萧德洪同志为副馆长,1998年6月图书馆建议任命流通部原主任、馆工会主席向毓轩同志为副馆长。后按陈传鸿书记的指示,先任命向毓轩为馆长助理,调至馆长室,分管读者服务及行政等工作,原意是过渡一年再正式考核任命为副馆长。图书馆自1998年实行总馆—分馆制改革以来,工作愈加繁多,急需加强党政领导班子的建设,建议学校能在本学期内解决选任向毓轩同志为副馆长的问题。

5月13日,图书馆组织学校机关转岗干部招聘工作,馆长陈明光、党支部书记吕联钟、副馆长萧德洪、馆长助理向毓轩、馆办主任胡德芳、期刊部主任林振锋和流通阅览部主任戴鹭涛等7人组成考核小组。经面试和笔试等综合考察,拟聘用张小琴,自1999年9月1日起正式到岗。

6月4日,学校下发《关于印发〈厦门大学1998—1999学年图书资料人员编制核定数〉的通知》(厦大人〔1999〕52号),1998—1999学年图书资料人员编制数为188人(按学生数1∶65标准核定),科研编制17人,省属科研编制4人。其中,图书馆编制数141人,文科文献中心编制数为7人。拟归文科分馆及理科资料中心的单位,待归并后编制数纳入图书馆管理。

6月9日,陈明光馆长向学校请示:随着我校人事、机关、后勤等方面改革的进行,图书馆的文献信息资源建设和管理面临更多的问题,有许多工作急需进行,提请学校安排一次工作汇报,向陈传鸿校长、王豪杰书记、朱崇实副校长全面汇报图书馆的现状和存在的问题。主要内容为:处级干部和科级干部的岗位设置及其选聘办法改革建议;书刊订购的现状、问题与建议;读者服务有关制度与方式改革措施;我馆工资总额承包制与创收政策存在的问题与建议;人员素质与职称评定存在的问题与建议。建议届时有组织部、人事处、财务处等负责同志参加。该请示得到学校的批准。

6月12日,图书馆公布《98—99学年考核结果》。经馆考核领导小组审核决定,许建生、陈玉青、黄丽蓉、蔡云涌、陈雪琴、吴彩红、林扬、刘心舜、刘海伟、林振锋、李金庆、罗高屏、黄东毅、胡德芳、向毓轩、王慧珍、刘丹等17人考核为"一等"。

6月23—26日,福建省社会科学信息学会第三次换届大会暨第五次科学讨论会在福建建阳市召开,我馆李金庆当选为新一届理事、常务理事。

6月25日,陈传鸿校长在逸夫楼会议室主持召开本年度第十三次校长办公会议(厦大办纪要〔1999〕13 号)。此次会议初步听取了陈明光馆长关于图书馆干部岗位设置与选聘办法、准备本科教学评优等问题的汇报,决定在下周的校长办公会议上进行专题研究。

7 月 1 日,图书馆即日起将全部创收收入上缴学校财务处。

7 月 2 日,陈传鸿校长在逸夫楼会议室主持召开本年度第十四次校长办公会议(厦大办纪要〔1999〕14 号),主要讨论图书馆有关问题,并做出了相应的决定:第一,图书馆总馆和法学分馆于 1999 年 9 月 1 日起全天开放。因全天开放所增加的工作量问题,通过增加流动编制(计算工作量)和发放加班费补贴的方法予以解决。第二,在创收问题上,图书馆比照学校机关的做法,不再为本单位进行创收,在工作中形成的收入全部上缴学校。学校按图书馆实际在岗人数发放津贴,图书馆的财务从 7 月 1 日起予以冻结,确需使用的经吴水澎副校长审批后发放。第三,学校尽可能逐年增加图书购置经费。原则上,2001 年我校参加教育部本科教学优秀评估时,年图书购置费应达 400 万元。

7 月,我校推荐萧德洪副馆长为福建省图书馆学会第六届理事会副理事长候选人。

8 月 18 日,图书馆向学校呈报《图书馆关于部分馆区实行全天候开放所需增加用工的报告》。经 7 月 2 日校行政办公会议认定,图书馆拟从 9 月 1 日起在对外服务的馆区实行全天候开放,除国家法定的节日外,每天从上午 7∶30 一直开放到晚上 10∶00。因此,总馆学生文科阅览室、教师第一阅览室、教师第二阅览室、电子文献部、现刊阅览室、理工资料中心图书阅览室,法学分馆期刊阅览室、图书阅览室等 8 处馆区的开放时间将由原来的每周 6 天增加为 7 天,且每天增加 3 小时工作时间;工具书检索中心和理工资料中心的开放时间由原来的 5 天增加为 6 天,且每天增加 5 小时工作时间;总馆出纳台及其外借书库虽仍保持开放 5 天,但每天增加 3 小时工作时间。服务时间的大量增长,每月需增加大量的用工,初步统计每月增加用工 16.34 人。根据 7 月 2 日校行政办公会的决定,以上所增用工一半拨予加班费,按每天 40 元计,由馆内在编职工加班解决;另一半使用校内下岗分流职工顶班。图书馆拟从各部分流的正式职工中招聘 8 人,并实行合同制管理,每学期签订一次用工合同,若今后图书馆引进正式编制职工,即予以解聘。学校批准了该申请,同意按相关规定拨发加班费,并招聘校内转岗人员 6～7 人(含临时使用人员)。

9月1日，总馆和各分馆实施全天候开放，每周开放7天，每天14.5个小时服务，总出纳台每天延长3小时；恢复和推广图书短期外借制度，缓解阅览室座位紧张的状况；简化办证手续，缩短补证时间；缩短总馆开架书库图书外借期限，加快图书流通速度。

9月1日，图书馆理工资料中心、文史分馆（即文科分馆）正式成立。

9月中旬，图书馆建成中国学术期刊光盘镜像点，在校园网上对全校师生免费开放。

9月19—24日，吕联钟赴太原参加中国图书馆学会、山西省图书馆学会联合主办的“纪念中国图书馆学会在太原成立二十周年学术研讨会”。

9月27日，图书馆向学校呈报《关于重新规范创收项目及其管理的汇报》。为执行1999年7月2日校行政办公会议关于图书馆创收管理的有关决定，图书馆在暑假至9月完成以下工作：改变图书设备技术服务部的管理方式，重新签订该部各项经营合同；实现总馆、分馆复印服务的社会化；馆内两项有偿服务的承包合同继续沿用；进一步加强其他有偿服务的收费管理；总馆南面地下室、137室、一条街下院图书馆车库等3处场地继续出租管理。总之，以上五类合计每年上缴学校现金在34万元以上。

9月，图书馆修订《厦门大学图书馆书刊赔偿规定》和《对盗窃、撕刮书刊行为的处罚规定》；颁布《厦门大学图书馆馆际互借图书出借管理办法》《中文图书采访工作岗位规范》《中文图书验收工作流程及原则》《厦门大学图书馆电子文献数据库引进工作细则》《采访部财务报账工作细则》《仓库管理规则》。

10月3日，陈传鸿校长在逸夫楼会议室主持召开本年度第十八次校长办公会议，主要讨论学校1999年校级财务预算调整和2000年校级财务编制等问题（厦大办纪要〔1999〕18号）。会议决定，为迎接2001年的本科教学评优工作，增列100万元图书采购费。

10月12日，学校印发《关于表彰离退休管理服务工作先进集体和先进工作者的决定》（厦大离退休〔1999〕10号），图书馆荣获“离退休工作先进集体”称号，胡德芳荣获“离退休管理服务先进工作者”称号，吕联钟荣获“关心支持离退休工作好领导”称号，周永[illegible]荣获“老有所为先进工作者”称号。

10月13日，学校给图书馆下发《审计通知书》（厦大监审通字〔1999〕第005号），决定派出审计组自1999年10月18日起，对图书馆1999年1—6月创收收支情况进行就地审计，要求图书馆积极配合，并提供有关资料和必要的工作条件。

10月22日，学校下发《关于调整“厦门大学专业技术职务评审委员会及专业评议组”成员的通知》(厦大职改〔1999〕17号)，调整部分成员。评审委员会由吴水澎任主任委员，潘世墨任副主任委员，马应森等21人任委员。图书资料与档案专业评议组由吕联钟、许建生、陈明光、李金庆、萧德洪、余紫冈、郝剑华、胡德芳、翁勇青等9人组成，陈明光任组长，翁勇青任副组长。

10月26日，学校审计小组对图书馆1999年1—6月份创收情况的就地审计工作结束，并形成《关于厦大图书馆创收情况的审计报告》(厦大监审字〔1999〕第005号)。

10月29日，学校印发《关于曹鹿洹等27位同志转正定级的通知》(〔1999〕厦大人44号)，1998年8月毕业分配来校图书馆工作的王明理、陈全松、傅春晖通过见习期考核，顺利转正定级为助教二档。

10月29日，图书馆向学校呈报《图书馆关于申请8万元救灾专款的报告》。今年第14号台风“丹恩”给图书馆造成了一定的损失，拟向学校申请专项救灾款8万元，主要用于两项：修复系统与通讯，即购置主机房受损的UPS(不间断电源)，预算约4万元；维修受损的玻璃、窗帘、照明设施、家具等，预算约4万元。学校最终批准拨与经费4万元。

11月4日，学校印发《关于聘任新一届厦门大学图书情报委员会(1999—2002年)的通知》(厦大办〔1999〕36号)，经1999年度第十六次校长办公会议研究决定，新一届厦门大学图书情报委员会(1999—2002年)由朱崇实、曲晓辉、杨斌、苏永全、连淑能、张柏荫、陈支平、陈甬军、陈金灿、陈辉煌、陈明光、陈福郎、林亚南、高浩其、萧德洪、黄培强、彭宣宪、廖益新、颜章炮、潘世墨等20人组成，朱崇实任主任，潘世墨、陈明光任副主任。

11月5日，福建省教育委员会印发《关于开展高等教育文献保障系统建设调研工作的通知》(闽教办〔1999〕高145号)，决定组织有关专家组成调研组，于11月14—21日到有关学校开展图书馆现代化建设等情况的调研工作。我馆萧德洪副馆长入选调研专家组成员。

11月11日，图书馆颁布《机房安全管理规定》。

11月24—28日，馆长助理向毓轩赴上海交通大学参加“华东地区教育部直属高校图书馆馆长年会”。

11 月，图书馆颁布《厦门大学图书馆创收管理规定》。

11 月，图书馆举办第七届图书馆学情报学科学讨论会。

1999 年，根据教育部“211 工程”中心的 CALIS（中国高等学校文献保障系统）计划要求，我校图书馆从 1999 年起参与 61 所高校联合建设的“高校学位论文”数据库子项目的实施工作。

本年内，福建省教工委授予我馆“先进基层党组织”称号；厦门市妇联授予我馆“巾帼文明岗”称号；学校授予我馆“抗风抢险救灾先进集体”称号。

本年在岗职工 129 人，其中硕博士 8 人，本科 54 人；另有非正式职工 29 人。图书馆经费 554.19 万元，其中学校拨款 451.87 万元，其他来源经费 102.32 万元。本年购置中文图书 19,056 册，外文图书 1,637 册，中文报刊 3,111 种 6,001 份，外文报刊 979 种 982 份，音像资料 22 种 22 件，光盘资料 12 种 102 件。另外，当年调入文献 3,068 册。截至 12 月 31 日，馆藏文献资源累计 2,052,287 册（件）。本年校内读者本专科生 10,309 人，研究生 3,754 人，教职工 5,290 人；校外读者 1,636 人。开架图书 554,476 册，现刊 4,782 种。全年文献外借 384,263 册，内阅 1,567,141 册；提供参考咨询 13,911 条次，专题服务 447 项。在数字化建设方面，配置专业人员 4 人。全馆拥有微机 91 台，小型机（工作站）1 台，服务器 1 台，网上光驱 7 台，打印机 25 台，复印机 4 台。购买中国期刊网数据库；自建中文、外文书目数据库，记录条目总计 30 万条。

2000 年

年初，图书馆对光盘镜像服务器进行升级，采用光纤通道硬盘阵列，光盘网络系统获得更大的扩展性能。

1 月 3 日，学校印发《厦门大学专业技术人员职务外语考试实施办法》，图书资料系列职务外语考试遵照执行。

1 月 4—25 日，王明理、傅春晖赴上海中欧国际工商学院图书馆参加计算机编目培训。

1 月 15 日，我馆与深圳市银盘信息有限公司签订《订购/续订合同书》，委托其采购美国 OCLC 公司 The Recent Books Cataloging Collection 和 The Older

Books Cataloging Collection 光盘数据库(2000.1—2000.12)。

1 月 18 日,学校印发《关于批准确认 1999 年度评审通过的高、中、初级职务任职资格的通知》(厦大职改〔2000〕02 号),图书馆林振锋、陈江帆、黄秀菁晋升副研究馆员,陈玉青、林扬、刘丹、赵伟、江慧萍晋升馆员,刘彤波晋升助理馆员,任职资格起算时间为 1999 年 12 月 22 日。

1 月 24 日,图书馆向学校呈报《关于使用北美校友会捐款给付图书馆电脑设备开支的报告》。北美校友会为支持母校的发展,捐款为图书馆购买一批专供学生上机使用的电脑。该批电脑已由厦门高耐特公司代理送到图书馆,鉴于目前在寒假期间,无法及时办理有关财产登记手续,特申请将北美校友会捐赠款挂账预付给厦门高耐特信息工程公司,待学校在下学期正式办理有关校内手续予以结账。该申请得到学校的批准。

1 月 26 日,学校印发《关于印发〈厦门大学 1999—2000 学年各单位各类人员编制核定方案〉的通知》(厦大人〔2000〕8 号),图书馆核定行政定编数 1 人、图书资料定编数 164 人(含文科文献中心编制 7 人)。

1 月,图书馆公布《关于成立图书馆"创安"工作领导小组的决定》。经图书馆党政办公会决定,为加强对"创安"工作的领导,决定成立图书馆创安领导小组,其成员由馆党政领导、治保主任、消防队长及各部主任组成。陈明光为组长,吕联钟为副组长,萧德洪、向毓轩、郑道建、王明理、黄海、戴鹭涛、陈小慧、钟建法、陈江帆、曾曼玲、李金庆、许建生、王慧珍等 13 人为小组成员。

2 月 17 日,朱之文副校长在图书馆主持召开现场办公会议,讨论图书馆提出的为迎接 80 周年校庆的修缮计划。经实地察看,根据经费的可能,决定在今年完成图书馆总馆馆舍以下维修项目:全部门窗的维修与油漆;楼梯木扶手的维修与油漆,水泥阶梯的修补;厕所蹲位隔墙的改造和油漆;各阅览室墙面的粉刷;更新走廊、门厅照明设备,增加三楼工具书阅览室灯光照明度。以上五项由基建处、总务处分工负责规划实施,图书馆予以密切配合,在今年暑假期间完成。

2 月 25 日,学校印发《关于确认曹鹿洹等三十三位同志专业技术初级职务任职资格的通知》(厦大职改〔2000〕04 号),图书馆傅春晖、王明理、陈全松、周群确定为助理馆员,任职资格起算时间为 1999 年 9 月 1 日。

2 月 29 日,图书馆向学校呈报《图书馆关于增设 4 名分馆科级干部岗位的请示报告》。图书馆现有人事处 1997 年任命的科级岗位干部岗位 6 个,即办公室主任、自动化部主任、流通阅览部主任、采访编目部主任、期刊资料部主任和电子文献部主任，另有1998年6月任命专职馆长助理1名。自1998年9月以来，图书馆根据学校人事管理体制改革的部署，进行院系资料室的改革，撤销20多个系(所)的图书资料室，组建4个隶属图书馆并统一管理的分馆建置，即经济与管理分馆、法学分馆、文史分馆和理工资料中心。但是，至今4个分馆主任的科级岗位尚未得到正式确认。4个分馆的建设不仅是图书馆规范服务在时间和空间上的延伸，大大提高了文献利用率，而且是管理队伍的扩大，加上分馆具有相对的独立性，亟需正式任命科级干部。因此，特向学校申请，要求为4个分馆各任命1名科级干部，岗位名称为分馆主任，分别为经济与管理分馆主任李金庆、文史分馆主任许建生、法学分馆主任王慧珍、理工资料中心主任刘丹。另外，原采访编目部主任林梦如、电子文献部主任余紫冈因健康和年龄原因已不再担任职务，改由陈小慧、刘心舜担任，提请学校一并考核任免。

3月15日，学校印发《关于图书馆内部机构设置及科级干部任免意见的批复》(〔2000〕厦大人12号)。同意图书馆关于内设机构和科级干部管理的改革意见：图书馆内部机构设置，根据图书馆工作需要，由馆长办公会研究决定，不再列入学校科级机构管理。图书馆内设机构负责人的聘任，由图书馆参照科级干部考核任免的有关规定，经馆长办公会研究决定。图书馆原6位科级干部岗位和1位馆长助理岗位(副馆长未任职前)的科级干部职务津贴纳入图书馆工资总额包干费一并支付。图书馆原任科级干部职务全部免除。

3月18日，我馆致函美洲校友会理事会暨教育基金会，感谢其捐款1.6万美元支持电子文献信息部的发展。图书馆已用这笔捐款购置20台国产方正电脑，并正式投入使用。

3月19日，学校印发《关于表彰我校“十佳主页”的决定》(厦大办〔2000〕13号)，图书馆主页荣获“十佳主页”称号。

3月29日，图书馆成立“稳定领导小组”，党支部书记吕联钟任组长，馆长陈明光任副组长，副馆长萧德洪、馆长助理向毓轩、团支部书记曾磊、治保主任郑道建等4人任小组成员。

3月，图书馆修订《厦门大学图书馆教师研究生阅览室借阅规则》。

4月10—11日，美国科技信息所(ISI)在博学(二)报告厅举办Web of Science数据库介绍会，并将为我校开通免费试用。

4月19日，图书馆向学校呈报《关于申请借款进行有关项目建设的报告》。为做好本科教学评优工作，图书馆正采取多项措施，积极改善本科生和研究生的阅览条件，并取得学校有关领导的同意。所需各项经费，潘世墨副校长批复暂由数字图书馆专项经费垫支，但该笔经费尚未到位，且本年度数字图书馆项目的建设也需要适当安排。因此，拟向学校借款70万元，在数字图书馆专项经费到账后返回。具体支出预算为：与本科教学评优相关项目经费41.87万元，包括设备购置费37.22万元，阅览室改造经费4.05万元，3万册左右图书馆的搬迁、整理等加班劳务费0.6万元。数字图书馆项目先期建设费31万元，包括电子文献部公共机房搬迁改造、扩容经费15万元，图书馆集成管理系统服务器更换（DELL 6300）16万元。学校研究批复：数字图书馆经费从原计划的500万元压缩为460万元，拨出40万元用作与本科教学评优相关项目的经费，并予以拨付。数字图书馆先期建设项目31万元从数字图书馆调整后460万元经费中开支，待落实后拨付。

5月11日，图书馆向学校申请购置变频式空调机和海尔分体式空调机各1台，用以维护自动化部主机房的6台服务器等设备，保障图书馆100多台工作站能够正常工作，为读者提供检索服务。

5月26日，图书馆向学校呈报《厦门大学图书馆重要岗位设置申请报告》。根据厦大人〔2000〕48、49号文件的指导精神，结合图书馆近期建设与远期发展需要，经馆务会议及重要岗位聘任领导小组讨论，向学校首届重要岗位聘任委员会申请设置三级岗位“执行技术主管”和“高级馆员”各1个，二级岗位“图书馆与信息管理专家”1个。

6月6日，学校印发《关于成立厦门大学清产核资工作领导小组的通知》（厦大办〔2000〕5号），陈明光馆长担任领导小组成员。

6月13日，学校印发《关于开展全校性清产核资工作的通知》（厦大财〔2000〕25号）。图书馆按要求开展清产核资工作，相继召开两次院系资料室清查工作会议和三次内部的图书资料清查会议，有序开展图书资料的清查工作。此次图书资料清查包括图书馆、各院系所资料室、机关及各附属单位用公款购置的已入账或未入账的图书资料。图书资料清查按其载体形式分为图书、期刊、资料三大类，按经费来源分为图书馆经费购置的图书资料、院系经费购置的图书资料、科研课题经费购置的图书资料以及社会捐赠的图书资料四大类。经过近2

个月的集中清查，基本完成了清产核资工作，掌握了我校图书资料的情况。

6月29日，图书馆向学校呈报《关于建议批准购买 Web of Science 数据库的报告》。我校今年4月17—30日、5月7—20日共4周时间试用美国 ISI 公司的 Web of Science 数据库系统，取得了良好效果。图书馆在1996年制订的“211工程”计划中，已经将光盘版 SCI(1997—2001)的引进列入计划，预算为60万元人民币，经费已经到位。因此，建议学校批准购买 Web of Science 数据库，总价约150万元人民币(分5年分摊)，经费则从“211工程”和数字图书馆预算中开支。该建议得到学校的批准。

6月30日，学校印发《关于表彰先进党支部、优秀共产党员和优秀党务工作者的决定》(厦大委组〔2000〕15号)，图书馆萧德洪荣获“优秀共产党员”称号。

6月，图书馆公布《关于2000年我馆岗位设置的说明》。在新一轮聘任工作中，图书馆对岗位设置进行了调整，主要目的是：深化改革，兼顾公平和效率的原则；寻求发展，加强力量开展新业务；培养队伍，提高个体和整体服务水平；延长开放时间，增加阅览座位。具体做法是：尽可能合并性质相近的业务；设立上架业务工作组，参照卫生工的管理模式，由流通部统一管理；设立信息资源开发组，开展网站资源整合与馆藏数字化工作；达成“大采访”，实现文献信息采访组织的整合；试行信息参考馆员制度，协助做好资源建设，提高学科服务水平；试行馆内重点岗位设置，明确人员队伍的努力方向。重点岗位分为三级，根据职位和业务岗位确定级别，竞聘上岗。其中，一级岗位有馆长，副馆长，党支部书记，馆长助理，采访部、编目部、流通部、技术部、电子文献部、办公室正主任，网络管理员，软件开发员，资源开发主管，兼任参考馆员的部主任；二级岗位有分馆主任、部副主任、信息参考馆员、系统管理员、硬件管理员、资源开发助理、CALIS 子项目执行员(文献传递、馆际互借、联合目录、引进库推介、学位论文、特色库)、典藏组长、中编组长、西编组长、资深学科采访员；三级岗位有会计、总务、设备管理员、业务小组长(共7人)。另外，定量工作岗位，超额50%以上者按三级补贴，超额100%以上者按二级补贴。

7月5日，图书馆开始选派馆员外出进修。在图书馆自动化和数字化建设迅速发展，以及读者对馆员的参考咨询要求进一步提高的形势下，非图书情报专业和计算机专业背景的职工急需进行专业知识的进修，否则难以适应。为此，图书馆拟从下半年起有计划地选派部分职工赴大连理工大学“全国高校图书馆专业干部进修班”学习，先期选派理工资料中心主任刘丹、流通部业务组长赵伟前往。

7月12日，图书馆公布《关于发给1999年—2000年第二学年工作效益奖的决定》。奖励如下：徐获蕙熟悉业务，工作认真，及时发现财务处拨款去向错误，为我馆追回60万元书刊经费，奖励300元。自动化部开发的网上西文联合编目软件、中文期刊订购查询软件、流通催书单打印软件等，投入使用后取得了良好效益，奖励900元。采购组通过增强学科性和工作力度，明显提高经费使用效益，奖励1,500元。典藏组林梦如、吴彩虹在调整我馆典藏布局，使之科学化方面取得明显效益，奖励400元。流通部邵碧珠开展的网上预约服务初见成效，奖励200元。陈小慧、戴鹭涛协助处理我馆系统突发事件中表现突出，奖励400元。陈滨、麦林组织的“读者宣传周”收效明显，奖励300元。以上奖金总计4,000元，由办公室从馆长基金中支付。

7月17日—8月2日，李金庆赴香港岭南大学图书馆参加第一届“数字图书馆及现代信息管理课程”暑期研习班。

8月2日，我馆与中国图书进出口西安公司进口部签订协议书，委托其采购数据库Sciences Citation Index Expanded(1997—2001)。

8月3日，图书馆向学校呈报《关于图书馆暑期有关建设项目招标工作的申请报告》。拟于暑假期间兴建数字图书馆建设项目所属的三个子项目，即综合网络布线工程，预算30万元，预计8月20日完工；主机房装修工程，预算30万元，预计8月20日完工；管理系统服务器购置，预算35万元，预计9月完成。这些项目经费已经到位，且已联络相关专业公司。该申请得到学校的批准。

8月28日，图书馆向学校呈报《我校清产核资图书资料项目存在问题及其建议》。按照学校清产核资的统一部署，图书馆顺利完成了第一、二阶段的统计上报工作，从中发现一些问题：第一，清查统计指标与财政部的报表不尽吻合，加之因年代久远，藏书无原始、完整的记录，故清查工作无法按照财政部部署填写《固定资产明细表(通用及专业设备类)》，而只能按图书、期刊、资料分列各大类合计数。第二，机构改革时没有及时办理财产转移手续，致使机构改革后部分财产还存放在仓库，无人管理，数据资料不全，难以清查。第三，图书资料资源重组不彻底，还存在诸多问题，有的院系资料室合并到图书馆以后，仍另设有资料室，导致资料重复订购，资源浪费；有的院系没有按照规范建立财产账，不便于保证图书资料财产完整和自有资金的合理合法使用；有的院系图书资料管理人员素质不高，对专业管理理论和方法不熟悉，靠经验办事；有的院系资料室馆舍拥挤，图书资料打包存放，难以准确统计；有的院系资料室原始数据不够完备，无延续性，致使清理困难。第四，财务报销和财产转移管理不规范，以往图书馆期刊和资料未列入固定资产，致使此次盘盈金额达1840.5万元；院系剔除和对外捐赠图书资料未按正常程序进行报账处理，致使此次盘亏金额达95.3万元；1998年以后科研经费购置的图书报销不要求通过院系，致使这部分图书流失较为严重，无法清查统计。针对此次图书资料清查发现的问题，建议学校统筹解决：建立账实相符的图书资料财产账；运用电脑完善图书资料原始财产账；机构改革后图书资料财产管理部门必须督促办理财产转移手续；图书资料财产管理应做到组织落实；继续做好图书资料管理改革，建立科学的管理体制，并由高素质的专业人员进行管理。

8月29日，图书馆向学校呈报《关于维修图书馆经济与管理分馆的请示》。因台风影响及馆舍老化，经济与管理分馆一楼男女厕所水管、门窗、瓷砖等破旧或损坏，西楼和东楼的楼梯渗水严重，影响电路和藏书安全，拟请学校基建处加以修缮。

8月30日，图书馆发布《通告》：为促进学科建设，提高图书馆的科研工作，经研究决定，自2000年9月1日起，图书馆在编人员凡在《情报学报》《中国图书馆学报》上发表5,000字以上的研究论文，每篇由馆长基金奖励人民币1,000元。并希望大家认真学习福建省第4届社会科学优秀成果奖论文评审指标，参考《情报学报》第18卷第1期所载《征稿简则》，努力提高科研论文水平。

8月，图书馆制定《厦门大学图书馆财务报销制度》。

8月，图书馆在岗位机制上进行创新，试行重点岗位制度。根据发展需要，全馆设置一至三级重点岗位共45个，由过去的人员管理变为岗位管理，聘任双方责、权、利分明，大大提高了职工的工作积极性。一些新型的图书馆服务岗位应运而生，设立了如网络工程师、软件工程师、资源开发主管、文献传递员等岗位，他们与提高读者服务水平的要求紧密联系，大大推进了图书馆在资源建设、资源开发、读者服务、用户培训等方面的业务。

9月1日，图书馆向学校呈报《关于设置馆内重点岗位，改革分配制度的汇报》。根据我校图书馆业务发展的需要，针对以往馆内对技术含量高和知识含量高、管理水平较高的岗位在分配上没有大幅度倾斜，不利于调动较高层次人才的状况，图书馆拟实行岗位分级制度，自 2000 年 9 月起在原有工资总额承包的基础上，设置重点岗位并相应提高其岗位津贴。

9 月 5 日，我馆与湘潭大学图书馆签订馆际互借服务协议。

9 月 11 日，我馆与上海交通大学图书馆签订馆际互借服务协议。

9 月 20—21 日，图书馆举办"CNKI 机构知识仓库、知识网站建设报告会"，并于电子阅览室开展 CNKI 机构知识仓库建库技术及网站发布技术培训。

9 月 27 日，图书馆在化学报告厅举行 Web of Science 数据库开通仪式。该数据库学校投资近 150 万元，我校也因此成为继清华大学、北京大学等高校后第 6 家开通该数据库的学校，为我校的教学、科研工作及学术水平评价工作提供重要的文献信息保障。

9 月 29 日，图书馆向学校呈报《关于图书馆改造维修的若干要求》。学校对图书馆改造维修设计正在进行中，图书馆根据实际情况，在使用功能、消防与保卫、照明、电路、卫生等方面提出具体要求，希望学校在设计时采纳。

9 月 30 日，学校印发《关于罗智超等同志转正定级的通知》(〔2000〕厦大人 42 号)，1998 年 8 月本科毕业来学校图书馆工作的麦林、王爽顺利通过见习期考核，转正定级为助教二档。

9 月，图书馆制定《厦门大学图书馆创建"巾帼文明岗"活动实施办法(讨论稿)》。

9—12 月，刘丹、赵伟赴大连理工大学参加"第十九届全国高校图书馆专业干部进修班"学习。

10 月 26 日，我馆与华中科技大学图书馆签订馆际互借服务协议。

10 月，图书馆选举产生部门工会委员，陈滨任主席，吴兵任组织委员，麦林任文体委员，周建昌任生活福利委员，徐荻蕙任青年委员，苏慧英任女教职工委员，许建生任宣传委员。此外，选举各部门工会小组长，具体名单为：办公室叶素莲，采访部周红，编目部谢明诠，流通部邵碧珠、陈玉青，参考咨询部李明，自动化部王爽，文史分馆郑雅真，经济与管理分馆李景云，理工中心黄毅惠，法学分馆郑淑丽。

11 月 2 日，学校印发《关于调整"厦门大学专业技术职务评审委员会及专业评议组"成员的通知》(厦大职改〔2000〕12 号)，调整部分组成人员。评审委员会由朱崇实任主任，潘世墨任副主任，马应森等 21 人任委员。图书资料(档案)专业评议组由吕联钟、许建生、萧德洪、李金庆、陈明光、林振锋、郝建华、翁勇青、黄东毅等 9 人组成，陈明光任组长，翁勇青任副组长。

11 月 3 日，图书馆制定《图书馆“十五”发展规划的指标及说明》。

11 月 7—9 日，我馆举办福建省高校图书馆读者工作研究会年会暨工作研讨会。

11 月 13 日，我馆与北京世纪超星信息技术发展有限公司签订《厦门大学图书馆“超星数字图书馆”一级镜像站点授权协议》，向其购买数字图书馆内的数据资源，共计资源费 60 万元。

11 月 23 日，图书馆向学校呈报《图书馆团总支换届名单》。因图书馆人事变动，因此于近期举行换届选举，麦林任团总支书记，邵碧珠任组织委员，王明理任宣传委员。

12 月 18 日，图书馆向学校呈报《关于全成干同志转正时确定为工程技术职称的请示》。我校海洋系硕士毕业生全成干于 8 月入职图书馆，在自动化部承担计算机和网络技术的开发工作，根据图书馆发展的新趋势和其承担的业务工作性质以及本人意愿，建议其转正确定专业技术职称时确定为工程技术系列，并先使用吴涵生离职后的技术职称岗位空缺。

12 月 19 日，图书馆向学校呈报《关于计算机系 2000 年专起本办证问题》。针对成教学院“高起本”“专升本”学生办理图书证的问题，希望学校重新制定明确统一的政策规定。学校批复，鉴于图书馆目前的实际困难，优先办理脱产本科生的图书证，专科生则先对其开放成教学院资源，尽可能保证学生有阅览室场所。

12 月 22 日，学校印发《关于表彰厦门大学第五次人口普查先进集体和先进个人的决定》(厦大综〔2000〕93 号)，图书馆徐庆立荣获“先进个人”称号。

12 月 28 日，图书馆向学校呈报《关于我校图书资料管理经费的申请》。图书馆自 2000 年 1 月起负责全校图书资料管理统计工作，学校要求专人负责管理，但因各方面的困难，改由我馆统计人员兼管。近期，技术人员设计出一套全校图书资料统计数据库，并添加到图书馆网页，各院、系、所及其他教学科研单位资料室均可上网操作，添加本单位购置图书资料明细清单，凡新增加数据需经我馆核对后方可添入总数据库。该统计软件刚开始启用，现仍由我馆人员负责填报数据，软件开发成本及数据著录人工加班费用约 1,500 元。另外，自 2001 年起，向学校申请拨给图书资料数据管理和维护专项资金，每年 2,000 元。学校批准拨予经费 1,500 元。

12 月，图书馆修订《厦门大学图书馆图书剔除工作细则》《厦门大学院、系、所及其他教学科研单位资料室业务工作规范》。

12 月底，图书馆自动化集成管理系统升级为 ILASⅡ。

2000 年，图书馆自主研发的“厦门大学课程信息与教学参考资料系统”正式运行；图书馆正式设立文献传递员岗位；图书馆完成教育部高等教育文献保障系统(CALIS)管理中心组织的“经济理论与管理”“国际经济法与台港澳法”“信息光电子材料及光技术”“物理化学与分析化学”等 4 个学科导航。

本年在岗职工 129 人，其中硕博士 11 人，本科 47 人；另有非正式职工 26 人。图书馆经费 840.52 万元，其中学校拨款 793.52 万元，其他来源经费 47 万元。本年购置中文图书 36,834 册，外文图书 6,592 册，中文报刊 3,269 种 4,242 份，外文报刊 529 种 3,358 份，音像资料 47 种 138 件，光盘资料 15 种 19 件。另外，当年调入文献 4,202 册，剔除文献 17,715 册。截至 12 月 31 日，馆藏文献资源累计 2,085,755 册(件)。本年校内读者本专科生 10,449 人，研究生 2,730 人，教职工 4,853 人；校外读者 464 人。开架图书 700,966 册，现刊 3,199 种。全年文献外借 894,196 册，内阅 3,167,298 册；馆际互借借入 505 册；提供参考咨询 26,233 条，检索服务 6,554 项，专题服务 327 项。在数字化建设方面，本年投入计算机设备费 820,000 元；配置专业 11 人。全馆拥有微机 150 台，小型机(工作站)1 台，服务器 2 台，网上光驱 7 台，打印机 16 台，复印机 3 台。购买 19 个 CD-ROM 或软磁盘数据库；自建英文法学学术数据库、中英文厦大本科教学参考资料库和学科导航库，记录条目总计 65,100 条。

2001 年

1 月 5 日，学校印发《关于批准确定 2000 年度评审通过的高、中、初级职务任职资格的通知》(厦大职改〔2001〕01 号)，图书馆林梦如、陈小慧、高玛琍晋升副研究馆员，杨巧云、宋天赐、郑道建、曾磊、刘心舜、李明、罗萍平、王丽俊晋升馆员，李儋、张爱武、贺颖、邱晓君晋升助理馆员，任职资格起算时间为 2000 年 12

月 13 日。

1 月 5 日,学校印发《关于确认张建敏等十七位同志专业技术初级职务任职资格的通知》(厦大职改〔2001〕02 号),图书馆麦林、王爽晋升助理馆员,任职资格起算时间为 2000 年 9 月 1 日。

1 月 16 日,朱崇实副校长在校办接待室主持召开成人教育学院学生阅览问题专题会议(厦大专纪要〔2001〕2 号)。会议决议:第一,图书馆接受成人教育学院 800 多名在校生进馆借阅图书。第二,成人教育学院应尽快将完整的学生名录送交图书馆以便办理图书证,图书馆应于下学期初办好图书证并予以发放。第三,给图书馆增加 2 名临时工编制,在今年的经费预算中适当增加图书经费,具体数额由财务处与图书馆商议。第四,原在同安二的成人教育学院阅览室交还学校,由资产管理部门统一管理,阅览室的图书交由图书馆处理。第五,撤销成人教育学院资料室,不再设置资料人员岗位和职数。

1 月,我馆正式申请加入 CALIS 联机编目 C 级成员馆。

2 月 12 日,图书馆颁布《厦门大学图书馆关于职工请假的补充规定》。

2 月 19 日,学校印发《关于印发〈厦门大学工资总额动态包干暂行办法〉的通知》(厦大人〔2001〕12 号)。为进一步深化校内管理体制改革,强化自我约束和激励机制,促进资源合理配置,提高办学效率,根据教育部关于直属高校工资总额动态包干管理暂行办法的精神及《厦门大学校院二级管理体制试行条例》,全校 16 个单位的部分或全部人员自 2001 年 2 月起试行工资总额动态包干制,图书馆全部人员纳入在内。

3 月 2 日,图书馆颁布《仪器设备管理办法(试行)》。

3 月 3 日,学校在校办中厅举行教、科、辅、图书资料人员的留校面试会。

3 月 5 日,学校印发《关于部分机构归属和干部定岗问题的通知》(厦大人〔2001〕14 号)。为深化校内管理体制改革,做好部分单位中层干部任职期满换届工作,经研究,对部分机构归属和干部定岗进行核对,其中图书馆领导干部岗位数 4 个,馆长 1 正 3 副共 4 名,支部书记 1 名(兼副馆长);正副馆长为兼职,不定级别;支部书记兼副馆长,一般为专职职员编制、副处级。

3 月 12 日,图书馆向学校呈报《关于在图书馆供应读者矿泉水的实施方案的汇报》。为给读者提供便捷的阅览环境,图书馆拟在总馆 2～4 楼、法学分馆、文史分馆以及经管分馆免费供应矿泉水。图书馆与学校建南矿泉水厂协商并达成实施方案:建南矿泉水厂捐赠20台立式饮水机,并负责维护;建南矿泉水厂以每桶9元的优惠价格供货,并负责送达指定供应点;图书馆负责引导读者合理用水,以及对厂方供水的验收;每月根据图书馆用水验收清单,由财务处和厂方专项结款。该方案得到学校的批准。

3月22日,学校印发《关于印发〈厦门大学经济责任制暂行条例〉的通知》(厦大财〔2001〕26号),该条例明确规定了图书馆馆长的经济职责。

3月30日,《厦门大学报》80周年校庆特刊发表题为《图书馆:我的"内涵"在不断地丰富》的文章,介绍当前图书馆文献的馆藏情况、服务方式的现代化以及服务体系的改革情况。

3月,图书馆修订《厦门大学图书馆治安保卫和消防安全管理细则》《厦门大学图书馆防火安全守则》《厦门大学图书馆配电室管理规则》《厦门大学图书馆创建"巾帼文明岗"活动实施办法》。

4月2日,学校印发《关于公布2001年"自强奖"评选结果的通知》(厦大办〔2001〕20号),图书馆陈明光馆长荣获"自强奖"。

4月6日,全国人大常委会副委员长成思危在建校80周年校庆大会上,向图书馆捐赠自己有关中国改革与发展研究的7本撰著,校长陈传鸿代表学校接受捐赠。

4月13日,以程恩富为组长的教育专家组来我校对经济学人才培养基地进行中期检查评估,校党委书记王豪杰、副校长潘世墨出席检查评估汇报会。会后,专家组对图书馆进行实地考察。

4月23日,学校印发《关于成立厦门大学"211工程"建设子项目验收专家组的通知》(厦大重办〔2001〕3号),萧德洪副馆长任"教学与公共服务体系验收专家组"成员。

4月24日,学校印发《关于选任社科处等单位的部分中层领导干部的通知》(〔2001〕厦大委组11号),其中面向全校选任图书馆馆长1名,副馆长2名,支部书记兼副馆长(副处级)1名。

4月30日,朱崇实副校长、陈国凤副校长带领教务处、基建处、总务处、图书馆等有关部门负责人到法学院现场办公,着重就法学院教学条件、教学设备和大楼的修缮改造等问题进行专题讨论(厦大专纪要〔2001〕9号)。现场讨论并决议,在公共服务体系建设方面,以法学院大楼A栋六楼为基地进行全面改造,建设数字化中心。该中心同时作为多媒体教学、语音教学、交互式教学、实验教学、图书资料数字终端、师生自修的教室或场所，充分体现多功能的效益，管理体制由法学院、教务处、图书馆共同讨论研究。

5 月 8 日，图书馆向学校呈报《关于数字图书馆建设项目借款的申请报告》。学校数字图书馆项目建设已经基本完成第一年的建设计划，各项服务已投入使用，效益也逐渐显现出来。2000 年度的数字图书馆专项预算为 460 万元，图书馆于当年 4 月和 7 月两次申请借拨 30 万元和 210 万元，合计 240 万元用于主机房和网络改造、服务器购置、数据库引进等子项目的建设，至今已经结清。但还有其他已经完成的项目面临付款：集成系统服务器 SUN3501，经费 24 万元，2001 年 2 月完成；网络交换机，经费 40 万元，2000 年 1 月完成；ILASⅡ集成管理系统，经费 30 万元，2000 年 12 月完成；IEL 全文数据库，经费 45 万元，2001 年 4 月完成；中文数字书库（含软件），经费 68 万元，2001 年 5 月完成；其他设备，经费约 10 万元，2001 年 5 月完成。以上已完成或即将完成的项目，待拨资金约 220 万元，申请学校拨款，以便在 5 月内付清欠款。学校批复：此款纳入整个行动计划考虑，急用部分可予以暂付。

5 月 16 日，学校印发《厦门大学岗位聘任及岗位津贴试行办法》（厦大人〔2001〕38 号），同时颁行《图书资料系列岗位聘任条件及津贴试行方案》。根据该方案，图书馆于下半年起试行馆内重点岗位聘用办法，除 3 名副馆长为一类 A 岗之外，聘用一类 B 岗 47 个为重点岗位。

5 月 18 日，《厦门大学报》刊发题为《理解源于沟通——访图书馆“读者活动月”活动策划者陈滨》的文章，详细介绍了此次活动的发起初衷及意义。

5 月 24 日，我馆与集美大学图书馆签订馆际互借服务协议。

5 月 25 日，学校印发《〈厦门大学岗位聘任及岗位津贴试行办法〉实施意见》（厦大人〔2001〕39 号），除教学科研重要岗位和管理系列副处级以上干部和高级职员岗位外，其他岗位学校按各单位现有教职工不同职称（职务）人数及其对应的岗位级别的平均数核定，并参照学校制定的岗位津贴相应标准下拨津贴总数给各单位。人事处每年对各单位的岗位设置数额和津贴总数核定一次。图书馆大部分职工所在的专业技术系列的津贴额核拨标准为：正高级职务为 2 万元，副高级职务为 1.2 万元，中级职务为 0.7 万元，助理级职务为 0.5 万元，员级职务为 0.35 万元。

5月28日，厦门大学图书馆等18家单位的26位代表召开“福建地区《中国家谱总目》编纂工作第一次会议”，初步达成在福建地区建立家谱代查代复制全省协作网的意向。

5月，图书馆开展科技查新工作，为科研项目立项、科研成果报奖等提供查新服务。

6月10日，根据《关于对“211工程”项目进行验收的通知》（厦大重办〔2000〕3号）的精神，学校验收图书馆主持的“211工程”建设子项目“图书馆文献信息服务中心（1997—2001年）”。该项目实际投资653万元，经过4年的努力完成建设任务，初步形成一个“联合、开放、电子化”的文献保障体系，正在为学校的教学、科研及厦门经济特区乃至福建省的经济社会发展提供着较为有力的文献信息保障。

6月11日，学校印发《关于表彰先进基层党组织、优秀共产党员和优秀党务工作者的决定》（厦大委组〔2001〕12号），图书馆陈滨荣获“优秀共产党员”称号。

6月12日，学校印发《关于王旭等同志职务任免的通知》（厦大人〔2001〕50号），陈明光任厦门大学图书馆馆长，萧德洪、向毓轩任厦门大学图书馆副馆长。

6月12日，学校印发《关于戴岩等同志职务任免的通知》（厦大委组〔2001〕13号），免去吕联钟中共厦门大学图书馆支部委员会书记的职务。

6月19日，我馆与福建师范大学图书馆签订馆际互借服务协议。

6月20日，学校印发《厦门大学教师以外各类专业技术职务聘任办法（试行）》，图书馆按照试行办法进行岗位设置和职称评审。

6月21日，基建处向学校呈报《关于图书馆文史分馆装修与翻修方案的请示》。文史分馆装修与翻修方案几经反复，关键在于屋顶要否翻修。图书馆的建议是：如果经费允许，则予以彻底翻修，否则只装修二楼。无论何种方案，此工程须立即招标施工，务必于暑假内完工，以便图书馆调配书刊资源，于开学时投入使用。学校批复：由于9月份历史基地评估，文史分馆的改造迫在眉睫，先从教室改造经费750万元中支出，预算35万元，加上原批预算25万元，尽快执行。

6月21日，我馆与南京理工大学图书馆签订馆际互借服务协议。

6月27日，图书馆暑期改扩建工程协调会议召开。为了配合本科教学评估工作，确保总馆的改造工程在九月初基本完工，暑假期间图书馆总馆关闭。

6月28日，我馆与深圳市深图朗思数字技术有限公司签订协议书，向其采购“图书馆自动化集成系统(ILASⅡ)”软件及其相关的服务。

7月20日,学校印发《厦门大学关于新聘教学科研重要岗位人员的通知》(厦大人〔2001〕64号),陈明光馆长聘为二级岗位,萧德洪副馆长聘为三级岗位。

8月6—9日,李国强赴内蒙古自治区海拉尔市参加“第十五届全国计算机信息管理学术研讨会”。

9—12月,吕联钟赴辽宁大连理工大学参加“第二十届全国高校图书馆专业干部进修班”学习。

9月7日,《厦门大学报》报道:在教师节到来之际,根据省教育厅有关文件精神,我校有21位从事教育工作30周年(女25年)的教师获得省政府的表彰并被授予荣誉证书,图书馆严小璇、郑淑丽在列。

9月13日,图书馆改扩建工程网络系统损伤与修复协调会在总馆施工现场监理办公室召开,建设单位、监理公司、施工单位以及图书馆相关负责人参加会议。

9月19日,学校印发《关于廖美群等25位同志转正定级的通知》(〔2001〕厦大人26号),2000年8月毕业分配到图书馆工作的本科毕业生毕赓、谢明诠通过见习期考核,顺利按期转正定级,自2001年9月1日起执行。

10月10日,我馆与中国图书进出口西安公司进口部签订协议书,委托其采购Web of Science Proceeding(ISTP网络部),起止时间为2001年1—12月;委托其采购JCR(Science Edition)数据库,起止期为2001年6月—2002年5月;委托其采购Life Science等四个外文数据库(2002年)。

10月18日,兴建于林语堂祖居地(漳州市芗城区天宝镇五里沙林)的林语堂纪念馆隆重开馆,我馆朱立文研究馆员、林梦如副研究馆员参加开馆仪式。

10月19日,我馆与北京万方数据股份有限公司上海分公司签订《信息服务协议书》,向其采购万方数据资源系统中数据库、数字化期刊、科技成果栏目的封闭式镜像站点,有效期为2001年12月1日—2002年11月30日。

10月,根据学校《关于各单位编制“十五”规划的通知》(〔2001〕厦大办14号)的精神,图书馆制定《厦门大学图书馆“十五”发展规划》。在“十五”期间,要通过大力加强文献采集和入藏,加强数字图书馆建设,开展全校图书文献信息服务系统的整体化建设,建成与研究型大学发展要求相适应的管理统一、资源集成和服务一体的大学图书馆系统,为满足学校教学、科研和高层次人才培养以及地方社会经济发展的迫切要求，提供有力的图书文献信息保障。

11 月 9—11 日，向毓轩副馆长赴山东东营石油大学参加"华东地区教育部直属高校图书馆馆长年会"，在会上发言讲到：厦门大学图书馆利用参加"211 工程"第一期建设的契机，制定的总体建设目标为："以建设计算机网络为核心，构建一个联合、开放、电子化的文献服务体系，把图书馆建设成为与厦门特区的社会经济发展和学校教学、科研相适应的多功能的文献信息中心。其中重点建设一些面向 21 世纪的网络信息项目，充分发挥有特色的地区文献信息资源基地的辐射作用。"4 年中共投入经费 653 万元。其中，购置仪器设备经费为 265 万元，占建设总经费的 40.58%；书刊与数据库购置费 325 万元，占建设总经费的 49.77%；修缮费 38 万元，占建设总经费的 5.82%；业务费 25 万元，占建设总经费的 3.83%。至 2001 年 7 月，已如期完成建设任务。一个"联合、开放、电子化"的文献保障体系已经顺利运行，为我校的教学、科研及厦门经济特区乃至福建省的经济社会发展提供较有力的文献信息保障。

11 月 15 日，根据《厦门市人民政府办公厅关于认真做好第二次全国基本单位普查的通知》(厦府办〔2001〕234 号)精神，为做好我校第二次全国基本单位普查工作，学校决定成立厦门大学第二次全国基本单位普查领导小组。领导小组由朱崇实任组长、李建发任副组长，陈明光馆长任六位成员之一。

11 月 17—19 日，以中国政法大学党委书记石亚军为组长，清华大学中文系主任徐葆耕教授、兰州大学杨建新教授、华中科技大学校长助理欧阳康教授等为组员的国家文科基地验收评估专家来到我校，验收评估我校历史学人才培养和科学研究基地，并实地考察基地的图书资料中心(即文史分馆)、教学实习基地等，一致认为该基地在更新教育观念、改善办学条件方面都取得了突出的成绩，是"一流的、优秀的"人才基地。

11 月 27 日，学校印发《关于陈和祥等同志职务任免的通知》(厦大委组〔2001〕19 号)，刘希平任中共厦门大学图书馆支部委员会书记。

11 月 27 日，学校印发《关于叶世满等同志职务任免的通知》(厦大人〔2001〕96 号)，刘希平兼任图书馆副馆长。

11 月 27 日，我馆与中国图书进出口西安公司进口部签订协议书，委托其采购 Science Direct Collection Content 数据库，起止时间为 2002 年 1—12 月。

11 月 30 日，我馆与中国图书进出口西安公司进口部签订协议书，委托其采购 OCLC 数据库(2001—2002 年);委托其采购 IEE/IEEE Electronic Library (IEL)数据库,起止时间为 2001 年 12 月 1 日—2002 年 11 月 30 日。

12 月 1 日,我馆与福建农林大学图书馆签订馆际互借服务协议。

12 月 11 日,我馆与中国图书进出口西安公司进口部签订协议书,委托其采购 Science Citation Index Expanded 数据库,起止时间为 2002 年 1—12 月。

12 月 13 日,图书馆向学校呈报《关于开放办理借书证的意见》,决定为计划外学生办理图书借阅证。计划外学生指各院、系、所收费办学的各种类型的研究室课程证书班,计划外委托培养研究生进修班,成人自学考试辅导班等非学历教育类的学生。此类办证定向向各专业分馆分流,持证可到特定分馆就席阅览,外借限每人每次 3 册,期限 7 天,不得续借;借书证有效期最长为一年。该意见得到学校的批准。

12 月 17 日,学校印发《关于印发〈厦门大学“十五”计划和 2010 年远景规划〉的通知》(厦大委综〔2001〕27 号)。其中对图书馆的发展规划为:“建设高水平、数字化的现代图书馆。对现有图书馆进行改造,建成若干图书分馆;大力加强文献资源建设,大幅度提高印本文献的采集量,理顺藏书布局;加强文献数字化建设,积极扩大网络数字化文献资源,建设大型数据库;继续完善总分馆管理体制,发展馆际互借和文献传递服务,提高服务水平,全面提高文献资源保障能力和使用效益。到 2005 年,校图书馆藏书量达 300～350 万册,馆舍面积达 5～6 万平方米。”

12 月 18 日,学校印发《关于批准确认 2001 年度评审通过的高、中、初级职务任职资格的通知》(厦大职改〔2001〕18 号),图书馆李国强、周建昌晋升副研究馆员,刘海伟晋升工程师,郑贵榕、徐荻蕙、林敏、卜卫兵、张爱武晋升馆员,邵碧珠晋升助理馆员,任职资格起算时间为 2001 年 12 月 18 日。

12 月 25 日,我馆与中国教育进出口公司电子文献进口部签订《光盘数据库代理合同》,委托其从 Academic Press 购买 E-journal WEB 数据库,使用期限为 2002 年 1—12 月。

12 月 26 日,我馆与厦门鹭江职业大学签订馆际互借服务协议。

12 月底,谢明诠参加 CALIS 联合目录“西文图书编目细则及西文授权重印版图书研讨会”。

2001 年,学校投资约 1,400 万元改扩建总馆,投资 60 万元改扩建文史分馆，投资 46 万元筹建政法和经济分馆。总馆原占地面积 13,913.9m²，本年改扩建约 3,300m²，主要扩建的工程部分包括：(1)在原建筑东侧新扩建工程；(2)原建筑东庭增加一层书库，楼上形成中庭式休闲大厅，上部加盖一层玻璃顶；(3)对原有建筑立体整修，拆除南侧入口台阶，外墙翻修，调整女儿墙，增加壁柱；(4)对原建筑设备和门窗进行更新。与此同时，开展室外、部分地面、内墙面与顶棚、屋面、外墙装饰、油漆、给排水、电器等方面的施工。该工程完成以后，既满足图书馆服务功能拓展的需要，也与我校嘉庚楼群相辅相成，再现图书馆楼作为我校标志建筑物的风采。另外，图书馆成立东部分馆，位于曾厝垵学生公寓教学楼西侧，面积 600m²，馆藏图书 5 万多册。

图 14　改扩建后的图书馆总馆

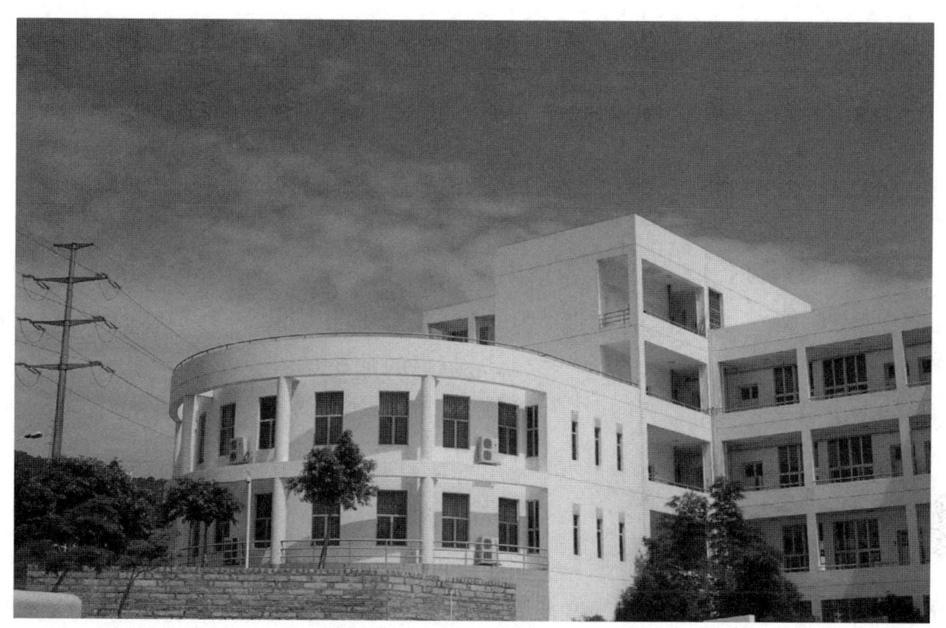

图 15 东部分馆馆舍

本年在岗职工 145 人，其中硕博士 11 人，本科 65 人；另有非正式职工 35 人。图书馆馆舍面积 20,476m²，阅览室座位 3,340 个。本年图书馆经费 1098.20万元，其中学校拨款经费 720 万元，其他来源经费 378.20 万元。本年购置中文图书 54,684 册，外文图书 3,860 册，中文报刊 2,284 种 2,443 份，外文报刊 493 种 6,790 份。本年度调入文献 1,959 册，剔除文献 117,618 册。截至 12 月 31 日，馆藏文献资源累计 2,036,823 册(件)。本年度校内读者本专科生 13,592 人，研究生 3,810 人，教师 4,536 人，职工 348 人；校外读者 83 人。开架图书 768,405 册，现刊 3,546 种。全年文献外借 718,032 册，内阅 4,699,564 册；馆际互借借入 1013 册，借出 90 册；提供参考咨询 1,756 条，检索服务 400 项，专题服务 210 项。自 2001 年起，恢复对本科生开设“文献检索课”。在数字化建设方面，本年度投入计算机设备费用 1,106,752 元；配置专业人员 14 人。全馆拥有微机 200 台，小型机(工作站)2 台，服务器 3 台，网络光驱 10 台，打印机 20 台。购买 32 个数据库；自建 6 个数据库，英文版法学数据库著录资料近 19 万条，综合类教学参考书数据库著录资料 2,465 条，英语资料培训资源库著录资料近 700 条，中英文硕博论文数据库著录资料 1,074 条，综合类随书光盘库著录资料 1,359 条，综合类学科导航库著录资料近 500 条。

2002 年

1 月 4 日，我馆与福州大学图书馆签订馆际互借服务协议。

1 月 11 日，我馆与漳州师范学院图书馆签订馆际互借服务协议。

1 月 30 日，陈传鸿校长、朱崇实副校长、李建发校长助理等在图书馆召开现场办公会议，图书馆汇报了扩建馆区的家具、设备购置和装修，旧馆舍装修工程遗留问题，多媒体视听中心建设，馆藏大调整的加班费补贴等专项经费问题，获得校领导的大力支持。

1 月，文史分馆改扩建项目完成，并顺利通过教育部专家组对历史基地图书资料中心的考评验收。国家历史基地图书资料中心以各项优异指标通过验收，不仅为历史系的教学科研构筑文献资料的平台，也标志着我校在历史学文献建设方面迈上新台阶。扩建后的文史分馆由原来的 $450m^2$ 增至 $900m^2$，馆藏增加书刊 2 万多册，阅览座位增至 200 个，丰富的专业馆藏资源和宽敞明亮的阅览环境将为读者提供更加优越的学习条件。

2 月 27 日，学校印发《关于确定廖美群等同志专业技术初级职务任职资格的通知》（厦大职改〔2002〕01 号），图书馆毕赓、谢明诠见习期满，考核合格，确定为助理馆员，任职资格起算时间为 2001 年 9 月 1 日。

2 月，我馆特邀上海交通大学图书馆副馆长杨宗英教授作题为“中国数字图书馆试验基地的实例”的学术报告。

3 月 1 日，我馆与南昌大学图书馆签订馆际互借服务协议。

3 月 8 日，我馆与厦门世纪桃源股份有限公司签订《厦门大学图书馆物业管理服务合同》，首次对图书馆总馆、经济与管理分馆、文史分馆的公用馆区进行专业的物业管理，为全校读者营造“安全、文明、整洁、幽雅、有序”的教学科研环境。

3 月 10 日，我馆与中国图书进出口上海公司签订《购销合同》，经双方协商一致，厦门大学加入中国图书进出口上海公司组织的 Biosis Previews 数据库华东地区购买集团。

4 月 6 日，“厦门大学图书馆改扩建工程竣工典礼”隆重举行，王豪杰书记、朱崇实副校长等校领导出席典礼。图书馆改扩建工程历时 9 个月，改扩建面积约 $4,300m^2$，极大地改善了馆舍条件和阅读环境。

4月9日和11日，我馆与厦门市图书馆学会联合举办两期数据库检索培训班，来自全市高校馆、公共馆及企业、医院、中学资料室等30个图书情报单位的约70名文献信息工作者参加了培训。培训活动在图书馆电子阅览室举办，由我馆周建昌、林振锋、李金庆等人主讲，培训内容包括计算机检索基本技能、数据库概述、中国期刊网、人大复印资料数据库、万方数据库和网上信息检索等。

4月17日，我馆与江苏高校文献保障系统西文采编中心签订《代理数据库租用/购买合同》，向其订购从IEE公司租用的INSPEC数据库，期限为2002年4月1日—2003年3月31日。

5月14—18日，由CALIS主办、我馆承办的“中国高等教育数字图书馆数字资源建设研讨会暨首届国外引进数据库培训周”在厦门大学召开，来自国内各著名高校图书馆资源建设的负责人、专家及数据库商代表近200人参加了会议。萧德洪副馆长作主题报告“厦门大学图书馆数字化建设回顾”。

5月16日，中国高等学校数字图书馆联盟成立大会在厦门大学召开，大会确定联盟宗旨为“整体规划、统一标准、联合建设、共享资源”，并据此宗旨制定了《中国高等学校数字图书馆联盟章程》。该联盟由中国高等教育文献保障系统(CALIS)管理中心联合22家高等学校图书馆共同发起成立，其中厦门大学图书馆是发起单位之一。

5月20日，学校印发《关于表彰先进“教工小家”、优秀工会工作者和优秀工会积极分子的决定》(厦大工〔2002〕7号)，图书馆麦林荣获“优秀工会积极分子”称号。

5月24日，我馆与中国教育进出口公司报刊电子文献进口部签订《对外付汇代理合同》，委托其用Nature Japan K.K.购买Nature全文在线数据，租用期为2002年1—12月。

5月29日，由60名在岗职工组成的“图书馆义务消防队”成立，加强图书馆的安全保卫力量。

5月，我馆在CALIS全国高校新一轮B级和B+级成员馆的数据评估中，以中文第一名、西文第三名的优异成绩顺利通过专家组评估，被认定为CALIS联合目录中文、西文B级成员馆，业务带头人被聘为项目质控组专家。

6月4日，学校印发《厦门大学“捐出您的一天收入，献出您的一片爱心”捐款活动情况通报》(厦大综〔2002〕62号)，图书馆积极响应中国儿童慈善活动日组委会、厦门红十字会以及学校红十字会的倡议，合计捐赠 8,050 元。

6 月 19 日，图书馆公布《图书馆新一届部主任名单公告》。根据《关于图书馆内部机构设置及科级干部任免意见的批复》(厦大人〔2000〕12 号)精神和职工个人的申请，经馆长办公会议研究决定，2002 年 9 月—2003 年 8 月聘期的各部主任为：馆长助理陈滨，办公室主任苏海潮，采访部主任钟建法，技术部主任刘海伟，流通部主任戴鹭涛，编目部主任陈小慧，参考部主任陈江帆，理工中心主任唐希文，经济分馆主任陈玉青，文史分馆主任曾曼玲，法学分馆主任王慧珍，东部分馆主任王明理。

7 月 15—17 日，中共厦门大学第八次代表大会隆重召开，图书馆代表王明理、刘希平、苏海潮、陈滨等 4 人参加会议。

7 月 23 日，德国施普林格(Springer Verlag)电子期刊全文数据库国内镜像站正式开通，我校校园网用户无需密码即可登录使用。

8—9 月，图书馆在暑假期间对馆藏布局进行调整：回收生物、物理、海外教育学院资料室，组建生命科学及医学阅览室；对总馆 3 个楼层 4 个刊库的过刊馆藏进行调整和倒架，以便安置 4 个系资料室回收的近 9 万册过刊；对保存本库进行调整，完成约 50 万册图书的倒架；对提存书库 20 多万册图书、报库 3.8 万册报纸进行搬迁和密集排架。

9 月 12 日，学校印发《关于曾铮等 49 位同志按期转正的决定》(厦大人〔2002〕22 号)，2001 年 8 月毕业分配到图书馆工作的马然、马鲁伟、周永勇、林俊伟见习期满，考核合格，从 2002 年 8 月起按期转正。

9 月 13 日，学校向厦门海关致《厦门大学关于办理萨支唐教授赠送书刊入关手续的函》(厦大综〔2002〕94 号)，申请办理著名旅美物理学家萨支唐教授赠予我校书刊的通关事宜，总计 160 余箱，分批运达。

9 月 23 日，图书馆向学校呈报《图书馆拟晋升专业技术职务推荐名单》。经图书馆考核推荐小组会议评议，确定报送学校职改办参评高、中级专业技术职务人员名单为：钟建法、陈滨推荐晋升副研究馆员，全成干推荐晋升工程师，韩冬丽、曾曼玲、周红、邹定宏、王赛熹、甘碧娇、卓晓云、杨玉花推荐晋升馆员，蔡文兰、张智玲申请转定馆员。

9 月，图书馆调整“创建平安校园”领导小组，组长为馆长陈明光，成员为副馆长萧德洪、副馆长向毓轩、办公室主任苏海潮、治保主任郑道建、消防队长陈簧、物业管理主任张凌燕。

10月17日，图书馆向学校呈报《关于重新有限开放对外办证的报告》。根据教育部《普通高等学校图书馆规程（修订）》（高教〔2002〕3号）文件精神，结合我校近几年来计划外学生强烈要求办证，以及厦门市企事业单位办证申请也明显增多等现状，图书馆重新开放有偿办证服务项目，并制定《厦门大学图书馆有偿办证收费标准》。该报告得到学校的批准。

10月18—21日，由厦门大学历史系和图书馆主办的"唐宋制度变迁与社会经济学术研讨会"在福建厦门召开，来自国内10余所高校和科研机构的30多名学者参加了本次研讨会。

10月19日，泰王国公主诗琳通一行来校访问，并向我馆捐赠图书。

图16　泰国公主诗琳通向我馆捐赠图书(右为陈明光馆长)

10月28日，图书馆扩充"义务消防队"成员至102人，进一步加强消防安全保卫力量。

10月，学校编制《"十五""211工程"重点建设项目论证报告》，其中在公共服务体系建设中，重点建设"数字图书馆资源存储服务系统"。整体目标是构建一个存储区域网（SAN），提供海量存储，并实现无线接入服务；主要指标是存储区域网的磁盘阵列容量达到10TB，备份数据达到5TB，在总馆和漳州分馆的无线接入信息点达到60个。预期存储区域网将是厦门大学图书馆一个专有的、集中管理的信息基础结构，可最终实现在多种操作系统下，最大限度的数据共享和数据优化管理，以及系统的无缝扩充。该项目总投入预算 500 万元，均为地方政府配套资金。该项目的建成将极大提高厦门大学图书馆数字化服务能力以及系统和数据的安全性。

10 月，图书馆采用自主开发的在线参考咨询系统提供在线服务。

10 月，图书馆修订《厦门大学图书资料管理细则》。

11 月初，美国哈佛燕京图书馆编目部主任林国强博士应邀到我馆讲学，指导我馆西文编目工作。

11 月 4—6 日，我馆举办“美国国会图书馆主题编目高级研讨班”，探讨美国国会图书馆主题编目方法等，为省内其他高校图书馆西文编目员提供培训。

11 月 5—7 日，向毓轩副馆长赴浙江金华参加“2002 年华东地区教育部直属高校图书馆馆长会议”。

11 月 13 日，图书馆进行全馆职工消防知识培训。

11 月 18 日，厦门大思维信息产业有限承建的图书馆总馆一层多媒体教室网络综合布线系统、一层至四层局部增补网络综合布线系统、一楼部分网络综合布线系统、三楼及学生公寓网络综合布线系统、二楼大厅网络综合布线系统、文史分馆网络综合布线系统均完成建设，通过验收。

11 月 22 日，《厦门大学报》登载题为《施普林格电子期刊全文数据库》的文章，向全校师生详细介绍施普林格数据库的内容和使用方法。

12 月 4 日，图书馆向学校呈报新一届支部委员会委员分工情况：组织委员刘希平，统战委员萧德洪，宣传委员陈滨，纪检委员戴鹭涛，青年委员王明理。

12 月 4 日，根据福建省高校图工委《关于推荐福建省高校图工委委员的通知》（闽高图〔2002〕号）的精神，我校推荐萧德洪副馆长为福建省高校图工委委员。

12 月 8 日，校工会举办的教职工文化艺术系列活动之舞蹈比赛决赛在建南大礼堂拉开帷幕，图书馆洪群滴等表演的健美操《快乐》荣获 B 组（35 岁以上教职工）三等奖。

12 月 9 日，图书馆读者工作指导委员会在馆会议室举行第一次全体会议，向毓轩、陈滨、戴鹭涛、陈江帆、林梦如、唐希文、王明理、曾曼玲、陈玉青、王慧珍、洪丹萍等委员参加会议。会议分析了我馆读者工作的现状，就转变工作理念、修订规章制度、新读者入馆教育、加强岗位管理等问题进行了讨论。会议决定，读者工作指导委员会将于每月第一周的周五上午定期举行，必要时可召开扩大会议，采纳相关工作人员的建议。

12 月 11 日，图书馆进行消防演习。

12 月 20 日，根据学校财务处《关于申报 2003 年专项经费预算的通知》，图书馆根据实际情况，拟定 7 个项目：2003 年物业管理费约 16.63 万元；购置运输面包车 1 辆约 25 万元；总馆二楼南侧大厅休闲区装修与家具购置费约 15 万元；总馆西区中庭内墙立面贴瓷砖装修工程约 20 万元；总馆新门厅及相连三层书库安装小中央空调系统约 165 万元；CALIS“十五”建设项目数字图书馆基地配套经费约 40 万元；漳州校区临时图书馆调配书刊费用暂定 8 万元。以上 7 项总预算约 290 万元。

12 月，图书馆修订《厦门大学图书馆职工内部借书规则》，自 2003 年 1 月 1 日起执行。

本年在岗职工 158 人，其中硕博士 10 人，本科 78 人；另有非正式职工 20 人。图书馆馆舍面积 29,800m^2，阅览室座位 4,500 个。图书馆经费 1,719.04 万元，其中学校拨款 1,013 万元，其他来源经费 706.04 万元。本年购置中文图书 87,582 册，外文图书 7,538 册，中文报刊 3,442 种 6,520 份，外文报刊 588 种 588 份，音像资料 1,222 件，光盘资料 7,183 件。本年调入文献 7,405 册，剔除文献 10,282 册。截至 12 月 31 日，馆藏文献资源累计 2,145,982 册(件)。本年度校内读者本专科生 17,575 人，研究生 5,741 人，教师 4,453 人，职工 324 人；校外读者 147 人。开架图书 1,188,405 册，现刊 3,546 种。全年文献外借 1,038,723 册，内阅 7,432,366 册；馆际互借借入 600 册；提供参考咨询 126 条，检索服务 275 项，专题服务 204 项。开设文献检索课，聘任兼职教师 1 人，培训读者 55 人。在数字化建设方面，初步建成存储区域网络。本年度投入计算机设备费 1,952,360 元；配置专业人员 9 人。全馆拥有微机 215 台，小型机(工作站) 2 台，服务器 4 台，网上光驱 21 台，打印机 15 台。购买 29 个数据库；自建 6 个数据库，中文版法学数据库著录资料达 250,000 条，综合类中文教学参考书数据库著录数据 2,000 条，英语资源库著录数据达 1,000 条，中文学位论文数据库著录数据达 2,000 条，中英文期刊导航数据库著录数据达 300,000 条，中文多媒体资源库著录数据达 50,000 条。

2003 年

1 月 2 日，我馆与厦门冠林金安电子科技有限公司签订《厦门大学报警系统工程合同》，委托其在图书馆多媒体教室安装一套报警系统。

1 月 3 日，化学化工学院来函《关于将部分旧期刊退还图书馆的函》，拟将该院资料室 3,450 册利用率较低的旧期刊退还图书馆。后经该院有关教授甄别挑选，将有收藏和利用价值的约 1,900 册退还图书馆。

1 月 7 日，学校印发《关于批准确认 2002 年度评审通过的高、中、初级职务任职资格的通知》（厦大职改〔2003〕01 号），图书馆陈滨晋升副研究馆员，曾曼玲、邹定宏、王赛熹、甘碧娇、卓晓云、韩冬丽、周红、杨玉花、蔡文兰、张智玲晋升馆员，任职资格起算时间为 2002 年 12 月 23 日。

1 月 9 日，图书馆读者工作指导委员会全体成员举行第二次会议，主要讨论丢失图书罚款、对外服务临时收费、职工工作作风、缩微资料开发等问题。

1 月 15 日，学校印发《关于确定曾铮等 44 位同志专业技术初级职务任职资格的通知》（厦大职改〔2003〕2 号），图书馆林俊伟确定为助理工程师，马然、马鲁伟、周永勇确定为助理馆员，任职资格起算时间为 2002 年 9 月 1 日。

1 月 19 日，图书馆向学校呈报《CALIS“十五”期间“数字图书馆基地”建设申请表》，计划在采用行业统一标准的前提下，探索数字图书馆的个性化服务模式。项目经费预算 40 万元，建设周期自 2003 年 1 月至 2005 年 5 月。该项目申请得到学校的批准。

2 月 26 日，为提高职工的职业道德和业务素质，图书馆启动系列教育活动第一课，特邀厦航示范乘务班长范虹和乘务队支部书记沈子琨在化学报告厅做了一场关于职业道德教育的报告会。

3 月 10 日，图书馆数字多媒体中心正式对外开放，为所有持有效借阅证的读者提供全天候免费服务。该中心拥有计算机 76 台，配置液晶显示器，并由专门的服务器提供多媒体资源，主要内容包括教育资讯、科普资料、外国语学习资料、影视纪录片、经典影视作品、音乐作品。除此之外，还开通了在线点播有线电视节目，主要包括 CCTV 新闻频道、经济频道、体育频道以及外语频道。

3 月 10 日，为庆祝“三八妇女节”，校工会举办女教工定点投篮和传递球比赛，图书馆代表队荣获二等奖。

3 月，针对是否对校外人员适度开放问题，图书馆在我校鼓浪听涛 bbs 网站进行了投票，主题是“您是否赞同学校图书馆对校外人员适度开放?”，结果显示，不赞同者约占三分之一，赞同者占三分之二。

3 月，图书馆自主开发的“学科导航提交管理系统”投入使用。

4 月 1 日，图书馆修订《厦门大学图书仪器设备管理办法》。

4 月 3 日，厦门大学“出版杯”教职工篮球赛开赛。全校共 12 支代表队参加，经过 14 天两个阶段共 42 场的激烈角逐，图书馆部门工会代表队勇夺冠军。

4 月 5 日，图书馆举行“中国高等学校文献保障系统(CALIS)数字图书馆基地”和“读者服务示范岗”揭牌仪式，“校园动漫画创作大奖赛”颁奖仪式，陈传鸿校长、朱崇实副校长、潘世墨副书记、陈明光馆长等揭牌和颁奖。同时，“211 工程”“十五”建设项目“无线上网”开始试运行，数字多媒体中心正式投入运行。

4 月 7 日，学校印发《厦门大学“十五”“211 工程”仪器设备(图书资料)管理办法》(厦大重办〔2003〕2 号)。

4 月 15 日，图书馆召开职务聘任座谈会，讨论学校职务聘任实施细则和任职条件。

4 月 17 日，图书馆召开第二次职务聘任座谈会，征求对学校职务聘任和任职条件的意见。

4 月 21 日，我馆与江西财经大学图书馆签订馆际互借服务协议。

4 月，图书馆制定《厦门大学图书馆接受赠送文献资料规则》和《厦门大学图书馆受赠书刊资料管理细则》。

5 月 2 日，图书馆向学校呈报《图书馆大厅中央空调及书库风扇增补经费预算》的报告，两项工程预算总计 929,450.18 元。该项目预算得到学校的批准。

5 月 19 日和 30 日下午，为加强“行动计划”和“211 工程”等专项资金及校拨经费的管理，明确有关办事流程，孙世刚副校长、杨勇副校长、李建发校长助理以及发展规划办公室、财务处、审计处、资产与后勤事务管理处、实验室与设备管理办公室、图书馆等部门负责人在嘉庚主楼 16 楼 3 号、6 号会议室两次召开协调会，就专项资金和校拨经费购置仪器设备(含图书资料)、修缮改造的审批及报销程序做出规定(厦大专纪要〔2003〕13 号)。其中，对图书资料的购置规定:第一，应先填写《图书资料(含数据库)申购单》(使用专项资金的还需填写《专项资金审批表》)，单位负责人签批后报图书馆审核，由图书馆统一购置或提出采购意见。第二，“十五”、“211 工程”和“行动计划”各建设项目中用于购置图书资料(含数据库)的专项资金，按年度购置计划，年初统一划转到图书馆，建设项目提出购置计划后按上述程序办理。第三，各建设项目经费购置的图书资料(含数据库)优先保证各建设项目使用，具体收藏和利用办法由各单位与图书馆协商解决。第四，人才引进专项经费购置的图书资料(含数据库)，亦属于学校财产，按上述程序办理购置和借出手续。

5 月 27 日，我馆与西南财经大学图书馆签订馆际互借服务协议。

5 月，图书馆制定《厦门大学图书馆个人小结填报和部门考核指导大纲(试行)》。

6 月 3 日，图书馆向学校呈报《关于筹建漳州校区临时图书馆事宜的请示报告》。汇报有关筹建漳州校区临时图书馆的计划：第一，拟在 5 号楼二层南侧和东侧设置临时图书馆，入藏各类图书 6 万余册，现刊 500 余种，过刊 4,000 余册，报纸 30 余种。第二，鉴于教务处已经安排近千台计算机，图书馆不再另设电子阅览室，建议计算机机房无教学任务时照样开放，以供学生查阅电子文献。第三，拟从总馆调拨所需书架、桌椅、出纳台等旧家具以供临时之需，但仍需购置新计算机、复印机、扫描仪、数码检测仪、条码阅读器、打印机以及读者书包柜等设备，预算约 18 万元。第四，书刊资料的整理与搬运、家具搬运等的雇工费，职工加班费以及运输费等另案预算报批。该申请得到学校的批准。

6 月 10 日，图书馆向学校呈报《图书馆党支部关于十六大、党章学习情况汇报》。自校党委下发《关于深入开展学校十六大、党章活动的通知》以来，图书馆党支部以多种形式学习、宣传、贯彻党的十六大会议精神，有力地推动了党员先进性教育和基层党建工作的深入开展。

6 月 13 日，学校印发《关于调整学院及部分直属单位党组织设置的通知》(厦大委组〔2003〕9 号)，决定设立中共厦门大学图书馆总支部委员会，行政级别与调整前保持不变。

6 月 18 日，学校印发《关于选任部分中层领导干部的通知》(〔2003〕厦大委组 10 号)，其中面向全校公开选任漳州校区图书分馆馆长兼校图书馆副馆长 1 名，级别为副处级。

6 月 20 日，学校印发《厦门大学教师以外各类专业技术职务聘任办法(试行）》（厦大人〔2003〕54 号），制定图书资料各级职务岗位职责和任职条件，图书资料人员实行任职条件分类考评、职务岗位分级聘任制。

6 月 20 日，图书馆向学校呈报《关于西区内墙贴条砖项目准备工作的请示报告》。总馆西区内侧贴条砖项目已经列入学校本年修缮计划，造价控制在 20 万元内，故申请总馆西区贴砖采用与其他区域相同的品牌和规格，以保持同样的装修风格；施工时间定于暑假期间，并于 9 月 1 日前完工。该申请得到学校的批准。

6 月 26 日，根据《教育部办公厅关于认定教育部部级科技查新工作站的通知》（教技发厅函〔2003〕1 号）的精神，我校由图书馆牵头，联合科技处、社科处认真准备，积极申请设立教育部科技查新工作站（厦大综〔2003〕59 号）。

6 月 27 日，学校印发《关于中共厦门大学图书馆总支部委员会委员、书记候选人的批复》（厦大委组〔2003〕22 号）。经研究同意，中共厦门大学图书馆总支部委员会设委员 5 人，刘希平、萧德洪、苏海潮、陈滨、麦林、戴鹭涛等 6 位同志为总支委员候选人，刘希平同志为总支书记候选人。

6 月 27 日，学校人事处下发《通知》，经 2003 年第十九次校长办公会议研究批准，图书馆聘任委员会由陈明光、刘希平、萧德洪、向毓轩、陈滨、苏海潮、陈小慧、陈江帆、刘海伟等 9 人组成，陈明光任主任，刘希平任副主任。

6 月 27 日，学校人事处下发《2003 年各类专业技术人员定编定岗方案》，图书馆定岗数为 136 人，其中研究馆员 1 人，副研究馆员 18 人，馆员 66 人，助理馆员 42 人，高级工程师 1 人，工程师 3 人，助理工程师 5 人；另外，工人岗位 34 人。

6 月 30 日，我馆与厦门冠林金安电子科技有限公司签订《厦门大学图书馆法学分馆闭路监控系统合同》，委托其在法学分馆安装一套闭路监控系统。

6 月，图书馆承担的“十五”期间“中国高等教育文献保障系统（CALIS）”个人定制系统正式发布。该系统本着“为读者服务”的理念，在“厦门大学知识资源港”个人定制系统中设置个人收藏夹、个人记事本、学科导航、信息参考、在线服务等五个可定制模块，给读者以极大的自主和便捷。

6 月，图书馆修订《厦门大学图书馆治安保卫和消防安全管理细则》。

7 月 1 日，图书馆公布《图书馆新一届部主任公告》，根据学校《关于图书馆内部机构设置及科级干部任免意见的批复》（厦大人〔2000〕12 号），结合今年图书馆的工作需要，经馆长办公会议研究决定，聘任以下同志为新一届部室主任：

馆长助理陈滨，办公室主任苏海潮，采访部主任钟建法，编目部主任陈小慧，流通部主任戴鹭涛，报刊部主任唐希文，信息技术部主任刘海伟，参考咨询部主任陈江帆，阅览部主任刘心舜，经济与管理分馆主任陈玉青，文史分馆主任曾曼玲，法学分馆主任王慧珍，东部分馆主任李红，漳州临时图书馆主任王明理，聘期自2003年7月1日至2004年8月31日。

7月4日，《厦门大学报》发布《光荣榜》，公布在庆祝建党82周年之际，我校荣获省、市、校表彰的基层党组织、共产党员和党务工作者，图书馆萧德洪荣获“厦门大学优秀共产党员”称号。

7月7日，我馆与华南理工大学图书馆签订馆际互借服务协议。

7月12日，学校印发《关于黄如彬等同志职务任免的通知》(厦大人〔2003〕69号)，向毓轩兼任厦门大学漳州校区图书分馆馆长。

7月24日，图书馆公布《漳州校区临时图书馆人员名单》，拟调往新老职工15人(8男7女)，其中老职工5人，即向毓轩、王明理、王上进、郑东锋、张建奎；新拟聘人员10人，即朱巧青、王凤英、张晓静、张云丽、杨晶、李佳悦、杨小利、邵剑彬、戴贤聪、黄援生。向毓轩任分馆馆长，王明理任分馆主任。

8月22日，我馆与厦门市开元区文安汽车运输队签订《货物承运协议》，委托其于8月25日—8月30日将图书馆总馆的部分图书、家具和设备承运至漳州校区分馆。

9月1日，学校印发《关于同意中共厦门大学图书馆总支部委员会选举结果的批复》(厦大委组〔2003〕年51号)，批准中共厦门大学图书馆总支部委员会的选举结果，刘希平、萧德洪、苏海潮、陈滨、戴鹭涛等5人任委员，刘希平任书记。

9月11日，学校印发《关于朱艺楚等28位同志按期转正的决定》(厦大人〔2003〕18号)，2002年8月毕业分配到图书馆工作的王上进、陈华全、江湍、林镜桂、郭俊达、陈晓亮见习期满，考核合格，从2003年8月起按期转正。

9月12日，《厦门大学报》登载题为《图书馆——文献资源丰富，现代气息浓厚》的文章，向全校师生简要介绍图书馆的馆藏现状和管理服务模式。

9月25—26日，图书馆举办“第17届计算机信息管理学术研讨会”。

9月，图书馆在漳州校区开办临时分馆。

9月，经党委组织部指示，图书馆退休党员与在职党员混编成立党支部，党总支部委员会议决将原来的5个党支部调整为4个，16位退休党员分别按照退休前所属部门编入相应的党支部，钟建法、麦林、戴鹭涛、向毓轩等4人担任支部书记。

10月初，建筑艺术与教学参考书阅览室正式开放。该阅览室设立100余个阅览座位，收藏美术、音乐、建筑类图书及各学科教学参考书，并设有适合不同读者需求的阅览桌椅，提供检索机和供教师使用的扫描工作平台。

10月17日，图书馆向学校呈报《"图书馆大厅空调改造工程"立项申请报告》。申请图书馆借阅大厅、一至三层书库近3,500m^2的区域安装空调，以改善工作和阅读环境。该申请得到学校批准。

10月，图书馆采用自主开发的在线参考咨询系统，在全国重点高校中较早开展在线咨询服务。

10月，图书馆修订《图书馆购书合同管理办法》。

11月初，总馆二楼及各阅览室、分馆的所有检索用机完成升级换代，形成了基于Client/Server运行模式的公共检索服务体系，用户界面友好，系统运行稳定，组成了一个实用、高效、安全的应用网络。在总馆大厅、第四阅览室及漳州分馆构建了无线局域网，为携带笔记本电脑的读者检索相关资源提供了极大的方便。

11月7日，我馆李金庆当选为第四届福建省社会科学信息学会理事会常务理事。

11月11日，我馆与中国海洋大学图书馆签订馆际互借服务协议。

11月20日，我馆与武汉理工大学图书馆签订馆际互借服务协议。

11月20日，教育部下发《教育部关于在北京大学等29所直属高校设立教育部部级科技查新站的通知》（教技发函〔2003〕24号），厦门大学设立理工类部级科技查新站。

11月25日，漳州校区图书分馆举行方正Apabi电子图书系统开通仪式暨用户培训会，并举行"北大方正Apabi数字图书馆示范馆"揭牌仪式。

11月27日，根据厦大委综〔2003〕20号文件精神和厦大纪〔2003〕5号通知精神，图书馆在一楼会议室召开党员干部民主生活会。

11月，图书馆职工积极响应厦门红十字会发起的"万人献爱心"活动，总计捐赠善款6,130元。

11月，福建省南安市芙蓉基金会遵照旅新加坡侨胞、福建省南安市芙蓉基金会名誉理事长吴定基先生意愿，将一套《传世藏书》捐赠给我馆，全套 123 册，价值约人民币 6.8 万元。

11 月，我校成功申办 CALIS 福建省中心，成为 CALIS 首批五个省中心之一。

12 月 10 日，学校印发《关于公布厦门大学 2003 年教师以外各类专业技术职务聘任人员（第二批）名单的通知》（厦大人〔2003〕102 号），图书馆聘任钟建法、苏海潮副研究馆员，聘任兰晓红、沈冰文管理员，聘期自 2003 年 8 月起至 2006 年 7 月止。

12 月 11 日，我馆与内蒙古大学图书馆签订馆际互借服务协议。

12 月 20 日，图书馆向学校呈报《2004 年漳州校区图书馆家具、设备（一期）预算报告》，预算采购经费约为 683.29 万元。

12 月 29 日，我馆与天津大学图书馆签订馆际互借服务协议。

12 月 31 日，学校印发《关于成立厦门大学科技查新工作站的通知》（厦大人〔2003〕120 号），正式成立厦门大学科技查新工作站，机构不列级别，挂靠在校图书馆。

12 月 31 日，根据后勤社会化的精神，图书馆的集体所有制企业“厦门大学图书设备技术服务部”终止经营。

12 月 31 日，厦门大学工会授予图书馆部门工会“先进集体”称号。

12 月，在对本科生开设“文献检索课”的教学积累基础上，图书馆出版教材《网络信息技能》。

2003 年，自动化技术部更名为信息技术部，理工资料中心更名为报刊部，增设新部门漳州分馆。全面实现分科阅览，打破长期以来按读者对象设立阅览室的做法，本科生也可以阅读原先教师阅览室的藏书。

本年在岗职工 169 人，其中硕博士 11 人，本科 88 人；另有非正式职工 23 人。本年图书馆经费 1,908.23 万元，其中学校拨款 1,813 万元，其他来源经费 95.23 万元。本年购置中文图书 92,882 册，外文图书 6,436 册，中文报刊 3,270 种 6,640 份，外文报刊 855 种 855 份，音像资料 47 种，光盘资料 777 件。本年调入文献 4,164 册，剔除文献 26,856 册。截至 12 月 31 日，馆藏文献资源累计 2,233,314 册（件）。本年度校内读者本专科生 16,389 人，研究生 7,375 人，教师 4,552 人；校外读者 544 人。开架图书 1,678,295 册，现刊 1,925 种。全年文献外借1,216,726册,内阅4,943,956册。馆际互借借入1404册,借出127册;提供参考咨询4,957条,检索服务677项,专题服务240项。开设文献检索课程,聘任教师2人,听课总人数265人。在数字化建设方面,本年度投入计算机设备费592,100元;配置专业人员12人。全馆拥有微机300台,打印机15台,小型机(工作站)2台,服务器5台。购买4个数据库。

2004年

1月12日,图书馆公布《图书馆2003年服务奖表彰公告》。经各部室推荐,馆长办公会议评审,2003年度服务奖评选结果为:第一,集体奖4项,每项奖励1,200元。一是读者服务示范岗服务奖,主要成员有邵碧珠、董爱萍、蔡秀英、马鲁伟、卓晓云、黄毅惠、卜卫兵、袁晓琴、邱晓君、曾毅惠、赵伟、戴鹭涛。二是漳州校区临时分馆服务奖,主要成员有王明理、王上进、郑东锋、朱巧青、王凤英、杨小利、张晓静、张云丽、邵剑彬、杨晶、戴贤聪、黄援生、李佳悦。三是"教育部科技查新工作站"成功申报奖,主要成员有陈江帆、林振锋、陈华全、李明、阮丽燕(科技处)。四是多媒体中心运行与技术支持奖,主要成员有林丽敏、尤惠玲、郑淑丽、刘丹、朱小明、应巧兰、林俊伟、江湍、全成干、刘心舜。第二,优秀个人服务奖8名,每人奖励600元,获奖者有王上进、陈全松、陈滨、邹定宏、邱晓君、林梦如、张育梅、黄美芳。第三,个人服务奖14名,每人奖励300元,获奖者有尤冬青、叶素莲、冯秀钦、宋天赐、李凤玲、肖铮、陈雪琴、杨小利、张丽萍、张智玲、洪丹萍、袁晓琴、谢英、蔡晓芳。

1月,图书馆修订《采访部财务报账工作细则》。

2月9日,我馆与厦门华厦职业学院签订有效期两年的《书刊资源共享协议书》,同意将学生公寓图书馆、法学分馆共计10万册书刊与厦门华厦职业学院共享,以此支持扶植民办高职教育。

2月20日,教育部办公厅下发《教育部办公厅关于成立第二届教育部高等学校文化素质教育指导委员会和第二届教育部高等学校图书情报工作指导委员会的通知》(教高厅〔2004〕11号),萧德洪副馆长任第二届高等学校图书情报工作指导委员会委员。

2月25日,我馆与厦门世纪桃源股份有限公司签订《厦门大学图书馆物业管理服务合同》，图书馆总馆、经济分馆、文史分馆总计 15，016m^2 委托其实行物业管理，委托管理期限自 2004 年 1 月 1 日至 2006 年 12 月 31 日。

2 月 28 日，我馆与厦门市新华书店签订协议书，委托其按要求采购中文图书，有效期自 2004 年 3 月 1 日至 2005 年 2 月 28 日。

3 月 1 日，图书馆修订《图书馆物资设备采购的规定》，自 2004 年 3 月 1 日起执行，原 1999 年 4 月制定的《物资设备采购有关规定》同时终止执行。

3 月 1 日，我馆与厦门市华文图书有限公司签订协议书，委托其按要求采购中文图书，有效期自 2004 年 3 月 1 日至 2005 年 2 月 28 日。

3 月 3 日，图书馆向学校呈报《关于图书馆分馆地板破裂问题的报告》。法学分馆位于法学院 4～5 层，荷载严重超出原设计的承载能力，致使地板出现破裂。学校批复减少藏书数量，并于暑假进行加固维修。

3 月 5 日，朱崇实校长在嘉庚主楼 16 楼 3 号会议主持召开 2004 年第 4 次校长办公会（厦大办纪要〔2004〕4 号）。为迎接教育部专家组对我校文科重点研究基地“宏观经济研究中心”的评估，会议与图书馆相关的研究决定有：第一，中心的用房可先从图书馆经济分馆前排一、二层和 WTO 研究中心以及人口研究所等单位挪出，由经济学院按基地建设要求，统筹安排，装修可根据评估需要尽量简化，待暑期经济学院大楼改造时一并进行，避免重复装修。第二，中心的资料室设在图书馆经济分馆一楼（二楼划作会计中心资料室），若分馆相关资料不足，可先从总馆调剂一些，此项工作由图书馆予以支持。

3 月 12 日，学校召开教育部社科研究基地迎评协调会，研究决定为确保“会计发展研究中心”顺利验收及“宏观经济研究中心”评估成功，拟在图书馆经济分馆一、二楼分别挂牌“会计发展研究中心资料室”和“宏观经济研究中心资料室”，并对馆藏书刊进行调整、补充。

3 月 22 日，根据学校 3 月 17 日防火安全工作会议的要求，图书馆组建“防火安全工作领导小组”，由陈明光、刘希平、萧德洪、向毓轩、苏海潮、郑道建、陈篑、张凌燕等 8 人组成，陈明光任组长，刘希平任分管领导。

3 月 24 日，图书馆配电房改造协调会召开，厦门大学基建处苏登山，资产与后勤事务管理处陈智良，设计院陈申，图书馆刘希平、苏海潮等相关人员参加会议。

3 月 24 日，图书馆致法学院《关于图书馆法学分馆地面破裂问题的解决方案》。经法学院研究决定，拟采用图书馆提供的第二种方案，即将法学分馆利用率较低的中外文图书复本和部分过刊搬回图书馆总馆，在新书入藏增量方面以后亦严加控制，以免快速增加荷载，保障现用楼层的安全。

3月30日，我馆与厦门晓风图书文化有限公司签订协议书，委托其按要求采购中文图书，有效期自2004年4月1日至2005年4月1日。

3月，联想SureFibre920R(14TB光纤存储容量)在图书馆安装调试完成。

3月，图书馆主办、读书会承办"海疆学术杯"书·缘书签设计大赛。

4月2日，图书馆总馆机房装修工程竣工并进行验收。

4月6日，我馆与清华大学图书馆签订《中国高等教育文献保障系统"十五"建设子项目"CALIS高校学位论文全文数据库"建设协议书》，共建高质量的"高校学位论文全文数据库"。

4月6日，在校庆大会上举行菲律宾华侨陈永栽博士捐赠图书仪式，陈明光馆长代表学校接收捐赠的文渊阁《四库全书》一套，并回赠图书和礼品。

4月7日，化学化工学院申请将本院阅览室划归到校图书馆。

4月10日，教育部社会科学研究与政治思想司致厦门大学图书馆《关于核拨2004年度高校文科图书引进专款使用额度的通知》(教社政司函〔2004〕78号)，我校2004年文科图书专款额度为88,800美元。

4月20日，我馆与厦门对外图书交流中心签订《厦大图书馆采供协议书》，委托其按要求采购中文图书，有效期自2004年3月1日起至2005年2月28日止。

4月24日，由厦门大学图书馆举办，厦门大学学管会及其他十几家高校、中学漫画协会、动漫团体联合承办的第二届校园动漫大赛圆满结束，并举行颁奖仪式。本次大赛以"E时代生活"为主题，采用动漫、FLASH动画的形式，体现"学习、思考、创新"的时代精神。

4月26日，图书馆在总馆会议室举行"第十四届全国书市图书采购招标"活动，厦门市新华书店中标码洋约25万元的国内中文图书，中标价为80%。

4月27日，图书馆向学校呈报《关于召开有关图书馆人事管理制度专题调研会的建议》。随着院系资料室管理体制改革接近尾声，图书馆已经承担全校文献资源建设与服务的绝大部分工作。针对图书馆目前的队伍结构、工作特点和发展趋势，建议学校召开一次专题调研会议，听取图书馆的意见，对现行人事管理制度存在的问题进行调整或改革。图书馆建议调研的问题主要有：第一，图书馆的专业职务聘任制度。一是修正聘任试行条例中的指导思想：2003 年图书资料人员实行职务聘任制，已公布的图书资料系列职务聘任条件带有明显的“唯学历”和“唯资历”色彩，与图书馆年轻化、以本科学历为主的队伍特点不相契合，建议将聘任条件侧重于考察业务能力和业绩。二是给图书馆更多的聘任自主权：严格的学校统一招聘和按需聘任，存在时间比较滞后和方式比较机械的缺点，不利于图书馆及时引进省外的优秀专业人才和馆内空缺岗位的灵活调整。自 1993 年以后一系列的改革后，图书馆针对业务需要招聘和使用不同层次的人才已经形成较为规范的运作方式，建议考虑给予更大的聘任自主权和实行较为灵活的聘任机制。三是进一步协调职务聘任制与安排引进人才家属的关系：图书馆自 1998 年以来先后接受 24 位引进人才的家属，其中 4 人又随夫离校，现在职 20 人，另有 2 名博士后家属作为借调人员在岗。根据图书馆的发展趋势，读者服务工作中的一般性岗位将相当有限，今后图书馆势必会提高对拟应聘的引进人才家属的专业要求。在实施职务聘任制以后，必须遵照“科学设岗，公开招聘，平等竞争”的原则，而以往对安排引进人才家属进馆的绝大多数是采取个别安排的操作方式，致使我馆在职务聘任制度实际上形成双轨制。为此，建议把引进人才家属的安排纳入职务聘任制度的正常范围之内同步操作。第二，在职研究生招生政策与提高队伍建设。在实行聘任制度后，提升学历是部分职工特别是年轻职工的现实需求，现行政策只能报考脱产研究生，建议学校能否考虑制定允许在职攻读本校硕士学位、博士学位的政策，兼顾提高知识水平和留住人才的两方面需求。第三，关于工资总额动态包干管理体制。图书馆于 1993 年率先试行工资总额动态包干管理体制，自 2003 年又因学院管理体制改革而仅剩一家单位仍在实行该制度，但事实上自 1999 年以来这一管理体制在“定编、定岗、定任务”等环节并没有认真执行。随着近年来图书馆实体的扩大、职工人数的显著增多，以及聘任制度的实行，若仍沿用 1999 年的编制包干基数更显得不合理。同时，数字图书馆的建设更需要灵活自主的定编定岗机制，建议学校对该管理体制进行综合调研，制定符合图书馆发展趋势的政策。

4 月，教育部 CALIS 管理中心指定我馆建设“重点学科导航”中的“应用经济学”“海洋科学”两个学科的导航库。

4 月，图书馆网站完成“厦门大学知识资源港”升级，首度以学科门户形式正式发布，是我国图书馆界推出的第一个综合性学科门户网站。

5 月 8 日，图书馆空调设备全部投入运行。

5 月 10 日，我馆与中国人民大学图书馆签订馆际互借服务协议。

5 月 16 日，我馆向 CALIS 管理中心申请成为“文献传递网”试点馆。

5 月 23 日，图书馆启动“宣传月”活动。本期活动主题是“共建数字图书馆·文明图书馆”，图书馆将举办八场学科数字资源利用讲座、三场读者座谈会、数字图书馆建设成果展、“图书馆不文明行为之我见”有奖征集、服务对象评议网上问卷调查等活动。

5 月 28 日，学校印发《关于公布厦门大学 2004 年教师以外各类专业技术职务聘任名单的通知》（厦大人〔2004〕45 号），图书馆聘任肖铮为助理工程师，朱巧青、张云丽、张晓静、杨小利、杨晶、王凤英、邵剑彬、李佳悦、黄援生、戴贤聪、洪辉、李灿元、智晓静为助理馆员，聘期自 2004 年 2 月起至 2006 年 7 月止；聘任李春燕为助理馆员，聘期自 2004 年 3 月起至 2006 年 7 月止。

6 月 3 日，图书馆向学校呈报《关于申请下拨漳州校区新图书馆一期装备费用的报告》。为配合学校资产处在 6 月上旬至 7 月下旬完成各项采购招标，申请学校近期下拨经费，以使新馆于 9 月正式投入使用。

6 月 9 日，我馆与厦门市光合作用文化传播有限公司签订协议书，委托其按要求采购中文图书，有效期自 2004 年 5 月 20 日起至 2005 年 5 月 19 日止。

6 月 10 日，图书馆向学校呈报《关于设置图书馆发展基金账户的申请报告》。拟将撤销的“厦门大学图书设备技术服务部”所属资金设立一个图书馆专用的发展基金账户，学校批复按敬贤律师所脱钩处理办法执行，即学校对其净资产分成 10％，其余的留作图书馆发展基金。

6 月 11 日，《厦门大学报》登载“共建数字图书馆·文明图书馆”系列报道之一《图书馆推出新版网站》，介绍图书馆近期正式推出的新版网站“厦门大学知识资源港”中英文版。

6 月 14 日，图书馆向学校呈报《漳州校区图书馆一期装备预算调整报告》。拟根据学校财务实际情况，将采购预算下调至 541.25 万元。经校长办公会讨论，同意该项申请。

6 月 17 日，福建省教育厅印发《关于调整第四届福建省图书情报工作委员会的通知》（闽教高〔2004〕62 号），调整第四届福建省高等学校图书情报工作委员会,萧德洪副馆长任工作委员会副主任。

6 月 20—23 日,图书馆举办“闽赣数字图书馆技术与服务研讨会”。

6 月 23 日,我馆与华东师范大学图书馆签订馆际互借服务协议。

6 月 23—24 日,萧德洪副馆长赴武汉参加“中国高校外文期刊联合采购协作会议”。会议决定成立“中国高校外文期刊联合采购协作组”,我馆为“协作组”成员单位。

6 月 25 日,朱崇实校长在嘉庚主楼 16 楼 3 号会议室主持召开 2004 年第 15 次校长办公会(厦大办纪要〔2004〕15 号),会议研究了漳州校区实验中心、图书馆、网络建设以及校本部学生家具购置经费筹措问题。其中涉及图书馆的计有以下决定:第一,图书馆的经费预算由财务处与相关部门审核后确定。第二,图书馆要在 2 年内再购买 40 万册常用的图书资料,其中 20 万册从嘉庚学院的图书资料购买经费中支出。第三,图书馆资金授权财务处筹措,自有资金不足部分向银行申请贷款解决。

6 月 25 日,《厦门大学报》登载“共建数字图书馆 · 文明图书馆”系列报道之二《数字教学参考书——图书馆课程信息与教学参考资料系统》,向全校师生介绍图书馆 2000 年开始自主开发的“厦门大学课程信息与教学参考资料系统”。

6 月 29 日,图书馆向学校呈报《关于购买图书馆自动化集成系统 ILAS Ⅱ的一卡通接口程序所需经费申请报告》,拟为漳州校区分馆采购 IC 卡接口程序,预算约 3 万元。该申请得到学校批准。

7 月 1 日,我馆与湖北三新书业有限公司签订购销协议,委托其按要求采购 2004 年中文图书,年采购金额不少于 50 万元,有效期自 2004 年 7 月 1 日起至 2004 年 12 月 31 日止。

7 月 2 日,图书馆向学校呈报厦门大学“行动计划”项目建设立项申请报告——“漳州校区图书分馆设备与家具(一期建设)”,年度经费预算 472.7 万元。

7 月 2 日,《厦门大学报》登载“共建数字图书馆 · 文明图书馆”系列报道之三《数字化信息简报——“信息参考数据库”简介》,向全校师生介绍我校数字图书馆虚拟参考咨询服务体系中的“信息参考数据库”。该数据库由图书馆自主开发建设,在设计过程中充分考虑了用户需求和行业标准,并融合了最新的数据库和网络技术,实现了自动或手工方式、分布式 WEB 提交数据。其目标是成为馆内馆际虚拟参考咨询系统的强大背景知识库。

7月9日，《厦门大学报》登载《我校网站评比奖项揭晓》，图书馆荣获“优秀网站”。

7月9日，《厦门大学报》登载“共建数字图书馆·文明图书馆”系列报道之四《读者第一，服务至上——图书馆读者服务示范岗周年巡礼》，向全校师生推介图书馆在总出纳台设立的读者服务示范岗。

7月16日，图书馆颁布《图书馆宣传栏管理规定》。

7月26—31日，我馆发起并承办第一届“全国高校数字图书馆系统方案研讨会”，大会主题为“高校数字图书馆系统方案”。CALIS组织国内各系统的数字图书馆专家、系统厂商与近300位参会代表一起探讨我国高等学校数字图书馆系统的建设方案，结合国家“中国高等学校数字图书馆(CADLIS)”建设的解决方案和技术路线，探讨包括应用系统架构、系统可伸缩性、主要平台软件、硬件系统介绍及建设标准规范等领域的内容，为“十五”期间各高校数字图书馆建设、新馆建设提供一个技术和经验交流的平台。

7月28日，我馆与韩国仁荷大学静石学术情报馆签订《国际学术出版物文献传递协议书》，双方同意即日起互相提供国际文献传递。

7月28日，我馆与亚洲信息服务有限公司(AIS LTD)签订《UMI学位论文快速文献传递服务协议》。

8月26日，图书馆向学校建议漳州校区图书分馆的物业管理工作，由总馆物业管理中标公司厦门世纪桃源有限公司延伸管理。

8月27日，我馆与深圳市科图自动化新技术应用公司签订协议书，向其采购“图书馆自动化集成系统ILAS Ⅱ 软件”的IC卡接口程序及其安装服务。

9月13日，我馆与中国教育图书进出口公司图书进口部签订《2004年厦门大学外文图书订购协议》，委托其按要求采购本年的外文图书。

10月14日，学校印发《厦门大学专业技术人员职务外语考试办法》，根据教育部考试中心对部分外语考试分数所作的调整，对本校专业技术人员的外语要求进行修订，图书馆按照新的要求进行职务聘任工作。

10月15日，图书馆向学校呈报《申请调配一部面包车的报告》，以解决漳州校区图书馆、曾厝垵学生公寓分馆、法学分馆的书刊配送。学校批准了该项申请。

10月25日，我馆与厦门市孔雀河保洁服务有限公司签订《搬运服务协议书》，委托其在10月28日至11月2日期间将思明校区图书馆总馆17.5万册图书，搬运至漳州校区图书分馆。

10月29日，图书馆公布《2004年图书馆职务聘任工作通告》，图书馆聘任委员会拟向学校图书资料专业评议组推荐：王爽、麦林、吴秉岚、智晓静晋升馆员，吴彩红、洪霞、许妙娟、李育红、陈迎欣晋升助理馆员；成健、朱弋玮新聘馆员，陈和、陈丽娟、龚晓婷、胡友斌、康凌、李玲敏、李剑、李显辉、林霞、吴明杰、吴至艺、魏小威、向佳丽、曾晟、雷萍、殷玲新聘助理馆员；林彩红晋升副研究馆员，萧德洪晋升研究馆员，并将二人代表作送审。

10月，图书馆修订《厦门大学图书资料管理细则》。

11月3日，学校印发《关于黄鸣奋等同志职务任免的通知》(厦大人〔2004〕137号)，陈小慧任厦门大学图书馆副馆长。

11月13日，厦门大学第十五届游泳运动会在王清明游泳馆举行，图书馆获得教工组团体第三名。

11月13—17日，我馆在武夷山世纪桃源酒店承办"2004年华东地区教育部直属高校图书馆馆长会议"，大会主题为"高校图书馆管理"。

11月16日，我馆签订《CALIS华东南地区馆际互借/文献传递服务合作协议》，与华东南地区14所"211工程"高校图书馆开展馆际互助服务工作。

11月16日，全国人大常委会副委员长、中国农工民主党中央主席蒋正华一行在漳州市市长何锦龙、招商局漳州开发区总经理吴斌等的陪同下到漳州校区视察，校长助理、校区党工委书记、管委会主任黄如彬等陪同参观了校区南强广场，主楼四号楼、五号楼以及新建成的图书分馆。

11月18日，厦门大学漳州校区图书分馆试运行仪式隆重举行，校长助理、校区党工委书记、管委会主任黄如彬，嘉庚学院院长王瑞芳，校图书馆馆长陈明光等相关负责人及师生代表参加。仪式由图书馆副馆长、漳州校区图书分馆馆长向毓轩主持。分馆建筑面积达3万余平方米，预计藏书100万册，目前拥有各类书刊30多万册，电子图书12万册，现刊700多种，报纸60多种。

11月19日，《厦门大学报》登载《为漳州校区图书馆捐赠书刊倡议书》，号召全校师生捐赠适合大学本科以上的教材、教学参考书、课外读物、学术著作及连续性学术期刊，以在较短时间内让漳州校区图书馆的馆藏较快地增长。

11月23日，中共中央政治局常委李长春莅临我校视察工作。其间，李长春在图书馆与学生亲切交谈，了解学生的生活学习和图书馆资源建设情况。

11月23—25日，由中国索引学会主办、厦门大学图书馆协办的“中国索引学会2004年度年会暨学术讨论会”在福建厦门召开。此次会议主题为“让索引走向大众、走向社会、走向生活”，索引界知名专家、学者和来自全国17个省、市、自治区的代表共70余人参加了本次研讨会。

12月18日，厦门大学第十一届教职工运动会暨第十三届老年运动会在演武体育场胜利闭幕，图书馆获得团体总分第三名。

12月21日，我馆与大连理工大学伯川图书馆签订文献传递服务协议。

12月24日，我馆与石河子大学图书馆签订馆际协作协议。

12月27日，福建省妇联召开“巾帼建功”表彰大会，我馆被授予福建省“巾帼文明岗”单位。

2004年，我馆查新站在教育年度查新站年检中被列为免检查新站；我馆作为CALIS文献传递网第一批服务馆，正式启用CALIS馆际互借系统。

本年在岗职工182人，其中硕博士15人，本科99人；另有非正式职工26人。图书馆现有思明校区总馆，思明校区经济分馆、文史分馆、法学分馆、东部分馆以及漳州校区图书分馆等5个分馆，馆舍面积64,800m^2，阅览室座位4,964个。图书馆经费1,823.20万元，其中学校拨款1,761.46万元，其他来源经费61.74万元。本年购置中文图书132,473册，外文图书5,137册，中文报刊4,599种6,701份，外文报刊843种843份，音像资料339种463件，光盘资料56种916件。本年调入文献11,602册，剔除文献4,581册。截至12月31日，馆藏文献资源累计2,433,210册(件)。本年度校内读者本专科生18,644人，研究生9,630人，教师5,348人；校外读者705人。开架图书1,641,961册，现刊4,442种。全年文献外借1,303,395册；馆际互借借入6,635册，借出90册；提供参考咨询4,227条，检索服务850项，专题服务45项。开设文献检索课程，聘任教师2人，听课总人数580人。在数字化建设方面，本年度投入计算机设备费1,918,505元；配置专业人员12人。全馆拥有微机330台，打印机27台，复印机2台。购买56个数据库。

2005年

1月初，根据《关于推荐福建省高校图工委学术委员会委员的通知》(闽高图秘〔2004〕020号)的要求,我校推荐陈小慧副馆长担任福建省高校图工委学术委员会委员。

1月8日,图书馆制定《厦门大学院系和教师自购图书资料管理办法(试行)》。

1月18日,图书馆公布《关于表彰2004年度服务奖的决定》:第一,集体奖3项。一是漳州分馆新馆搬迁组织奖,主要成员有向毓轩、王明理、戴鹭涛、唐希文、蔡智强、陈滨、李育红、黄美芳。二是文献资源建设业绩奖,主要成员为采访部、编目部全体成员。三是科技查新业绩奖,主要成员有陈江帆、应巧兰、康凌、聂茶庚。第二,个人优秀服务奖9名,获奖者为殷玲、杨小利、邵剑彬、罗高屏、谢明诠、陈华全、李明、蔡智强、黄美芳。第三,个人服务奖22名,获奖者为林梦如、周红、洪梅、王赛熹、郑玉伟、林丽敏、傅强、王小凤、粘秋红、郑雅华、苏劲红、郑东锋、颜幼段、郭俊达、洪丹萍、洪婷瑜、高秀闽、谢传洁、黄毅惠、袁晓琴、李育红、应巧兰。

1月22日,馆长办公会议决议(厦大图纪要〔2005〕04号):第一,漳州校区图书分馆戴贤聪调回总馆编目部,从事古籍编目;吴至艺、林霞、郑东锋回总馆技术部轮训。第二,馆长基金的管理方式改变后,能落实到人头的费用尽量落实,如综合奖、全勤奖等,其他各类开支要列出详单并交学校财务处备案认可。第三,为漳州校区图书分馆购买移动硬盘、热水器和传真机;在总馆四楼萨本栋纪念图书室设立活动点,完成检索用电脑的安装。第四,成立本科迎评领导小组,由馆长办公会全体成员组成,陈明光任组长,萧德洪任副组长。

1月24日,我馆与复旦大学图书馆(子项目承建馆)签订《中国高等学校文献保障系统"十五"工程子项目"高校教学参考信息管理与服务系统"建设协议书》,积极参与CALIS"高校教学参考信息管理与服务系统"的子项目建设。

1月28日,《厦门大学报》登载《"我与漳州校区"主题征文获奖名单》,图书馆黄国凡、麦林《我去海那边》荣获二等奖。

1月,我馆李金庆当选为福建省图书馆学会第七届理事会理事,任期五年。

2月22日,教育部社会科学研究与思想政治工作司致学校《关于实施〈中华再造善本〉进校园计划的通知》(教社政司函〔2005〕35号),计划为我校配备一套《中华再造善本》。

3月10日,新加坡副总理贾古玛来我校访问,朱崇实校长会见贾古玛一行并陪同参观校园和学校图书馆，陈明光馆长详细介绍图书馆的情况。

3 月 10—13 日，我馆举办“第二届全国高等学校图书馆图书采访业务研讨会”。本次会议由全国高校图工委和中国图书馆学会高校分会主办，大会主题为“高校图书馆馆藏发展政策编制指南”，以此促进高校图书馆采访业务规范化，探讨图书采访业务的理论和实践。

3 月 14—16 日，全球七校联盟第一次行政工作委员会和第二次教育委员会会议在我校召开。“七校联盟”是由韩国仁荷大学于 2004 年 4 月发起成立的一个大学合作组织，包括韩国仁荷大学、法国勒阿弗尔大学、美国罗德岛大学、美国华盛顿大学、澳大利亚墨尔本皇家理工学院、以色列海法大学以及中国厦门大学，另外日本明治大学也决定加入。此次会议形成的一项决定指出，联盟大学将交换过去 7 年出版的所有书籍、期刊和数据目录、多媒体产品、电子书和一些学术论文，并在联盟内向其他学校开放图书馆资源。

3 月 16 日，图书馆鉴于缺编费用的财务管理方式发生变化，并根据学校财务管理规定，制定《图书馆关于挂支应收暂付款的规定》。

3 月 18 日，图书馆成立创建“平安厦大”工作领导小组，由陈明光、刘希平、萧德洪、陈小慧、向毓轩、陈滨、苏海潮、陈篑、刘海伟、王明理、王慧珍、李红、张凌燕（总馆物业管理处主任）、林秦辉（漳州校区分馆物业管理处主任）等 14 人组成，陈明光任组长，刘希平任副组长。

3 月 24 日，为落实《厦门大学创建“平安厦大”实施方案》，图书馆结合本单位实际情况，制定《图书馆创建“平安厦大”实施方案》。

3 月 24—25 日，党总支书记、副馆长刘希平赴陕西西安参加“高等学校图书馆人事工作座谈会”。

3 月 31 日，图书馆向学校呈报《图书馆关于启动安装空调经费的报告》。学校拟拨经费 250 万元在图书馆安装空调，经空调公司现场勘察并制定出安装设计方案，约需 61 台 10 匹空调和 7 台 5 匹空调，拟申请先行改造馆内、外配电设施，尽快启动该项经费。该申请得到学校批准。

4 月 1 日，我馆分别与北京人天书店有限公司、厦门市华文图书有限公司、厦门市晓风图书文化有限公司、厦门新华学知书店有限公司、北京图书大厦网络技术有限公司、湖北三新书业有限公司、厦门市光合作用文化传播有限公司、中国教育图书进出口公司图书联采部、厦门对外图书交流中心、厦门新华书店、北京市海岸文化服务中心签订协议书，委托其按要求采购中文图书，有效期自 2005 年 4 月 1 日至 2006 年 3 月 31 日。

4 月 1 日，我馆分别与中国教育进出口公司、中国图书进口（集团）总公司文献部、厦门对外图书交流中心、厦门市新华书店（外文书店）签订《外文图书订购协议》，委托其按要求采购外文图书，有效期为一年，期满后如双方未提出修改或中止合同，有效期自动延长一年。

4 月 1 日，我馆与北京鉴志图书经营中心签订《年鉴供需协议书》，对 1998 年的协议内容进行部分修订，继续委托其长期采购年鉴类图书。

4 月 6 日，"厦门大学漳州校区主楼落成典礼暨校区图书馆开馆仪式"在厦门大学漳州校区主楼群前隆重举行。厦门大学漳州校区图书分馆被誉为全国高校最好的图书馆之一，这时藏有各类书刊 30 多万册，电子图书 12 万册，现刊 1,200 多种，过刊 3 万册，报纸 70 多种。

4 月 6 日，在全球七校联盟（Global U7 Consortium）之行政力建设委员会（Building Administrative Capacity Committee, BACC）所建议的"人员交换与培训"框架下，厦门大学图书馆与韩国仁荷大学静石学术情报馆签订《韩国仁荷大学与中国厦门大学馆员交换协议书》。该协议的目的是互换馆员的在岗培训，以利馆员掌握更多的业务知识和技能，了解不同业务管理系统和操作方式，解决双方在文献传递合作项目和出版物交换合作项目执行过程中可能遇到的障碍。每年交换馆员 2 人以下，视实际需要可在双方同意的情形下适当调整。根据 BACC 的建议框架，访问时间一般安排二至四个月，也可视实际需要在双方同意的情形下调整。派出馆负责本馆人员的国际旅费，接收馆负责提供办公场所，并视接收地的实际生活水平，尽可能提供单人房住宿和部分生活费用。

4 月 6 日，图书馆向学校呈报《关于图书馆配电房改造的报告》。由于图书馆加装空调设备增加电路总负荷，申请改造配电房设备，总价约 26 万元，学校已批准该项经费，拟申请启动改造工程。

4 月 11 日，图书馆向学校呈报《关于台湾研究院资料室改革的工作建议》。经本馆多次调查研究并与台湾研究院领导沟通，台湾研究院现存资料的处理建议为：将现存于台湾研究院二楼书库的报纸收藏于图书馆总馆报库；改造图书馆文史分馆"文一书库"外间为密集库，以收藏合订本期刊；合订本期刊、报纸入藏校图书馆后，现期期刊、报纸（1 年以内）仍由台湾研究院资料室收藏和管理，合订后再交图书馆收藏；图书类文献的合并与扩充，图书改编和自动化管理系统的合并，人事隶属关系的调整等问题，待以后再处理。此项改造工程约需经费 15 万元。该项建议得到学校的批准。

4 月 19 日，馆长办公会议研究通过《总馆服务布局调整计划方案》(厦大图纪要〔2005〕11 号)。围绕学校创建一流研究型大学的目标，尤其是考虑到今后若干年内学校图书馆系统过渡到藏书单复本政策和新的较大型分馆建设的影响，图书馆对总馆藏书布局、服务模式、技术保障、部门及岗位等方面进行新的工作调整。此次布局调整主要涉及总馆基本书库、第一至三阅览室以及生命与医学阅览室约 62 万册中外文图书和保存书库约 4 万册文学作品类图书，中长期则涉及现保存本书库的改编、加工、装订和充实到分科馆藏中。具体方案为：

第一，在藏书布局方面：(1)建设两个书库，即社会科学书库，以现自修室、第一阅览室构成，存放总馆全部的“中图法”A～G 类图书；人文科学与自然科学书库，以现基本书库第一至三层、第二阅览室组成，存放人文类、理工类和参考工具类图书馆。(2)图书排架采用中、外文混排的方式，以符合研究型图书馆中外文资源并重的观念，提升外文图书的利用率。

第二，在服务模式方面：(1)读者可以带书包自由出入社会科学库和人文科学与自然科学库，借书时采取人、书分流的办法。(2)书库设立两个出纳台，一是原来的总出纳台，负责人文科学与自然科学书库图书的借阅以及其他业务；二是现自习室入口设立另一个出纳台，负责社会科学书库图书的借阅。(3)实行较为统一的借阅制度，将现有的阅览、基本书库短期借阅与基本书库长期借阅合并为长期借阅，同时缩短长期借阅的时间，教师和研究生借期为 30 天，可续借 30 天，其他学生借期为 15 天，不可续借；保持各分馆现有的短期借阅制度。(4)书库内设立咨询台。

第三，在技术保障方面：(1)若工作需要，可启动阅览座位预约系统。(2)不断完善 ILAS 系统的预约图书服务功能，同时在人员许可的情况下启用 ILAS 系统的预借图书服务。(3)ILAS 系统设置的批处理。

第四，在部门及岗位设置方面，此轮布局调整对流通部、阅览部和采访部典藏组有所影响，初步考虑：(1)仍设立流通部和阅览部，流通部负责两个书库及其出纳台业务，阅览部以现存保存本书库的整理与调拨、文献数字化加工整理、古籍、多媒体中心服务为主要业务。(2)典藏业务进行分工，新书和分馆典藏归采访部典藏组,两个书库的图书剔除与提存、保存本进入流通书库的业务主要由流通部装订组负责。两个部门现设 10 个工作小组:总出纳台、社会科学出纳台、回溯小组、装订小组、多媒体中心、建筑艺术阅览室、数字化扫描小组、保存本书库、古籍库、上架小组。

4 月 25 日,学校人事处下发《通知》,经学校专业技术职务聘任委员会研究并表决通过,决定聘任林奕纯、张育芬、陈志梅、陈俊杰、杨薇、聂茶庚为图书馆助理馆员,聘任胡丹为图书馆助理工程师。

4 月 26 日,图书馆重新调整离退休工作领导小组,由刘希平、陈滨、苏海潮、余紫冈、傅儒林等 5 人组成,刘希平任组长。

4 月 26 日,为提高外文图书的使用率,充分利用有限的图书采购外汇资源,提高研究生对外文资料的引用率和论文的国际化水准,图书馆与研究生院共同组建“博士生外文图书选书小组”。该小组成员约 26 人,由我校国家级重点学科各选派 2 名博士生组成,任期一年,届满后从本学科下一级博士生中选派替换。具体名额分配为:经济学院政治经济学、财政学、金融学、统计学共 8 人,管理学院会计学 2 人,教育研究院高等教育学 2 人,人文学院专门史 2 人,法学院国际法学 2 人,化学化工学院物理化学、分析化学共 4 人,海洋环境科学学院海洋生物学、海洋化学共 4 人,生命科学学院动物学 2 人。

5 月 1 日,厦门大学与厦门广图机电设备有限公司签订《技术协议书》,委托其承建厦门大学图书馆空调安装工程。

5 月 5 日,图书馆总馆空调安装工程正式开工。

5 月 18 日,馆长办公会议研究决定派郑贵榕、王爽赴韩国仁荷大学进行馆员交换(厦大图纪要〔2005〕14 号)。

5 月 18 日,图书馆向学校呈报《关于文史分馆一楼贴墙砖的经费和施工的申请报告》。文史分馆一楼因潮湿导致门框腐蚀及四周墙体鼓起,大约需要 3.5 万元进行修缮。图书馆在暑假期间将对文史分馆馆藏进行调整,拟申请学校在 7 月上旬拨与经费并进行施工。该申请得到学校的批准。

5 月 25 日,图书馆向学校呈报厦门大学“985 工程”二期建设项目年度任务书“公共资源保障与服务支撑体系(图书馆部分)”。建设目标是通过计划和统筹各学科平台所需的学术研究数据库,建立特色资源数字图书馆平台,为各学科创新平台展示研究成果,促进学科交流与信息共享。项目建设资金预算为 525 万元，其中业务费 4.5 万元，设备(含电子图书、数据库)购置费 520.5 万元。

5 月 26 日，图书馆向学校呈报《关于申请“985 行动计划”专项经费购置书架等的报告》。在暑假期间，图书馆将对总馆阅览室及书库进行局部调整，拟购置书架 175 架、出纳台 2 套、阅览桌椅 10 套，总预算约 12.8 万元。该申请得到学校的批准。

6 月 7 日，馆长办公会研究确定全馆各部门编制数量(厦大图纪要〔2005〕17 号)。具体分布为：办公室 6 个，采访部 16 个，编目部 18 个，流通部 23 个，阅览部 21 个，文史馆 6 个，报刊部 13 个，技术部 13 个，参考部 11 个，经济分馆 7 个，东部分馆 7 个，法学分馆 8 个，漳州分馆 23 个，合计编制 172 个。根据设置岗位数和现有人数，尚缺 2 人，将于近期招聘 1 名应届毕业生补充。

6 月 9 日，图书馆向学校呈报《关于“南强学术讲座”会场增补专用设备的报告》。自 2005 年校庆以来，图书馆总馆五楼多功能报告厅承担学校“南强学术讲座”的会场任务，但设备明显无法满足功能要求，因此拟先期增补摄像机、投影仪和电子白板等设备，并进行相应的室内改造，经费预算约 5 万元。该申请得到学校的批准。

6 月 16 日，我馆分别与天津市河西区联合征订服务部、北京海天华教文化传播有限公司签订《中文期刊订购协议书》，委托其按要求采购中文期刊，自双方签字盖章之日起生效，有效期为一年。

6 月 19 日，学校印发《关于公布厦门大学 2004 年教师以外各类专业技术职务聘任名单的通知》(厦大人〔2005〕95 号)，林彩红聘为副研究馆员，麦林、王爽、吴秉岚、智晓静、朱弋玮、成健聘为馆员，许妙娟、吴彩红、李育红、洪霞、陈迎欣、魏小威、胡友斌、康凌、吴至艺、李显辉、向佳丽、林霞、陈丽娟、龚晓婷、吴明杰、曾晟、李玲敏、李剑、陈和、雷萍、殷玲、聂茶庚聘为助理馆员。

6 月 27 日，学校印发《关于“公共资源保障与服务支撑体系(图书馆部分)”2004—2005 年建设任务书的批复》(厦大重办〔2005〕24 号)，原则上同意项目所报建设目标和建设内容。除学校划拨建设资金 525 万，根据厦大专纪要〔2005〕8 号要求，各科技创新平台和哲学社会科学创新研究基地参照项目建设经费可动用“平台”资金的 5%和“基地”的 10%，共计 365 万元作为图书资料(含电子图书、数据库)购置费，由图书馆统筹，图书馆及时安排各个建设项目建设。

6 月底，向毓轩副馆长率部分业务骨干赴北京、山东、上海等部分高校图书馆进行业务考察。

7月4日,福建省教育厅下发《关于成立CALIS福建省文献信息服务中心协调委员会等三个机构的通知》(闽教高〔2005〕61号)。为保证CALIS福建省文献信息服务中心的正常运行和组织协调,福建省教育厅决定成立三个新机构:一是CALIS福建省文献信息服务中心协调委员会,其职能是研讨和审定CALIS福建省文献信息服务中心的建设项目及其相关的全省性的协作共建和共享活动,协调处理建设中出现的重大事项。该委员会设主任1人、副主任4人、委员20人,我馆陈明光馆长担任副主任,萧德洪副馆长担任委员。二是CALIS福建省文献信息服务中心专家咨询委员会,其职能是负责对地区中心的建设、运行和服务提出建议意见,审核省中心建设项目的进度和质量,为协调委员会或管理委员会提供技术咨询意见。该委员会设主任1人、副主任1人、委员7人,我馆陈明光馆长担任主任。三是CALIS福建省文献信息服务中心管理委员会,其职能是具体负责中心的建设实施和日常运行管理工作,是项目建设的职能机构和执行机构。该委员会设主任1人、副主任3人、委员12人,我校孙世刚副校长担任主任,我馆陈明光馆长、萧德洪副馆长担任副主任,陈小慧副馆长担任委员并兼任办公室主任。

7月4—8日,由厦门大学图书馆和斯坦福大学图书馆联合主办的"2005年数字图书馆前沿问题高级研讨班"在厦门国家会计学院召开。此次会议围绕数字图书馆的理论与实践问题,邀请国内外近10名图书馆学专家授课,近200位来自全国的图书馆相关人士参加培训。

7月6—10日,我馆举办"数字图书馆资源存储与服务系统国际研讨会",国内外知名图书情报及信息技术专家、CALIS中心领导、CALIS数字图书馆基地(22家)承建馆的信息技术部主任及技术骨干约50人参加会议。

7月8日,图书馆公布《2004至2005学年图书馆考核评优结果的公告》,徐荻蕙、钟建法、吴彩红、殷玲、郑贵榕、马鲁伟、李育红、曾惠颖、吴成、刘丹、郑燕华、陈琼华、江湍、应巧兰、郑雅华、张爱武、谢传杰、周建昌、何映菊、陈全松、陈丽娟、曾晟、李显辉、戴鹭涛、唐希文、陈华全等26人年度考核为"优秀"。

7月15日,按照中央、省委和学校的统一部署,图书馆成立党总支保持共产党员先进性教育活动领导机构:(1)领导小组:由刘希平、萧德洪、苏海潮、向毓轩、戴鹭涛、陈滨、钟建法、麦林等8人组成,刘希平任组长。(2)宣传小组:由陈滨、刘心舜、吴彩红等 3 人组成，陈滨任组长。(3)徐荻蕙任联络员。通过积极开展保持共产党员先进性教育活动，不断提升职工的政治理论水平和业务技能。

7 月 22 日，朱崇实校长在嘉庚主楼 16 楼 3 号会议室主持召开本年第 15 次校长办公会议(厦大办纪要〔2005〕15 号)。会议研究了成立新一届图书情报委员会有关事宜，要求图书馆根据会议意见提出委员会建议名单；明确该委员会的职责是研究图书情报信息，审定各学院提出的图书购买计划；决定"985 工程"二期建设和"211 工程"建设项目用于购买图书资料(含电子文献)、数据库的经费，划归图书馆统筹，由图书馆商各单位后，报孙世刚副校长审批。

7 月，根据按需设岗、竞争上岗、双向选择、多劳多得等原则，图书馆重新设置六个级别的岗位，制定新的岗位职责、应聘条件、工作任务书，全馆员工重新聘任上岗，并在人事处的支持下，实行新的岗位津贴发放方案。

7 月，图书馆汇编《厦门大学图书馆规章制度》，分为"行政管理规章"和"业务工作制度与规则"两大部分，总计 83 项。

7 月，萧德洪副馆长赴美国伊利诺伊大学参加暑期短训班。

7—8 月，图书馆利用暑假"空闲期"，完成总馆基本书库和阅览室约 60 万册图书的调整，改变总馆原来的借阅分离格局，形成藏、借、阅一体的服务模式。调整后的总馆与漳州校区图书分馆的服务模式基本对接，顺应了漳州校区回迁的 5,000 名本科生的使用习惯。

8 月 1 日，学校公布《关于高聘萧德洪等 29 人教师以外专业技术职务的公示》，萧德洪晋升研究馆员，尤冬青晋升副研究馆员，兰晓红、林亚羡、沈冰文、蔡秀英、蔡云涌、陈颖、粘秋虹晋升助理馆员。

8 月 20 日，图书馆总馆空调安装工程竣工。

8 月 30 日，图书馆向学校呈报《图书馆经济分馆空调安装方案的报告》，经济学院会计系和会计中心搬迁至嘉庚楼群办公，拟将 20 台功率为 1～2 匹的空调移交图书馆使用，我馆计划将该批空调安装于经济分馆。该申请得到学校批准。

9 月 1 日，我馆与福建邦德图书有限公司签订协议书，委托其按要求采购中文图书，有效期自 2005 年 9 月 1 日至 2006 年 8 月 31 日。

9 月 13 日，图书馆管理系统试运行校园一卡通。

9 月 20 日，图书馆向学校呈报《图书馆党总支〈保持共产党员先进性教育活动〉学习动员阶段工作总结》。

9月21日，我馆与北京色诺芬信息服务有限公司签订《合同书》，向其采购CCER数据库系统中10个子库中2004年的数据，即价格收益数据库、财务数据库、指数数据库、基金数据库、国债数据库、兼并重组数据库、治理结构数据库、一级市场数据库、分笔成交数据库以及分时成交数据库。

9月21—24日，萧德洪副馆长赴北京参加高校图工委会议。

9月29日，图书馆党总支在接待室召开民主党派座谈会，中国民主同盟李金庆、吴成、陈江帆、张爱武，中国致公党黄丽瑾，台湾民主自治同盟罗高屏，九三学社刘丹等人士参加会议。

10月18日，图书馆党总支在一楼会议室召开党员干部民主生活会，党员干部刘希平、萧德洪、向毓轩，学校巡回检查组杨云良，以及党总支委员和各支部书记参加会议。

10月30日，全国政协副主席张克辉率全国政协委员视察团一行130多人，到我校漳州校区视察。校党委书记王豪杰，校长助理、漳州校区党工委书记兼管委会主任黄如彬等陪同视察团参观了校园和图书馆。

10月，图书馆党总支根据学校保持共产党员先进性教育活动整改提升阶段的工作部署，在广泛征求群众意见的基础上，并结合图书馆的具体情况，制定《图书馆党总支先进性教育整改方案》，认真解决在保持先进性方面存在的突出问题。

10月，思明校区图书馆总馆与漳州校区图书分馆开通委托调书服务。

11月初，根据《关于推荐福建省高校图工委读者工作专业委员会委员的通知》(闽高图秘〔2005〕012号)，我校推荐图书馆陈滨副研究馆员、戴鹭涛馆员任福建省高校图工委读者工作专业委员会委员。

11月8日，图书馆颁布《厦门大学院系和教师自购图书资料管理办法(试行)》。

11月8日，图书馆修订《厦门大学图书馆接受捐赠图书条例》。

11月15日，我馆与天津市河西区联合征订服务部签订《订刊协议》，委托其按要求采购中文期刊，有效期为2006年度期刊全部正常寄发完为止。

11月15日，我馆与厦门市邮政局信报收投局签订《厦大图书馆与邮局中刊订购协议》，委托其按要求订购中文期刊，有效期为一年，自双方签字盖章之日起生效。

11 月中旬，漳州校区图书分馆密集书库、多媒体阅览区、读者研讨室、电子显示屏、书架等设备家具均已布置完成，除复印设施之外，硬件建设已经基本完成预定计划。

11 月 21—22 日，由厦门大学、清华大学和 iGroup 公司联合主办的“图书馆和网络资源技术研讨会”在厦门大学国际学术会议中心举行，国内外相关领域专家 20 余人参加会议。

11 月 25 日，我馆分别与北京世纪在线图书销售有限公司、北京华教快捷期刊经销中心签订《订刊协议》，委托其按要求采购中文期刊，有效期为 2006 年度期刊全部正常寄发完为止。

11 月 27 日，图书馆向学校呈报《先进性教育整改提高阶段工作的初步总结》。

11 月 30 日，李建发副校长在嘉庚主楼 16 楼 3 号会议室主持召开“985 工程”和“211 工程”建设工作会议（厦大专纪要〔2005〕38 号）。会议讨论和明确了“985 工程”和“211 工程”建设过程中经费管理、仪器设备、图书馆资料购置有关问题，对“211 工程”建设验收工作进行了布置和安排。会议决定，创新平台和创新基地可动用经费的 5%（平台）、10%（基地）的比例，由学校统筹安排，用于图书资料（含数据库）的采购，由图书馆负责采购、入账。

12 月 1 日，我馆与龙海市邮政局签订《厦大图书馆与邮局中刊订购协议》，委托其按要求订购中文期刊，有效期为一年，自双方签字盖章之日起生效。

12 月 8 日，《光明日报》登载《“数字校园”建设提升厦大教学质量》的文章，详细介绍了我校数字图书馆建设的成就。

12 月 12 日，图书馆举办“德国最美图书展（2003—2004）”活动，为期一周。

12 月 19 日，福建省教育厅下发《关于公布福建省高等学校图书馆专题特色数据库建设立项项目的通知》（闽教高〔2005〕139 号），我馆曾曼玲申报的“两岸五缘关系专题数据库”获批重点项目，王慧珍申报的“厦门大学馆藏法学文献数据库”获批自筹项目。

12 月 19 日，我馆与华大数码科技有限公司签订《合同书》，委托其为漳州校区图书分馆采购一套“学生机房管理系统”及其相应服务。

12 月 20 日，厦门大学与上海联想电子有限公司签订《产品销售合同》，向其为图书馆采购联想 SF920 存储子柜 4 个，3000G 磁盘组建 14 个 4 套，VOLUMECOPY 软件 1 套，以及相应配套设备。

12 月，华南农业大学图书馆采编部副主任宛凯林等 8 人来我馆参观考察。

12 月，钟建法赴德国法兰克福参加国际书展。

12 月，向毓轩副馆长、陈小慧副馆长、周红赴台湾考察地区图书馆和出版业务。

本年在岗职工 179 人，其中硕博士 16 人，本科 108 人；另有非正式职工 22 人。图书馆馆舍面积 66,768m^2，拥有阅览室座位 5,920 个，自习室座位 500 个。本年文献资源购置费 1,954.80 万元。本年度购置图书 114,617 册，其中纸质中文 101,209 册，纸质外文 3,294 册，电子中文 10,000 册，电子外文图书 114 册；购置报刊 36,658 种 39,528 份，其中纸质中文 3,630 种 6,500 份，纸质外文 764 种 764 份，电子中文 12,264 种 12,264 份，电子外文 20,000 种 20,000 份；购置数据库 16 个；购置其他类型文献 55 册(件)。本年接收捐赠和调入文献 12,624 册，剔除、注销文献 1,020 册。从本年起，馆藏文献累计数包括电子文献数据。截至 12 月 31 日，馆藏文献资源累计 3,651,925 册(件)。本年度读者总人数 44,278 人。全年文献外借 1,670,578 册；馆际互借纸本书刊借入 897 册，借出 52 册；文献传递传入 4,088 篇，传出 1,079 篇。开设信息素养教育课，聘任教师 2 人，听课总人数 870 人。在数字化建设方面，本馆覆盖无线网络，拥有服务器 30 台、网络交换机端口 600 个、电脑 350 台。购买 16 个数据库，自建 5 个数据库，数字资源总量达 3,000GB。本年扫描加工数据 33.5 万页。

2006 年

1 月，图书馆联想 SureFibre920(16TB 光纤存储容量)及万全 R360 双核服务器安装调试完成。

2 月 21 日，图书馆向学校呈报《关于追加资助复印系统终端的报告》。拟借助“一卡通工程”建设契机，在原装备 1 套自助复印系统的基础上，追加 5 套自助复印设备。在试运行期间，采取集中和分散两种模式进行应用，4 台设备集中安装在总馆入口区邻近部位，另 2 台设备分散在总馆期刊库，以便进行服务的跟踪、比较以及调整。该申请得到学校的批准。

3月3日，根据《关于中国图书馆学会第七届图书馆交流与合作委员会组成人员的征求意见函》的要求，厦门大学推荐图书馆副馆长萧德洪研究馆员为中国图书馆学会第七届图书馆交流与合作委员会委员。

3月9日，为纪念“三八”国际妇女节，校工会举办女教职工软式排球比赛，图书馆部门工会荣获第三名。

3月10日，厦大图书馆一卡通门禁子系统图书馆部分开工建设。

3月10日，学校人事处下发《通知》，经校职员聘任委员会评审，萧德洪副馆长2005年度考核结果为优秀。

3月29日，我馆与中国图书馆学会高校分会、北京中献拓方电子制印有限公司签订《委托复制部分民国图书协议》，同意加入民国时期图书资源的复制、共享计划。

3月31日，《厦门大学报》85周年校庆专刊登载《文献资源丰富，现代气息浓厚》的文章，向全校师生介绍图书馆85年的发展历史和现状。

3月，根据《关于推荐福建省高校图工委资源建设专业委员会委员的通知》(闽高图秘〔2006〕001号)的要求，我校推荐厦门大学图书馆采访部主任钟建法副研究馆员为福建省高校图工委资源建设专业委员会委员。

4月5—14日，图书馆在总馆举办“厦门大学教师著作展”，展品主要为我校教师在“十五”期间出版的著作，总计1,270册。此次书展不仅宣传了我校教师的教学和科研成果，吸引了许多读者和校友前来参观，并获得较好的反响，也吸引更多的教师和校友参与“厦大文库”的建设。

4月5—25日，图书馆在总馆举办“联合国教科文组织世界文化遗产莱茵河中下游河谷摄影展”。该展览由中国人民对外友好协会、厦门大学、德国莱法州和黑森州、歌德学院北京分院以及厦门市对外友好协会联合主办，51幅大型展板生动展示了莱茵河中下游河谷的美丽风光。9日，该摄影展正式开幕，中国人民对外友好协会会长陈晓明、德国莱法州国务秘书罗德兰·海特尔，厦门市詹沧洲副市长和厦门大学张颖副校长等到场致辞和剪彩。该摄影展吸引了大量观众，一些市民专程来馆参观，加强了对外沟通，增进了国际友谊与合作。

4月18日，图书馆向学校呈报《图书馆党总支2003—2005年关于发展党员的自查报告》。根据学校《关于开展发展党员工作检查的通知》的文件要求，党总支认真贯彻《中国共产党章程》，对照《中国共产党发展党员工作细则》，对2003

年以来总支发展党员工作进行了认真的自查。

4月20—22日，全球“八校联盟”第二次行政工作会议在美国西雅图华盛顿大学举行，我校国际处处长毛通文、财务处副处长廖青和图书馆副馆长萧德洪代表我校参加会议。

4月30日，厦门大学“十五”“211工程”子项目“数字图书馆资源存储服务系统”竣工，顺利通过学校验收。项目建设小组由陈明光、刘希平、萧德洪、刘海伟、林俊伟、黄国凡、郑道建、徐荻蕙、蔡智强等9人组成，陈明光任组长。

4月30日，为进一步促进退休党员工作的开展，图书馆党总支成立退休党员党支部，并由支部党员大会选举产生支部委员会，孙晋华任书记，王忠俊任组织委员，朱立文任宣传委员。

4月，为适应不断增长的公共服务需求及图书馆建设目标的要求，建立有效的激励和约束机制，充分调动受聘者的积极性、创造性和进取精神，不断提高业务能力和服务水平，学校修订《图书资料系列专业技术人员岗位聘任条件及津贴试行方案》。

4月，图书馆举办“‘十五’期间厦门大学教师著作展”。

5月19日，厦门大学第二届“走近艺术”美术作品展在漳州校区图书分馆拉开帷幕，展出作品近500件，以2004、2005级美术系学生创作的作品为主。

5月23日，图书馆公示2005—2006年度考核优秀者和2003—2006年聘期考核优秀者名单。经图书馆聘任委员会讨论决定，徐敏、王榕、林萍芳、周红、杨巧云、邱慧星、曾惠颖、张智玲、姜小民、陈晓亮、谢明诠、尤慧玲、林俊伟、肖铮、林振锋、叶素莲、陈玉青、高秀闽、罗高屏、向琳艳、龚晓婷、朱巧青、陈丽娟、蔡智强、戴鹭涛、郑东锋等26人年度考核为“优秀”，王明理、张育梅、向毓轩、李育红、邱晓君、应巧兰、陈华全、陈全松、林俊伟、林振锋、林萍芳、罗高屏、周红、郑东锋、郑贵榕、钟建法、唐希文、曾惠颖、谢明诠、蔡智强、戴鹭涛等21人聘期考核为“优秀”。

5月30日，厦门大学一卡通门禁子系统图书馆部分竣工并投入使用。

5月31日，图书馆向学校呈报《关于调整东部分馆服务模式配套事宜的申请报告》，主要涉及三个事项：第一，为调整馆舍布局，需要增添七层双面书架58架、期刊架6顶、新书通告宣传栏4个、书车4个、检索电脑4台，总经费约8.39万元。第二，为缓解座位紧张状况，拟准将东部分馆对面的201和202教室改为专用阅览室，原则上保留建筑原样和桌椅。第三，拟聘用14名学生勤工助学岗位。该申请得到学校的批准。

6月1日，图书馆总馆试运行自助复印系统。

6月1日，为保护图书资产安全，图书馆修订《图书馆借阅证办理须知》。

6月8日，《厦门大学报》迎接"十五""211工程"建设项目验收专刊，登载图书馆建设的数字图书馆资源存储服务系统项目成果。

6月19—22日，向毓轩副馆长赴华侨大学参加"福建省高校图书馆读者工作2006年学术研讨会"。

6月26日，我馆向CASHL管理中心申请成立中国高校人文社会科学文献"学科中心"。

6月30日，由于总馆自助复印系统已经开始运行，原有经营性复印点租赁合同终止。

6月，图书馆调整思明校区东部分馆服务模式。为更好地满足东部学生公寓对图书资料及其借阅方便的需要，图书馆采取下列新的服务措施：(1)充实分馆馆藏。海韵校区投入使用后，厦门大学图书馆已经应学生公寓读者对象的变化调整了相应的学科馆藏，本学年已入藏新书近6,000册，近期又从总馆抽调近7,000册计算机及通信类的图书入藏；从下半年起增订近50种期刊，充实计算机及数学等相关学科馆藏。(2)开展图书通还业务。凡总馆及各直属分馆所借图书，均可在东部分馆办理还书手续。(3)维持本科生(三、四年级)借阅东部分馆藏书借期不变的基础上，开通续借服务，续借七天；研究生借期不变。

7月1日，《厦门大学报》"七一"专刊登载《厦门大学2006年获上级党组织表彰的先进基层党组织和先进个人》，图书馆漳州校区图书分馆党支部荣获福建省委教育工委授予的"福建省高校先进基层党组织"称号。

7月5日，厦门大学第二十一次工会会员代表大会隆重召开，图书馆王明理、吴兵、应巧兰、张育梅、陈全松、陈滨、周建昌、谢明诠等人作为第一代表团代表参加大会。

7月5日，图书馆向学校呈报《关于将学生公寓教学楼的2间教室改为阅览室的申请报告》。根据此前校领导的批示，敦请学校相关部门将学生公寓教学楼201和202教室改为阅览室。由于上课教室已经十分紧张，经多部门协商，公寓教学楼201和202室兼做上课教室和图书阅览室。

7 月 10 日，陈明光馆长在总馆一楼会议室主持召开图书馆聘任委员会工作会议，刘希平、萧德洪、向毓轩、陈小慧、陈滨、苏海潮、陈江帆、刘海伟等委员出席会议，讨论各部门的岗位设定问题。

7 月 10 日，美国俄亥俄大学华侨华人文献中心主任、我校校友郑力人博士来访并作报告。

7 月 11 日，陈明光馆长在总馆一楼会议室主持召开馆长办公会，刘希平、萧德洪、向毓轩、陈小慧、陈滨、苏海潮等人出席会议(厦大图纪要〔2006〕01 号)。会议主要研究“2005—2006 学年个人服务奖与集体奖的评定”，决定授予 26 人“个人服务奖”：许妙娟、尤冬青、郑道建、陈颖、苏素尽、邵碧珠、罗萍平、董爱萍、卜卫兵、黄美芳、张秋萍、邵洪婷、李春燕、邹晓霞、郑雅华、康凌、胡丹、蔡茂宇、江东英、李景云、王淑琴、成健、张育芬、张云丽、王上进、王凤英；授予 5 项“集体项目奖”：厦大教师著作展项目(负责人陈小慧)，总还书处服务奖(流通部，负责人邱晓君、罗萍平)，馆际互借服务奖(参考咨询部，主要成员陈华全、杨薇、赖寿康)，漳州校区多媒体服务区建设项目(主要成员王明理、郑东锋、向毓轩等)，“211 工程”设备安装项目(主要成员刘海伟、林俊伟、江湍等)；授予 4 名“优秀党员”称号：苏海潮、王明理、林萍芳、谢明诠。

7 月 12 日，根据学校《关于开展专题组织生活会的通知》(厦大委组〔2006〕8 号)的精神，图书馆党总支组织全体党员召开专题组织生活会，集中学习《胡锦涛总书记在庆祝中国共产党成立 85 周年暨总结保持共产党员先进性教育活动大会上的重要讲话》和中共中央办公厅印发的保持党员先进性长效机制的四个文件。

7 月 13 日，厦门大学致厦门市侨务办公室《厦门大学关于办理接受萨支唐教授赠送书刊有关手续的函》(厦大综〔2006〕69 号)、致厦门市海关《厦门大学关于办理萨支唐教授赠送书刊有关手续的函》(厦大综〔2006〕70 号)，申请办理著名旅美物理学家萨支唐教授向我校图书馆无偿捐赠的书刊资料的相关手续。这批书刊资料总计 200 余箱，将多批次运抵厦门；主要包括专业图书、期刊以及硕博士论文资料，对于丰富厦门大学图书馆馆藏建设和提高厦门大学教学科研水平意义重大。

8 月 16—18 日，萧德洪、黄国凡、肖铮、江湍、麦林、陈和、洪辉、郑东锋、马鲁伟、陈晓亮、兰晓红、杨薇、林丽敏、林霞等人赴北京参加清华大学图书馆举办的

“2006 年数字图书馆前沿问题高级研讨班”。

8 月 20—23 日，澳大利亚昆士兰大学工程与物理图书馆馆长 Grace Saw 来访我馆。

8 月 21—27 日，应香港城市大学图书馆景祥祜馆长邀请，图书馆 14 名业务骨干前往香港城市大学、香港科技大学、香港理工大学、香港中文大学、香港大学考察调研。

8 月 23—27 日，台湾大学图书馆林光美副馆长、王夏维建筑师，高雄大学黄世孟教授来访调研，并于 24 日在嘉庚 3 号楼 220 室面向建筑学院师生开办讲座。

9 月 14 日，陈明光馆长在总馆一楼会议室主持召开部主任会议，馆领导和各部室主任出席会议，讨论本学期的工作要点。

9 月 19 日，陈明光馆长在总馆一楼会议室主持召开馆长办公会，刘希平、萧德洪、向毓轩、陈小慧、陈滨、苏海潮等办公会成员参加会议。会议主要决定：(1)从法学分馆将政治类图书调入文史分馆或保存本库，以完成法学架位的调整。(2)除古籍室和保存本书库外，总馆其他阅览室均改为可以带包入内。

9 月 23 号，复办厦门大学国学研究院专题工作会议在嘉庚主楼 16 楼 3 号会议室召开，汪毅夫副省长，朱崇实校长，李建发副校长，学校办公室、社科处、图书馆、人文学院、学报（哲社版）等单位负责人参加会议。会议指出，复办厦门大学国学研究院的 1,000 万元启动费应高效使用，其中 400 万元用于购买国学研究最需要的图书，另外 600 万元作为国学院的科研、运转经费。

9 月 26 日，CALIS 发布《关于对“十五”CALIS 项目建设做出突出贡献的单位和个人进行表彰奖励的通知》，我馆荣获“省中心建设奖”一等奖、“文献传递服务奖”一等奖以及“特别贡献奖”。

9 月 28 日，李建发副校长在嘉庚主楼 16 楼 3 号会议室主持召开有关复办厦门大学国学研究院的第二次专题工作会议（厦大专纪要〔2006〕20 号），就时间安排、筹备工作及今后国学研究院的运作设想等问题进行讨论研究。图书馆负责收集与国学相关的资料和历史成果，并进行布展。

9 月 28 日，图书馆向学校呈报《厦门大学“985 工程”二期建设项目 2006 年年度任务书》，即“公共资源保障与服务支撑体系（数字图书馆）”2006 年建设目标。

9 月 28 日，图书馆向学校呈报《将总馆休闲区阳台改造为小研讨室的报告》。为满足师生日益增长的"小型研究讨论"的需求，图书馆按照朱崇实校长的建议，拟将总馆休闲区现有的露天阳台改造为数间小型研讨室，申请学校委托设计和安排工程预算，以便开展下一步工作。学校批准该申请，但工程规模宜小不宜大。

10 月 11—13 日，陈小慧副馆长赴辽宁大连理工大学参加"2006 年华东地区教育部直属高校图书馆馆长会议"。

10 月 15 日，学校印发《关于成立文献集中采购委员会和文献招标评标小组的通知》(厦大办〔2006〕38 号)，决定成立文献集中采购委员会和文献招标评标小组。文献集中采购委员会由陈明光、何元赞、曾云声、吴爱仙、刘希平等 5 人组成，陈明光任主任。文献招标评标小组由何元赞、吴爱仙、萧德洪、陈小慧、钟建法、周红以及临时聘请校内专家 1 名等 7 人组成，陈小慧任组长。

10 月 17—19 日，图书馆举办"2006 俄罗斯年 · 俄罗斯邮票展览"。该展览由厦门市邮政局主办，展出我校海洋与环境学院教授、集邮专家何大仁先生收藏的邮票。

10 月 20 日，图书馆在总馆一楼会议室举行"厦门大学图书馆中文图书代理商资格招投标会"，集美大学图书馆刘奎波馆长，厦门大学监察处何元赞副处长，资产与后勤事务管理处吴爱仙科长，图书馆萧德洪副馆长、陈小慧副馆长、钟建法主任、周红副主任等评标小组成员参加会议。经综合评议，专业性图书供应商确定为厦门对外图书交流中心、厦门晓风图书文化有限公司，折扣率均为 80%。综合性图书供应商为北京世纪金典图书有限公司、武汉三新书业有限公司、北京人天书店有限公司、北京图书大厦网络技术有限公司，平均折扣率为 77.8%。这是图书馆首次实行中文图书招标采购，不仅使文献资源的购置更加透明、规范，也能进一步提升购置经费的使用效率。

10 月 25—27 日，王爽、刘心舜赴上海参加复旦大学图书馆举办的"CALIS '高校教学参考信息管理与服务系统'软件试点培训班"。

10 月 30 日，我馆与北京世纪金典图书有限公司签订《中文图书采购代理商采购合同》，委托其按要求采购中文图书，有效期为 2006 年 11 月 1 日—2007 年 11 月 1 日。

10 月 30 日—11 月 2 日，我馆与武夷学院图书馆承办的"中国图书馆学会第三届青年学术论坛”在武夷山举行，会议主题为“在创新中成长”，并开创性地采用“网络直播”的形式办会。

10 月 31 日，学校印发《厦门大学关于“公共资源保障与服务支撑体系(图书馆)”2006 年建设任务书的批复》(厦大重办〔2006〕34 号)，原则上同意图书馆所报“985 工程”二期建设项目的 2006 年建设目标和建设内容，批准投入建设资金 350 万元，其中业务费 20 万元、设备购置费 330 万元。

10 月，图书馆制定《厦门大学图书馆文献集中采购规则》。

10 月，图书馆荣获厦门大学“老年体育工作先进单位”。

11 月 2 日，我馆分别与北京图书大厦网络技术有限公司、厦门对外图书交流中心、厦门晓风图书文化有限公司签订《中文图书采购代理商采购合同》，委托其按要求采购中文图书，有效期自 2006 年 11 月 1 日—2007 年 11 月 1 日。

11 月 9 日，我馆与武汉三新书业有限公司签订《中文图书采购代理商采购合同》，委托其按要求采购中文图书，有效期为 2006 年 11 月 1 日—2007 年 11 月 1 日。

11 月 10 日，我馆与北京人天书店有限公司签订《中文图书采购代理商采购合同》，委托其按要求采购中文图书，有效期为 2006 年 11 月 1 日—2007 年 11 月 1 日。

11 月 20 日，图书馆向学校呈报《关于图书馆党总支设置党支部及支委分工情况的报告》。由于今年馆内工作岗位变动较大，同时各支委任期届满，图书馆党总支决定将原来的 4 个党支部重新划分为 6 个党支部。新组建的党支部分别召开党员大会，严格按照支部工作程序选举产生支委会，各支委会进行明确分工。经党总支部委员会审议确定，6 个支部委员会组成分别为第一支部：采访部、编目部、参考咨询部共计党员 13 名，支部书记钟建法，组织委员吴彩红，宣传委员王上进；第二支部：阅览部、法学分馆、东部分馆共计党员 11 名，支部书记谢明诠，组织委员刘心舜，宣传委员向琳艳；第三支部：流通部、报刊部、文史分馆、经济分馆共计党员 13 名，支部书记戴鹭涛，组织委员麦林，宣传委员林奕纯；第四支部：漳州分馆共计党员 11 人，支部书记王明理，组织委员王凤英，宣传委员陈丽娟；第五支部：办公室、技术部共计党员 9 人，支部书记苏海潮，组织委员肖铮，宣传委员林俊伟；第六支部：退休党员总计 17 人，支部书记孙晋华，组织委员王忠俊，宣传委员朱立文。

11 月 24 日，图书馆举办的“走进厦大图书馆”主题参观活动正式启动，首批来自各院系的 13 位同学参观了采访部、编目部、参考咨询部、信息技术部等部门，并与萧德洪副馆长进行座谈，对图书馆工作提出意见和建议。

11 月，图书馆正式启动学生勤工助学岗位。

12 月 2 日，厦门大学第十三届教职工运动会在演武体育场圆满闭幕，图书馆代表队荣获教工组团体总分第二名。

12 月 4—7 日，陈小慧副馆长赴福建莆田参加“福建省高校图书馆文献采访工作 2006 年学术研讨会暨附属高校图工委资源建设专业委员会第一次会议”。

12 月 11—12 日，香港城市大学图书馆景祥祜馆长到访我馆，并在图书馆总馆五楼报告厅作题为“图书馆联盟采购 Netlibrary 电子书的经济议题初探”的学术报告。

12 月 13 日，厦门大学与 CALIS 管理中心签署《CALIS 集团采购委托协议》，委托其代为谈判并采购国外引进数据库。

12 月 18 日，图书馆向学校呈报《关于图书馆与物业公司续签合同的请示报告》，拟与厦门世纪桃源股份有限公司续签三年物业管理合同。该申请得到学校批准。

12 月 22 日，厦门大学举行国学院揭牌仪式。在国学院复办过程中，图书馆负责“厦门大学国学研究院史迹展”的布展工作。

12 月 25 日，中国高校人文社会科学文献中心(CASHL)授予我馆“东南亚、台湾研究文献学科中心”，为全国高校同行提供相关的文献服务。

12 月 31 日，我馆与以色列艾利贝斯有限公司北京代表处签订《软件许可、服务和支持协议》，向其购买 SFX 软件系统及其服务。

2006 年，图书馆成立并推广以项目、岗位目标和个人兴趣相结合的工作组，并将继续教育与年度项目评优纳入其中。以泛技术工作组、学科参考馆员例会、读者工作委员会、宣传企划组等 4 个主要的跨部门团队为主，让广大馆员在业务多样化和工作内容多样化的环境中深入开展工作，并形成浓厚的学习氛围。

2006 年在岗职工 182 人，其中硕博士 18 人，本科 132 人；另有非正式职工 11 人。本年文献资源购置费 2,098.05 万元。本年度购置图书 97,282 册，其中纸本中文 89,135 册，纸本外文 7,319 册，中文电子 628 册，外文电子 200 册；购置报刊 54,754 种 550,328 份，其中纸本中文 4,668 种 6,954 份，纸本外文 752

种 752 份，中文电子 13,420 种 174,795 份，外文电子 35,914 种 367,827 份；购置数据库 51 个；购买其他类型文献 5,073 册(件)。本年调入文献 13,189 册，剔除文献 11,779 册。截至 12 月 31 日，馆藏文献资源累计 3,826,838 册(件)。本年度读者总人数 51,553 人。全年文献外借 2,157,196 册；馆际互借纸本书刊借入 1,109 册，借出 305 册；文献传递传入 2,956 篇，传出 2,984 篇。开设信息素养教育课，聘任教师 2 人，听课总人数 856 人。在数字化建设方面，本馆覆盖无线网络，拥有服务器 40 台，网络交换机端口 600 个，电脑 350 台，储存容量达 40,000GB。购买 51 个数据库，自建 7 个数据库，数字资源总量达 3,100GB。本年扫描加工数据 31 万页。

2007 年

1 月 1 日，我馆与厦门世纪桃源股份有限公司签订《厦门大学图书馆物业管理服务合同》，委托其对总馆、经济分馆、文史分馆实行物业管理，服务管理期限为 3 年。

1 月 1 日，图书馆颁布《厦门大学图书馆请假制度的规定》(〔2007〕厦大图 1 号)。

1 月 5 日，厦门大学第一次妇女代表大会在化学报告厅隆重召开，图书馆李红、吴兵、陈小慧、林丽敏等人作为第四代表团代表参加大会。

1 月 8 日，我馆与厦门新中新华捷软件技术有限公司签订《厦门大学图书馆自助复印查询统计系统项目协议书》，向其采购图书馆自助复印查询统计系统。

1 月 10 日，美国密歇根大学数字图书馆项目(University of Michigan Digital Library Production Service)OAIster 成功地对厦门大学学术典藏库(XMU IR)进行第一次元数据收割，我校被正式纳入其数据提供成员(DP)。

1 月 12 日，图书馆向学校呈报《图书馆 2006 年财务自查报告》。根据厦大综〔2006〕144 号文件精神，图书馆成立自查小组，对图书馆的财务管理、财务支出、收费管理等相关财务情况进行了认真细致的自查，并无违背财务制度的问题。自查小组由馆长陈明光，党总支纪检委员戴鹭涛，工会主席陈滨，财务主办徐荻蕙，流通总台业务主管邵碧珠等 5 人组成。

1 月 15 日，图书馆向学校呈报《捐书倡议书》。建议学校在全校倡议捐赠图书期刊活动，以支援我校对口帮扶的贵州师范大学和龙岩学院的文献资源建设。学校批准以“厦门大学办公室”的名义开展募捐活动。

1月27日，为贯彻落实厦门市委关于加强建设社会主义新农村的要求，促进城乡妇女共谋发展、共享和谐、共同进步，我馆与厦门市同安区竹坝农场上寮村签订《“巾帼文明岗”与村妇代会结对协议书》，积极开展帮扶活动，为农村妇女解决生产生活中的困难。

2月1日，陈明光馆长、萧德洪副馆长在厦门鼓浪屿参加“全国高校图工委2007藏书建设研究计划会议”。

2月1日，厦门大学与江苏汇文软件有限公司签订《汇文文献信息服务系统软件供货合同》，向其为图书馆采购汇文文献信息服务系统软件V3.0产品1套，包括采访、编目、典藏、流通、流通业务管理、异地委托借阅管理、阅览记到、期刊、统计、系统管理、OPAC模块。

2月，图书馆利用寒假“空闲期”将管理系统从原用的ILASⅡ系统更换为汇文Libsys 3.0系统，并安排新系统的培训工作，确保新学期图书馆内部业务和读者服务工作的正常运行。

3月7日，根据学校印发的《关于开展全校资产清查工作的通知》(厦大资产〔2007〕4号)的精神，图书馆成立清产核资工作小组，对图书馆设备及全校图书资料进行全面清查。工作小组由王明理、刘希平、向毓轩、陈小慧、陈明光、苏海潮、郑道建、徐获蕙、黄国凡、萧德洪、蔡智强、吴彩红等12人组成，陈明光任组长，刘希平、徐获蕙任副组长。

3月9日，张颖副校长在嘉庚主楼16楼3号会议室主持召开关于附属中山医院临床教师共享校内网络、图书资源专题会议，人事处、科技处、图书馆、信息与网络中心、医学院、附属中山医院等单位的负责人参加会议(厦大专纪要〔2007〕10号)。关于图书资料的共享，会议决议：第一，由图书馆举办关于使用医学类图书资料、文献资源数据库的讲座，培训医学院和附属医院的临床教师，加强对现有资源的了解和利用。第二，由医学院和附属中山医院确定所需使用的临床医学类外文图书和期刊的书目，图书馆在条件允许的情况下，尽可能购置。第三，关于临床医学类文献数据库购置经费的安排，参照其他学科的做法。

3月13日，刘希平书记在总馆一楼会议室主持召开资产清查工作专题会议，馆领导和各部室主任出席会议。漳州校区图书分馆有部分图书属于嘉庚学院，会议强调在清查过程中要分清财产来源。

3月19日，由校工会和校妇委会主办的“庆祝‘三八’妇女节女教职工软式排球赛”在东苑排球场落下帷幕，图书馆代表队荣获第三名。

3月29日，由我校企业管理系1999级校友文冰捐赠的直饮水设备在总馆投入使用。该套设备由6台净水机、29台管线直饮水机组成，价值15万余元。

3—7月，图书馆对全校图书资料进行资产清查，查得账面数达3,691,350本，金额106,370,190.88元。此次清查共盘盈图书50,570本，金额9,920,611.27元，主要来源于文科专款和接受捐赠部分。

4月3日，厦门大学·贵州师范大学对口支援工作例会在我校召开，贵州师范大学图书馆张伟云馆长随团前来落实两校图书馆对口交流事宜。

4月6日，我馆与贵州师范大学图书馆签订事务合作备忘录，开展两馆之间的馆际合作项目。

4月12—13日，陈明光馆长与王亚南经济研究院院长助理赖小琼、陈国进，人文学院历史系副主任钞晓鸿等4人应邀赴香港城市大学，出席2007年OAPS颁奖典礼和第四届OAPS发展会议，并商谈我校加入OAPS项目的有关事宜。

4月13日，《厦门大学报》登载题为《校园网图书资源为附属医院临床学科发展助力》的文章，介绍近期厦门大学数字图书馆网络资源对附属中山医院开放后的重要意义。

4月17—21日，向毓轩副馆长带领福建省高校图工委读者工作专业委员会一行17人，赴杭州市参加“闽浙高校图书馆读者工作交流会”。

4月18日，图书馆“全国巾帼文明岗”揭牌仪式隆重举行。图书馆不仅是我校，也是厦门地区高校的第一家全国级“巾帼文明岗”。

4月20日，马来西亚华工会总会长、马来西亚房屋与地方政府部长黄家定先生一行到访我校漳州校区，并在校区领导黄如彬等人的陪同下参观漳州校区图书分馆。

4月21—22日，我馆举办“LIB 2.07：Web 2.0与信息服务年会”，来自海峡两岸的图书馆人共120余人共同讨论Web 2.0与Lib 2.07。

4月22日，厦门大学“出版杯”教工篮球赛顺利闭幕，图书馆男子篮球队勇夺冠军。

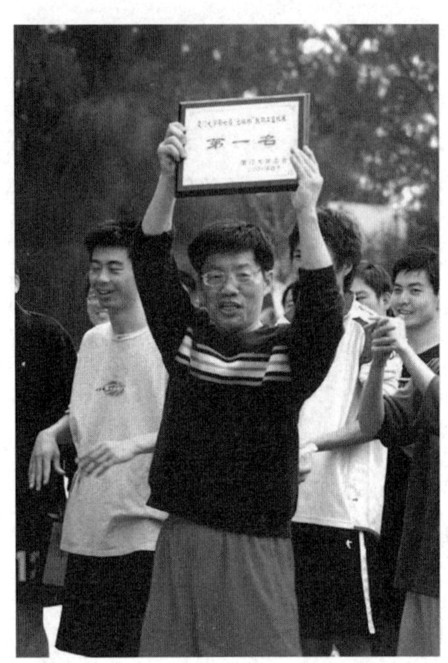

图 17　图书馆荣获“出版杯”教工篮球赛冠军(陈明光馆长)

5 月 11—15 日,我馆与香港大学图书馆联合举办“第五届图书馆领导研修班(The 5th Annual Library Leadership Institute)”,来自中国大陆、香港、澳门、台湾以及新加坡等地的 50 余位图书馆员参加为期 5 天的培训。

5 月 21 日,苏州大学图书馆金问涛副馆长一行 8 人到访我馆,并就数字图书馆建设等业务开展交流。

5 月 31 日,美国驻广州领事馆新闻文化处代领事 Brian Ferinden 与厦门大学美国史研究所的相关学者座谈,并参观了我校图书馆,表示非常愿意在信息和书籍资源方面提供支持和帮助。

6 月 25 日,由厦门市委宣传部和市社科联主办的“鹭江讲坛”在我校图书馆总馆五楼南强学术报告厅开讲,首场讲座由厦门闽南文化研究会常务副会长、我校兼职教授陈耕研究员作题为“非物质文化遗产保护与文化生态保护——以闽南文化生态圈为例”的讲座。“鹭江讲坛”是由市委宣传部和市社科联于 2006 年开办的社科宣传阵地,我校图书馆是今年新获批的 24 个举办地之一。

6 月 25 日,漳州校区图书分馆和博学学生工作站在校区图书馆一楼会议室联合举办 2007 年“文明诚信监督岗”共建活动总结座谈会。

上半年,图书馆组织学科参考馆员对中、外文纸本期刊开展深入的读者需求调研，决定于 2008 年对本馆纸本中文期刊配置进行大幅度的调整，以节省文献经费开支，缓解过刊库的库存压力。

7 月 3 日，馆长办公会议决成立新部门“回溯组”，共设 8 人，组长从编目内部选定，其他人员由各部缩编人员及漳州校区图书分馆调整人员组成，其中阅览部 2 人、采访部 1 人、编目部 1 人、报刊部 1 人、漳州校区图书分馆 2 人。回溯组设三级岗位 1 人，其余均为四级岗位。

7 月 4 日上午，教育部评估专家组在陈国凤副校长、陈明光馆长以及基建处工作人员的陪同下，对本部图书馆扩建项目进行实地考察。4 日下午，在嘉庚主楼 16 楼会议室召开图书馆扩建项目可行性研究报告评估会，陈国凤副校长、基建处和财务处工作人员、图书馆扩建项目设计人员出席会议。会议上，评估专家听取设计人员对图书馆扩建工程基本情况汇报后，从项目建设的必要性、项目选址分析、规划条件、建筑设计构想、进度计划安排、项目投资估算、资金筹措及风险、项目建设效益等方面对我校图书馆扩建项目的可行性研究报告进行评估，给出了“符合学校发展规划、建筑构想适应周围环境、资金风险较低、整个基础方案可行”的评估结果，原则上通过该建设项目，并提出进一步修改和完善的意见。此次评估是教育部规范和完善部属高校基本建设前期工作管理后，首次对我校的新建项目进行评估。

7 月 5 日，图书馆向学校呈报《图书馆补充流通阅览家具的专项经费申请报告》。图书馆拟于暑假期间进行藏书空间的局部调整，各部门需要补充数额不等的书架、书车、光盘架、光盘柜、书梯、书立、办公桌椅等家具设备，总预算约 222,330 元。该申请得到学校批准。

7 月 6 日，图书馆公示《2007 年度与聘期考核优秀者名单》。经图书馆聘任委员会讨论评议，郑雅真、陈迎欣、殷玲、尤冬青、郑道建、应巧兰、杨薇、林奕纯、袁晓琴、蔡云涌、吕联钟、杨小利、邵剑彬、张云丽、林霞、刘心舜、林丽敏、洪霞、韩冬丽、苏素尽、林俊伟、洪丹萍、胡友斌、李娇蓉、洪婷瑜、戴鹭涛、董爱萍等 27 人年度考核为“优秀”，李显辉、殷玲、陈丽娟等 3 人聘期考核为“优秀”。

7 月 6 日，《厦门大学报》登载题为《图书馆正式引进 Wind（万得）金融证券数据》的报道，向全校师生介绍该数据库的基本情况。

7 月 9 日，图书馆对全校图书资料的清查工作结束，经办人徐荻蕙、戴鹭涛、吴彩红签订《2007 资产清查备忘录》。

7 月 18 日，我馆与香港大学图书馆签订馆际互借合作协议。

7 月 27 日，《厦门大学报》登载题为《我校图书馆助力创办乡村图书馆》的文章，介绍图书馆援建湖南屈原乡村图书馆的过程及其馆藏情况。

7 月，图书馆颁布《厦门大学图书馆接受捐赠图书条例》。

8 月 6—7 日，“中国图书馆学会 2007 年会”在兰州召开，我馆工作团队通过“厦门大学图书馆网志中心”提供网络直播。

8 月 13—16 日，“第四届数字图书馆前沿问题研讨班”在广西桂林举行，我馆工作团队通过“厦门大学图书馆网志中心”提供网络直播。

8 月 25 日，学校印发《关于刘梅等同志职务任免的通知》(厦大委组〔2007〕24 号)，陈滨任中共厦门大学图书馆总支部委员会书记。

9 月 11 日，图书馆向学校呈报《关于图书馆扩建设计中有关内部功能调整设计的请求报告》。总馆扩建方案涉及馆内原空间功能布局的调整，提出以下建议：(1)为收纳化学资料室即将归并的藏书，拟将现位于北面的采访部和内庭的多媒体中心迁移腾空，并进行适当的空间改造。(2)采访部拟迁至西南角，与现办公区域相邻。(3)在卫生间迁移改造的基础上，拟在扩建部分增设一套卫生

图 18　图书馆一楼多媒体中心

间,以方便读者就近使用。(4)多媒体中心拟迁至新扩建部分的三层。(5)更换1987年安装的电梯,另在八层书库区东面加设2部电梯。

9月17日,“旧书回溯小组”正式成立。总馆保存本书库藏有民国时期和五六十年代出版的中外文图书十几万册,由于采用杜威十进码分类,书目尚未回溯到图书馆系统,公共查询系统无法检索,极大地影响读者的借阅和图书馆馆藏的统计工作。因此,图书馆成立旧书回溯小组,对这部分较为珍贵的旧书进行大规模地回溯,并对中文图书进行保护性的装订。

9月24日,《厦门大学报》登载题为《献优质服务,展巾帼风采——记图书馆“巾帼文明岗”》的文章,向全校师生介绍图书馆女职工的先进事迹。

9月24日,我馆与厦门华厦职业学院图书馆达成馆际互借服务协议,继续支持民办高校的教育事业。

9月26—28日,中共厦门大学第九次代表大会隆重召开,图书馆王明理、刘希平、陈滨、徐荻蕙、戴鹭涛等5人作为第二代表团代表参加会议。

10月11—12日,陈滨书记、赖寿康赴北京参加国家图书馆主办的“全国馆际互借与文献传递研讨会”,共同对近年来馆际互借与文献传递工作进行了梳理和总结,并探讨数字时代馆际互借与文献传递业务发展中的理论与实践问题。

10月11—15日,萧德洪副馆长赴福建武夷山参加福建省图书馆学会主办的“闽粤港图书馆学(协)会2007年学术年会”,并作题为《学术图书馆网络化的边界》的专题报告。

10月17日,图书馆向学校呈报《图书馆有关高聘资格认定的情况说明与建议》。针对本年度职务高聘工作中有关资格认定的问题,向学校汇报三种较为特殊的情况:第一,关于流动编制转聘用制人员的履职年限计算问题。2001年,黄映玉、郑东锋、林丽敏、邵洪婷以“流动编制”入馆工作,由于实行特殊政策,尽管履行助理馆员的工作职责,但在待遇和职务认定上与正式编制人员不相一致。2003年,图书馆实行聘用制度,此4人转制并给予确定助理馆员职务。图书馆聘任委员会建议将4人“流动编制”的2年时间累计到助理馆员的任职年限中,从而符合此次高聘的年限规定要求。第二,关于学历是否计算毕业年限问题。以往职称评定在中级以上不论学历高低,统一确定任现职5年以上方可申请上一级职务;2003年实行聘用制后,各级职务的聘任对不同学历有不同的任职年限要求。学校的文件对在职获得学历者申请高聘的任职年限没有明文规定,近几年人事处资格复审时实行低学历期间同级任职年限折算的办法，具体折算办法也未形成明文规定，以致在政策理解上出现较大分歧。因此，图书馆聘任委员会建议适当考虑这代人的历史背景，以调动专业技术人员的劳动积极性和创造性，调动参加继续教育的积极性，参考"打折"的方法，在申请具备其他条件的情况下，对取得本科文凭之前所担任馆员的年限给予折算。第三，关于不同系列任职年限可否累计问题。助理馆员何映菊于1991年已经评定为中教二级，图书馆聘任委员会认为根据学校有关文件，建议其中教二级的任职年限累计到高聘相应职务所要求的任职年限中。

10月18日，图书馆在二楼会议室召开读者工作委员会工作会议，陈明光馆长、萧德洪副馆长、陈滨书记、各部门主任以及读者工作委员会委员参加会议，研讨汇文系统使用、书库管理、读者教育与培训、"读者宣传月"安排等问题。

10月20日，厦门市文明办、厦门市新闻出版局及厦门日报社联合授予我馆"情系农家，传播文化"的锦旗。厦门日报社发起在厦门市岛外4个区的农村捐建8个"农家书屋"的倡议，我馆积极响应，捐赠12个书架，并派出15人次的党员将社会各界捐赠的3万册图书进行分类整理上架。厦门日报社还聘请我馆4个党支部的馆员为"爱心辅导员"，在周末到农家书屋帮助分编图书，培训图书管理员，辅助当地百姓开展读书活动等。

10月21日，厦门大学第十七届游泳运动会顺利闭幕，图书馆荣获团体总分第一名。

10月23日，新加坡国家图书馆管理局刘桂华副处长、王连美助理处长、黄美萍高级参考馆员、符丽燕高级执行员等一行4人到访我馆，调研陈嘉庚和李光前相关资料。

10月25—29日，我馆举办"第四届全国高校图书馆文献资源建设年会"，主题为"学术图书馆文献资源建设业务规范研究"。

10月28日—11月4日，邱慧星、殷玲赴上海参加由上海交通大学图书馆和CALIS联机合作编目中心联合举办的"中文图书编目业务培训"。

10月30日，我馆与以色列艾利贝斯公司北京代表处签订《系统验收报告》。艾利贝斯(Ex Libris)公司于2007年5月初完成SFX开放链接系统在厦门大学图书馆正式服务器上的安装；SFX系统于9月底正式投入运行，并于10月15日正式验收。

10 月，图书馆荣获厦门大学“喜迎党的十七大”教职工排球比赛第三名。

11 月 5 日，图书馆向学校呈报《关于加入两岸三地 OAPS 项目的报告》。针对 OAPS 项目，图书馆提出以下建议：(1)以人文学院的历史学、经济学院的经济学和金融学等 3 个一级学科为试点，以本科生为主开展 OAPS 项目合作工作，在 2008 年第 5 届 OAPS 表彰会议上展示我校的成果。(2)成立“厦门大学 OAPS 工作小组”，由钞晓鸿、陈国进、陈明光、赖小琼、施芝元、萧德洪、张侃、邬大光、赵建、郑荣鸣等 10 人组成，邬大光任组长，萧德洪任秘书。(3)将该项目与“大学生创新性实验计划”项目同时进行，划拨专项经费 10 万元，采用一系列的目标管理责任制度，鼓励英语写作、鼓励小组研究和合作研究。这些建议获得学校批准。

11 月 7—9 日，应巧兰赴上海参加“Nature 中国南方地区用户年会”。

11 月 15 日，图书馆第三党支部与建筑土木工程学院本科生党支部共建“文明诚信监督岗”支部立项启动仪式在图书馆总馆举行。

11 月 23 日，图书馆向学校呈报《图书馆中文图书采购供应商 2007—2008 年度合作意向申请》。为确保图书供应的持续性，简化工作程序，图书馆建议不再进行 2007—2008 年度中文图书采购供应商的全国范围内招投标，而是综合去年中标书商完成合同指标的情况，末位淘汰综合标书商北京世纪金典图书有限公司，递补去年备选的中国教育图书进出口公司，继续保留综合标书商武汉三新书业有限公司、北京人天书店有限公司、北京图书大厦网络技术有限公司，专业标书商厦门对外图书交流中心、厦门晓风图书文化有限公司。经学校文献集中采购委员会讨论同意后，该申请得到学校的批准。

11 月 23 日，杨薇赴上海参加“CASHL 宣传推广会议”。

11 月 29 日，扬州大学图书馆王前副馆长等一行 4 人到访我馆，调研新馆建设的功能定位、服务方式以及图书馆的现代化建设。

11 月，图书馆在全校范围内开展以“服务，因你而变”为主题的宣传月系列活动。图书馆共举办 15 场文献资源利用系列讲座和 4 场本科生毕业论文协作技巧与文献收集指导系列讲座，在校本部和漳州校区举办现场咨询会和读者座谈会，以“读者满意度”为主题开展读者问卷调查活动，举办图书馆题材 FLASH 作品征集及“印象图书馆”主题书签设计大赛。另外，还开辟“党的十七大宣传栏”，举办“我拍图书馆”摄影展及“我眼中的图书馆”图文展。

12月3日,“林语堂国际学术研讨会”代表和香港凤凰卫视记者到访我馆,参观林语堂纪念室。

12月6日,根据学校《关于报送节能减排工作小组名单的通知》(厦大资产处综〔2007〕3号),图书馆成立节能减排工作小组,由陈滨、陈明光、萧德洪、刘希平、陈小慧、徐荻蕙、郑道建等7人组成,陈滨任组长。

12月10日,图书馆向学校呈报《图书馆2007年自查自纠总结报告》。根据《教育部办公厅关于转发中央治理商业贿赂领导小组〈关于组织开展不正当交易行为自查自纠工作“回头看”的通知〉的通知》(教监厅函〔2007〕8号)和学校纪委《紧急通知》的文件精神,图书馆对2002年以来的业务活动与商业贿赂行为全面进行自查自纠,未发现违纪违规行为。同时,图书馆将持续进行财经纪律宣传工作,不断提高员工的思想认识,并继续坚持和完善治理商业贿赂的业务制度和监管机制。

12月15日,厦门大学第十四届教职工运动会胜利闭幕,图书馆荣获团体总分第三名和体育道德风尚奖。

12月19日,我馆与厦门晓风图书文化有限公司签订《中文图书采购代理商采购合同》,委托其按要求采购中文图书,有效期自2007年12月1日至2008年12月1日。

12月20日,经学校文献集中采购委员会授权,图书馆在一楼会议室举行厦门大学图书馆外文书刊代理商资格招标会,萧德洪、陈小慧、周红、钟建法、何元赞等招标评标小组委员参加会议。经综合评审,确定中国图书进出口公司、中国教育图书进出口公司、北京中科进出口有限公司为2009年度外文原版期刊代理商,中国图书进出口公司、中国教育图书进出口公司、中国科技资料进出口总公司为2009年度外文原版图书代理商。

12月21日,我馆与武汉三新书业有限公司签订《中文图书采购代理商采购合同》,委托其按要求采购中文图书,有效期自2007年12月1日至2008年12月1日。

12月27日,我馆与厦门对外图书交流中心签订《中文图书采购代理商采购合同》,委托其按要求采购中文图书,有效期自2007年12月1日至2008年12月1日。

12月29日,美籍华人杨木松先生捐赠的4万多册英文图书运抵漳州校区图书分馆。

12 月，图书馆期刊部编制完成《厦门大学图书馆馆藏核心期刊目录》。该目录以《厦门大学核心学术期刊目录》为基础，通过调研，剔除该目录上与本校专业相对无关的、重复的或缺乏科学依据的刊种，更新该目录上所列的过时刊名，补充本校重点学科的重要学术刊物及具有馆藏特色、本地特色和少量我馆长期订购并符合当前教学科研需要的重要刊物，总计选刊 1,200 种。另外，从明年起，图书馆将对纸质期刊的馆藏进行调整，总馆现刊阅览室配置理工类专业和素质教育的现刊，同时收藏大学学报和人大复印报刊资料；专业分馆负责配置专业的刊物，原先订阅的综合性和素质教育的刊物入藏总馆现刊阅览室；由于文史分馆空间有限，体育、外语方面非理论研讨及文艺、政治类的刊物入藏总馆现刊阅览室；取消未编刊库。经过调整后，中文期刊原则上在校本部不订复本。

12 月起，图书馆根据《劳动合同法》对临时工实行劳务派遣制度。

本年在岗职工 179 人，其中硕博士 20 人，本科 133 人；另有非正式职工 12 人。本年文献资源购置费 2,409.93 万元(本年含国学院分拨的经费)。本年购置图书 362,460 册，其中纸本中文 105,909 册，纸本外文 6,551 册，电子外文 250,000 册；购置报刊 59,299 种 564,632 份，其中纸本中文 3,645 种 5,207 份，纸本外文 663 种 663 份，电子中文 16,352 种 186,234 份，电子外文 38,639 种 372,528 份；购置数据库 39 个；购置其他类型文献 6,419 册(件)。本年接收捐赠和调入文献 17,767 册，剔除、注销文献 1,892 册。截至 12 月 31 日，馆藏文献资源累计 4,222,074 册(件)。本年读者总人数 51,924 人。全年纸本书刊外借 1,623,076 册；馆际互借纸本书刊借入 1,485 册，借出 251 册；文献传递传入 3,745篇，传出 2,539 篇。开设信息素养教育课，聘任教师 2 人，听课总人数 1,535 人。在数字化建设方面，本馆覆盖无线网，拥有网络交换机端口 960 个，服务器 40 台，电脑 400 台，储存总量达 40,000GB。购买 39 个数据库，自建 10 个数据库，数字资源达 4,000GB。年度扫描加工数据量 256,200 页。

2008 年

1 月 9 日，CALIS 管理中心陈凌副主任来我馆讲授“Z39.50 协议应用指南”和“OAI-PMH 元数据获取协议与应用”等课程。

1月16日，图书馆党总支组织全体党员召开组织生活会，集中学习第十六次全国高校党的建设工作会议的精神。

1月16日，图书馆向学校呈报《2007年厦门大学图书馆财务检查报告》。根据学校《关于年终进行财务检查和公开的通知》(厦大纪〔2007〕8号)精神，图书馆成立财务检查小组，通过审查账簿、凭证，核对实物后，对本单位的财务管理、财务支出、收费管理等经济活动和财经纪律进行了认真细致的检查，并形成报告向本单位教职工公布。财务检查小组由党总支书记陈滨、党总支纪检委员戴鹭涛、财务主办徐荻蕙以及职工代表邵碧珠、吴秉岚等5人组成，陈滨任组长。

1月21日，图书馆向学校呈报《图书馆2008年度工作计划》。

1月27日，学校印发《关于周宁等同志职务任免的通知》(厦大人〔2008〕15号)，萧德洪任厦门大学图书馆馆长，免去其厦门大学图书馆副馆长职务；陈小慧任厦门大学图书馆副馆长；陈滨任厦门大学图书馆副馆长；王明理任厦门大学图书馆副馆长兼任厦门大学漳州校区图书分馆馆长；戴鹭涛任厦门大学图书馆副馆长；免去陈明光厦门大学图书馆馆长的职务；免去刘希平厦门大学图书馆副馆长的职务。

2月20日，应萧德洪馆长邀请，Google图书搜索合作计划中国区负责人陈宇华女士到访，并与馆员进行座谈。

2月21日，图书馆公布《关于本学期馆内部门及人事调整的通知》(厦大图〔2008〕1号)，经馆领导前期酝酿和在一定范围内征求意见，馆长办公会研究决定：阅览部更名为“特藏部”，刘心舜任该部主任，谢明诠主持流通部工作，马鲁伟主持法学分馆工作，王志双任编目部中文编目员，邵碧珠调任办公室，陈娟调任采访部，沈冰文、向琳艳调任流通部，张平国调任参考咨询部，王上进调任法学分馆，廖恒调任漳州校区图书分馆，戴贤聪调任东部分馆。

2月29日，图书馆在总馆一楼会议室召开全馆安全保卫工作专题会议，党政领导、各部室主任以及安全员参加会议(厦大图纪要〔2008〕8号)。会议总结了2007年安全保卫工作，并部署2008年安全保卫工作；讨论通过《厦门大学图书馆平安奖评奖办法》，决定从本学期起开始执行。

2月29日，图书馆颁布《厦门大学图书馆关于职工补休的补充规定》(厦大图〔2008〕2号)，自2008年3月1日起执行。

3月4日，朱崇实校长陪同台湾中山大学张宗仁校长访问漳州校区，并参观校区图书分馆。

3月4日，图书馆颁布《厦门大学图书馆计算机网络安全管理暂行规定》（厦大图〔2008〕3号）和《厦门大学图书馆计算机设备安全管理暂行规定》（厦大图〔2008〕4号）。

3月18日，图书馆在二楼会议室召开读者工作委员会工作会议，戴鹭涛副馆长、王明理副馆长、各部室主任及读者工作委员会委员参加会议，研讨通借通还细则、业务规范、借阅规则修订、学生工评奖等问题。

3月20日，图书馆颁布《厦门大学图书馆平安奖评奖办法》（厦大图〔2008〕5号）。

3月21—26日，思明区消防大队应邀作消防专题讲座，并组织全馆义务消防员进行现场消防演习。

3月27日，福建省图书馆、全国古籍保护中心福建省中心林永祥等一行4人到访我馆，对"全国古籍重点保护单位"参评单位进行现场检查。

3月，图书馆修订《厦门大学图书馆安全工作管理细则》。

4月8日，"图书馆消控系统维保"项目招标会议在总馆小会议室举行，资产处事务科科长张光辉，图书馆党总支书记陈滨以及办公室徐荻蕙、蔡智强、郑道建等人参加会议。经综合评审，确定厦门中安消防安全工程有限公司作为第一中标入选公司。

4月10日，图书馆在总馆五楼报告厅举行学生勤工助学工作总结表彰大会。目前图书馆共有勤工助学常设岗位50个，助理岗位20个，110位同学在岗。从勤工助学工作启动以来，共有233位同学参加过图书馆的工作，共完成180多万册图书的上架和整理。同时，他们在规范读者借阅行为、加强读者与图书馆沟通等方面都起了积极的作用。图书馆也十分重视学生勤工助学工作，成立了由馆领导牵头的管理小组，并设专门管理岗位，指定专人管理；同时，制定《学生助理工作细则》《图书馆协商助理任务书》等规章制度。

4月11—12日，肖铮、陈晓亮、李显辉、杨薇、崔晓西赴浙江大学参加"Web 2.0/Lib 2.08：论剑2.0"论坛。

4月18—22日，王明理副馆长赴汕头参加由香港大学图书馆主办、汕头大学图书馆承办的"2008 The 6th Annual Library Leadership Institute"。

4月21日，图书馆向学校呈报《关于调整图书馆聘任委员会建议名单》。因人事变动原因，图书馆聘任委员会拟进行调整，由萧德洪、陈滨、陈小慧、戴鹭涛、王明理、陈江帆、刘海伟等人组成，萧德洪任主任，陈滨任副主任。

4 月 21—23 日，陈小慧、杨巧云赴浙江大学参加“CADAL 项目立项工作研讨会”。

4 月 21—25 日，林扬、郑贵榕赴北京大学参加“2008 年 CALIS 联机编目中心质控组/专家组会议”。

4 月 22—26 日，张平国赴北京参加“CASHL 新主页发布会暨 CASHL 培训”。

4 月 25 日，总馆改扩建工程正式启动。

4 月 30 日，图书馆颁布《厦门大学图书馆关于学习假、婚假等的补充规定》(厦大图〔2008〕6 号)。

5 月 1 日，香港城市大学、中山大学、厦门大学联合举办的“五一”图书馆员奥林匹克排球赛、羽毛球赛在中山大学英东体育馆举行，我馆代表队荣获排球第一名、羽毛球第二名。

5 月 7 日，图书馆二期扩建工程局部设计和施工变更协调会在总馆一楼小会议室举行，工程设计方、施工方、厦门大学基建处以及图书馆相关负责人参加会议。二期扩建工程结束后，图书馆局部空间功能将进行调整，为保障各功能区的有效使用，正在执行的工程设计须做部分更改，旧建筑部分墙体需要拆除或增加安全出口门。

5 月 12—17 日，杨玉花赴武汉参加由 CALIS 管理中心主办、华中科技大学图书馆承办的“CALIS 引进数据库十年回顾与展望暨第六届国外引进数据库培训周”。

5 月 15—16 日，第五届“学生优秀作品计划”(OAPS)发展会议在北京举行，我校由教务处谭绍滨处长和图书馆萧德洪馆长带队，经济系、金融系、历史系等首批试点院系一行 6 人参加此次会议。

5 月 16 日，萧德洪馆长赴长安大学参加陕西省图书馆学会举办的“图书馆 2.0 专场学术报告会”，作题为“图书馆的组织柔性与网络边界”的学术报告。

5 月 30 日，我馆与厦门市慈善总会签订《协议书》，捐款助养地震灾区孤儿或孤老 1 名，每年 1,500 元，自 2008 年至 2010 年，为期 3 年。

5 月，图书馆职工向四川地震灾区人民捐款三批次，总计金额 32,109 元。

6月13日，福建省委原书记，现任全国政协常委、港澳台侨委员会副主任陈明义到访我馆，调研闽台船舶工业资料，参考咨询部及其他部门相关人员参加调研会。

6月17日，图书馆召开党政联席会议，学习讨论校党委书记朱之文在厦门大学领导干部作风建设大会上的讲话及《中共厦门大学委员会关于加强领导干部作风建设的若干意见》(厦大委综〔2008〕13号)的精神，领导班子成员签订《处级领导干部廉政责任书》。

6月18日，图书馆召开全馆职工大会，向全体职工传达厦门大学领导干部作风建设大会的精神，并就我馆具体落实举措进行说明和动员。

6月23日，国际著名计量经济学家、美国加州大学萧政教授到访我馆。

6月30日，我馆与同方知网(北京)技术有限公司签订《〈CNKI系列全文数据库〉免费试用协议书》，试用数据内容包括期刊、博士、硕士、会议、报纸、年鉴、工具、科技成果、标准、专利、哈佛评论、英语课堂数据库的全专辑，试用时间自2008年6月30日至2008年7月31日。

6月，图书馆修订《厦门大学图书馆受聘人员年度考核试行办法》(厦大图〔2008〕7号)和《厦门大学图书馆个人小结填报和部门考核指导大纲》。

6月，图书馆在地震灾区四川省什邡市捐建爱心图书馆，资助开馆经费2万元，并每年提供图书经费1万～2万元，为期5年。

7月2日，“走进图书馆”首届原创手绘漫画巡回展在图书馆总馆隆重开幕。此次活动是由图书馆、艺术学院党委联合主办，艺术学院团委承办，共展出56件作品，生动形象地诠释图书馆存在的不文明行为。图书馆党总支书记陈滨、副馆长戴鹭涛，艺术学院党委副书记李招淡等参加了开幕式。

7月10日，图书馆公布《关于确定吴明杰等二十六位同志为我馆2007至2008年度考核优秀的公示》。经图书馆考核小组讨论决定，吴明杰、陈俊杰、李剑、邵碧珠、洪辉、肖铮、韩冬丽、郑贵榕、殷玲、应巧兰、赖寿康、邵洪婷、陈晓亮、李育红、赵伟、王小凤、邱慧星、邹晓霞、林萍芳、杨玉花、张晓静、陈娟、麦林、周红、杨巧云、李红等26人年度考核为“优秀”。

7月10日，学校印发《关于成立和调整部分教师以外专业技术职务专业(技术)评议组的通知》(厦大人〔2008〕88号)，调整图书资料(档案)专业评议组成员，由计国君、李金庆、萧德洪、陈滨、陈小慧、陈江帆、翁勇青、崔晓西、谢作栩等

9 人组成，萧德洪任组长，计国君、翁勇青任副组长。

7 月 10 日—9 月 12 日，张徐芳赴广东广州参加由国家古籍保护中心主办、中山大学承办的“第三期全国古籍修复技术培训班”。

7 月 29—31 日，巴黎东方语言文化学院图书馆馆员苏凌(Soline Suchet)来馆调研，并到采访部进行为期三天的中文采访业务学习。

7 月，西班牙国家科学研究理事会(CSIC)发布全球机构知识库排名榜，厦门大学学术典藏库位列全球排行榜第 127 位，为中国内地高校之首。

8 月，读者工作委员会组织全馆范围的图书清点，参加清点的借阅点包括社科书库、建筑阅览室、漳州校区图书分馆、经济分馆、文史分馆、法学分馆以及东部分馆，共完成 178,781 册图书和 6,009 册期刊的清点工作。从统计数据看，全馆图书的丢失情况总体上还处在较高水平。

9 月 7 日，参加海峡两岸校长论坛的一百余位校长参观漳州校区图书分馆，萧德洪馆长、王明理副馆长陪同参观。

9 月 21—24 日，戴鹭涛、徐荻蕙、杨薇赴福建平潭参加“2008 年福建省高职高专图书馆馆长年会”。

9 月 25 日，图书馆向学校呈报《关于图书馆总馆扩建后家具投入的请示报告》。总馆扩建完成后，图书馆拟于明年 1 月开始调整藏书空间，即一楼扩建部分和采访部原办公区全部用作书库，入藏化学化工学院资料室迁入的馆藏；二楼扩建部分用作基本书库；三楼扩建部分用作多媒体中心，原多媒体中心改作提存书库；三楼南面的原自习室用作文史分馆的回迁；其他分散区域尽可能改造为阅览区。此次藏书空间的调整急需增加大量的设备，预估需要密集期刊架 1040m^2，总价约 135.2 万元；七层双面书架 1214 架，总价约 109.2 万元；五层双面书架 121 架，总价约 9 万元；10 匹空调机 30 台，总价约 75 万元。因此，申请学校紧急拨款 300 万元，先期开展订购和招标工作，以顺利完成总馆的布局调整。

10 月 3 日，学校印发《关于新聘陈勤奋等十位同志专业技术职务的通知》(厦大人〔2008〕135 号)，图书馆张徐芳聘为馆员，王志双聘为助理馆员。

10 月 6 日，我馆与厦门市邮政局信报收投局签订《厦大图书馆与邮局中刊订购协议》，委托其按要求订购下一年度的中文期刊，有效期为一年，自双方签字盖章之日起生效。

10 月 6 日，学校公布《关于聘任林竹光等 59 位教师以外各类专业技术人员的公示》，图书馆朱弋玮、杨巧云、周红、韩冬丽聘为副研究馆员，王上进、向琳艳、杨薇、陈晓亮、邵碧珠、洪婷瑜、曾惠颖聘为馆员，江湍聘为工程师。

10 月 8 日，美国匹兹堡大学东亚图书馆徐鸿馆长来厦参加福建省图书馆学会 2008 年学术年会，并与我馆签订双边馆际互借协议。

10 月 18—20 日，陈滨书记、陈江帆赴辽宁丹东市参加由清华大学图书馆主办、辽东学院承办的"'学科服务创新与深化'高级论坛"。

10 月 23 日，学校召开离退休工作表彰大会，图书馆荣获"离退休工作先进集体"称号，刘希平荣获"离退休先进工作者"称号，朱立文荣获"'老有所为'先进工作者"称号。

10 月 24 日，朱崇实校长在嘉庚主楼 16 楼 3 号会议室主持召开 2008 年第 22 次校长办公会(厦大办纪要〔2008〕22 号)，会议同意安排 300 万元用于图书馆扩建后购置所需家具，并纳入"211 工程"和"985 工程"三期公共资源保障与服务支撑体系建设费。

10 月 29 日，根据学校《关于开展党建工作调研的通知》(厦大委组〔2008〕110 号)的精神，图书馆完成《图书馆党总支党建调研报告》。

10 月 30 日，图书馆在漳州校区图书分馆召开读者工作委员会工作会议，陈滨书记，王明理副馆长，戴鹭涛副馆长，办公室及各读者服务部门主任、主管参加会议，讨论确定《古籍阅览室借阅规则》以及过刊、报库、特藏等的借阅及复印规定，图书馆藏书布局调整方案，图书馆改扩建后馆藏调整的实施方案等。

10 月 30 日，我馆与厦门对外图书交流中心签订《委托代理进口协议书》，委托其代理进口一批由香港大学图书馆捐赠的港版图书，总计约 1,118 册。

10 月，图书馆发布"厦门大学图书馆元数据仓储与统一检索系统"。该系统具有原创性，采用 OAI-PHM 机制，在数据提供端开放 OAI 接口，以服务提供端收割并存储数字资源库的 DC 元数据。目前实现了 12 个系统(以自建数据资源为主)的元数据整合共计 182 万条，用户可以通过此平台进行统一检索，并获取数字对象，形成了统一检索的服务体系。

10 月，我馆与美国驻广州总领事馆新闻文化处签订共同建设"美国史研究所资料室"的谅解备忘录。经双方协商，一致同意在未来 5 年的时间里，共同努力把美国史研究所资料室建设成为一个资料收藏丰富、更新及时、获取便利的学科资料室，为我校相应的学科研究提供必要的支持。

10月，图书馆荣获厦门大学“老年体育工作先进单位”称号。

11月3—5日，吕联钟、马鲁伟赴湖北武汉参加“政法院校图书馆管理及服务创新与资源建设研讨会”。

11月3—29日，图书馆举办本年度宣传月系列活动，主题为“推进学科服务”。

11月10日，王明理赴江苏南京参加“2008年度华东地区教育部直属高校图书馆馆长会议”。

11月10—13日，韩闯、朱俊波赴广东广州参加“Dialog在科技查新中的应用培训”。

11月13日，图书馆、保卫处、思明区消防支队在总馆联合举办消防疏散演习。

11月16日—2009年1月9日，王志双赴贵州贵阳参加“第七期全国古籍修复技术培训”。

11月20日，戴鹭涛副馆长带领3名志愿者前往我馆“岗村结对”地点厦门市同安区竹坝上寮村，看望援助孤儿并捐赠书架和文具。

11月21—25日，李金庆、苏海潮赴湖南张家界参加由湖南省图书馆学会、广东省图书馆学会、澳门图书馆暨资讯管理协会和福建省图书馆学会联合主办的“湘粤澳闽图书馆学(协)会学术研讨会”。

11月25日，我馆与徐州师范大学图书馆签订馆际互借服务协议。

11月26日，徐荻蕙等6人前往位于厦门市火炬工业园的“工友之家”，开展社会服务活动。

11月28日，萧德洪馆长赴美国参加哈佛大学举办的“裘开明博士纪念讲座”，并访问俄亥俄州的主要图书馆。

11月，我馆李金庆当选中国索引学会第四届理事会理事。

12月2日，萧德洪馆长、钟建法赴北京参加“CALIS建设十周年纪念暨‘数字环境下的图书馆文献资源建设:挑战与对策’研讨会”。

12月4日，图书馆向学校呈报《关于图书馆党总支拟调整支部设置的请示》。根据《关于做好优化党支部设置工作的通知》(〔2008〕厦大委组62号)的精神，为更好地开展各项工作，图书馆党总支对所属各支部的设置进行调整和优化，即采访部、编目部、回溯组共12名党员组成第一支部，特藏部8名党员组成

第二支部，流通部、参考咨询部、报刊部共14名党员组成第三支部，漳州分馆12名党员组成第四支部，办公室、技术部共7名党员组成第五支部，经济分馆、文史分馆、东部分馆、法学分馆共11名党员组成第六支部，退休职工20名党员组成第七支部。

12月5日，教育部办公厅致厦门海关《教育办公厅关于申请对美国"赠书中国计划"所赠图书资料免税进关的函》（教高厅函〔2008〕39号），商请厦门海关对厦门大学接收的"赠书中国计划"项目2009年所赠图书资料免征关税、增值税。

12月6日，萧德洪馆长赴江苏南京拜访"赠书中国计划"负责人马大任先生，协商"赠书中国计划"的图书通过厦门大学图书馆向国内其他图书馆赠送事宜。

12月8日，肖铮、陈和赴广东广州参加"2008 ExLibris CCEU年会"。

12月10日，图书馆二级教代会第一次全体会议召开，萧德洪馆长作"团结和谐，科学发展，办好办强厦门大学图书馆"的全馆工作报告。

12月10日，图书馆向学校呈报《图书馆关于落实反腐倡廉建设大会及两个实施方案的情况汇报》。根据学校反腐倡廉建设大会的会议精神，图书馆对本单位规则制度进行了清理。针对新的形势要求，对相关规则制度的废除、修改、设立进行了充分的调研，决定废除《图书馆关于挂支应收暂付款的规定》《厦门大学资料管理细则》等2项规章，修改《厦门大学图书馆仪器设备管理规定》《厦门大学图书仓库管理规则》《厦门大学图书馆财务管理规定》等3项规章，新制定《厦门大学图书馆党政联席会议议事规则》《厦门大学图书馆馆务公开规则》《厦门大图书馆文献采购规则》等3项规章。

12月16日，萧德洪、刘海伟、王爽、陈和、曾曼玲、肖铮、徐荻蕙、陈晓亮等8人赴上海参加由上海交通大学图书馆、美国约翰斯·霍普金斯大学图书馆、中国图书馆学会数字图书馆专业委员会联合举办的"2008年数字图书馆前沿问题研讨班"。

12月16日，教育部高等教育司致厦门大学《关于加强国际赠书项目管理的函》（教高司函〔2008〕251号），批准我校设立转运站，承担美国"赠书中国计划"所赠图书的接收、整理工作。我校成为全国第5家设立外国赠书转运站的学校。

本年在岗职工175人，其中硕博士20人，本科132人；另有非正式职工14人。本年文献资源购置费2,088.06万元。本年购置图书1,113,853册，其中纸本中文 100,925 册,纸本外文 4,529 册,电子中文 1,008,399 册;购置报刊 588,330 种 590,088 份,其中纸本中文 2,517 种 4,275 份,纸本外文 538 种 538 份,电子中文 201,854 种 201,854 份,电子外文 383,421 种 383,421 份;购置数据库 66 个;购置其他类型文献 115 册(件)。本年接收捐赠和调入文献 47,331 册,剔除、注销文献 58 册。截至 12 月 31 日,馆藏文献累计总量达 4,439,204 册(件)。本年读者总人数 59,078 人。全年纸本书刊外借 1,509,637 册;馆际互借纸本书刊借入 1,872 册,借出 96 册;文献传递传入 5,210 篇,传出 2,175 篇。开设信息素养教育课,聘任教师 2 人,听课总人数 2,600 人。在数字化建设方面,本馆覆盖无线网,拥有网络交换机端口 960 个,服务器 40 台,电脑 400 台,储存总量达40,000GB。购买 66 个数据库,自建文献数据库 10 个,数字资源达 4,200GB。年度扫描加工数据量 29,000 页。

2009 年

1 月 4 日,福建省“文明校园”建设检查组来我馆检查和指导文明校园建设工作,走访总馆流通部、参考部、建设工地和漳州校区图书分馆。

1 月 8 日,图书馆向学校呈报《图书馆 2008 年度工作总结和 2009 年度工作计划》。

1 月 10 日,哈佛燕京图书馆郑炯文馆长、芝加哥大学东亚馆周原馆长、普林斯顿大学东亚馆马泰来馆长、香港大学冯平山图书馆高玉华女士一行来访我馆。

1 月 15 日,根据学校《关于开好 2008 年度处级以上党员领导干部民主生活会的通知》(〔2008〕厦大纪 2 号)的精神,图书馆党总支书记陈滨在总馆二楼会议室主持召开党员干部民主生活会,党员领导干部萧德洪、戴鹭涛、王明理参加会议,非党员领导干部陈小慧及各部室主任列席会议,学校纪委副书记尤国顺与会指导。陈滨代表馆领导班子对一年的工作进行了总结,各领导干部分别进行个人批评与自我批评,并听取列席会议人员的意见和建议。

1 月,思明校区总馆二期改扩建工程圆满完成;文史分馆整体搬迁到总馆。

2 月 3—5 日,由武汉大学图书馆主办、我馆协办的“高校图工委文献资源建设组 2009 年工作计划会议”在厦门鼓浪屿召开。

2 月 5 日,教育部高教司教学条件处李晓明处长视察我馆外国图书转运站。

2 月 18 日，王明理副馆长赴厦门大学附属实验中学调研附中教师共享我馆图书信息资源的问题。

2 月 19 日，图书馆向学校呈报《关于图书运输车购置的专项申请》。因 2005 年学校从成人教育学院调拨给图书馆的一辆轻型货车到了报废年限，拟申请学校购置载重量较大、人货两用的面包车一辆，以用于开展各分馆之间图书的“通借通还”服务，预算总价约 16 万元。该申请得到学校的批准。

2 月，我馆获得 2008 年 CASHL 文献传递特别贡献奖和 CASHL 文献传递服务宣传推广奖。

3 月 6 日，我馆与厦门世纪桃源股份有限公司签订《补充协议》。图书馆扩建工程完工后，物业管理面积增加总计约 1,540m²，因此对 2007 年签订的《厦门大学图书馆物业管理服务合同》加以补充，加入新增物业管理费用。

3 月 10 日，厦门大学举行图书捐赠仪式。日本筑波大学副校长吉武博通代表该校向我校捐赠 8,500 册图书，长崎县立大学副校长木村务代表该校向我校捐赠日文版图书近 3,000 册，朱崇实校长代表我校接受捐赠。

3 月 13 日，图书馆部门工会举行厦门大学第六届教代会代表选举工作会议，陈滨、戴鹭涛、谢明诠、周建昌、应巧兰、林萍芳当选厦门大学第六届教代会代表。

3 月 13 日，图书馆成立“学习实践科学发展观活动领导小组”，由陈滨、萧德洪、戴鹭涛、王明理等 4 人组成，陈滨、萧德洪任组长。下设办公室，由徐荻蕙、陈娟、谢明诠、刘心舜、马鲁伟等 5 人组成。另外，设立学习实践活动信息员，由徐荻蕙担任。

3 月 16 日，为开展深入学习实践科学发展观活动，图书馆根据中共中央《关于开展第二批深入学习实践科学发展观活动的指导意见》、教育部《部署高校学习实践活动实施方案》以及学校《厦门大学深入学习实践科学发展观活动实施方案》的部署，制定《厦门大学图书馆深入学习实践科学发展观活动实施方案》。

3 月 19—20 日，杨薇赴北京参加“第三届馆际互借协调组第一次会议”暨“CASHL 中心馆馆际互借工作会议”。

3 月 23 日，由校工会和校妇委会举办的“三八”妇女节系列活动之女教职工软式排球比赛圆满结束，图书馆代表队荣获季军。

3 月 25 日，学校印发《关于调整厦门大学文献集中采购委员会和文献招标小组成员的通知》(厦大人〔2009〕29 号),调整两个机构的组成人员。文献集中采购委员会由计国君、苏清伟、陈滨、陈明光、林金枝、萧德洪、曾云声等 7 人组成,萧德洪任主任,苏清伟任副主任。文献招标评标小组由吴爱仙、陈滨、陈小慧、林金枝、钟建法、徐锡健、韩冬丽等 7 人和临时聘请校内专家 3 人组成,陈滨任组长,徐锡健、陈小慧任副组长。

3 月 25 日,杨薇赴北京参加"科学文献与科学数据通用许可国际研讨会"。

3 月 26 日,图书馆总馆现刊室和过刊室搬迁至扩建二楼西北角,即日起对外开放。

3 月 27 日,辽宁省图书馆王荣国馆长、国家古籍保护中心办公室王杨副研究馆员到访我馆,开展全国古籍重点保护单位评审工作的前期调研。

3 月 30—31 日,萧德洪馆长赴南京农业大学参加"首届海峡两岸大学图书馆服务创新与发展论坛"。

3 月,图书馆完成化学系资料室的现刊和过刊搬迁工作。

3 月,图书馆修订《厦门大学图书馆文献采购规则》。

3 月,我馆 2007 年读者宣传月活动的成果《用户调查报告》入选 2009 年度《数字图书馆论坛》高校图书馆用户行为分析贺岁专刊。

4 月 2 日,漳州校区图书分馆召开读者调研座谈会,并将采取一系列措施,进一步改善借阅环境,创造更具人性化、更能满足需求的学习研究环境,服务于和谐校园的建设。

4 月 2 日,图书馆颁布《厦门大学图书馆关于图书文献入藏审读的规定》。

4 月 9 日,图书馆召开读者调研座谈会暨 2008 年度优秀学生助理总结会,会议主题为"以人为本抓服务,科学发展上水平"。

4 月 13 日,图书馆开放本校硕士研究生申请校外入口。

4 月 15 日,陈小慧副馆长与厦门大学嘉庚学院雷锐生副院长商谈嘉庚学院图书馆藏书建设事宜。为确保厦门大学嘉庚学院的生均图书馆藏及新增年进书量达到本科教学评估的基本办学条件指标,厦门大学图书馆漳州分馆自 2009 年起将以嘉庚学院馆藏建设为中心,除少量厦门大学本部特有专业所需图书外,绝大部分馆舍空间用于配置嘉庚学院的自有馆藏。

4 月 17 日,同济大学图书馆党总支书记卫龙祥一行到访我馆。

4 月 17—18 日,"闽、港、澳三地高校图书馆专业研讨会暨馆员奥林匹克友谊赛”在香港城市大学举行，我馆代表队获排球第一、羽毛球第二、游泳第二、合唱第三、拔河第三的成绩。

4 月 23 日，教育部印发《教育部关于成立第三届教育部高等学校图书情报工作指导委员会的通知》(教高函〔2009〕12 号)，萧德洪馆长担任第三届教育部高等学校图书情报工作指导委员会委员。

4 月 24 日，萧德洪馆长在图书馆总馆二楼会议室主持召开文献集中采购委员会会议，讨论研究 2009—2010 年图书馆文献集中采购事宜，并讨论修订《厦门大学图书馆文献集中采购规则》。文献集中采购委员会苏清伟、何元赞、计国君、陈滨等委员出席会议，图书馆陈小慧副馆长列席会议。

4 月 29 日，校党委副书记、纪委书记陈国凤，校党委副书记、副校长辜芳昭，副校长赖虹凯，率领校办、保卫处、学生处、教务处、资产处、后勤集团等部分负责人对图书馆扩建工程开展实地安全检查。

4 月，图书馆颁布《厦门大学图书馆流通工作细则》。

5 月 5 日，校党委常委、副校长邬大光在嘉庚主楼 19 楼 2 号会议室向教务处和图书馆征求意见建议，教务处和图书馆的中层领导干部和校学习实践活动第三、第四检查小组检查人员参加座谈会。

5 月 8 日，经学校文献集中采购委员会授权，图书馆中文图书代理商资格招标会在总馆二楼会议室举行，陈滨、陈小慧、吴爱仙、王日根、周红、韩冬丽、钟建法、李洋等招标评标小组委员参加会议。经过综合评定，招标评标小组最终确定湖北三新书业、中国教育进出口公司、北京图书大厦、浙江新华书店为中文图书采购综合类代理商，有效期自 2009 年 6 月 1 日至 2010 年 5 月 31 日，综合折扣为 77%。

5 月 8—12 日，应巧兰赴香港参加由香港大学和 iGroup 联合主办的“第七届图书馆领导研修班”，本次研修班的主题为“21 世纪图书馆领导的挑战：技术、规划以及组织的动态变化”。

5 月 10—15 日，图书馆与国际经济法研究所联合举办以“厦门大学国际法学术团队与陈安教授教学研究成果展”为主题的“厦门大学文库”展览活动。

5 月 11—14 日，周红赴浙江杭州参加“CALIS 数字资源推广和服务普及研讨会暨 CALIS 第七届国外引进数据库培训周”。

5 月 12 日，图书馆党总支书记陈滨在总馆一楼馆长接待室主持召开“图书馆实践科学发展观领导班子专题民主生活会”，萧德洪、陈小慧、戴鹭涛、王明理等党政领导班子成员出席会议，办公室主任徐荻蕙列席会议，校纪检组成员刘正淳到会指导。图书馆领导班子成员就前期征求意见及调研梳理出的意见，对照个人的工作，在思想认识、工作能力、工作作风、党性党纪等方面进行认真、客观的自我检查。

5 月 13 日，图书馆颁布《厦门大学图书馆各项收费标准一览表》（厦大图〔2009〕1 号）。

5 月 19—22 日，历史系校友、美国康奈尔大学东亚特藏馆郑力人博士，法律系校友、美国华盛顿大学法律图书馆技术服务主任罗伟博士到访我馆，二人受聘为厦门大学图书馆顾问。

5 月 26—30 日，张平国赴上海参加“CALIS 华东南地区成员馆馆际互借/文献传递工作会议”。

5 月 28—31 日，马鲁伟赴北京参加由教育部高等学校法学学科教育指导委员会和国际法律图书馆协会（IALL）、美国法律图书馆协会（AALL）联合主办的“中美法律信息与图书馆研讨会”。

5 月，中国人民解放军 31 军教导大队感谢我馆帮助建设图书室，并赠送牌匾。

6 月 1 日，图书馆党总支书记陈滨在总馆二楼会议室主持召开“科学发展观校级领导班子分析检查报告专题征求意见座谈会”，邬大光副校长、检查组刘希平及本馆评议人员参加会议。针对《厦门大学校级领导班子贯彻落实科学发展观情况分析检查报告》，图书馆评议人员结合本单位实际，提出有针对性的意见和有建设性的建议。

6 月 2—4 日，马鲁伟赴上海交通大学参加“全球化时代的法律图书馆与法学教育改革”学术研讨会。

6 月 3 日，邵洪婷赴浙江杭州参加由 CADAL 项目管理中心主办、杭州市中元数据科技有限公司承办的“CADAL 项目数字化培训”。

6 月 9 日，国务院印发《国务院关于公布第二批国家珍贵古籍名录和第二批全国古籍重点保护单位的通知》（国发〔2009〕28 号），我馆被确定为“全国古籍重点保护单位”，由文化部颁发授牌；同时，我馆有 9 部古籍入选《国家珍贵古籍名录》。

6月15日，图书馆向学校呈报《图书馆“小金库”自查自纠总结报告》。根据学校《关于印发〈厦门大学关于开展“小金库”专项治理工作的实施方案〉的通知》（厦大综〔2009〕21号）的精神，图书馆进行积极动员部署，并指派专人负责，在本单位范围内进行认真细致的自查，未发现违反财经纪律的行为。

6月21—25日，郑贵榕赴上海参加“CALIS联合目录第三届专家组/质控组成立大会暨工作研讨会议”。

6月24—26日，杨薇、洪辉赴福建莆田市秀屿区平海镇江堤村筹建海西乡村图书馆·莆田馆。

6月26日，图书馆公布《关于确定陈和等26位同志为我馆2008—2009年度考核优秀、郑贵榕等17位同志为2006—2009学年聘期考核优秀的公示》（厦大图〔2009〕2号）。经图书馆聘任委员会讨论决定，陈和、李景云、文新兰、蔡云涌、黄毅惠、向佳丽、谢传洁、朱小明、陈迎欣、韩闯、杨薇、李颖、吴至艺、张育芬、宋天赐、唐希文、郑雅华、王慧珍、廖鹭芬、傅强、殷玲、郑贵榕、李佳悦、郑道建、洪辉、黄秀菁等26人年度考核为“优秀”，麦林、郑贵榕、郑道建、陈迎欣、应巧兰、洪辉、黄秀菁、杨小利、陈娟、李红、刘心舜、李育红、肖铮、韩闯、邹晓霞、洪丹萍、唐希文等17人聘期考核为“优秀”。

6月27—28日，厦门市图书馆学会青年学术沙龙在福建省漳州市龙佳生态休闲山庄举行，萧德洪馆长和青年馆员李显辉、陈娟参加沙龙活动。

6月30日，图书馆公布《厦门大学图书馆2009—2012年部（室）主任聘任办法》（厦大图〔2009〕3号），正式启动新一任部室主任选聘工作。

7月1日，图书馆公布《厦门大学图书馆领导班子贯彻落实科学发展观情况分析检查报告》。

7月2—5日，李红、朱小明赴福建古田县大甲乡大甲村筹建海西乡村图书馆·古田馆，指导完成整理藏书7,000余册。至此，我馆共参建了屈原乡村图书馆、宁德馆、古田馆、长汀馆、莆田馆、大田馆共6所乡村图书馆。

7月8日，图书馆公布《厦门大学图书馆2009—2010年岗位津贴方案》（厦大图〔2009〕4号）。

7月10日，在校党委的领导下，图书馆在学习调研和分析检查的基础上，制定《图书馆深入学习实践科学发展观活动整改落实方案》。

7月15日，图书馆公布《关于调整馆内岗位级别设置及岗位津贴发放办法的意见》(厦大图〔2009〕5号)。经馆长办公会研究决定，从下一学年开始，调整馆内现有的岗位级别设置及津贴发放办法。具体内容为：(1)调整原来的一至六级业务岗为一、二、三类岗，即原有二、三级岗位调整为一类岗，原有四级岗位调整为二类岗，原五、六级岗位调整为三类岗，馆长、部室主任等行政管理岗位不再列入该系列岗位。(2)岗位津贴按学校所拨津贴核拨数对应职称全额发放。(3)对行政岗位及低职高岗者将予以适当激励，由馆内劳务费中发放，具体发放额度根据每年馆内收入情况决定。低职高岗激励对象为中级职务在一类岗，初级及以下职务在一、二类岗者。

7月27—31日，应巧兰赴四川成都参加由教育部科技发展司主办、西南交通大学图书馆承办的"高校科技查新人员资格培训"。

8月31日—9月18日，王志双赴山西太原参加由国家古籍保护中心主办、山西省图书馆承办的"第四期全国古籍鉴定与保护高级研修班"。

9月16日，为方便读者进出，总馆西门(靠近经济学院侧)开放。

9月16日，图书馆深入学习实践科学发展观群众满意度测评会召开，全馆职工和退休职工代表参加会议，校检查组陈道乾、刘希平与会指导。由于整改及时、狠抓落实，参会人员对馆领导班子给予了充分肯定，群众满意度达到94.61%。

9月21日，图书馆向学校呈报《关于解决图书馆若干人事问题的请示》。自2003年以来，学校人事管理的重点是教学科研队伍的管理改革，图书馆以工资总额包干制度为核心的人事管理制度基本维持原貌，与图书馆事业的发展越来越不协调。图书馆在全面回顾和认真总结的基础上形成《厦门大学图书馆"三定一聘"工资总额动态包干制度执行报告》，建议学校人事处加以参考，研究图书馆人事管理的整体改革方向和其他具体问题，重点关注内容有：工资总额包干制和加班费问题；馆员的继续教育与职务晋升问题；人员补充形式的灵活性问题。

9月24—26日，陈娟赴北京参加由CASHL管理中心主办、北京大学图书馆承办的"'高校文科图书引进专款'图书订购信息平台用户培训"。

9月28日，图书馆向学校呈报《关于请求调整工资总额包干缺编费的报告》。近十年来的工资总额包干制度在总体上对图书馆事业和学校教学科研事业的发展具有明显的积极作用，但自2003年以来图书馆任务不断增加，图书资料人员的编制数和缺编费标准未能适时调整，使得工资总额包干制的执行愈加困难，建议学校根据现行政策对缺编费标准给予及时调整。

9月28日，图书馆在总馆二楼会议室召开“2009泛技术会议”。

9月29日，Springer 亚洲区总裁邝志鸿先生应邀来我馆作题为“An Introduction to Open Access: Springer's Open Choice and BioMed Central”的讲座。

9月30日，图书馆复办《厦大图书馆馆报》。

9月，总馆大厅设立咨询台，工作日内由学科馆员轮值提供咨询服务。

9月，总馆凤凰花咖啡厅正式对外开放。

10月9—12日，李金庆赴福建将乐县参加“福建省图书馆学会第七届六次理事会暨2009年学术年会”。

10月20日，位于总馆大门外侧的学科服务办公室正式启用。学科参考馆员三分之一的工作时间在咨询台排班，其余工作时间到院系调研、服务，以及在学科服务办公室开展现场演示和解答读者问题。

10月23—25日，肖铮赴湖北武汉参加由信息系统学会中国分会主办、武汉大学信息管理学院承办的“信息系统协会中国分会第三届学术年会”。

10月27日，“福建省高校图书馆2009年读者工作研讨会暨第四届文献传递工作会议”在三明学院召开，我馆戴鹭涛副馆长主持开幕式，萧德洪馆长致辞，12位馆员参加会议。

10月29日，图书馆向学校呈报《关于图书馆人事用工制度改革的建议方案》。经与人事处领导进行工作磋商后，图书馆领导班子进行认真论证，一致同意放弃以工资总额包干为核心的人事管理制度，并提出改革方案。总体目标和改革路线为：第一，取消工资总额包干，保持现有在编职工不动，减少编制。第二，在事业规模扩大的趋势下，即翔安校区图书分馆、法学分馆、管理与工科分馆等新馆舍建成后，原则上不再增加编制，而是通过大幅增加勤工助学岗位、改革现有的勤工助学岗位报酬与管理制度等措施，保障图书馆服务的正常运行。第三，通过在编人员的有效聘任和解聘，塑造一支由专业馆员、学科馆员和语种馆员为主体，劳务派遣人员和勤工助学学生为辅助的服务团队。具体实施办法为：第一，图书馆总编制减少10%，由目前的211人减少到190人。第二，目前在编人员175人留用，今后根据自然减员的情况，部分岗位转为劳务派遣的辅助人员岗位。同时，根据特定专业背景的岗位，引进具备相关学科背景的硕士以上毕业生。第三，扩大勤工助学学生用工，并适当增加报酬。第四，全馆留用 12 名劳务派遣用工，用于书库工作指导和协调，工资待遇为高中或中专学历年薪 2 万元，大学学历年薪 3 万元，本科学历年薪 4 万元。学校原则上同意该项建议方案，并批复：(1)可再提高勤工俭学的人数；(2)190 人的编制仍太多，应再精简；(3)派遣人员仅限招中专和高中学历，且工资 2 万元应包括所有目前学校的各类津贴项目；(4)人事处应测算若实行这一改革的工资成本与未实行改革的工资成本有无显著差异；(5)图书馆应认真研究一下改革后如何提高服务质量和工作效率。

10 月 29—30 日，三峡大学图书馆于海东等人到访我馆，调研自动化系统升级、基于 Wiki 的知识库、基于 Web 2.0 的 Portal 知识资源港、Lib 2.0 建设理念和规划等问题。

10 月 30 日，我馆举办"两岸四地图书资源建设研讨会"。该研讨会由第五届海峡两岸图书交易会组委会与厦门大学共同主办，由厦门大学图书馆承办，以交流、合作、互利为目的，组织大陆、台湾、香港、澳门图书馆界代表，针对台、港、澳出版物资源的出版和采购状况、图书资源利用等主题进行交流和研讨，促成两岸出版界和图书馆界的资源信息共享和经验分享，推动图书馆资源建设。

10 月 31 日，"第五届海峡两岸图书交易会"台湾代表、中华图书馆学会秘书长彭慰女士等一行 30 余人到访我馆，并互赠图书留念。

10 月 31 日，澳门特别行政区出版与图书馆界代表王国强博士等一行 13 人到访我馆。

10 月，图书馆颁布《萨本栋纪念特藏库文献借阅规则》，修订《厦门大学图书馆古籍借阅规则》(厦大图〔2009〕6 号)。

11 月 3 日，以"共建共享"为主题的 2009 年度图书馆宣传月活动正式启动。本次活动增加学科服务工作室，为学科馆员与读者进行充分交流和接触提供一个较好场所；增加图书馆导览服务，让读者充分了解图书馆各职能机构；向读者征集学术资源，图书馆和读者共建共享信息资源。其间，图书馆还举办"图书馆 LOGO 设计大赛"，评选出一等奖 2 名，二等奖 3 名，三等奖 5 名，优胜奖 35 名。

11 月 12—14 日，李金庆赴湖南长沙参加"全国高校图书馆第十二届期刊工作学术研讨会暨期刊委员会成立二十周年纪念会"。

11 月 14 日，我馆与福建华福公司王增祥签订《捐赠财务古籍善本协议书》。

王增祥先生向我馆捐赠私人收藏的"财务古籍善本"36 册，其中包含明嘉靖二十年(1542 年)"福房分关帐"，明万历二十一年(1593 年)编著、清同治年重刊《算法统宗》一套等珍贵古籍。

图 19　王增祥先生向我馆捐赠古籍

(前排左三为王增祥先生，前排右二为萧德洪馆长)

11 月 17—18 日，谢明诠、肖铮、向琳艳、邵碧珠、龚晓婷等人赴广东珠海市参加"泛珠三角图书馆学(协)会 2009 年联合学术年会"。

11 月 18 日，图书馆总馆举行消防安全疏散演习，并特邀厦门市消防中队作"消防保护及消防安全知识"专题讲座。

11 月，钟建法赴贵州贵阳参加"第六届全国高校文献资源建设工作研究会"。

12 月 1 日，图书馆颁布《厦门大学图书馆书包柜(流通柜)使用规定》。

12 月 1—4 日，党总支书记、副馆长陈滨赴江苏徐州中国矿业大学参加"2009 年华东地区教育部直属高校图书馆馆长年会"，就"高校图书馆人事管理工作"作主题报告。

12月2日，图书馆在总馆五楼报告厅举行“处级后备干部民主推荐大会”。

12月5日，厦门大学第十五届教职工运动会在演武田径场圆满落幕，图书馆荣获团体总分第二名和体育道德风尚奖。

12月6日，学校印发《关于公布2009—2012学年厦门大学教学科研重要岗位受聘教师名单的通知》（厦大人〔2009〕159号），萧德洪馆长受聘三级岗位。

12月6—8日，厦门大学第六届教职工代表大会隆重举行，应巧兰、陈滨、林萍芳、周建昌、谢明诠、戴鹭涛等6名代表参加会议。

12月8日，图书馆在总馆二楼会议室举行“总馆物业管理招投标会议”，厦门大学资产处江耀明、财务处曾云声、监察处何元赞以及图书馆陈滨等人组成评标小组。经综合审议，在6家投标公司中初步确定厦门邮政物业管理有限公司、珠海市丹田物业管理有限公司为下一轮考察和谈判单位。

12月12—24日，图书馆总馆门厅展览区举办著名史学家、我校文科资深教授韩国磐先生史学成就及其影响专题展览。

图20　韩国磐先生史学成就及其影响展

（右二为原常务副校长郑学檬教授）

12月15—16日，陈滨、陈小慧、陈江帆、麦林、李剑、周建昌、韩冬丽、黄秀菁等人赴上海交通大学图书馆参加“第二届图书馆管理与服务创新论坛”，并赴同济大学、上海财经大学图书馆调研。

12 月 17 日，教育部办公厅致厦门海关《教育部办公厅关于申请对美国“赠书中国计划”所赠图书资料免税进关的函》（教高厅函〔2009〕63 号），商请厦门海关对厦门大学持 2009 年实际转赠清单和 2010 年赠书分配计划的图书资料免征关税、增值税。

12 月 18 日，由厦门市图书馆、厦门大学图书馆联合举办的“厦门解放六十周年史料展”在总馆休闲厅布展。

12 月 28 日，我馆与厦门邮政物业管理有限公司签订《物业管理服务合同》，委托其对图书馆总馆、经济分馆、法学分馆进行物业管理，总面积 26392m^2；物业管理服务费采取包干制，并包含消控、电梯维修保养，每年总费用 27 万元；委托管理期限为 2 年，自 2010 年 1 月 1 日至 2011 年 12 月 31 日。

12 月，为加强美国“赠书中国计划”所赠图书资料的管理，教育部指定我校为唯一的“转运站”，赠送图书除少部分指定给国内特定大学收藏外，大部分图书由我校图书馆收藏。

12 月，我馆荣获“厦门市第五届社会科学普及宣传活动周知识竞赛”优秀组织奖。

本年在岗职工 175 人，其中硕博士 23 人，本科 131 人；另有非正式职工 7 人。本年文献资源购置费 1,481.27 万元。本年购置图书 409,259 册，其中纸本中文 170,090 册，纸本外文 14,169 册，电子中文 200,000 册，电子外文25,000 册；购置报刊 42,151 种 621,159 份，其中纸本中文 2,648 种 2,736 份，纸本外文 403 种 2,403 份，电子中文 9,100 种 225,368 份，电子外文 30,000 种392,652 份；购置数据库 31 个；购置其他类型文献 12 册(件)。本年接收捐赠和调入文献 15,988 册，剔除、注销文献 217 册。截至 12 月 31 日，馆藏文献累计总量达 5,238,368册(件)。本年读者总人数 56,707 人。全年纸本书刊外借1,377,786 册；馆际互借纸本书刊借入 1,539 册，借出 223 册；文献传递传入4,335 篇，传出 9,238篇。开设信息素养教育课，聘任教师 2 人，听课总人数1,510 人。在数字化建设方面，本馆覆盖无线网，拥有网络交换机端口1,000个，服务器 40 台，电脑 400 台，储存总量达 40,000GB。购买 31 个数据库，自建 11 个数据库，数字资源达 4,500GB。年度扫描加工数据量 45,000 页。

2010 年

1 月 4 日，图书馆向学校呈报《图书馆 2009 年财务自查报告》。根据学校《关于做好 2009 年财务检查工作的通知》（厦大纪〔2009〕7 号）的精神，图书馆成立财务检查自查小组，对本单位 2009 年的财务收支情况进行认真细致的自查，未发现违反财经纪律的行为。自查小组由萧德洪、陈滨、戴鹭涛、王明理、陈小慧、吴兵、徐获蕙、邵碧珠等 8 人组成。

1 月 11 日，图书馆向学校呈报《关于申请劳务派遣工工资的报告》。去年底图书馆人事管理制度改革结束工资总额包干制度，保持现有 175 名在职职工编制及 15 名劳务派遣工编制，在职职工由学校发放超工作量补贴，自 2010 年 1 月开始执行。图书馆申请 15 个劳务派遣工的工资自本月起，改由学校按相关规定直接给付。

1 月 13 日，图书馆召开 2009 年二级教代会暨全体教职工大会，听取并审议萧德洪馆长所作题为“求真务实，扎实推进，建设高水平大学图书馆”的年度报告。

1 月 14 日，图书馆向学校呈报《图书馆 2009 年工作总结与 2010 年工作计划》。

1 月 24—28 日，香港大学图书馆苏德毅（Peter Sidorko）副馆长到访我馆，参与研讨我馆特藏文献的保存与保护、特藏部工作发展的中长期计划。

1 月 25 日，四川省阿坝师范高等专科学校党委书记景新亚一行 7 人到访我校，其间该校图书馆陈春勤馆长、庄伯财副馆长等来馆交流。

1 月 25 日，我馆举办“两岸图书馆数字化服务的现况与前瞻论坛”，台湾政治大学图书咨询与档案学研究所师生 24 人参加会议。

1 月，根据财政部、教育部及学校资产管理的有关规定，图书馆对本馆的仪器、家具等实物资产进行清点，按要求做到“账物相符，账账相符”。

2 月 22—24 日，钟建法赴广东珠海参加“高校特藏资源建设研究会议”。

2 月 23 日，图书馆颁布《厦门大学图书馆机房安全管理规定》（厦大图〔2010〕1 号）。

3 月 1 日，中国图书馆学会高等学校图书馆分会下发《关于对高校分会各委员馆委员重新确认的通知》，根据相关要求，我馆确认高校分会第一届委员会委员苏海潮继续担任第二届委员会委员。

3 月 3 日，图书馆召开“文史分馆馆藏调整会议”，决定将文史分馆更名为区域研究文献中心，主要收藏厦门大学的特色学科，如台湾研究、东南亚研究等方面的研究资料。

3 月 8 日，图书馆向国家古籍保护中心再次申报珍贵古籍 8 种。后经审核，被收录 3 种，至此图书馆共有 12 部古籍入选《国家珍贵古籍名录》。

3 月 14—16 日，我馆举办“2010 年 CASHL 中心馆馆长工作会议暨 2009 年工作总结表彰会”，按照《国家中长期教育改革和发展纲要》，讨论我国高校未来十年文科外文文献资源发展规划、保障水平、建设策略和经费需求等议题。

3 月 15 日，我馆荣获中国高校人文社会科学文献中心（CASHL）颁发的“优质服务一等奖”、“特别贡献奖”、“宣传推广奖”以及“个人优秀奖”4 个奖项。

3 月 16 日，图书馆修订《厦门大学图书馆仪器设备管理办法》（厦大图〔2010〕3 号）。

3 月 19 日，台北大学图书馆王怡心馆长、“国家图书馆”汉学研究中心李宜容主任等人考察我馆区域研究资料中心，并研讨三方图书馆互赠及未来三年图书资料互换等事宜。

3 月 19—22 日，王明理副馆长赴我馆对口帮扶的贵州师范大学图书馆参观考察，双方达成了在原有文献资源共享的基础上，开展外文图书选送、人员培训、厦大馆优质学术报告视频利用、软件开发等方面的新帮扶措施。

3 月 29 日，图书馆向学校呈报《厦门大学“211 工程”三期建设计划书（2010 年度）：电子图书及其服务系统》。项目建设目标为：以不同方式购入一批中外电子图书；数字化保存工作；提供一个电子图书网上目录系统供全校用户使用；开发元数据搜索与发现服务器。该项目年度预算经费 200 万元。

3 月 31 日—4 月 3 日，“第二届海峡两岸大学图书馆合作与发展论坛”在厦门大学举办。此次会议由中国高等教育文献保障系统（CALIS）和厦门大学主办，CALIS 技术论坛和厦门大学图书馆承办，会议主题为“人文视野下的数字图书馆技术发展”。本次论坛因应国家“211 工程”全国公共服务体系之 CALIS 三期启动之际，聚焦信息技术在资源内容建置和数字化长期保存的应用这一领域展开交流与研讨，为图书馆在数字化时代如何更快加速有效地收集、生成、整序和利用数字对象聚集能量，利用新技术对学术社群的资源建置和内容建置展开支持，对新环境下海峡两岸的数字化特色收藏的分工和合作进行讨论，实现两岸学术图书馆界的深入合作。

图 21　第二届海峡两岸大学图书馆合作与发展论坛

3 月，我馆向大学图书馆国际合作计划（CADAL）管理中心申请成为 CADAL 项目二期数字资源参建单位。

4 月 23 日，图书馆举办“世界阅读日”系列活动启动仪式。本次系列活动主要包括启动“图书驿站”及期刊漂流角，学科馆员学院行，漳州校区“悦读”读书沙龙，讲座信息网“我们是如何分享阅读的”主题活动，以及“我最喜爱的图书”推荐等。

4 月 26—28 日，我馆举办“第七届本科生优秀论文计划（OAPS）年度工作会议”，共同交流一年来 OAPS 工作开展的新的体会，展示取得的最新成果，并探讨 OAPS 的未来发展。

图22 第七届本科生优秀论文计划(OAPS)年度工作会议
(前排左四为邬大光副校长,后排右一为萧德洪馆长、左一为陈滨副馆长)

4月26—30日,马鲁伟、张云丽赴北京参加由中国国家图书馆和联合国达格·哈马舍尔德图书馆联合主办的“中国联合国托存图书馆馆员培训研讨会”。

4月,图书馆全体职工向青海玉树地震灾区捐款10,970元,向西南五省旱灾地区捐款8,171元。

5月7日,学校印发《厦门大学关于“211工程”三期“电子图书馆及其服务系统”项目2010年度建设计划书的批复》(厦大重办〔2010〕21号),原则上同意图书馆所报建设目标和建设内容,同意拨款建设资金200万元,其中业务费20万元、设备购置费75万元、图书资料费105万元。

5月10日,我馆与厦门大学出版社签订《中国稀见史料·厦门大学图书馆藏稀见史料》出版协议书,馆藏珍稀文献的出版事宜顺利展开。

5月10日,学校发展规划办公室下发通知,“211工程”三期各重点学科建设项目2010年中央专项资金和2009年地方配套资金已安排并编制年度建设计划,其中图书馆统筹部分资金额度总计为568.5万元。

5月10—15日,徐敏赴浙江杭州参加浙江大学举办的“教育部科技查新审核员培训”。

5月10—15日，周红、韩冬丽、李灿元赴广东广州参加“CALIS第八届引进数据库培训周”。

5月11日，根据前期制定的整改方案，图书馆深入学习实践科学发展观活动取得阶段性成果，并向校党委提交《图书馆深入学习实践科学发展观活动整改落实情况汇报》。

5月12日，图书馆总馆举行消防疏散演习。

5月14日，由复旦大学图书馆主办、我馆承办的“CASHL华东南地区文献传递宣传推广会议”在福建省社会科学院图书馆举行。萧德洪馆长、陈小慧副馆长出席会议，杨薇详细介绍了我馆文献传递宣传推广经验。

5月20日，图书馆印发《关于成立〈中国稀见史料·厦门大学图书馆藏稀见史料〉编委会的通知》(厦大图〔2010〕4号)。为加强《中国稀见史料·厦门大学图书馆藏稀见史料》的编辑出版工作，经馆长办公会议决定，成立编辑出版委员会，由陈小慧、戴鹭涛、刘心舜、王志双、许建生、张徐芳、张育梅、董兴艳等8人组成，陈明光、侯真平任主编。

5月20日，学校印发《关于认真办理厦门大学六届一次教代会提案及工作建议的通知》(厦大办〔2010〕8号)，图书馆提交的两项提案得到立案办理，分别是应巧兰的“构建厦大公共数据仓储平台，实现基础数据信息共享”，周建昌的“支持厦大学术机构典藏建设”。

5月28—31日，为庆祝厦门大学出版社成立25周年，图书馆、出版社、南强书苑联合在图书馆总馆举办书展。

6月2日，图书馆颁布《厦门大学图书馆安全管理补充规定》(厦大图〔2010〕5号)。

6月3日，图书馆在总馆五楼报告厅举行安全稳定工作会议(厦大图纪要〔2010〕19号)。党总支书记陈滨认真传达了学习有关安全稳定工作会议的主要精神，对全馆工作人员进行安全教育，并对图书馆的安全工作进行贯彻落实，组织学习《厦门大学图书馆安全管理补充规定》《厦门大学图书馆治安保卫规定》《厦门大学图书馆治安保卫消防安全管理细则》。

6月3日，图书馆向学校呈报《图书馆2006—2009年党员发展工作自查报告》。根据厦门市《中共厦门市组织部关于开展发展党员干部工作检查的通知》

(厦委组〔2010〕27号)和学校《关于开展发展党员工作检查的通知》(厦大委组〔2010〕10号)的要求,图书馆党总支积极部署,所属7个党支部(退休党支部除外)对党员发展工作进行了认真自查。

6月6日,中共福建省委书记孙春兰、福建省长黄小晶等省领导带领全省各设区市党政主要领导和省直机关有关部门负责人赴漳州检查工作,专程到我校漳州校区视察,校领导朱之文等人陪同视察,其间共同参观了漳州校区图书分馆。

6月10日,我馆与贵州师范大学图书馆联合举办的"青年馆员学术论坛"在贵州师范大学图书馆召开。

6月20日,图书馆颁布《厦门大学图书馆涉密学位论文管理办法》(厦大图〔2010〕6号)。

6月20—25日,洪辉赴甘肃兰州参加"第四届信息技术与教育国际学术研讨会",并作题为"乡村图书馆合作共建模式:厦门大学图书馆的经验"的报告。

6月23日,我馆与厦门大学出版社签订《关于〈中国稀见史料·厦门大学图书馆藏稀见史料〉合同的补充协议》,即决定成立该套史料的编辑出版委员会。

6月25日,陈娟赴北京参加"国际大学评价研究高端论坛·泰晤士高等教育全球大学排名实践与研究暨第二届科研管理与评价高级研修班"。

6月29日,图书馆颁布《厦门大学图书馆会议室使用管理规定》(厦大图〔2010〕7号)。

6月,图书馆荣获中国高等教育文献保障系统(CALIS)联机编目中心颁发的"CALIS日文文献联机编目先进单位"荣誉称号。

6月,图书馆总馆安装监控系统。

7月3日,《厦门大学报》登载题为《图书馆副馆长戴鹭涛:情系读者,勤勉工作》,介绍图书馆副馆长、部门工会主席戴鹭涛的相关事迹。

7月9日,图书馆总馆馆舍沉降观测协调会在二楼会议室召开,厦门大学资产处、基建处、图书馆、设计院,厦门市政公司,厦门地质勘察院,监理公司,吉兴公司等相关部门的负责人参加会议。2010年1月,厦大·南普陀地下停车场项目开工,其打桩点紧邻图书馆,致使图书馆总馆在打桩期间一直受到震动,近期出现多处裂缝和漏水问题。此次协调会意在评估厦大·南普陀地下停车场项目建设对图书馆总馆的影响,查找现有问题产生的原因,并协商解决办法。

7 月 10 日，在图书馆党总支的统一组织下，各支部在图书馆总馆开展义务劳动，对特藏部和文史馆书库进行调整，拉开图书馆“创先争优”活动的序幕。

7 月 12 日，图书馆印发《关于确定蔡智强等 26 位同志为 2009—2010 年度考核优秀、林扬等 4 位同志为 2007—2010 聘期考核优秀的通知》(厦大图〔2010〕8 号)，经各部门推荐、图书馆聘任委员会讨论决定，蔡智强、王爽、洪梅、殷玲、郑贵榕、林扬、王志双、林丽敏、王赛熹、王榕、罗秀红、李育红、陈玉青、曾晟、黄丽瑾、袁晓琴、张平国、朱俊波、吴荫东、何映菊、陈全松、郑思东、李玲敏、龚晓婷、韩冬丽、杨小利等 26 人年度考核为“优秀”，林扬、林丽敏、吴明杰、殷玲等 4 人聘期考核为“优秀”。

7 月 13 日，陈小慧副馆长与厦门大学嘉庚学院雷锐生副院长商谈 2010—2011 年漳州校区图书分馆文献资源建设问题，确保嘉庚学院生均图书量以及新增年进量达到本科教学评估指标。

7 月 17—20 日，王爽赴吉林长春参加“CCEU2010 年年会”。

7 月 18 日，图书馆修订《厦门大学图书馆入馆须知》。

7 月 20—26 日，王爽、江湍赴黑龙江哈尔滨参加“2010 年数字图书馆前沿问题高级研修班”。

7 月 21 日，图书馆印发《关于调整部分馆员工作部室的通告》。因翔安校区图书分馆书刊资源储备等业务工作需要，经馆长办公会研究，决定对馆内部分人员做出调整，王丽俊调任漳州校区图书分馆，刘彤波、苏素尽、王淑琴调任流通部，陈志梅、甘碧娇、林彩红、智晓静调任元数据部，各自于 9 月 8 日到新部门上岗。

7 月 23 日，图书馆向学校呈报《图书馆落实反腐倡廉工作任务情况自查报告》。根据学校《关于开展全校落实反腐倡廉工作任务检查的通知》(厦大纪〔2010〕3 号)，图书馆党总支针对本单位贯彻落实反腐倡廉工作进行认真仔细的自查，领导班子能够认真落实党风廉政建设责任制，严格遵守党员干部廉洁自律各项规定，自觉抵制各种腐败现象，未出现违法违纪行为，但也存在一些需要改进和提高的地方。

7 月 26—30 日，应巧兰、韩闯赴江苏南京参加“专利信息专家认证Ⅰ级(PIS-Ⅰ)培训”。

7 月 28 日，西南财经大学图书馆邓慧智等一行 3 人到访我馆，调研知识信息港、期刊数据库导航相关问题。

7 月，图书馆全体职工向本单位职工王上进捐助医药费 3 万余元。

7—8 月，图书馆利用暑假“空闲期”，对总馆进行局部修缮和改造，包括维修消控系统，改造咖啡厅和电梯，进行室内粉刷和装修。

8 月，图书馆工会代表全体职工向甘肃舟曲泥石流受灾地区捐款 5,000 元。

9 月 16 日，“第六届海峡两岸图书交易会”在台北开幕，厦门大学出版社展销全套 20 册的《中国稀见史料(第二辑)》。该套史料全部为厦门大学图书馆珍藏的孤本、善本和手稿本古籍，直接影印出版。

9 月 18 日，我馆与大学数字图书馆国际合作计划(CADAL)项目管理中心签订《大学数字图书馆国际合作计划(CADAL)项目二期“数字资源参建协议书”》，拟将馆藏外文图书 21,000 册、中文图书 3,125 种参与数字化建设。

9 月 18—20 日，戴鹭涛、肖铮赴浙江杭州参加“RFID 技术在图书馆应用理论和实践研讨会”。

9 月 27 日，图书馆举办“图书驿站”启动仪式。

9 月 27 日，根据学校关于创先争优活动的部署和要求，结合图书馆实际，为在全馆党组织和党员中深入开展创先争优活动，图书馆党总支制定《厦门大学图书馆深入开展创先争优活动实施方案》，成立图书馆党总支创先争优活动领导小组，由萧德洪、苏海潮、戴鹭涛、陈滨组成，陈滨任组长；徐获蕙任联络员，陈丽娟任信息员。其中，陈滨负责联系行政技术支部、采编支部、退休支部，萧德洪负责联系漳州分馆支部、特藏支部，戴鹭涛负责联系读者服务(总馆)支部、分馆(本部)支部。另外，各支部结合部室工作的特点，制定各支部的具体活动方案。

9 月，图书馆区域研究资料中心馆藏调整工作完成，并正式挂牌对外开放。

9 月，元数据部基本完成中外文保存本馆藏的回溯工作，并将工作重心转向外文书刊编目，成为从事外文文献编目的专门部门。

10 月 10—14 日，马鲁伟赴上海参加由华东政法学校图书馆承办的“2010 年度全国政法院校图书馆馆际协作会议暨学术研讨会”。

10 月 13 日，图书馆修订《图书馆职工及家属丧事慰问仪则》(厦大图〔2010〕9 号)。

10 月 16 日，由校工会、校体委联合举办的“第十九届教职工游泳运动会”在王清明游泳馆举行，图书馆代表队荣获团体总分第一名。

10月16—18日，党总支书记、副馆长陈滨赴上海交通大学参加“2010年第四届高校图书馆人事工作会议”，并作题为“青年馆员队伍的再造与培养”的报告。

10月17—20日，苏海潮、李金庆赴福建武夷山参加“福建省图书馆学会第八次会员代表大会暨2010年学术年会”。

10月18—22日，杨巧云、林扬赴陕西西安参加“《中国图书馆分类法》第五版培训”。

10月22—26日，美国俄勒冈州图书馆馆长施吉姆(Jim Scheppke)、俄勒冈大学图书馆馆长戴博拉(Deborah Carver)一行到访我馆，并进行业务交流。

10月30日，学校印发《关于同意召开中国共产党厦门大学图书馆党员大会的批复》(厦大委组〔2010〕38号)，同意图书馆于2011年1月召开中国共产党厦门大学图书馆党员大会及其大会议程，选举新一届党的总支部委员会委员、书记。

10月，为规范图书馆党政联席会议制度，健全和完善图书馆议事决策制度，促进图书馆决策的科学化和民主化，形成图书馆党政领导班子领导科学发展，促进校园和谐的有效合力，提高图书馆规范化管理水平，图书馆结合本单位实际，参照《厦门大学学院党政联席会议议事规则(暂行)》，制定《厦门大学图书馆党政联席会议议事规则(暂行)》(厦大图〔2010〕10号)。

10月，图书馆凤凰花咖啡屋正式开放。

11月1日，图书馆在总馆五楼报告厅举行“期刊网数据库使用技巧及最新功能介绍”的讲座，正式启动本年度宣传月活动。本次宣传月活动主要开展系列讲座，外文原版图书展，“光影流波画影”馆藏资源电影资料展，与读者共建和谐图书馆等形式多样的主题活动。

11月3日，福建省教育厅、财政厅联合印发《关于进一步推进福州地区大学新校区教学资源共享建设工作的通知》(闽教高〔2010〕123号)。根据《关于进一步推进福州地区大学新校区教学资源共享的若干意见》(闽教高〔2009〕10号)精神，福建省教育厅、财政厅决定通过组织开展福州地区大学新校区文献信息资源共建共享平台建设工作，进一步提升福州地区大学新校区教学资源共享建设水平。该平台由本共享域内的福州大学、福建师范大学、福建农林大学、福建医科大学、福建中医药大学、福建工程学院、福建江夏学院、闽江学院等8所高校和厦门大学共同参与建设，通过依托福州和厦门两个福建省教育科研网中心节点，建设设在厦门大学的 CALIS 福建省中心与设在福州大学的 CALIS 福州大学城共享中心，以文献信息的联合保障体系建设和资源共享为主要任务，整合各馆资源、发挥联合优势，为大学城共享域内的广大师生提供校际的文献提供、文献传递、馆际互借、联合借阅等高水平便捷的信息资源"一站式"服务，争取到 2011 年底完成 CALIS 福建省中心和 CALIS 福州大学城文献信息资源共享平台建设工作，实现图书馆联合目录条目数达到 100 万种以上，提供 8000 万条以上的元数据仓储供师生查询与检索，通过 CALIS 福建省中心和 CALIS 福州大学城共享中心提供的馆际互借与文献传递总量每年达 5 万件以上。其中，厦门大学的工作分工为：负责 CALIS 福建省中心的建设，升级 CALIS 馆际互借与文献传递系统为服务于全省各高等学校的共享版系统；牵头负责元数据建设专业工作组，负责全省联合目录数据的整理和质量控制、特色数据库和其他类型建设的规范设计和数据管理等，并建立元数据著录管理系统。决定成立福州地区大学新校区文献信息资源共建共享协调工作小组，萧德洪馆长担任副组长；成立 CALIS 福州大学城共享域中心专业工作组，萧德洪馆长、陈小慧副馆长、戴鹭涛副馆长以及林俊伟分别担任各专业工作小组的组长或组员。

11 月 4 日，陈娟赴湖北武汉参加由武汉大学、华中师范大学、中国科学学与科技政策研究会主办的"第六届科学计量学与大学评价国际研讨会"。

11 月 5 日，图书馆与新闻传播学院共建"人文社科实验室实习基地"正式启动。

11 月 9 日，国家知识产权局专利局专利文献部师朝阳等一行 5 人来我馆调研，主要考察数字资源的引进、组织和应用情况，面向读者提供的文献服务方式，纸本资源和特色资源收藏情况，图书馆分馆的管理模式，学位论文的管理模式和应用方式，以及文献传递和馆际互借情况。

11 月 10 日，学校印发《关于高聘蔡加法等八十七位同志教师以外各类专业技术职务的通知》（厦大人〔2010〕131 号），经校专业技术职务聘任委员会研究并表决通过，图书馆智晓静晋升副研究馆员，陈迎欣、陈丽娟、曾晟、李玲敏、殷玲、胡友斌、吴彩红、许妙娟、向佳丽、朱俊波、龚晓婷、林霞、吴明杰、吴至艺、李剑、洪霞晋升馆员，起聘时间均为 2010 年 8 月 1 日，具体聘任期限按与学校签订的聘用合同的约定执行。

11 月 14 日，陈小慧、王志双赴江苏苏州参加“CALIS 三期‘高校古文献资源库’扩大建设工作会议”。

11 月 16 日，萧德洪馆长赴福州大学参加福州地区大学新校区文献信息资源共建共享协调小组第一次全体会议。

11 月 17 日，图书馆总馆举行消防疏散演习。

11 月 18—20 日，杨薇赴上海参加“2010 年馆际互借与文献传递系统用户培训会”。

11 月 19 日，为满足读者对图书馆使用的需求，漳州校区图书分馆将开放时间延长至 22∶30。

11 月 20 日，图书馆总馆举行姚一苇、范筱兰夫妇手稿及作品捐赠仪式。姚一苇与范筱兰均是我校长汀时期的校友，姚一苇是台湾著名剧作家和理论批评家，范筱兰在文学方面亦有较高造诣。此次赠送的作品主要有姚一苇生前珍贵手稿 4 种，范筱兰手稿 3 种，及二人在长汀时期及定居台北的珍贵照片。

11 月 24 日，图书馆修改完善《图书馆落实反腐倡廉工作任务情况自查报告》，主要是针对需要改进和提高的地方制定整改措施。

11 月 24—26 日，钟建法赴海南海口参加“高等学校图书馆文献资源建设案例与实证研究”学术研讨会。

11 月 28—30 日，李金庆赴福建福州参加“福建高校图书馆 2010 年期刊工作研讨会”。

11 月，“厦门大学图书馆馆藏文献丛刊之一”《台湾光复前后(1943—1946)》由厦门大学出版社出版。

11 月，我馆与厦门市台湾同胞联谊会联合举办“台湾光复纪实——纪念抗日战争胜利暨台湾光复 65 周年图片展”。

12 月 1—3 日，钟建法赴上海参加“高校外文资源建设暨文专项目馆员培训”。

12 月 2 日，图书馆向学校呈报《图书馆关于增加阅览座位及家具购置经费预算的请示报告》。为缓解校本部图书馆阅览座位紧张的局面，为师生提供更多的学习空间，按照校领导的指示，图书馆拟在总馆增加座位 490 个，桌椅等家具购置经费预算约 26.4 万元；另外拟新建“玉堂厦大文库”，经费预算约 43 万元。由于经费紧张，学校批复先解决阅览座位不足的问题，“玉堂厦大文库”暂缓，待有条件再建设。

12月10日,《厦门大学报》登载题为《图书馆:推动学科服务工作,加快学科专业分馆建设》的文章,介绍图书馆分馆(校本部)党支部创先争优活动的先进事迹,即坚持把开展创先争优活动与推进学科分馆建设工作相结合,以学科分馆为依托,大力践行"学科馆员"制度,努力开展一系列以"服务教学、助力科研"为主题的学科服务活动。

12月13日,深圳大学图书馆馆长助理王小云等一行8人到访我馆,调研读者服务与资源共享、图书馆文化建设、图书馆二级教代会运作等问题。

12月14日,杨薇赴北京参加"第三届高校馆际互借协调组第二次会议"。

12月15日,武汉理工大学图书馆党总支书记程治华一行8人到访我馆,调研新馆建设和使用情况。

12月15—18日,陈俊杰赴上海参加"2010年教育部高校图工委信息技术应用年会"。

12月17—18日,周建昌赴福建福州参加"福建省社会科学界2010年学术年会暨五缘文化研究会'五缘文化视阈下闽台合作与发展'论坛"。

12月20日,我馆申报并参与教育部"211工程"大学数字图书馆国际合作计划(CADAL)二期的"图书资源数字化建设"项目,与管理中心签订"厦门大学图书馆图书文献数字特藏建设研究"科研项目合同。项目经费132万元,项目负责人陈小慧副馆长,项目成员刘心舜、杨巧云、陈晓亮、邵洪婷、林丽敏等。此项目使我馆的特藏数字化水平迈上新的台阶,数字化的设备及软件平台,人员的素质都有很大程度的改善和提升。

12月28日,邬大光副校长主持召开图书馆创先争优活动开展情况座谈会,校创先争优活动第六检查组组长王巧萍参加会议。会议认为,图书馆创先争优活动贴近学校中心工作,承诺明确,措施有力,将学习实践活动后续整改工作和落实承诺工作相结合,取得了明显实效。

2010年,图书馆实现了经费收支的顺差,表明我馆对馆外读者的服务水平有质的提高。

本年在岗职工172人,其中硕博士27人,本科127人;另有非正式职工16人。本年文献资源购置费2,072.73万元。本年购置图书1,397,010册,其中纸本中文98,645册,纸本外文2,775册,电子中文1,236,895册,电子外文58,695

册；购置报刊450,682种540,802份，其中纸本中文1,423种2,229份，纸本外文616种616份，电子中文184,256种253,268份，电子外文264,387种284,689份；购置数据库23个；购置其他类型文献50册（件）。新增学位论文2,425册，接收捐赠和调入文献108,965册，剔除、注销文献1册。从本年起，馆藏文献资源累计数为图书、期刊合订本、非书资料以及学位论文等4大类文献的数据之和。截至12月31日，馆藏文献资源累计5,823,308册（件）。本年读者总人数65,993人。全年纸本书刊外借1,377,786册；馆际互借纸本书刊借入1,288册，借出354册；文献传递传入3,719篇、传出12,545篇；完成查新610项，定题服务230项，查收查引950项。开设信息素养教育课，聘任教师2人，听课总人数3,950人。在数字化建设方面，本馆覆盖无线网，拥有网络交换机端口1,000个，服务器40台，电脑400台，储存总量达40,000GB。购买23个数据库，自建11个数据库，数字资源达4,800GB。年度扫描加工数据量63,000页。

2011年

1月5日上午，萧德洪馆长在图书馆总馆一楼会议室主持召开党政联席会议，陈滨、陈小慧、王明理、戴鹭涛、徐荻蕙等人出席。会议决定：本日下午召开图书馆二级教代会；同意发放“优秀员工奖”，即林志良获得奖金1,000元，郑玉伟、邵林斌、邱雪云、黄美芳各获得奖金500元。

1月5日下午，工会主席戴鹭涛主持召开图书馆二级教代会，萧德洪馆长就全馆基本情况、统计数据、财务情况以及存在的问题和努力的方向进行报告。

1月12日，中国共产党厦门大学图书馆党员大会在总馆五楼报告厅举行，听取并审议本届委员会工作报告，陈滨书记作《以人为本抓服务，科学发展上水平》的工作报告；选举产生新一届党的总支部委员会。

1月27日，美国驻广州领事馆前领事金瑞柏、Marc Jackson等一行来馆访问，参观总馆区域资料中心，并就美国研究资料中心具体选址和运行模式进行初步探讨。

2月13日，学校印发《关于同意中共厦门大学图书馆总支部委员会换届选举结果的批复》（厦大委组〔2011〕9号），同意中共厦门大学图书馆总支部委员会委员、书记的选举结果，马鲁伟、王明理、苏海潮、陈滨、徐荻蕙、萧德洪、戴鹭涛等

7人任委员，陈滨任书记。图书馆党总支换届选举工作顺利完成。

2月22日，陈滨书记在总馆一楼书记办公室主持召开“治保专题会议”，徐荻蕙、郑道建、蔡智强、张高友、谢洁珊、李璟等人出席，讨论并制定《厦门大学图书馆灭火和应急疏散预案》。

2月24日，图书馆向学校呈报《关于图书馆补充工作人员的申请》，申请人事处补充3名工作人员。

2月，图书馆组织技术人员对网站进行全面检查，对发现的问题进行及时处理，以保障网站运行状态良好，持续为教学科研工作提供服务。同时，更换和加增阅览室、自习室的桌椅，新购置阅览桌165张、阅览椅666张，使总馆座位数增至1845个，总馆及各分馆座位数合计达5968个，尽可能满足读者的需求。

3月2日，为加强安全保卫工作，落实安全责任，营造安全、稳定、文明的馆内环境，图书馆修订《厦门大学图书馆平安奖评奖办法》，为健全和完善教职工代表大会组织制度，图书馆参照学校有关文件，制定《厦门大学图书馆关于二级教代会的有关规定》(厦大图〔2011〕1号)。

3月9日，陈滨书记在总馆二楼会议室主持召开“党员领导干部民主生活会”，萧德洪、戴鹭涛、王明理出席会议，各部室主任列席会议，校纪委何元赞副处长与会指导。陈滨传达学校民主生活会文件精神及相关要求，指出民主生活会必须实事求是，整改措施要明确可行，务求实效，并要及时向全馆职工通报，自觉接受群众监督。陈滨代表馆领导班子汇报了一年来的工作，对图书馆工作取得的成效和仍然存在的问题进行说明，并提出下一步的改进措施。

3月11—13日，钟建法赴浙江杭州参加“高校图工委文献资源建设项目研究小组工作会议”，讨论高校图工委文献资源建设项目研究小组2011年工作计划。

3月13日，为迎接厦门大学90周年校庆，图书馆“人文社科实验室”拟邀请校内外专家就厦大校友、厦大精神、厦大历史以及与厦大相关的话题连续举办公益讲座，历史系刁培俊副教授在区域资料中心作题为“傅衣凌教授的史学研究”的首场讲座。

3月17—19日，张育梅赴河南郑州参加“‘CALIS三期高校古文献资源库’建设工作暨项目培训”，进一步掌握古文献数字化的专业知识，熟悉和传授古文献元数据著录、数字化加工等操作流程。

3 月，鱼病学专家华鼎可教授向我馆捐赠图书资料 1,500 余册，主要为有关水产养殖、鱼病、微孢子虫等学科领域的图书。

3 月，林振锋副研究馆员申报中国高等教育文献保障系统(CALIS)三期专题特色数据子项目“东南海疆研究数据库”，项目组由萧德洪、周建昌、朱弋玮、郑咏青、肖铮、王爽、陈迎欣、高秀闽等人组成。

3 月，为迎接厦门大学 90 周年校庆，更好地为海内外校友展现本校的特藏资源及厦大人的学术风采，图书馆在总馆四楼 420 室布置“玉堂・厦大文库”展室和林语堂纪念室，布展面积约 400 m^2。经费主要来源于北京校友会捐赠的 5 万元和北京超星数图信息技术有限公司捐赠的 10 万元，并委托厦门名呈装饰设计工程有限公司承担设计和布展工作。

图 23　图书馆四楼林语堂纪念室

4 月 5 日，图书馆在总馆举行“玉堂・厦大文库”开馆仪式，北京校友会陈抗甫、孙亚夫、许又声等校友出席。

4 月，图书馆举办“陈嘉庚兴办厦门大学言论摘录展览”和“厦门大学北京校友会特展”。

5 月 3—6 日，陈滨书记受邀赴台湾逢甲大学图书馆主办的“第八届 OAPS 年度工作会议”。

5月9日，陈滨书记在总馆二楼会议室主持召开部主任会议和治保会议，布置厦门市“5·10”防火疏散演习事宜及近期工作安排。

5月16—21日，陈娟赴河南郑州参加“2011数字资源建设与服务的统计分析暨CALIS第九届国外引进数据库培训周”。

5月17日，我馆与厦门大学出版社签订《厦门大学出版社图书出版补充合同》，就《中国稀见史料（第二辑）——厦门大学图书馆藏稀见史料（一）》达成出版补充协议。

5月18日，萧德洪馆长在图书馆总馆二楼会议室主持召开厦门大学文献集中采购委员工作会议，文献集中采购委员会委员出席会议，图书馆主要采访馆员列席会议（厦大图〔2011〕2号）。会议对近年来厦大图书馆中外文图书、期刊及数据库的采购进行总结，对合作书商进行评估，并对接下来的各类型文献的采购方式进行部署和安排。

5月21日，《厦门大学报》登载题为《贴心服务读者——记优秀共产党员、图书馆陈晓亮》，向全校师生介绍图书馆在职党员陈晓亮的相关事迹。

5月23—27日，江湍赴宁夏银川参加“2011图书馆信息技术的应用、服务和创新学术研讨会”暨“第三届数字图书馆与开放源码软件(DLIB & OSS 2011)学术研讨会”。

5月23—27日，徐敏赴广东东莞参加“教育部全国高校首届科技查新工作研讨会及Dialog国际联机系统培训”。

5月24—27日，林敏赴福建武夷山参加“学科建设之定位策略暨第三届科研管理与评价高级研修班”。

5月25日，按照《教育部2011年“小金库”专项治理工作实施方案通知》（教财司函〔2011〕138号）和《厦门大学2011年“小金库”专项治理工作实施方案》（厦大财〔2011〕25号）的精神和要求，图书馆对财务进行了全面清查，并无违反财务制度的行为，签订《厦门大学关于“小金库”专项治理工作承诺书》。

5月25日，萧德洪馆长在图书馆总馆一楼馆长接待室主持召开党政联席会议，陈滨、陈小慧、王明理、戴鹭涛等人参加会议。会议决议：“211”经费预购的20台电脑中抽出部分，更换漳州校区分馆的陈旧设备；加强全馆公共区域的巡查；家具设备的采购应通盘考虑，实地考察后按需购买；进一步规范数据库采购流程，在原有《厦门大学图书馆数据库采购规则》基础上，进一步规范《厦门大学图书馆数据库采购管理办法》。

5 月，厦门大学图书馆萧德洪和出版社蒋东明联合申报厦门大学教师类基础创新科研基金（中央高校基本科研业务费）项目“厦门大学图书馆藏稀见史料整理研究”，课题组由历史系刁培俊、靳小龙，图书馆周红、张徐芳，出版社董兴艳组成。

5 月，图书馆职工为冯秀钦捐款总计 58,450 元。

6 月 12—15 日，福建师范大学图书馆韦衣昶副馆长带领采编部、文献二部、信息技术部等相关人员到访我馆，开展图书馆管理系统更新升级问题专项考察交流。

6 月 17 日，经学校文献集中采购委员会授权，图书馆在总馆二楼会议室举行“厦门大学图书馆中文图书代理商资格招标会”。本次招标共有湖北三新书业、中国教育进出口公司、北京图书大厦、北京人天书店、厦门对外图书交流中心、厦门晓风书屋、浙江省新华书店、北京百万庄图书大厦、辽宁北方等 9 家公司参与投标，最终确定北京图书大厦、湖北三新书业、浙江新华书店、厦门对外图书交流中心、北京百万庄图书大厦为中文图书采购综合类代理商，有效期自 2011 年 7 月 1 日至 2012 年 6 月 30 日。

6 月 21—26 日，陈晓亮、王爽赴四川成都参加“2011 年高校图书馆发展论坛暨数字图书馆前沿问题高级研讨班”。

6 月 22 日，学校印发《关于印发〈厦门大学关于室内公共场所和工作场所禁止吸烟的实施方案（试行）〉的通知》（厦大资字〔2011〕16 号），图书馆全馆禁止吸烟。

6 月 22—25 日，李金庆赴江苏南京参加“教育部高校图工委期刊研究工作年会暨全国高校图书馆第十三届期刊工作研讨会”。

6 月 22 日—7 月 20 日，陈滨书记受邀赴美国伊利诺伊大学厄巴纳-香槟分校参加第七期“中国图书馆员暑期培训班”，加强与同行的业务学习和交流合作。

6 月 28 日，萧德洪馆长在图书馆一楼馆长接待室主持召开图书馆聘任委员会会议，议决重新制定年度考核标准，并由徐获蕙起草聘委会考核意见、王明理起草新的考核表格，为明年岗位及人事变动做好铺垫。

6 月 28 日，图书馆向学校呈报《关于图书馆总馆 323 室“美国研究资料中心”装修申请》，计划于 7 月底将区域资料中心西侧部分约 100m^2 和室外天台活动区 96m^2 装修成美国研究资料中心，总预算10万元。

6月30日，图书馆颁布《图书馆禁止吸烟实施方案(试行)》。

6月，图书馆总馆对一至四楼层各阅览室配电箱进行升级改造。

7月1日，漳州校区图书分馆与厦门大学老年大学书画研究院在漳州校区图书分馆三楼共同举办“纪念建党90周年书画笔会”。

7月1—3日，“‘闽粤港’三地高校图书馆专业研讨会暨2011年奥林匹克杯友谊赛”在厦门大学举办。

7月3日，《厦门大学报》公布《厦门大学2011年度先进基层党组织和优秀共产党员、优秀党务工作者名单》，图书馆马鲁伟荣获“优秀共产党员”称号；同时，公布《厦门大学党支部工作“立项活动”优秀成果名单》，读者服务(总馆)支部立项“与建筑与土木工程学院本科生党支部共建‘文明诚信监督岗’”荣获优秀成果。

7月3日，厦门大学第二十届教工游泳运动会落下帷幕，图书馆代表队荣获冠军。

7月4日，图书馆颁布《厦门大学图书馆关于禁止吸烟相关规定》。

7月5—7日，陈和赴北京参加“CALIS三期建设项目:高校机构知识库建设及推广子项目建设意向与需求研讨会”，并作题为“机构仓储后发模式与厦门大学机构仓储实践”的报告。

7月12日，图书馆向学校呈报《关于图书馆2011年暑期修缮项目的申请报告》，提出本年度图书馆总馆的修缮项目，主要包括:增设南强报告厅专用电梯；改造书库内楼梯；总馆东入口处自习室空间的装修；凤凰咖啡厅屋面改造。

7月12—17日，林俊伟、杨薇、徐获蕙等3人赴黑龙江哈尔滨参加“CALIS省中心办公室工作会议”，了解CALIS三期目标及各项服务，帮助CALIS推广各项服务。

7月13—17日，萧德洪馆长、钟建法赴澳门参加“高校图书资源建设专家培训讲座”，萧德洪作题为“文献收藏与文化保存”的报告，钟建法作题为“六十年大陆中文图书出版与采选分析”的报告。

7月27日，陈滨书记等一行28人赴浙江杭州市图书馆调研，重点考察地方文献建设和特色图书馆建设，并与杭州图书馆签订馆际互借服务协议。

7月，为庆祝建党90周年，图书馆设立红色经典阅读专区。

7 月，图书馆总馆新设立美国研究资料中心，由区域研究资料中心西面部分和室外天台活动区改造而成，总面积约 200 平方米。

8 月 3—7 日，钟建法赴青海西宁参加“第八届全国高等学校文献资源建设工作研讨会”。

8 月 8—9 日，马鲁伟、陈和赴浙江宁波大学图书馆参加“CADAL 第二期嵌入式应用技术和方法培训班”。

8—9 月，为更好地服务广大师生，营造公共服务空间的良好氛围，图书馆总馆进行暑期修缮项目，主要有改造书库内楼梯、装修东入口处自习空间、改造凤凰花咖啡厅屋面。

9 月 4 日，王志双赴福州福建省图书馆参加“《中华古籍总目》福建卷编纂工作培训班”。

9 月 13—16 日，张徐芳赴四川成都四川大学参加“高校图书馆古籍保护工作的现状和发展研讨会”。

9 月 16 日，我馆与 CALIS 工程中心（清华大学图书馆）签订《CALIS 学位论文项目三期建设协议书》，参与学位论文资源和服务体系建设。

9 月 20 日，我馆与复旦大学图书馆签订《CALIS 三期子项目“全国高校教学参考信息管理与服务平台（二期）建设协议书”》，在一期建设的基础上对资源、平台和服务做进一步的完善和优化。

9 月 22 日，我馆与台湾大学数位典藏研究发展中心签订《厦门大学与台湾大学合作末次资料数位化与系统建置计划合作同意书》和《厦门大学与台湾大学合作史政局资料数位化与系统建置计划合作同意书》，进行馆藏“末次情报资料”和“史政局资料”的数位化与系统建设。

9 月，图书馆修订《数据库采购管理办法》和《数据库采购日常工作规范》。

10 月 12—16 日，“第一届中美高校图书馆合作发展论坛”在厦门大学召开。该论坛由厦门大学、美国中国图书馆员学会（Society of China Study Librarians）主办，厦门大学图书馆、康奈尔大学图书馆承办，教育部高校图工委资源建设工作组协办，论坛主题为“地区研究与大学图书馆资源建设”，来自北美 16 所高校和国内著名高校图书馆的 45 名图书馆馆长及图书馆学的专家参与了此次论坛。美国康奈尔大学的郑力人馆长、密歇根大学的杨继东馆长分别就地区研究图书馆的历史、定位、运行和管理、专业组织，文献资料的收集、整理和保存，以及图书馆员的知识构成和队伍建设方面进行了简短而精炼的主旨报告。福建师范大学的方宝川馆长在会上作了“福建地方文献的搜集、整理与研究”的专题报告。复旦大学的葛剑雄馆长、香港城市大学的景祥祜馆长、台湾大学的项洁馆长及我校萧德洪馆长分别对所在大学的特色地区馆藏文献资源进行了介绍与分享。本次中美高校图书馆合作发展论坛是中美两国图书馆界一次学术与文化的交流和碰撞，对两国图书馆地区研究及完善地区文献资源馆藏和收集起到了很好的推动作用。

图 24　第一届中美高校图书馆合作发展论坛

10 月 16 日，学校印发《关于调整部分教师以外专业技术职务专业(技术)评议组的通知》(厦大人〔2011〕142 号)，“图书资料(档案)专业评议组”更名为“图书资料与档案专业评议组”，调整后的评议组由计国君、史秋衡、连念、陈滨、陈小慧、陈江帆、李金庆、萧德洪、崔晓西等 9 人组成，计国君任组长，萧德洪、史秋衡任副组长。

10 月 16—19 日，苏海潮赴福建三明参加“福建省图书馆学会八届三次理事会暨 2011 年学术年会”。

10 月 19 日，萧德洪馆长在图书馆总馆一楼馆长接待室主持召开馆长办公会，部署学校开展的廉政风险点排查工作，议决部分员工的岗位调整，李玲敏调往总台，杨晶、李红调往特藏部，郑东峰调往法学分馆。

10 月 25 日，图书馆在二楼会议室召开院系资料室工作协调会会议，加强与院系资料室的交流与沟通，并就图书典藏、借还等问题进行协调。

10 月 25—27 日，麦林赴上海参加“CALIS 三期建设咨询服务项目审核小组工作会议”。

10 月 30 日，为深入贯彻中共中央办公厅《关于党的基层组织实行党务公开的意见》（中办发〔2010〕29 号）和中共福建省委办公厅关于《福建省党的基层组织党务公开工作实施意见》（闽委办〔2010〕26 号）的精神，贯彻落实《厦门大学党务公开工作实施办法》，根据校党委印发的《厦门大学党务公开目录编制指导意见》的要求，结合本单位的实际，图书馆颁布《厦门大学图书馆党务公开目录编制指导意见》和《厦门大学图书馆党支部党务公开参考目录》（厦大图〔2011〕4 号）。

10 月，根据校党委工作部署，图书馆深入贯彻第十七届中央纪委第六次全会和 2011 年全国教育系统党风廉政建设工作会议精神，落实上级相关文件要求，积极开展廉政风险点排查，制定防范和化解风险防范措施，形成《图书馆关于开展廉政风险点排查工作的报告》。

10 月，图书馆利用 OAPS 平台，积极参与本校本科生拔尖人才培养建设项目。

11 月 3—4 日，我馆举办“CALIS 福建省馆际互借共享版第一次培训”，参会人员为省内高校图书馆馆际互借人员，进一步推动福建省高校的馆际互借服务水平。

11 月 7—9 日，陈和赴北京参加“CALIS 三期建设项目：高校机构知识库建设及推广子平台开发任务建设技术与实施组第一次会议”，确定我馆负责开发的任务模块为界面客制化、首页显示、汉化 Message. properties 文件、在线编辑 Message.properties 和 Dspace.properties 文件、统计报表以及日常记录管理。

11 月 7—10 日，陈娟赴广东广州参加“数字出版与学习环境的发展新趋势——2011 iGroup 广州学术研讨会”。

11 月 8 日，张平国赴北京参加“第四届馆际互借协调组第一次会议”暨“CALIS 应用服务示范馆工作暨馆际互借服务发布会议”。

11 月 12 日，厦门大学第十六届教职工运动会闭幕，图书馆代表队获得团体总分第三名和体育道德风尚奖。

11 月 17 日，图书馆向学校呈报《关于图书馆总馆空间美化经费的申请报告》。拟将学校交由图书馆管理的90周年校庆礼品展出，以美化图书馆总馆的空间。邬大光副校长同意从预备金中拨付5万元，专门用于布置美化空间。

11月21日，图书馆向学校呈报《关于申请引进相应专业背景毕业生的请示报告》。为适应翔安校区学科设置和图书馆在翔安校区建立学科分馆的需要，申请学校2012年为图书馆引进5名应届毕业研究生，首选理工医科专业，备选图书馆学及相关专业。

11月24日，广州大学图书馆党总支书记郭萍等一行15人到访我馆，调研图书馆业务建设、图书馆社会化服务以及科技查新工作等问题。

11月25日，邬大光副校长和创先争优活动指导检查组第六检查小组组长王巧萍到图书馆召开座谈会。

11月28日，图书馆正式启用自动选座系统，加强图书馆精细化管理，培养学生自觉凭号入座的习惯。

12月5日，我馆举办"闽南都市区大学图书馆馆长会议"，旨在推进厦漳泉地区科学研究和高等教育事业的发展，推进高校文献信息资源的共建共享取得新突破。

12月9日，我馆与高等教育文献保障系统(CALIS)管理中心签订《LibGuides服务承诺书》，CALIS为我馆提供LibGuides 24个月(2012—2013年)使用期的全额补贴，我馆则在2012年4月30日之前在LibGuides上完成至少两个学科信息的制作，在2012年底之前完成至少五个学科信息的制作，并通知CALIS管理中心相关网址，由CALIS管理中心委托专家进行验收。

12月9日，我馆举办"CALIS三期建设项目第四期学科馆员培训"，邀请中国科学院国家科学图书馆初景利教授，清华大学图书馆林佳研究馆员，北京大学图书馆肖珑副馆长，上海交大图书馆陈进馆长、郑巧英副馆长、潘卫副馆长、黄敏研究馆员等图书馆专家为培训班授课。本期培训旨在提升全国图书馆员的素养和学科化服务能力，为高校图书馆培养一批具有良好综合素质、精强业务能力，并能独立带领团队开展学科化服务的学科馆员。

12月12—13日，钟建法赴上海参加"LibGuides数据库培训"。LibGuides由美国SpringShare公司2007年推出，是图书馆制作学科指南的重要工具。我馆是享受CALIS全额补贴的图书馆之一，按照相关要求须在2012年4月30日前在LibGuides完成至少2个学科信息的制作，并于年底完成至少5个学科信息的制作并通过验收。

12 月 19 日，我馆与福建两岸信息技术有限公司签订《数字资源购销与加工合同》，采购《台湾研究成果库》和《台湾政情库》2011 年度的数字资源。

12 月 19 日，《厦门大学报》登载题为《营造和谐馆风，追求卓越服务》的文章，报道图书馆党总支在创先争优活动中的先进事迹。

12 月 21—24 日，我馆举办“高校图书馆馆藏稀见古籍的鉴别、保藏与利用研讨会”。会议邀请哈佛大学哈佛燕京图书馆善本部原主任沈津、广西师范大学出版社何林夏、清华大学图书馆古籍部主任刘蔷等专家作主题报告，提升了对高校图书馆馆藏稀见古籍的鉴别、保藏与利用的认识，推动了我馆的古籍保护工作。

12 月 23 日，《厦门大学报》登载题为《关注细节，关怀个体——图书馆漳州分馆支部积极践行创先争优》的文章，报道漳州校区图书分馆党支部在创先争优活动中的先进事迹。

12 月 25 日，为贯彻落实《中共厦门大学委员会关于加强离退休工作的若干意见》(厦大委综〔2010〕9 号)的精神，深入推进离退休教职工党组织和党员创先争优活动，图书馆对历年来离退休工作进行回顾，形成《图书馆离退休职工工作总结和调研报告》。

12 月 28 日，为贯彻落实《关于做好 2011 年全校财务检查工作的通知》(厦大纪〔2011〕9 号)，图书馆成立自查小组对 2011 年发生的各项财务收支活动的真实性、合法性、合规性进行认真细致的自查，未发现违规违纪现象。自查小组由馆长萧德洪，党总支书记陈滨，副馆长、工会主席戴鹭涛，副馆长陈小慧，办公室主任徐荻蕙，采访部主任周红，财务主办邵碧珠，流通总台业务主管林奕纯，科技查新站主管应巧兰等 9 人组成。

12 月 30 日，图书馆公布 2011 年度各部门“平安奖”奖金发放情况。经馆长办公会讨论决定，漳州分馆、流通分馆各 1,000 元，经济分馆、法学分馆、东部分馆、特藏部、参考咨询部、编目部、报刊部、馆办公室各 800 元，元数据部、技术部、采访部、区域研究中心各 500 元；2011 年度劳务派遣优秀员工李凤玲、黄秋燕、林雅、邱雪云各 500 元，带队领导戴鹭涛补贴 600 元。

12 月 31 日，图书馆在总馆四楼“玉堂 · 厦大文库”隆重举办“厦门大学前校长汪德耀教授珍藏资料(首批)纪念展”。这批资料由汪德耀的女儿汪敏教授捐赠，首批到馆资料的目录达 30 余页，其中有关汪德耀教授教学科研和社会活动的出版物、油印本、证件、书信、工作手稿、笔记等文献弥足珍贵，如由汪德耀翻译、罗曼·罗兰修订的谢冰莹著《从军日记》法文稿，汪德耀手稿《萨本栋精神永放光芒》，钱学森致汪德耀书信，童第周致汪德耀的书信，汪德耀致国务院总理李鹏的书信等。

12 月 31 日，《厦门大学报》登载题为《岗位建功，优化图书馆特藏建设——图书馆特藏支部积极践行创先争优》的文章，报道图书馆特藏党支部在创先争优活动中的先进事迹。

12 月 31 日，复旦大学图书馆工会主席、参考咨询部主任王乐等一行 6 人来我馆调研。

12 月，图书馆颁布《厦门大学图书馆收费管理规定》(厦大图〔2011〕5 号)，修订《厦门大学图书馆流通工作细则》。

本年在岗职工 172 人，其中硕博士 28 人，本科 128 人；另有合同制职工 1 人，非正式职工 16 人。本年文献资源购置费 2,428.50 万元。本年购置图书 538,196 册，其中纸本中文 199,792 册，纸本外文 52,922 册，电子中文 238,500 册，电子外文 46,982 册；购置报刊 348,025 种 583,154 份，其中纸本中文 2,283 种 2,412 份，纸本外文 571 种 571 份，电子中文 261,489 种 261,489 份，电子外文 318,682 种 318,682 份；购置数据库 30 个；购置其他类型文献 7 册(件)。新增学位论文 5,527 册，接收捐赠和调入文献 22,047 册，剔除、注销文献 198 册。截至 12 月 31 日，馆藏文献资源累计6,525,665册(件)。本年读者总人数68,201 人。本年纸本书刊外借1,145,586 册；馆际互借纸本书刊借入 1,530 册，借出 606 册；文献传递传入 4,810 篇，传出 12,132 篇；完成查新 472 项，定题服务 10 项，查收查引 1,100 项。开设信息素养教育课，聘任教师 2 人，听课总人数8,850 人。在数字化建设方面，本馆覆盖无线网，拥有网络交换机端口 1,000 个，服务器 40 台，个人电脑 400 台，储存总量达 80TB。购买 30 个数据库，自建 13 个数据库，数字资源达 5,000GB。年度扫描加工数据量 29,000 页。

2012 年

1 月 10 日，图书馆完成对 2011 年度发生的各项财务收支活动的真实性、合法性、合规性的自查工作，向学校呈报《图书馆 2011 年财务检查自查报告》。

1 月 12 号，图书馆向学校呈报《图书馆 2012 年工作计划及 2011 年工作总结》。

2 月 8—11 日，钟建法赴云南西双版纳参加“高校图工委文献资源建设项目研究小组工作会议”暨“高校人文社科文献资源的布局与保障研究”课题组会议。

2 月 15 日，萧德洪馆长在图书馆总馆二楼会议室主持召开本学期第一次部主任会议（厦大图纪要〔2012〕1 号），布置近期各部门的业务工作安排。

2 月 26—28 日，苏海潮赴福建连城参加“福建省图书馆学会第八届四次理事会”。

2 月，东部分馆实行 RFID 自主借还服务。

3 月 14 日，图书馆召开党政联席会议（厦大图纪要〔2012〕2 号）。会议决议：(1)推荐肖铮、陈娟、应巧兰、马鲁伟、刘心舜上报“中国建设银行”“中国工商银行”“中国银行”三个奖教金。(2)加强自习室管理，规定中增加“保管好个人物品，图书馆有权对占位及临时置物柜上的物品予以清理”的内容，并决定在学生中征集自习室设计方案。(3)配合翔安校区图书分馆开放，调整思明校区总馆书库格局，扩大阅览空间。(4)初步确定翔安校区图书分馆设立 3 个部门，聘任 3 位主任。

3 月 16—20 日，马鲁伟赴香港参加由香港大学图书馆主办的“第十届图书馆领导者高级研讨班”。

3 月 28—31 日，张平国赴四川成都参加“CALIS 三期资源共享服务推广大会”。

3 月 30 日，图书馆向学校报送今年拟聘 3～4 名专业技术人员的计划。

3 月，图书馆修订《厦门大学图书馆自习区管理规定》。

4 月 5 日，图书馆在总馆四楼“玉堂・厦大文库”举办“把一切献给厦大——郑道传教授/陈兆璋教授伉俪赠书”展览。在 91 周年校庆来临之际，郑道传、陈兆璋夫妇之子，我校人口研究所郑启五教授将父母珍藏的全部图书资料 2,000 余册捐赠给我馆，其中有 1949—1966 年整套的《世界知识》杂志，是国内稀见珍本。

4 月 6 日，厦门大学法学图书馆动工仪式隆重举行。集美学校委员会从其负责管理的香港集友银行基金中捐资 1,000 多万元，支持厦门大学法学图书馆建设。

4月10日，萧德洪馆长在图书馆总馆一楼馆长接待室主持召开馆长办公会(厦大图纪要〔2012〕3号)，主要讨论翔安校区图书分馆的筹建事宜和全馆人员岗位的调整事宜。

4月10—14日，陈娟、韩冬丽、应巧兰、林奕纯赴湖北武汉参加“CALIS学科馆员培训教师及学院代表研讨会”暨“2012年学科馆员服务学术研讨会”。

4月11日，根据中共中央组织部《关于在创先争优活动中开展基层组织建设年的实施意见》(中组发〔2012〕6号)、教育部《关于印发〈教育系统关于在创先争优活动中深入开展基层建设年活动的实施意见〉的通知》(教创先发〔2012〕3号)以及学校《厦门大学关于在创先争优活动中深入开展基层组织建设年活动的实施方案》(厦大委综〔2012〕18号)的精神，结合图书馆的实际，图书馆制定《图书馆关于在创先争优活动中深入开展基层组织建设年活动的实施方案》，重点围绕加强支部书记队伍建设、建立完善规章制度、扎实开展党建活动等三个方面，将活动分为四个阶段展开：宣传动员，制定方案；调查摸底，分类定级；对标整改，晋位升级；学习先进，创先争优。

4月11日，我馆与厦门顺创彩印有限公司签订《合同书》，就图书装订事宜达成协议。

4月12日，我馆与清华大学图书馆签订“‘CALIS馆员素养与资质认证’建设协议书”，加强两校图书馆之间的合作与交流，提升馆员的综合素养和实践工作能力，共同探讨图书馆服务的发展方向和前景。

4月18—20日，我馆举办2012年CADAL“数字资源共享系统”项目验收会，验收专家组由福州大学图书馆汤德平、西安交通大学图书馆肖小勃、广东外语外贸大学图书馆钱国富、厦门大学图书馆刘心舜等4人组成。

4月22日，厦门市图书馆主办的“市民免费游图书馆”活动在我馆举行。

4月23日，我馆向厦大幼儿园捐赠儿童图书。

4月，图书馆举办“馆藏校办民国期刊展”。

5月1日，我馆与厦门港务集团物业管理有限公司签订《厦门大学图书馆物业管理服务合同》，服务管理期限为一年，管理服务总费用为38.43万元。

5月2—4日，张平国赴浙江杭州参加“2012年CASHL走入浙江暨与上海图书馆战略合作会议”。

5 月 9 日，图书馆印发《关于总馆局部馆藏调整的通知》，在暑假期间调整馆藏格局：第一，将现藏于“社会科学借阅区”图书调入“理工与人文借阅区”的五楼书库，原“社会科学借阅区”改为“新书借阅区”，提供新入馆图书的借阅服务和更多的阅览空间。第二，现藏于基本书库五楼馆藏点“保存外文”和“存档资料”的藏书于 6 月 16 日后下架堆放，待翔安校区图书分馆建成后调入该馆。

5 月 9—19 日，张徐芳赴美国参加“中国古籍与文献：写作、流传与保护国际研讨会”。该研讨会由芝加哥大学主办，中国国家图书馆、美国哈佛大学哈佛燕京图书馆、普林斯顿大学图书馆联合赞助，会议旨在聚合中西方利用古籍文献进行研究的学者与图书馆方面的古籍文献保藏专家，就共同感兴趣的话题展开交流讨论。

5 月 10 日，图书馆向学校呈报《图书馆创先争优活动总结报告》。自开展创先争优活动以来，根据我校关于创先争优活动的部署和要求，结合图书馆实际，全面深入开展创先争优活动。活动开展三年来，在推动图书馆科学发展、构建和谐图书馆、服务师生员工、加强基层组织建设、全面提升党员素质等方面取得了明显成效。

5 月 21 日上午，图书馆召开党政联席会议（厦大图纪要〔2012〕6 号），主要研究 2012—2015 年岗位设置、调整问题以及翔安校区图书分馆筹备事宜。设立“翔安校区图书分馆筹备工作小组”，施芝元任组长，萧德洪任副组长，戴鹭涛、徐荻蕙、谢明诠、马鲁伟、陈全松、刘海伟等 6 人任组员。成立“翔安校区图书分馆筹备委员会”，陈小慧、戴鹭涛任馆藏调整组组长，萧德洪、王明理任新馆筹建组组长，陈滨、徐荻蕙任后勤保障组组长，谢明诠、杨巧云、周红、刘海伟、林扬、陈玉青、刘心舜、王凤英、陈全松、马鲁伟、唐希文、陈江帆等 12 人任组员。

5 月 21 日下午，萧德洪馆长在图书馆总馆二楼会议室主持召开部主任工作会议（厦大图纪要〔2012〕5 号）。漳州校区图书分馆由嘉庚学院独立管理，原分馆编制的工作人员撤回校本部，会议主要讨论 2012—2015 年部门及主任岗位的调整和设置，决定保留原部门设置中的办公室、采访部、编目部、元数据部、特藏部、报刊部、区域研究资料中心、流通部、经济与管理分馆、法学分馆、东部分馆、信息技术部，原参考咨询部更名为信息咨询部，新设立翔安分馆、多媒体资料中心、储存图书馆，总计 16 个部室，各设主任 1 人。

5 月 21 日，图书馆公布《厦门大学图书馆 2012—2015 年部（室）主任聘任办法》(厦大图〔2012〕1号)、《2012年图书馆部门及主任岗位设置》(厦大图〔2012〕2号)以及《2012—2015年图书馆各部门岗位编制一览表》(厦大图〔2012〕3号),新一任部室主任及岗位选聘工作正式启动。

5月30日,图书馆印发《关于厦门大学2010—2012年创先争优先进基层党组织和优秀共产党员推荐结果的公示》,经各党支部民主推荐,党总支扩大会议投票表决,拟推荐特藏党支部为校级表彰的先进基层党组织,推荐肖铮、陈娟为校级优秀共产党员。

5月30日,塔吉克斯坦总统参观我馆。

5月,图书馆通过民间公益组织"担当者行动"向龙岩武平象洞中心小学捐赠"班班有个图书角"助学项目。

6月12日,校党委书记杨振斌到图书馆调研。

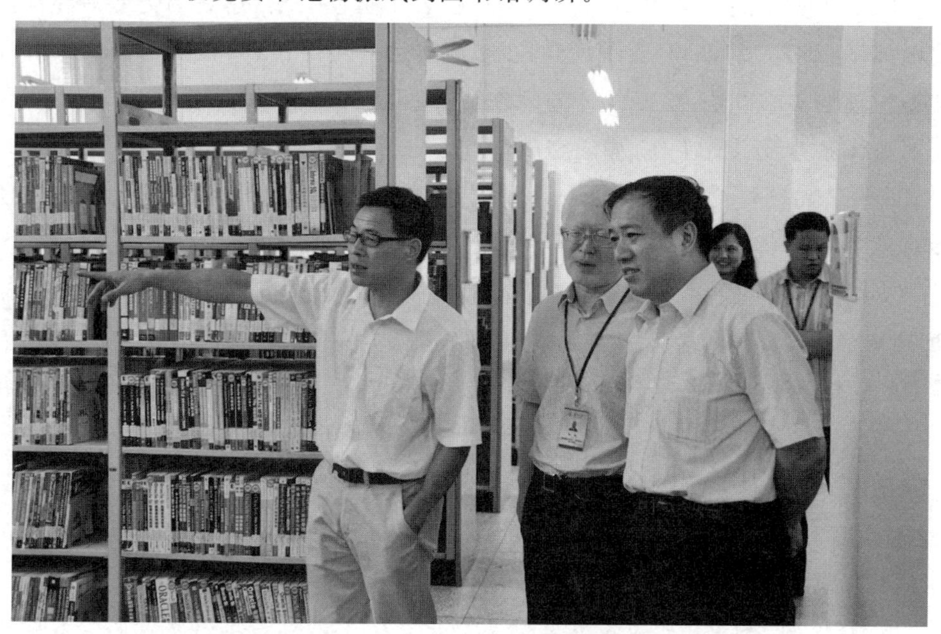

图25 杨振斌书记(右一)调研图书馆区域研究资料中心

6月14日,图书馆印发《关于聘任徐获蕙等16名同志为2012至2015年聘期部室主任的通知》(厦大图〔2012〕5号),决定聘任2012—2015年聘期各部室主任:办公室主任徐获蕙,采访部主任陈娟,编目部主任林扬,读者服务部主任马鲁伟,区域资料研究中心主任周建昌,报刊部主任王凤英,信息咨询部主任陈江帆,元数据部主任杨巧云,特藏部主任刘心舜,信息技术部主任肖铮,经济与管理分馆主任钟建法，法学分馆主任李剑，东部分馆主任杨小利，储存图书馆主任谢明诠，翔安分馆主任陈全松，多媒体资料中心主任刘海伟。

6月20日，图书馆召开党政联席会议（厦大图纪要〔2012〕9号）。会议主要内容有：(1)厦门大学图书馆赠送西藏民族学院价值约4万元、共计800册的外文原版书，王明理负责援藏各项工作。(2)派刘海伟、江湍于八月底至九月初前往韩国仁荷大学进行学习交流。(3)修订馆长办公会、馆务会、党政联席会相关规则，明确会议前做好会务准备工作。(4)议定《厦门大学图书馆图书二次典藏工作要求》、《总馆馆藏布局调整方案（讨论稿）》以及《厦门大学图书馆2012年馆藏布局调整及图书采购复本分配方案》。(5)部署选岗及部门岗位设置工作。(6)通过反腐倡廉自纠自查工作报告。(7)同意刘明磊转聘为正式编制人员。

6月20日，根据《中共厦门大学委员会关于贯彻落实〈建立健全惩治和预防腐败体系2008—2012年工作规划〉的实施办法》文件精神，按照《〈2008—2012年工作规划实施办法〉主要任务分解表》相关内容，图书馆深入开展了惩治和预防腐败体系建设自查工作，如期完成自查报告。

6月24日，厦门大学第二十一届教工游泳运动会闭幕，图书馆代表队荣获团体总分第一名。

6月25日，图书馆印发《关于拟表彰谢明诠等五位同志为厦门大学图书馆创先争优优秀党员的公示》，经各党支部推荐，党总支审查研究，决定表彰谢明诠、陈丽娟、邵洪婷、陈全松、杨小利等5人为厦门大学图书馆"创先争优"优秀共产党员。

6月26日，邬大光副校长和创先争优活动指导组第六检查小组组长林辉到图书馆指导创先争优工作，萧德洪馆长、陈滨书记分别汇报了图书馆创先争优活动开展以来的整体情况。

6月29日，图书馆人文社科实验室与化学化工学院青年志愿者协会共建暨"书声"志愿活动启动仪式在图书馆323室举行。

6月，图书馆颁布《厦门大学图书馆2012馆藏布局调整及图书采购复本分配方案》（厦大图〔2012〕4号）。

7月2日，萧德洪馆长在图书馆总馆一楼馆长接待室主持召开党政联席会议（厦大图纪要〔2012〕12号）。会议主要讨论并确定全馆各岗位的级别问题，决议全馆设置77名一级岗，54名二级岗，38名三级岗。另外，议定翔安校区分馆人员的补贴方案：学校补贴 180 元，馆内另外补贴 300 元。

7 月 3—5 日，麦林赴上海参加“CALIS 三期建设咨询服务项目暨总结表彰会议”。

7 月 6 日，图书馆印发《关于做好 2012 年选岗工作的通知》，正式启动 2012—2015 年图书馆各部室岗位的双向选聘工作。

7 月 9 日，《厦门大学报》登载《2010—2012 年获全国、福建省和厦门大学创先争优表彰名单》，图书馆特藏党支部荣获“校先进基层党组织”称号，肖铮、陈娟荣获“校优秀共产党员”称号。

7 月 10 日，我馆与晚晴园・孙中山南洋纪念馆签订《重刊林义顺著〈星洲同盟会录〉协议书》，重新刊印近代珍贵史料《星洲同盟会录》。

7 月 12 日，“总馆基本书库”馆藏点名称正式启用。根据近期馆藏调整计划，原社会科学借阅区图书搬迁至理工与人文借阅区五层书库，与原理工与人文借阅区图书合并组建总馆基本书库。

7 月 16 日，学校编印的《厦门大学深入开展创先争优活动简报》第 139 期刊发图书馆《营造和谐馆风，追求卓越服务——图书馆党群共建，为民服务创先争优纪实》。

7 月 17 日，图书馆印发《关于确定陈玉青等 25 人为 2011—2012 年考核优秀、蔡智强等 15 人为 2009—2012 年聘期考核优秀的通知》（厦大图〔2012〕6 号），经图书馆聘任委员会评议并予以公示，陈玉青、傅强、洪霞、黄秀菁、黄援生、赖寿康、李政、林萍芳、粘秋红、苏劲红、苏素尽、唐希文、谢明诠、王爽、文新兰、吴兵、袁晓琴、张平国、张育梅、郑贵榕、钟建法、周红、朱巧青、朱小明、朱弋玮等 25 人年度考核为“优秀”，蔡智强、陈全松、陈小慧、陈玉青、林萍芳、唐希文、王爽、王明理、王志双、杨小利、袁晓琴、朱巧青、张平国、郑贵榕、钟建法等 15 人聘期考核为“优秀”。

7 月 18 日，萧德洪馆长在总馆馆长会议室主持召开厦门大学文献集中采购委员会工作会议，计国君、陈光、林金枝、陈滨、曾云声等委员出席，图书馆采访部主任周红列席（厦大图〔2012〕7 号）。会议首先听取周红关于 2011—2012 年度中外文图书采购情况的汇报；萧德洪馆长反馈了审计署对我校文献资源集中采购工作审计的意见，全体讨论文献集中采购工作管理的改进措施，以及本年度中外文文献集中招标工作相关事宜。

8月20—9月2日，刘海伟、江湍赴韩国仁荷大学参加“交换馆员计划”。

8月23—27日，林奕纯赴天津参加“‘图书馆学实证研究：规范·拓展·超越’学术研讨会”。

9月21日，图书馆向学校呈报《图书馆建立健全创先争优长效机制的情况报告》。根据《厦门大学关于建立健全创先争优长效机制的指导意见》的通知精神，图书馆党总支结合工作实际，深入调查研究，以广大党员干部立足本职岗位、推进工作、服务师生为目标，将创先争优的实际举措转化为推动图书馆科学发展的强大动力。在实际工作中总结经验，深化认识，努力构建图书馆创先争优长效机制，实现组织创先性、党员争优秀的良好局面。

9月24日，翔安校区学生公寓芙蓉（五）一楼的图书馆服务点正式运行，为翔安校区的师生提供图书通借通还、委托借书、预约借书、读者事务处理与咨询等相关服务。首批工作人员包括戴鹭涛、谢明诠、陈全松、刘海伟、邵剑彬、朱小明、李国强、李政、聂荼庚、韩闯、向琳艳等11人。

10月9—12日，苏海潮赴福建宁德参加“福建省图书馆学会第八届五次理事会暨2012年学术年会”，会议主题为“文化强国：图书馆的责任与使命”。根据福建省社科联的统一要求，福建省图书馆学会决定成立“党工组”，萧德洪等5人为组员，方宝川为组长。

10月15—16日，洪梅赴广东深圳参加“深圳大学图书馆OPEN ERMS用户培训会”。

10月15—16日，陈娟赴四川成都参加“第九届全国高等学校文献资源建设工作研讨会”。

10月22日，法学院扩建工程协调会议在嘉庚主楼1605室召开，基建处、建筑学院、法学院、图书馆等单位的负责人参加会议。会议公布了法学院大楼建筑的设计方案，其中一至三层为图书馆法学分馆的馆舍。

10月24—26日，张徐芳赴福建福州参加“福建省古籍普查登记工作座谈会暨优秀组织者/管理者人员表彰会”。此次表彰中，萧德洪馆长荣获“优秀组织者”荣誉称号，特藏部刘心舜主任荣获“优秀管理者”荣誉称号。

10月24—31日，林霞、吴至艺赴江苏南京参加“第73期‘汇文文献信息服务系统V 5.0’业务研讨班”。

10月29日，林静、张妮妮、周理斌赴安徽合肥参加“Dialog科技查新与专利分析应用培训会”。

11月1日，经学校文献集中采购委员会授权，图书馆在总馆二楼会议室举行厦门大学图书馆中、外文图书代理商资格招标。评标小组由校监察处、资产处、馆外评标专家以及图书馆代表共11人组成，经过书商陈述、标书审查、专家评分、用户单位评价、评标小组评定等环节，最后研究确定武汉三新书业、北京图书大厦、厦门对外图书交流中心、浙江省新华书店、北京百万庄图书大厦为2012年11月—2014年10月中文图书采购综合类代理商，平均折算中标折扣率为75.2%；中国图书进出口公司、中国教育进出口公司、北京中科进出口有限公司为2012年11月—2014年10月外文图书采购综合代理商，平均折算折扣率为76.7%。

11月6—9日，李剑赴重庆参加“2012年全国政法院校图书馆馆际协作会议暨学术研讨会”。

11月7—10日，陈滨书记赴香港参加“香港大学图书馆百周年会议”，并调研该馆。

11月9—13日，张徐芳、王志双赴广东广州参加“中文古籍整理与版本目录学国际学术研讨会”。

11月14日，翔安校区临时图书分馆举行开馆仪式，并于次日正式面向读者开放。临时图书分馆位于主楼群二号楼一楼，设有图书借阅区、图书储存区和自修区，首批藏书近6万册，报刊500多种，以地球海洋类、生命科学类、医学卫生类、环境生态类图书为主。临时图书分馆将展开所有流通服务项目，以及参考咨询、学科服务、自助文印、无线上网等其他服务项目。

11月15日，王爽赴云南昆明参加“CALIS三期学位论文项目经验交流会”。

11月28日—12月2日，杨小利赴重庆参加“第五届图书馆管理与服务创新论坛”。

11月，“犹是谆谆一片心——黄典诚教授赠书纪念展”在图书馆总馆四楼“玉堂·厦大文库”展出，同时还设立“纪念周辨明专柜”。

图 26　黄典诚教授赠书纪念展

12 月 15 日，鉴于国际赠书的特殊性，图书馆实施《厦门大学图书馆赠书仓库管理规则》。

12 月 19—22 日，我馆举办“福建省高校图书馆 2012 年读者工作研讨会暨福建省高校图工委读者工作专业委员会会议”，探讨新形势下读者服务工作、RFID 技术在高校图书馆的应用以及 CALIS 服务的应用，马鲁伟、陈全松、林奕纯、吴明杰等4人参加会议。

12月19—24日，萧德洪馆长赴福州参加由国家图书馆、中国图书馆学会、福建省文化厅主办，福建省图书馆、福建省图书馆学会承办的“数字图书馆推广工程宣传推广活动福建站”启动仪式暨“福建省图书馆馆长高级研讨班”。

12月22日，学校印发《关于成立中共厦门大学汉语国际推广南方基地总支部委员会等党组织的通知》（厦大委组〔2012〕55号），成立中共厦门大学图书信息档案总支部委员会，撤销中共厦门大学图书馆总支部委员会。

12月30日，学校印发《关于周宁等同志职务任免的通知》（厦大委组〔2012〕52号），萧德洪任厦门大学图书馆馆长；印发《关于李初环等同志职务任免的通知》（厦大委组〔2012〕53号），萧德洪兼任厦门大学信息与网络中心主任；印发《关于李初环等同志职务任免的通知》（厦大委组〔2012〕54号），免去陈滨中共厦门大学图书馆党总支部委员会书记职务；印发《关于钞晓鸿等同志职务任免的通知》（厦大委组〔2012〕57号），陈滨任厦门大学图书馆常务副馆长（正处级），免去其厦门大学图书馆副馆长职务，陈小慧任厦门大学图书馆副馆长，王明理任厦门大学图书馆副馆长兼漳州校区图书分馆馆长，戴鹭涛任厦门大学图书馆副馆长兼翔安校区图书分馆馆长。

2012年在岗职工170人，其中博士6人，硕士42人，本科107人；另有合同制职工20人。本年文献资源购置费2,215.21万元。本年购置图书757,995册，其中纸本中文153,148册，纸本外文26,547册，电子中文443,300册，电子外文135,000册；购置报刊36,770种37,405份，其中纸本中文2,370种3,005份，纸本外文397种397份，电子中文7,703种7,703份，电子外文26,300种26,300份；购置数据库40个；购置多媒体资料20件。新增学位论文4,262册，接收捐赠和调入文献11,945册，剔除、注销文献195册。截至12月31日，馆藏文献累计总量达7,181,201册（件）。本年读者总人数62,280人。本年纸本书刊外借947,566册；馆际互借纸本书刊借入3,053册，借出432册；文献传递传入3,839篇，传出12,782篇；完成查新551项，定题服务10项，查收查引1,500项。开设信息素养教育课，聘任教师2人，听课总人数16,000人。在数字化建设方面，本馆覆盖无线网，拥有网络交换机端口1,010个，服务器41台，电脑451台，储存总量达92TB。购买40个数据库，自建10个数据库，数字资源达3,000GB。年度扫描加工数据量75,000页。

2013 年

1 月 16—19 日，陈娟、钟建法赴北京参加"'高校文科图书引进专款项目'30 周年纪念大会"和馆员培训活动。

1 月 24 日，厦门大学艺术学院向学校呈报《关于艺术学院图书资料由校图书馆统一管理的请示》，申请图书馆统一管理艺术学院的图书资料和人员编制，并在艺术学院建立艺术图书分馆。

1 月 30 日，图书馆向福建省副省长陈桦同志呈报厦门大学馆藏海疆学术资料群的基本情况。次日，陈桦副省长批示："开展海疆学术资料抢救性保护意义重大，请郭振新副主席、张小平同志考虑，在经费上予以适当支持。"

1 月，翔安校区一卡通中心迁入翔安校区临时图书分馆，临时分馆前台开始办理一卡通相关事务。

3 月 24—25 日，钟建法赴浙江杭州参加"高校图工委文献资源建设项目研究小组工作会议"。

3 月 27—28 日，苏海潮赴福建福州参加"福建省图书馆学会第八届第六次理事会"。

3 月，艺术学院图书资料室划归校图书馆统一管理和建设，原有图书资料和人员编制也交由图书馆统筹。

3 月，图书馆颁布《座位管理规则》。

4 月 11 日，学校印发《关于调整部分党组织设置的通知》(厦大委组〔2013〕33 号)，成立中共厦门大学图书信息档案委员会，撤销中共厦门大学图书信息档案总支部委员会。

4 月 12 日，中共厦门大学图书信息档案委员会向学校请示，设置专职党委副书记和党委秘书(科级)。

4 月 25 日，厦门大学委派厦大附中、附小副校长任命仪式在招商局漳州开发区附属实验中学举行，漳州校区图书分馆馆长王明理任厦门大学附中副校长。

4 月 26 日，图书馆向学校请示重新刻制铜质"厦门大学图书馆"公章一枚，替换现有损耗严重的旧式木质刻印公章。

4 月，图书馆举办"敬贤伟业，光前风范——馆藏研究陈敬贤李光前图书展”。

5月5—11日，文新兰、杨巧云赴四川成都参加“CALIS外文书刊编目业务培训研讨会”。

5月6日，根据校党委《关于开展〈2009—2013年全国党员教育培训工作规划〉贯彻落实情况自查工作的通知》（厦大委组〔2013〕14号），依照《厦门大学2010—2013年党员教育培训工作规划》有关规定，图书信息档案党委就贯彻落实情况进行自查，完成《图书信息档案党委关于贯彻落实党员教育培训工作规划情况的自查报告》。

5月6—11日，韩闯、周理斌赴云南昆明参加教育部科技查新员业务培训活动。

5月8日，图书馆向学校呈报《图书馆关于申请消防报警系统改造的报告》。由于原有消控系统陈旧，为保证图书馆财产和人员的安全，特向学校申请经费30万～40万元，全面改造消控系统。该申请得到学校批准，并于5月内完成改造。

5月14—17日，陈娟赴天津参加“数字资源发展趋势和使用统计规范研讨会暨CALIS第十一届引进数据库培训周”。

5月16—18日，钟建法赴江苏南京参加大学图书馆国际合作计划（CADAL）工作组会议，参与审查评估2012年CADAL资源建设工作，拟订2013年工作计划。

6月17—19日，中国共产党厦门大学第十次代表大会隆重召开，图书馆杨巧云、萧德洪、陈滨、戴鹭涛作为第二代表团代表出席大会。

6月19日，泰国华侨苏淑珍女士向厦门大学图书馆捐赠明清中医古籍213册。这批古籍是其夫家陈氏藏书，主要有清代名医陈修园《女科要旨》《时方歌括》，清代傅松元《舌胎统志》，宋代钱乙《小儿药证直诀》等珍贵古籍。

6月23日，厦门大学第二十二届教工游泳运动会在王清明游泳馆落幕，图书信息档案代表队荣获团体总分第一名。

6月26日，图书信息档案部门工会召开会员代表大会，选举新一届部门工会委员，图书馆戴鹭涛、洪辉、林丽敏、邵碧珠等4人当选委员；召开新一届部门工会委员会第一次全体会议，戴鹭涛当选为部门工会主席。

7月3—5日，应巧兰赴浙江宁波参加“教育部科技查新站建站十周年庆祝大会暨第三届高校科技查新研讨会”。

7 月 25 日，图书馆向学校呈报《关于图书馆通过人事处网站发布招聘启事的请示》，申请招聘专业技术人员 3 人。

7 月 29 日—8 月 3 日，聂茶庚、朱俊波、庄锐锌赴黑龙江哈尔滨参加教育部科技查新查新员培训活动。

7 月，图书馆颁布《厦门大学图书馆校外读者入馆须知》。

8 月 14 日—9 月 27 日，陈志梅赴广东广州中山大学图书馆参加西文古籍修复技术培训班。

8 月 19—31 日，林奕纯、王凤英赴韩国仁川仁荷大学参加业务交流活动。

9 月 12—14 日，陈娟赴湖北武汉参加“2013 年教育部高校图工委期刊工作暨第十届期刊工作学术研讨会”。

9 月 21 日，李剑赴甘肃酒泉参加“2013 年全国政法院校图书馆馆际协作暨学术研讨会”。

9 月 23 日，图书馆向学校呈报《关于“翔安校区图书馆无线网络系统”的采购申请》，拟购置一套“翔安校区图书馆无线网络系统”，预算为 35 万元。

9 月 23—27 日，王爽赴香港大学参加“第 16 届电子学位论文国际学术研讨会”。

9 月 27 日，张徐芳、廖鹭芬赴广东广州中山大学国家级古籍修复中心参加“第四届华南地区文献保护与修复论坛”。

10 月 11—15 日，萧德洪馆长、钟建法赴湖北武汉参加“中美高校中文文献资源建设合作国际会议”。该会议由哈佛燕京图书馆与武汉大学图书馆联合发起，由北美地区部分重要高校东亚图书馆和中国大陆地区部分重点高校图书馆，围绕中文文献资源建设进行研讨，以推进高校之间中文文献资源建设的合作。萧德洪馆长介绍了我馆中文文献资源馆藏概况和特色库的建设，并作题为“大陆高校图书馆中文电子资源建设状况调查报告”的主题报告。

10 月 13—16 日，杨巧云、智晓静赴福建长汀参加“福建省图书馆学会 2013 年学术年会”。

10 月 15—18 日，杨薇赴北京参加国际图联（IFLA）第 13 届馆际互借与文献传递国际研讨会（ILDS 2013）。

10 月 16—18 日，钟建法赴北京参加教育部人文社科项目“中国周边国家文献的国家保障研究”课题组第三次工作会议，深入了解中国周边国家文献的现存状况、馆藏发展以及利用、保护情况。

10 月 18—21 日，应巧兰、张妮妮赴广东广州参加“Proquest Dialog（PQD）科技查新与专利检索应用培训”。

10 月 25 日，图书信息档案部门工会召开工会会员大会，选举厦门大学第二十二次工会会员代表大会代表，图书馆戴鹭涛、邵碧珠、洪辉、林丽敏、周建昌、谢明诠当选为代表。

10 月 28—30 日，刘海伟、王爽、江湍、洪辉等 4 人应邀赴浙江杭州指导“CADAL 项目实施培训”活动。

10 月，图书馆微信公众号开通运营，成为信息发布、开展网上服务的重要新平台。

11 月 1—3 日，厦门大学第十七届教职工运动会在演武田径场隆重举行，图书信息档案部门工会荣获团体总分第二名和体育道德风尚奖。

11 月 21 日，我馆荣获高等教育文献保障系统管理中心颁发的“CALIS 三期项目建设基础贡献奖”和“CALIS 三期名称规范数据库项目建设基础贡献奖”。

11 月 23—29 日，林丽敏赴江西南昌参加“第四期民国时期文献普查平台培训”。

11 月 27 日，图书信息档案党委向学校呈报《关于图书信息档案党委 2014 年党政管理人员招聘需求的申请》，申请招聘 1 名专职党务秘书（科级）。

11 月，图书馆颁布《厦门大学图书馆（总馆）读者物品存放规则（暂行）》。

12 月 17—21 日，钟建法赴广东深圳参加“百年华文人文社会科学学术图书要目”定稿活动。

本年在岗职工 168 人，其中博士 6 人，硕士 30 人，本科 120 人；另有合同制职工 3 人，非正式职工 14 人。图书馆现有思明校区总馆，思明校区经济分馆、法学分馆、东部分馆，漳州校区图书分馆以及翔安校区临时分馆等 5 个分馆，馆舍面积 73，482m^2，另有在建馆舍面积约 73，742m^2。本年文献资源购置费 2,721.02万元。本年购置图书 1,575,542 册，其中纸本中文94,224册，纸本外文 4,118册，电子中文 1,412,300 册，电子外文 64,900 册；购置报刊285,642种 285,798 份，其中纸本中文 2,055 种 2,211 份，纸本外文 302 种 302 份，电子中文 231,075 种 231,075 份，电子外文 52,210 种 52,210 份；购置数据库 19 个；购置其他类型文献 1,116 册(件),其中多媒体资料 302 件,缩微资料 814 件。新增学位论文 3,443 册,接收捐赠和调入文献 15,180 册,剔除、注销文献 140 册。截至 12 月 31 日,馆藏文献资源累计 7,980,048 册(件)。本年读者总人数65,517 人。本年纸本书刊外借 1,089,655 册;馆际互借纸本书刊借入 1,751 册,借出1,603 册;文献传递传入 3,629 篇,传出 12,436 篇;完成查新 535 项,定题服务 10 项,查收查引 1,200 项。开设信息素养教育课,聘任教师 2 人,听课总人数7,960 人。在数字化建设方面,本馆覆盖无线网,拥有网络交换机端口1,100 个,服务器 60 台,个人电脑 453 台,储存总量达 150TB。购买 19 个数据库,自建 7 个数据库,数字资源达 12,755GB。年度扫描加工数据量 230,613 页。

2014 年

1 月 14 日,信息与网络中心向学校呈报《关于调整若干专技人员人事隶属关系的申请》,经图书馆、信息与网络中心党政联席会议研究并决定,信息与网络中心工程师洪涛拟调整到图书馆从事系统维护工作,图书馆工程师江湍拟调整到信息与网络中心从事系统研发工作,图书馆馆员林霞拟调整到信息与网络中心从事服务推广工作。

1—4 月,按照学校《关于开展规章制度清理工作的通知》(厦大办〔2014〕2 号)的要求,图书馆对现行 26 项规章制度进行清理,并作保留、修订和废止三类处理。保留规章制度 18 项:(1)《读者“十不”文明公约》。(2)《厦门大学图书馆读者借阅规则(2009 年版)》。(3)《座位管理规则(2013 年版)》。(4)《厦门大学院系和教师自购图书资料管理办法(2005 年版)》。(5)《厦门大学图书馆接受捐赠图书条例(2007 年版)》。(6)《院系自购图书资料入库具体办事流程》。(7)《厦门大学图书馆(总馆)读者物品存放暂行规则(2013 年版)》。(8)《厦门大学图书馆校外读者入馆须知(2013 年版)》。(9)《关于学院资料室外文期刊的管理规定(2007 年版)》。(10)《厦门大学图书馆入馆须知(2010 年修订版)》。(11)《图书馆会议室使用管理规定(2010 年版)》。(12)《厦门大学图书馆安全工作管理细则(2008 年修订版)》。(13)《厦门大学图书馆自习区管理规定(2012 年修订版)》。(14)《厦门大学图书馆治安保卫和消防安全管理细则(2003 年修订版)》。(15)《萨本栋纪念特藏库文献借阅规则(2009 年版)》。(16)《厦门大学图书馆关于禁止吸烟相关规定(2011 年版)》。(17)《厦门大学图书馆安全管理补充规定(2010 年版)》。(18)《厦门大学图书馆校外人员办理借阅证管理办法》。修订规章制度 5 项,对原不符合实际的内容进行了调整和完善:(1)《厦门大学图书馆馆际互借图书出借管理办法》。(2)《厦门大学图书馆书包柜(流通柜)使用规定》。(3)《厦门大学图书馆古籍借阅规则》。(4)《图书馆各项收费标准一览表》。(5)《图书馆借阅证办理规则》。废止规则制度 3 项,其内容汇入其他项规制之中:(1)《厦门大学图书馆书刊赔偿规定(1999 年版)》。(2)《对盗窃、撕刮书刊行为的处罚规定(1999 年版)》。(3)《阅览室使用规定》。

2 月 18 日,应医学院临床医学系请求,翔安校区图书分馆学科服务团队正式嵌入临床医学系本科生的“终身学习”课程,为临床医学专业本科生讲授《医学文献检索》。

3 月 5 日,图书馆在总馆举行《弘一鼓浪写经》(影印本)捐赠仪式。该书收录弘一法师在厦门鼓浪屿日光岩闭关期间手抄的《金刚般若波罗蜜经》、《阿弥陀经》和《药师琉璃光如来本愿功德经》,由厦门市总商会副会长、厦门日华集团董事长南存钿先生捐赠。

3 月 20 日,陈小慧荣获厦门市图书馆学会颁发的“厦门市图书馆学会 2009—2013 年先进工作者”荣誉称号。

3 月 23—28 日,陈志梅赴北京参加“图书馆文献保护与修复”论坛。

4 月 6 日,厦门大学翔安校区图书分馆落成。该馆高 47.7 米,地上 9 层,地下 1 层,总建筑面积 7.3 万 m^2,是当年国内高校单体面积最大的图书馆。可藏书 300 万册,提供阅览室座位 3,500 个,拥有 600 人报告厅和 300 人报告厅各 1 个。

图 27　厦门大学翔安校区图书馆落成典礼

4 月 25—27 日，钟建法赴江苏南京参加“第四届教育部高校图工委文献建设工作组暨项目研究小组第一次工作会议”。

5 月 6 日，厦门大学翔安校区图书分馆试运行。

5 月 16—20 日，陈娟赴上海参加“The 12th Annual Library Leadership Institute ‘Library Leadership in the Asia Pacific Century’”学术研讨会。

5 月 19—21 日，马鲁伟赴北京参加由清华大学图书馆主办的“传统流通阅览业务与新技术融合的尝试和实践”研讨会。

5 月 21—23 日，林奕纯、龚晓婷赴广东广州参加“首届全国高校图书馆服务创新案例大赛暨研讨会”。

5 月 26 日，厦门大学免费办理校友卡，校友可持卡自由出入图书馆。

5 月 30 日，我馆与海南大学图书馆签订《厦门大学图书馆与海南大学图书馆合作备忘录》，双方本着互利合作、共同发展的精神，在馆员培训、资料代购、馆际互借和文献传递、数字化建设协作等方面达成合作协议。

6 月 9—10 日，张育芬、张妮妮赴上海参加“面向微服务时代：共谋图书馆未来——图书馆微博服务经验交流会”。

6月11—14日，钟建法赴四川成都参加"第二届高校文科图书馆藏发展小组工作会议"。

6月13日，图书馆向学校呈报《关于图书馆申请聘任短期合同制用工人员的报告》，拟聘任28名短期合同制人员，以解决目前工作人员不足的状况。该申请得到学校的批准。

6月13—14日，翔安校区图书分馆举办"福州地区大学新校区文献信息资源共享平台机构库建设研讨会"。该会议主要为做好福建省内高校机构库建设的前期准备工作，探讨共享平台机构库的建设思路，厦门大学、福州大学、集美大学、闽南师范大学、厦门理工学院、福建医科大学等近十所省内高校图书馆专家及相关人员参加会议。

6月19—21日，刘海伟、王爽、陈晓亮赴上海参加"数字人文与语义技术"研讨会。

6月27日，图书馆组织全体离退休老同志参观翔安校区。

6月30—7月3日，陈全松、洪辉赴浙江杭州参加"高校图书馆RFID应用及推广研讨会"。

7月4日，遵照学校《厦门大学关于开展2013年度科研经费检查工作的通知》(厦大财〔2014〕20号)的精神，图书馆指派专人对本单位2013年所有发生收支业务的科研项目进行自查，完成《图书馆2013年度科研经费管理自纠自查报告》。科研经费自查小组由萧德洪、陈滨、戴鹭涛、陈小慧、王明理、邵碧珠、陈丽娟等7人组成。

7月10日，翔安校区图书分馆开始征集第一期闭馆音乐。

8月15—19日，钟建法赴浙江安吉参加"百年华文人文社会科学学术图书要目"香港卷、台湾卷的编辑审核会议。

8月20—29日，洪辉、张平国赴韩国仁川仁荷大学开展图书馆学习与交流活动。

9月25—27日，苏海潮赴福建宁德参加"福建省图书馆学会八届八次理事会暨2014年学术年会"，了解省图书馆学会最近的工作动态和要求。此次会议推荐萧德洪馆长为中国图书馆学会理事。

9月28日—10月24日，王明理副馆长、张妮妮赴新加坡南洋理工大学图书馆参加业务培训。

10 月 11 日，图书馆向学校呈报《关于调整“厦门大学文献集中采购委员会”成员的请示》。因人事变动的影响，图书馆需要调整“厦门大学文献集中采购委员会”和“厦门大学文献招标评标小组”组成人员，“文献集中采购委员会”建议由计国君、吴爱仙、陈小慧、陈东军、萧德洪等 5 人组成，萧德洪任主任，吴爱仙任副主任；“文献招标评标小组”建议由吴爱仙、陈小慧、陈东军、陈娟、钟建法、韩冬丽等 6 人及 3 名临时聘期专家组成，陈小慧任组长。该建议得到学校的批准。

10 月 14 日，图书馆在一楼馆员小家召开离退休老同志敬老节茶话会。

10 月 17 日，翔安校区图书分馆光影坊试运行。

11 月 2—8 日，陈小慧副馆长受台湾古籍保护学会邀请，赴台北参加“第三届古籍保护与流传学术会议”及“第一届海峡两岸古籍论坛”。

11 月 3—6 日，我馆在厦门翔鹭酒店举办“2014 年中国机构知识库学术研讨会”。此次会议由中国机构知识库推进工作组、中国科学院文献情报中心以及厦门大学图书馆联合主办，全国高校、专业、公共等类型图书馆的 200 多位专家学者参加，探讨近年来我国中文机构知识库的建设以及发展过程中存在的问题以及未来的机遇。

11 月 10 日，图书馆向学校呈报《图书馆关于申请 2015 年第一批其他专业技术中初级职务人员招聘岗位的请示》。结合图书馆 2014 年度退休 5 名在编职工和其他实际情况，向学校申请招聘 2 名信息咨询部学科服务员和 1 名编目部小语种馆员。

11 月 21 日，翔安校区图书分馆光影坊正式向读者开放，提供个人观影、团体观影以及教学辅助服务。

11 月 24 日，图书馆向学校呈报《图书馆外文电子图书馆专项采购经费的申请报告》：第一，申请从 Elsevier 出版社和 John Wiley & Sons 出版社以 50%的折扣价采购总计约 2.5 万册西文纸本图书，以此充实马来西亚分校图书馆馆藏文献，费用总计约 1050 万元，由马来西亚办学经费支付。第二，开通 Elsevier 出版社电子图书约 2.5 万种，购买平均价为原价的 19%；开通 John Wiley & Sons 出版社电子图书约 1.5 万种，购买平均价为原价的 22%；两项合计总价约 1150 万元，2015 年支付 460 万，2016 年和 2017 年各支付 345 万元。第三，从 2015 年度起，增列 400 万元电子图书采购预算，使图书馆文献购置费恢复到 2008 年以前的水平。

11月24日，翔安校区图书分馆和海外教育学院在图书馆二楼语言学习区联合举办首届“新朋友新体验——中英语言交流趴”，为外国留学生和中国学生搭建一个“多语种、多民族、多国度”自由交流的语言学习平台。

11月25—30日，萧德洪馆长赴英国访问纽卡斯尔大学和卡迪夫大学。

12月8日，图书馆向学校呈报《关于“电子书阅读器”采购经费申请报告》。为探索校园移动式服务新模式，翔安校区图书分馆拟配备110台亚马逊公司专用电子阅读器(Kindle)供师生外借，总计经费约124,990元。该申请得到学校的批准。

12月10日，储存图书馆正式向读者开放。储存图书馆位于翔安校区图书分馆一层，是全校的总储备书库，主要典藏利用率较低的文献，并面向全校读者提供图书借阅、电子文献传递及到馆查阅等业务。

12月10日，经济系1956届校友、上海海关专科学校退休教授金名俊将其珍藏的257张民国纸币及相关刊物捐赠给我馆。这批纸币囊括发行机构达32家，门类较为齐全，浓缩了民国时期纸币的发展史，具有一定的收藏价值。

12月13日，翔安校区图书分馆在主楼报告厅举办“创意空间系列讲座”首场活动，特邀我校新闻与传播学院李世雄老师作题为“摄影语言的三大功能”的主题讲座。

12月19日，陈小慧副馆长赴上海参加“CASHL华南地区民国文献共建与共享服务启动大会”。

12月25日，图书馆组织全体离退休老同志前往天竺山进行登山活动。

12月29日，图书馆在中国政府采购网发布“厦门大学图书馆外文电子图书单一来源采购征求意见公示”。

2014年在岗职工164人，其中博士6人，硕士37人，本科115人；另有合同制职工8人，非正式职工19人。图书馆馆舍面积102,558m^2，拥有阅览室座位4,637个，自习室座位1,261个。本年文献资源购置费1,806.59万元。本年购置图书927,744册，其中纸本中文103,467册，纸本外文30,777册，电子中文652,900册，电子外文140,600册；购置报刊42,938种42,985份，其中纸本中文1,942种1,989份，纸本外文261种261份，电子中文10,859种10,859份，电子外文29,876种29,876份；购置数据库40个；购置其他类型文献4,981册(件)，其中多媒体资料302件，缩微资料4,553件，手稿和字画126册(件)。新增学位论文 4,848 册,接收捐赠和调入文献 33,926 册,剔除、注销文献 279 册。截至 12 月 31 日,馆藏文献资源累计 8,674,690 册(件)。本年读者总人数 66,279 人。本年纸本书刊外借 979,129 册;馆际互借纸本书刊借入1,099册,借出 843 册;文献传递传入 3,980 篇,传出 7,685 篇;完成查新 510 项,定题服务 8 项,查收查引 1,500 项。开设信息素养教育课,聘任教师 2 人,听课总人数8,070 人。在数字化建设方面,本馆全覆盖无线网,拥有网络交换机端口1,200个,服务器 65 台,电脑 500 台,储存总量达 170TB。购买 40 个数据库,自建 12 个数据库,数字资源达 48,607GB。年度扫描加工数据量 42.09 万页。

2015 年

1 月 13 日,翔安校区图书分馆研讨间正式开放。

1 月 16 日,图书馆向学校呈报《图书馆 2015 年其他专业技术高级职务岗位招聘需求表》。图书馆于 2015 年拟招聘研究馆员 1 名、高级工程师 1 名、副研究馆员 3 名。

1 月,陈小慧荣获厦门大学"优秀妇女工作者"荣誉称号。

3 月 2 日,应医学院中医系请求,翔安校区图书分馆学科服务团队为该系学生开设嵌入式课程"中医文献检索"。

3 月 10 日,翔安校区团工委向学校呈报《关于聘任刘海伟等老师为翔安校区学生新媒体中心导师的请示》。拟聘图书馆刘海伟、蔡茂宇、毕媛媛、李慧珍等 4 人为翔安校区学生新媒体中心的导师,为该中心的运作、推广提供后台搭建、影像处理、图文编辑等方面的专业指导,聘期为 2015 年 3 月—2016 年 3 月。该请示得到学校的批准。

3 月 10 日,翔安校区图书分馆正式面向全校读者推出电子书阅读器(Kindle)借阅服务。

3 月 13 日,图书馆印发《关于推荐邵碧珠等 6 位同志申报校"奖教金"的公示》。经各部门推荐及馆长办公会讨论通过,推荐邵碧珠、韩冬丽、林扬、王爽、向琳艳、刘海伟等 6 人申报我校系列"奖教金"。

3 月 16 日,图书馆举行 2015 年第一批中初级岗位应聘者面试会,图书馆陈滨、陈小慧、杨巧云、林扬、尤冬青、南洋研究院张长虹以及海外教育学院王虹等

7 人组成面试小组，共有 3 位应聘者参加面试。

3 月 16 日，萧德洪馆长主持召开图书馆聘任委员会会议，陈滨、陈小慧、戴鹭涛、王明理、刘海伟、陈江帆等出席会议。会议研究决定，优先推荐应聘者钟荣英为小语种助理馆员。

3 月 22 日，我馆荣获 CASHL 管理中心授予的“优质服务一等奖”。

4 月 1 日，图书馆召开全体教职工代表大会，选举戴鹭涛、陈滨、周建昌、谢明诠、应巧兰等 5 人为厦门大学第七届教职工代表大会代表。

4 月 3—12 日，图书馆在总馆二楼举行“金名俊校友捐赠民国纸币展”。

4 月 7 日，校党委书记张彦到图书馆调研。

图 28　张彦书记(左二)调研图书馆特藏部古籍室

4 月 14 日，图书馆在总馆二楼会议室进行外文电子图书单一来源采购项目招标会议。评审小组一致通过：美国 John Wiley & Sons 出版公司为中标候选人，中标价格为 755,365.21 美元；荷兰 Elsevier 出版集团为中标候选人，中标价格为 1,070,278 美元。

4 月 22 日—6 月 7 日，陈志梅赴美国康奈尔大学图书馆参加“西文保护与修复培训”学习。

4 月 27 日，《厦门大学报》登载：移居香港的校友陈可焜将其毕生收藏的 28 箱 1,541 册书籍捐赠给我馆。

4 月，翔安校区图书分馆在五楼 D 区举办“汪德耀教授纪念展”。

5 月 6 日，翔安校区图书馆推出“棋艺室”，供读者进行棋艺对弈活动。

5 月 30 日，图书馆毕业季“圕之旅”活动启动。

6 月 8 日，图书馆公布《关于续聘陈娟等同志部(室)主任的通告》。经聘期考核，馆长办公会研究决定，2015—2018 年聘期各部(室)主任的续聘情况为：采访部主任陈娟，编目部主任林扬，读者服务部主任马鲁伟，区域研究资料中心主任周建昌，研究资料部主任王凤英，信息咨询部主任陈江帆，元数据部主任杨巧云，特藏部主任刘心舜，信息技术部主任肖铮，经济与管理分馆主任钟建法，法学分馆主任李剑，信息工程分馆(原东部分馆)主任杨小利，储存图书馆主任(兼翔安校区图书馆行政主任)谢明诠，翔安分馆主任陈全松，多媒体资料中心主任刘海伟。

6 月 8 日，图书馆公布《关于公布首批岗位设置及选聘工作的通告》。经馆长办公会研究决定，向全馆“双向选择”招聘办公室主任 1 名，学科服务协调员 1 名，学科分析协调员 2～3 名，信息素养教育协调员 2～4 名，服务推广协调员2～3 名，媒体运营协调员 2～3 名，学科馆员若干名。其中，办公室主任为专任岗位，其他均为兼任岗位。

6 月 18 日，图书馆公布《关于公布首批岗位聘任结果的通告》。经馆长办公会研究决定，首批岗位选聘工作结果为：办公室主任吴明杰，学科服务协调员杨薇，学科分析协调员韩冬丽、林静，信息素养教育协调员麦林、韩闯、李显辉，服务推广协调员刘明磊、向琳艳、郭富霞，媒体运营协调员黄国凡、毕媛媛。另外，周红、麦林、林月华、王明理、毕媛媛、钟建法、杨玉花、李剑、向佳丽、马鲁伟、陈滨、陈娟、李灿元、林静、韩冬丽、杨薇、陈俊杰、魏小燕、张妮妮、高雅、聂茶庚、庄锐锌等兼任学科馆员。

6 月 29 日，图书馆公示《2014—2015 年度考核优秀者和 2012—2015 学年聘期考核优秀者名单》，苏劲红、郑贵榕、谢英、林月华、成健、戴贤聪、傅春晖、朱俊波、应巧兰、李育红、曾惠颖、杨晶、袁晓琴、向佳丽、张妮妮、朱小明、黄国凡、李显辉、谢传洁、林丽敏、苏海潮、廖鹭芬、王凤英、陈丽娟、洪辉等 25 人年度考核为“优秀”，应巧兰、陈娟、王凤英、洪辉、李育红、张平国、邵剑彬、罗萍平、罗秀红、林振锋、张智玲、朱小明、苏海潮等 13 人聘期考核为“优秀”。

6 月 30 日—7 月 7 日，陈小慧副馆长、陈娟赴美国斯坦福大学东亚图书馆参加“图书之外：北美收藏的东亚研究稀有、罕见原始资料”学术研讨会(Beyond the Book: A Conference on Unique and Rare Primary Sources for East Asian Collected in North America)。

7月10—18日，萧德洪馆长赴马来西亚与有关方面商谈厦门大学马来西亚分校图书馆建设事宜。

8月18—25日，杨小利、陈丽娟赴韩国仁荷大学图书馆参加“‘全球八校联盟(G8)’合作框架下图书馆业务交流考察”活动，并与仁荷大学图书馆进行业务交流。

9月8日，萧美莲女士与厦门大学两岸关系和平发展协同创新中心签订《捐赠协议》，向我馆捐赠蔡墩铭教授藏书2,321册，剪报、手稿等文件1,156件，石雕、根雕等实物128件。

9—12月，陈滨常务副馆长赴新加坡南洋理工大学参加国家留学基金委组织的“第三期高校行政管理人员进修班”。

10月4日—11月28日，肖铮赴新加坡南洋理工大学进行业务学习和交流。

10月9日，图书馆向学校呈报《关于图书馆郑思冬受聘岗位从工程技术系列转为图书资料系列的报告》。根据郑思冬本人申请，其岗位由工程技术系列转为图书资料系列，自2015年8月1日至2018年7月31日聘期起将受聘为馆员职务。

10月16日，翔安校区图书分馆的“Multilingual Share Event(中英语言交流趴)”荣获首届全国高校图书馆阅读推广案例大赛单项奖。

10月20—25日，我馆于厦门宾馆、翔安分馆举办“第十一届高等学校图书馆文献资源建设年会”暨“第二届高校中文文献资源建设国际合作会议”，围绕“数字人文”主题对当前形势下数字图书馆和纸本馆藏的协调发展，针对各自图书馆有关亚洲研究的特藏资源及其可共享部分等内容展开研讨。

10月26—28日，陈小慧副馆长赴台湾接收台湾大学著名法学教授蔡墩铭先生的赠品，共计图书4,000多册及大量的手稿、收藏品等约50箱。

10月，我馆荣获福建省图书馆学会授予的“福建省图书馆学会2011—2015年度先进集体”荣誉称号。

11月14日，翔安校区图书分馆举办的“新富春山居图——两岸影像·媒介与历史记忆特展”开幕。

11 月 21 日，由图书馆和共青团厦门大学翔安校区委员会联合承办的“笔墨情怀白鹭岛——吴紫栋书法展”在翔安校区图书分馆开幕，计划展出 1 个月。吴紫栋为清末福建泉州府状元（进士及第）吴鲁的曾孙，此次展出还获赠其珍藏的民国排印本吴鲁《百哀诗》。

11 月 24 日，图书馆向学校呈报《关于 2016 年校图书馆事业编制外其他用工计划的报告》。拟聘用劳务派遣和服务外包岗位 33 个，该申请得到学校批准。

11 月，图书馆举办“宣传月”活动。

12 月 14 日，图书馆向学校呈报《图书馆关于“加强国有资产管理，做好整改落实工作”的自查报告》。

12 月 15 日，图书馆向学校呈报《图书馆科研经费管理使用自查自纠报告》。此次自查主要就图书馆 2013 年 1 月 1 日以来发生收支业务的所有科研项目经费情况开展自查，并根据学校通知的精神和科研管理部门的要求，图书馆成立“科研经费管理使用专项检查工作小组”，萧德洪任组长，戴鹭涛、吴明杰、陈丽娟、邵碧珠等 4 人任小组成员。

12 月 29 日，由厦门大学工会主办，翔安校区图书分馆、厦门大学书画研究会承办的“迎猴年贺新春”书画笔会在翔安校区图书分馆北厅举行。

2015 年，我馆荣获 CALIS 管理中心颁发的 2014—2015 年度 CALIS 联合目录“西文数据库建设先进单位奖”“日文数据库建设先进单位奖”“中文数据库建设先进单位奖”“小语种数据库建设先进单位奖”“馆藏数据库建设先进单位奖”。

2015 年，报刊部更名为研究资料部，东部分馆更名为信息工程分馆，同时成立文献保护与修复工作组，隶属储存图书馆，负责馆藏文献的保护与修复。

图 29 翔安校区储存图书馆密集书库

2015 年在岗职工 164 人，其中博士 6 人，硕士 39 人，本科 114 人；另有合同制职工 8 人，临时职工 20 人。本年文献资源购置费 2,733.29 万元。本年购置图书 621,764 册，其中纸本中文 49,573 册，纸本外文 4,091 册，电子中文 450,800 册，电子外文 117,300 册；购置报刊 46,469 种 46,651 份，其中纸本中文 1,780 种 1,962 份，纸本外文 260 种 260 份，电子中文 19,803 种 19,803 份，电子外文 24,626 种 24,626 份；购置数据库 55 个；购置非书资料 399 册(件)，其中多媒体资料 354 件，缩微资料 45 件。新增学位论文 3,386 册，接收捐赠和调入文献 36,111 册，剔除、注销文献 0 册。截至 12 月 31 日，馆藏文献资源累计 9,260,677 册(件)。本年读者总人数 70,394 人。本年纸本书刊外借 776,337 册次。在馆际互借方面，纸本书刊借入 1,557 册，借出 787 册；文献传递传入 4,612 篇，传出 3,561 篇。在信息服务方面，完成查新 513 项，定题服务 10 项，查收查引 1,700 项。在数字化建设方面，本馆全覆盖无线网，拥有网络交换机端口 2,400 个，服务器 80 台，个人电脑 600 台，储存总量达 170TB。购买 55 个数据库，自建 14 个数据库，数字资源达 54,507GB。年度扫描加工数据量 60,691 页。

2016 年

2 月 20 日—8 月 20 日，陈娟赴美国加州大学伯克利分校 C.V.Starr 东亚图书馆访学，并开展业务交流活动。

3 月 9 日，福建省教育厅下发《关于福州地区新校区文献信息资源共建共享平台更名的函》，原“福州地区大学新校区文献信息资源共建共享平台”更名为“福建省高校数字图书馆(FULink)”。我馆是 FULink 联盟的首批成员馆之一，深度参与 FULink 的发展规划、体系架构、服务设计，并担任“特藏数据库建设工作组”组长单位。

3 月 26—27 日，由厦门大学工会、妇委会联合主办的“厦门大学第四届女教职工气排球比赛”在风雨球馆举行，图书信息档案部门工会女子排球队荣获第三名。

3 月 28 日，图书馆区域研究资料中心首次尝试新型的图书馆借阅制度，开放本校师生 20 本图书无限期借阅规则。

3 月，陈小慧荣获“厦门大学三八红旗手”荣誉称号。

4 月 6 日，厦门大学建校 95 周年庆祝大会上，河仁慈善基金会理事长曹德淦代表基金会向厦门大学捐赠 1 亿元，用于翔安校区图书分馆的建设。

4 月 6 日，王凤英荣获厦门大学 2016 年度“厦航奖教金”。

4 月 12 日，我馆荣获 CASHL 管理中心授予的“CASHL 优质服务二等奖”。

4 月 19 日，由厦门大学工会、图书馆、厦门大学书画研究会联合举办的“中国梦 · 厦大情：庆祝建校 95 周年书画笔会”在翔安校区图书分馆北厅举办。

5 月 17 日，图书馆对 2016 年第一批中初级岗位应聘者进行面试，由网络与信息中心许卓斌和陈晓筹、图书馆肖铮、发展规划办公室洪文兴、经济学院钟锃光等 5 人组成面试小组。经过综合考核，拟聘周绍彬为信息技术部软件开发助理工程师。

6 月，福建省文化厅授予我馆“全省古籍保护工作先进单位”称号，授予廖鹭芬、王志双“全省古籍保护工作先进个人”称号。

7 月 1 日，图书信息档案党委翔安分馆支部荣获“厦门大学先进基层党组织”称号，陈全松荣获厦门大学“优秀共产党员”称号。

7 月 8 日，福建省高校数字图书馆（FULink）印发《关于调整福建省高校数字图书馆（FULink）协调工作小组及各工作组成员名单的通知》（榕图共〔2016〕8 号），我馆萧德洪馆长任福建省高校数字图书馆（FULink）协调工作小组副组长，戴鹭涛副馆长任小组成员；戴鹭涛副馆长任“特藏数据库建设工作组”组长，肖铮任“特藏数据库建设工作组”及“信息技术工作组”成员，陈小慧副馆长任“引进数据库工作组”成员，林奕纯任“用户服务工作组”成员，杨薇任“学科服务工作组”成员。

7 月 11 日，图书馆公布《关于图书馆 2015—2016 学年年度考核优秀人员的公示》。经各部门推荐和馆长办公会讨论决定，陈俊杰、朱巧青、陈萌宜、陈晔、韩冬丽、陈晓清、吴彩红、刘彤波、黄毅惠、王志双、刘明磊、吴至艺、邵碧珠、杨薇、林静、林俊伟、朱弋玮、甘碧娇、杨玉花、罗萍平、胡友斌、马鲁伟、刘心舜、高雅、毕媛媛等 25 人年度考核为“优秀”。

7 月 13 日，图书馆公布《图书馆关于 2013—2016 学年聘期考核优秀人员的公示》。经馆长办公会研究决定，戴鹭涛、林扬、林俊伟、邵洪婷、吴明杰、吴至艺、向佳丽等 7 人聘期考核为“优秀”。

7 月，王志双申报的教育部一般项目“宋儒黄榦〈勉斋先生黄文肃公文集〉整理与研究”获批立项。

8 月 20 日，李显辉、麦林提交的案例“从‘信息素养’到‘行动素养’：厦门大学图书馆‘i 学堂’信息素养教育项目实践”，荣获 2016 年全国高校信息素养教育研讨会案例大赛二等奖。

10 月 14 日，《厦门大学报》公布“厦门大学抗御台风‘莫兰蒂’先进集体和先进个人名单”，翔安校区图书分馆荣获“先进集体”称号，戴鹭涛、吴明杰、马鲁伟等 3 人荣获“先进个人”称号。

10 月 25 日，翔安校区图书分馆、翔安校区基建办以及南强物业相关负责人共同商讨翔安校区主楼 3 号楼消控设施问题，会议一致认为楼宇内消控设施应尽快完成整改和移交物业管理，并报请学校统一纳入校区消控设施维保范围。

11 月 3 日，厦门大学德旺图书馆揭牌仪式隆重举行。德旺图书馆即翔安校区图书分馆。曹德旺先生为图书馆建设捐资 1 亿元人民币，这也是国内迄今为止专项支持大学图书馆建设最大的一笔捐赠。

11 月 17 日，图书馆举办首期“经典话剧 · 剧本朗读会”活动。

11 月 26 日，“厦门市女领导女干部气排球友谊赛”在我校风雨球馆举行，我馆杨巧云、罗秀红与我校其他单位代表共同夺得冠军，并荣获“最佳球队奖”。

12 月 1 日，我馆荣获 CALIS 管理中心颁发的 2015—2016 年度 CALIS 联合目录“西文数据库建设先进单位奖”“日文数据库建设先进单位奖”“中文数据库建设先进单位奖”“小语种数据库建设先进单位奖”“馆藏数据库建设先进单位奖”。

12 月 15—17 日，翔安校区德旺图书馆举办“福建省高校图书馆 2016 年读者工作研讨会”。

12 月 22 日，毕媛媛参加厦门市图书馆学会年会，并作题为“请君入‘梦’：高校图书馆阅读推广品牌构建——以‘TALK!’为例”的学术报告。

12 月 28 日，图书馆在总馆二楼会议室召开领导干部民主生活会，馆领导及各部主任参加会议。

12 月，图书馆与厦门大学出版社联合出版“厦门大学图书馆馆藏文献丛刊”之三《厦门大学海疆剪报资料选编》，总计 24 册。

图 30　《厦门大学海疆剪报资料选编》

2016 年，图书馆推进总分馆学习空间提升改造项目，改善各馆的阅读空间，尤其是位于思明校区的总馆的内部空间。此次总馆改造，不同于 2002 和 2008 年的两次扩建，是以总馆二楼的室内空间优化为主，主要有：(1)增加户外交流空间约 600 平方米，在中庭部分增加了室外露台，使该区域成为主要的活动和交流空间。(2)增设 8 间小组研讨间，方便师生进行小组研讨、学习。(3)更换 600 个阅览座位上方的节能日光灯设置。(4)改善总馆二楼 1987 年形成的楼面空间布局，美化环境，在视觉上得到较大提升。(5)增设观光电梯，方便读者特别是老年读者及行动不便者上下楼。

本年内，图书馆"圕时光"(Library Tuan Time)荣获国际图书馆协会联合会(IFLA)营销奖。

2016 年在岗职工 162 人，其中博士 6 人，硕士 34 人，本科 114 人；另有合同制职工 13 人，临时职工 20 人。本年文献资源购置费 3,118.30 万元。本年购置图书 653,662 册，其中纸本中文 49,878 册，纸本外文 2,124 册，电子中文 355,150 册，电子外文 246,510 册；购置报刊 40,781 种 40,827 份，其中纸本中文 13 种 26 份，纸本外文 33 种 66 份，电子中文 10,859 种 10,859 份，电子外文 29,876 种 29,876 份；购置其他电子资源 70 个；购置非书资料 209 册(件)，其中多媒体资料 201 件，缩微资料 8 件。新增学位论文 5,691 册，接收捐赠和调入文献 32,742 册，剔除、注销文献 109 册。截至 12 月 31 日，馆藏文献累计总量达 10,016,459 册(件)。本年读者总人数 71,403 人。本年纸本书刊外借 696,333 册；馆际互借纸本书刊借入 526 册，借出 1,514 册；文献传递传入 2,460 篇，传出 3,137 篇；完成查新 411 项，定题服务 6 项，查收查引 1,800 项。开设信息素养教育课，聘任教师 2 人，听课总人数 11,400 人。在数字化建设方面，本馆全覆盖无线网，拥有网络交换机端口 2,400 个，服务器 90 台，电脑 600 台，储存总量达 200TB。购买 70 个数据库，自建 14 个数据库，数字资源达 63,340GB。年度扫描加工数据量 172,379 页。

2017 年

1 月 2 日—12 月 31 日，张徐芳赴美国哈佛大学哈佛燕京图书馆访学，参加中文古籍善本数字化项目的建设。

1月6日，图书馆向学校呈报《关于图书馆向厦门市莲河中学捐赠书包柜的申请》，拟将69个书包柜捐赠给厦门市翔安区新店镇莲河中学。该申请得到学校的批准。

2月16日，据学校印发《关于王明理免职的通知》(厦大委组〔2017〕16号)，免去王明理的厦门大学图书馆副馆长兼漳州校区图书分馆馆长职务。

3月6日，翔安校区德旺图书馆推出为读者提供充电设施借用服务。

3月16日，海峡两岸中小企业联合促进会向我馆捐赠书刊71种142册。

3月25—26日，由厦门大学工会、妇委会联合主办的"厦门大学第五届女教职工气排球比赛"在风雨球馆举行，图书信息档案部门工会女子排球队勇夺冠军。

4月5日，我馆在2016年度CASHL学科服务活动、文献服务工作中表现突出，荣获CASHL管理中心颁发的"学科服务组织奖"和"优质服务一等奖"。

4月19日，图书馆举行"蔡墩铭教授赠书仪式"。

6月27日，由我馆与厦门大学出版社联合发行的《厦门大学海疆剪报资料选编》首发式在北京台湾会馆举行。

7月7日，图书馆在总馆区域研究资料中心举行"泰王国驻厦门总领事馆图

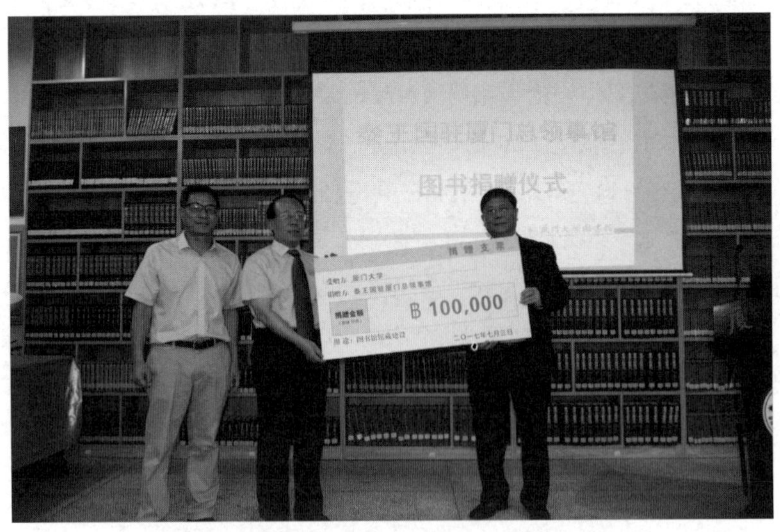

图31　泰王国驻厦门总领事馆图书捐赠仪式

(左二为邬大光副校长，左一为萧德洪馆长)

书捐赠仪式”。泰国驻厦总领事馆向我馆捐赠10万泰铢，用于购买相关图书及资料，为区域研究提供更具针对性的学术资料，并在图书馆区域研究资料中心特设泰国图书专架和泰国学习空间。

7月28日，学校印发《厦门大学图书资料采购工作实施细则》（厦大资产〔2017〕22号）。

8月7日，据学校印发《关于赖日泉等职务任免的通知》（厦大委组〔2017〕38号），杨坚强任厦门大学图书馆副馆长，免去其厦门大学办公室副主任兼保密办公室主任职务。

8月17—26日，毕媛媛赴波兰下西里西亚省弗罗茨瓦夫市参加第83届国际图联大会。

9月27日，图书馆举行图书馆聘任委员会会议，萧德洪、陈滨、戴鹭涛、陈江帆、陈小慧参加会议。经聘委会审议，拟推荐毕媛媛、高雅、魏小燕、刘明磊、朱小明晋升馆员，李剑、向佳丽、向琳艳晋升副研究馆员。

9月，吴明杰在金砖国家领导人厦门会晤筹备和服务保障工作中表现突出，被学校授予“先进个人”荣誉称号。

10月18日，翔安校区德旺图书馆首场“书香满园庭”读书会《文化苦旅》顺利举行。

10月30日，图书馆在总馆二楼会议室举行教授委员会会议，陈武元、刘永华、杨灿、范宏伟、谢素原、李翠华、钟建法、周红、李金庆、黄茂林等委员出席会议。经教授委员会审议，同意毕媛媛、高雅、魏小燕、刘明磊、朱小明晋升馆员，李剑、向佳丽晋升副研究馆员。

10月31日，萧德洪馆长赴贵州师范大学图书馆参观考察，双方就图书馆资源建设、历史图片资料的整理归档、学科服务、读者培训、图书馆管理等方面的问题进行座谈交流。

10月，我馆在2016年全民阅读活动中富有创意、表现突出，荣获中国图书馆学会授予的“全民阅读先进单位”。

11月3—4日，厦门大学第十八届教职工运动会在演武场举行，图书信息档案部门工会代表队勇夺季军，并荣获体育道德风尚奖。

12月12日，图书馆向学校呈报《关于2018—2019年度图书馆事业编制外其他用工计划的报告》，拟于2018—2019年度聘用劳务派遣和服务外包人员各

20 人，并适当提高薪酬。该申请得到学校的批准。

本年内，我馆荣获 CALIS 管理中心颁发的 2016—2017 年度 CALIS 联合目录“西文数据库建设先进单位奖”“日文数据库建设先进单位奖”“中文数据库建设先进单位奖”“小语种数据库建设先进单位奖”“馆藏数据库建设先进单位奖”。

本年在岗职工 164 人，其中博士 6 人，硕士 42 人，本科 109 人；另有合同制职工 13 人，临时职工 20 人。本年文献资源购置费 3,024.14 万元。本年购置图书 565,139 册，其中纸本中文 46,674 册，纸本外文 2,863 册，电子中文 439,100 册，电子外文 76,502 册；购置报刊 22,306 种 22,310 份，其中纸本中文 24 种 28 份，纸本外文 6 种 6 份，电子中文 12,376 种 12,376 份，电子外文 9,900 种 9,900 份；购置其他电子资源 72 个；购置非书资料 68 件，其中多媒体资料 15 件，缩微资料 53 件。新增学位论文 4,628 册，接收捐赠和调入文献 31,676 册，剔除、注销文献 94 册。截至 12 月 31 日，馆藏文献累计达 10,432,553 册(件)。本年读者总人数 70,499 人。本年纸本书刊外借 585,388 册；馆际互借纸本书刊借入 632 册，借出 914 册；文献传递传入 1,216 篇，传出 3,143 篇；完成查新 383 项，定题服务 5 项，查收查引 2,100 项。开设信息素养教育课，聘任教师 2 人，听课总人数 12,360 人。在数字化建设方面，本馆全覆盖无线网，拥有网络交换机端口 2,500 个，服务器 95 台，电脑 600 台，储存总量达 220TB。购买 72 个数据库，自建 15 个数据库，数字资源达 63,535GB。年度扫描加工数据量 23 万页。

2018 年

年初，厦门大学旅港校友会向厦门大学马来西亚分校图书馆捐赠一套《四库全书》，总计 500 册，价值人民币约 18 万元。

1 月 4—6 日，我馆举办“CASHL 服务工作组成立暨 2018 年工作会议”暨“CASHL 新媒体宣传推广工作组 2018 年工作会议”。

1 月 5 日，福建省高校数字图书馆(FULink)下发《关于 FULink“学位论文联合服务平台”100 万拨付厦门大学图书馆的通知》，向我馆拨付“学位论文联合服务平台”100 万元建设经费。该平台定位为特色资源库，由特色数据库建设工作组和信息技术工作组联合牵头建设，因我馆为特藏数据库建设小组的承办单位，经费划拨到我馆。

1 月 19 日，据学校印发的《关于钞晓鸿等职务任免的通知》（厦大委组〔2018〕30 号），钞晓鸿任厦门大学图书馆馆长（试用期一年）；免去萧德洪的厦门大学图书馆馆长职务。

1 月，福建省教科文卫体工会工作委员会授予我馆学科服务工作组“五一先锋号”荣誉称号。

3 月 9 日，由翔安校区党工委主办、德旺图书馆承办的“乱世烽火，家国情怀——爱国主义电影主题放映月”活动在德旺图书馆光影坊拉开帷幕。首场播放电影《风声》，并计划将活动持续到 4 月 1 日，共展播 12 部爱国主义题材的影片。

3 月 17—18 日，由厦门大学工会、妇委会联合主办的“厦门大学第六届女教职工气排球比赛”在风雨球馆举行，图书信息档案部门工会女子排球队成功卫冕，荣获两连冠。

3 月 18 日，学校印发《关于聘任李金钗等 46 人担任工程、实验等系列专业技术职务的通知》（厦大人〔2018〕33 号），李剑、向佳丽晋升副研究馆员，毕媛媛、朱小明、刘明磊、高雅、魏小燕晋升馆员，起聘时间为 2017 年 8 月 1 日。

4 月 5 日，学校印发《关于公布厦门大学 2018 年度奖教金获奖名单的通知》（厦大人〔2018〕41 号），图书馆陈丽娟荣获“中国建设银行奖教金”，罗秀红、杨小利荣获“中国工商银行奖教金”，龚晓婷荣获“中国银行奖教金”，殷玲荣获“厦航奖教金”。

4 月 19 日，图书信息档案部门工会男篮斩获“厦门大学 97 周年校庆第十八届‘出版杯’教职工篮球赛”冠军。

4 月 20 日，学校印发《关于聘任何功汉等 16 人担任工程、实验等系列专业技术职务的通知》（厦大人〔2018〕51 号），张竹悠晋升助理馆员。

4 月 23 日，图书馆在世界读书日启动“阅读世遗：恋上鼓浪屿”系列活动。本次活动包括图片展览、文化讲座、图书荐读、文章征集、电影展映、实地参观等内容，得到了师生的广泛参与和好评。

5 月 10 日，翔安校区德旺图书馆举办北宋王希孟《千里江山图》的 1∶1 仿品鉴赏活动。

5 月 14 日，新加坡驻厦总领事池兆森、新加坡国家图书馆馆长伍慧贤等人来访我馆，双方就馆际合作，尤其是数字资源整理与保存、合作出版等事项进行深入交流。

5 月 28 日，学校印发《关于调整部分单位聘任委员会（聘任小组）的批复》（厦大人〔2018〕73 号），经 2018 年第 7 次校长办公会研究决定，图书馆聘委会由刘海伟、陈小慧、陈江帆、杨坚强、陈滨、钞晓鸿、戴鹭涛等 7 人组成，钞晓鸿任主任，陈滨任副主任。

6 月 26 日，多语种《习近平谈治国理政》图书捐赠仪式在图书馆五楼报告厅举行，校党委书记张彦代表学校接受捐赠。

7 月 2 日，为庆祝中国共产党成立 97 周年，德旺图书馆在三楼 A 区入口处隆重推出“红色经典图书专架”，首批陈列红色经典图书近千册。

7 月，图书馆进行岗位调整，部门由原来的 16 个调整为 14 个，元数据部并入编目部，多媒体资源中心并入翔安分馆，法学分馆更名为法学与艺术分馆，参考咨询部更名为信息咨询与服务推广部，特藏部更名为古籍特藏与修复部，并将文献保护与修复工作组并入该部。

8 月 20 日，思明校区图书馆总馆空间改造工程正式启动。

8 月，我馆主办的“厦大文化讲堂”荣获首批福建省高校哲学社会科学十佳讲坛。

9 月 17 日，图书馆公布《图书馆关于调整图书外借规则的公告》，自公布之日起执行新的图书外借规则。

10 月 17 日，由东亚、北美地区的学术图书馆、研究机构和复旦大学共同发起的“当代中国社会生活资料共建共享联盟”在复旦大学成立，我馆为该联盟的成员馆之一。

10 月 26 日，教育部印发《教育部关于成立 2018—2022 年教育部高等学校教学指导委员会的通知》（教高函〔2018〕11 号），钞晓鸿馆长担任图书情报工作指导委员会委员。

10 月，为更好地解决读者充电难问题，翔安校区德旺图书馆引入街电服务，取代原有的充电设施借用服务。

11 月 2 日，龚晓婷赴杭州浙江旅游职业学院参加“知识世界的传送带——2018 年 CASHL 华东南地区宣传与推广工作会议”，并荣获“知识世界的传送带——CASHL 宣传海报设计大赛”设计奖。

11 月 2—3 日，图书馆行政技术党支部、本部分馆党支部和翔安分馆党支部一行37人前往福州，开展以“不忘初心，牢记使命”为主题的红色教育活动，缅怀革命先烈，领悟红色精神，以实际行动接受党性锻炼和红色精神洗礼。

11月14日，厦门大学图书馆·外文学院“馆院座谈会”在德贞楼524室举行，商讨解决外文学院教职工在利用图书馆提供的资源与服务中所遇到的相关问题。图书馆常务副馆长陈滨，信息咨询与服务推广部主任李剑，采访部主任陈娟及学科馆员麦林参加座谈会，就外文学院与会老师提出的有关国外书籍采购、外文数据库的购买和使用、购书入库程序简化、离退休教工图书捐赠以及外文期刊订阅等问题进行了详尽的解释说明，并提出可行性解决办法。

11月15日，学校印发《关于成立厦门大学知识产权信息服务中心的通知》（厦大人〔2018〕159号），成立“厦门大学知识产权信息服务中心”，机构不列级别，不增编制，挂靠图书馆。

11月26—28日，我馆举办“CALIS中西文编目员研讨会”。

11月，我馆加入“环太平洋研究图书馆联盟（PRRLA）”。该联盟是由环太平洋地区著名图书馆组成的高层次图书馆联盟，除了东亚、东南亚各国图书馆之外，还包括美国西海岸著名大学图书馆。

11月，我馆举办四川大凉山贫困儿童的纪实摄影展——“正幸福着”。该组作品由厦门摄影家孙荔6次深入大凉山，用心、用情记录大山深处贫困儿童真实的一面。此次摄影展同步线上举行，公益收入全部捐赠与厦门大学甘肃百合支教队。

12月8日，陈小慧副馆长、林奕纯赴复旦大学参加“共享·提升·致远——2017年CASHL华东南地区宣传与推广工作会议”。

12月13日，图书情报与档案管理教授委员会召开工作会议，研究决定向学部委员会推荐郑秀燕晋升馆员，陈丽娟晋升副研究馆员。

12月，我馆受教育部高等学校图书情报工作指导委员会、北京大学图书馆邀请，参与建设福建宁德解放军某部“边防书屋”。

从2018年开始，图书馆与历史系合作办学，联合培养古籍版本鉴定与修复方向的硕士研究生。

本年内，我馆荣获CALIS管理中心颁发的2017—2018年度CALIS联合目录“西文数据库建设先进单位奖”“日文数据库建设先进单位奖”“中文数据库建设先进单位奖”“小语种数据库建设先进单位奖”“馆藏数据库建设先进单位奖”。

本年在岗职工161人，其中博士7人，硕士43人，本科106人；另有合同制职工15人，临时职工20人。图书馆馆舍面积102,858m^2，拥有阅览室座位4,663个，自习室座位2,219个。本年文献资源购置费3,073.56万元。本年购置图书605,985册，其中纸本中文94,721册，纸本外文15,670册，电子中文450,326册，电子外文45,268册；购置报刊22,525种22,671份，其中纸本中文1,598种1,744份，纸本外文217种217份，电子中文10,340种10,340份，电子外文10,370种10,370份；购置其他电子资源29个；购置非书资料69件，其中多媒体资料18件，缩微资料51件。新增学位论文3,550册，接收捐赠和调入文献29,556册。截至12月31日，馆藏文献累计达11,222,911册(件)。本年读者总人数70,856人。本年纸本书刊外借665,065册；馆际互借纸本书刊借入480册，借出574册；文献传递传入1,992篇，传出3,280篇；完成查新370项，定题服务5项，查收查引14,000项。开设信息素养教育课，聘任教师2人，听课总人数12,082人。在数字化建设方面，本馆全覆盖无线网，拥有网络交换机端口2,500个，服务器98台，电脑600台，储存总量达230TB。购买84个数据库，自建15个数据库，数字资源达73,535GB。年度扫描加工数据量228,184页。

2019年

1月3日，图书馆聘任委员会召开聘期考核和续聘工作会议，钞晓鸿、陈小慧、戴鹭涛、杨坚强、陈江帆等5名委员参加会议。会议研究决定，参与聘期考核的115人考核优秀或合格，全部续聘。

1月5日，图书馆举行“古籍修复实习基地”揭牌仪式。该基地由图书馆与历史系联合创办，旨在培养古籍保护与修复方向的硕士研究生，为古籍修复人才的培养创造优良环境，推动古籍修复工作走向纵深发展。

图 32 “古籍修复实习基地”揭牌仪式

（后排右三、右二为国家图书馆张志清副馆长、杜伟生先生，后排右四为钞晓鸿馆长）

1 月 7 日，图书馆公布《关于 2018 年聘期考核优秀名单的公示》，经图书馆聘任委员会研究决定，文新兰、朱巧青、刘文颖、杨小利、吴秉岚、张平国、陈小慧、陈丽娟、林彩红、林静、罗萍平、周红、周建昌、袁晓琴、唐希文、黄毅惠、龚晓婷等 17 人聘期考核为“优秀”。

1 月 18 日，图书馆向研究生院申请使用学位论文学术不端行为检测系统，以更好开展科技查新业务和信息服务。

2 月 16 日，学校印发《关于聘任孙雯等 45 人担任相应工程、实验等系列专业技术职务的通知》（厦大人〔2019〕18 号），吴明杰、陈俊杰晋升副研究馆员，钟荣英晋升馆员，起聘时间为 2018 年 8 月 1 日。

3 月 1 日，我馆与厦门外图集团有限公司签订《代理进口协议》，委托其代理进口图书。

3 月 8 日，学校印发《关于聘任黄妍艳等 13 人担任相应工程、实验等系列专业技术职务的通知》（厦大人〔2019〕34 号），陈丽娟晋升副研究馆员，郑秀燕晋升馆员，起聘时间为 2018 年 11 月 1 日。

3 月 16 日，中国民主同盟厦门市委员会授予我馆李金庆“2018 年度‘创特色·增活力'活动先进个人"荣誉称号。

3月19日,图书馆公布《关于图书馆2019年奖教金推荐人选的公示》,经图书馆党政联席会议研究决定,拟推荐智晓静、毕媛媛、林丽敏、邵碧珠、肖铮、李显辉、韩闯、刘海伟、杨坚强等9人申报学校系列奖教金。

3月19日,厦门市特殊学校聘任我馆邵剑彬担任"心智障碍青年职业培育课程"指导教师。

3月23—24日,由厦门大学工会、妇委会联合主办的"厦门大学第七届女教职工气排球比赛"举行,图书信息档案部门工会女子排球队成功卫冕,荣获三连冠。

3月28日,我馆与福建省安溪县湖头镇李氏宗亲会问房福利基金管理小组签订《清代稿本〈至谊堂实纪〉修复协议书》,对清代珍稀稿本《至谊堂实纪》的修复和数字化处理作了说明。该项目自2018年10月开始实施。

①　②　③　④

图33　修复后的《至谊堂实纪》局部图

3月30日,翔安校区德旺图书馆举行"智力玩具捐赠仪式"。德国数学家、比勒费尔德大学(Bielefeld University)教授克劳斯·米歇尔·林格尔(Claus

Michael Ringel)向我馆捐赠智力玩具与相关资料 4,000 余件。以该批智力玩具和文献资料为基础,我馆在翔安校区德旺图书馆五楼建立“数学与智力玩具空间”(Mathematics & Puzzles)。

图 34 翔安校区德旺图书馆数学与智力玩具空间

3 月,智晓静荣获中国高校人文社会科学文献中心管理中心颁发的 2018 年度“CASHL 服务先进个人”荣誉称号。

4 月 4 日,学校印发《关于公布厦门大学 2019 年奖教金获奖名单的通知》(厦大人〔2019〕53 号),图书馆毕媛媛荣获“中国工商银行奖教金”,智晓静荣获“厦航奖教金”,林丽敏荣获“鹭燕奖教金”,李显辉、肖铮、邵碧珠、韩闯荣获“闽都国际银行奖教金”,刘海伟荣获“曹德旺奖教金”。

4 月 15 日,翔安校区德旺图书馆举行“台湾大学蔡墩铭教授捐赠纪念展”揭幕仪式。蔡墩铭是中国台湾著名法学家,也是两岸法学学术交流的先行者。其遗孀萧美莲女士将蔡墩铭生前的所有藏书 2,617 册、档案资料 1,156 件以及艺术品 108 件捐赠给厦门大学,其中图书档案资料入藏图书馆。

4 月 15 日,图书馆总馆举行“校友捐赠仪式”,接受连德仁、谢江飞、蔡莉萍等人的捐赠图书。连德仁是我校 1973 级校友,向我馆捐赠个人撰写的日记 81 册、著作 13 种 26 册。谢江飞是我校 1976 级校友,向我馆捐赠古籍线装书等图书馆 109 种 497 册。蔡利萍曾在日本冲绳留学，向我馆转赠日本“德八书库”(波平德八先生所建)馆藏的日文图书 3,233 册。

4 月 23 日，“厦门大学知识产权信息服务中心东莞工作站”正式成立。该工作站由厦门大学知识产权信息服务中心与东莞职业技术学院合作建设，标志着厦门大学与东莞职业技术学院以知识产权信息服务为核心，主动对接《粤港澳大湾区发展规划纲要》，融入粤港澳大湾区发展的合作规划，迈出了重要而坚实一步。

4 月 28 日，厦门大学第七届教职工代表大会第五次会议在科学艺术中心隆重召开。我馆代表应巧兰提议的《关于思明校区校园游客管理的建议》议案，荣获教代会首个优秀提案奖。

5 月 1—30 日，为庆祝“五一”国际劳动节，翔安校区德旺图书馆举办“劳歌：周嘉伦摄影作品展”。此次展览照片由国际关系学院印度尼西亚籍华裔学生周嘉伦拍摄，力图展现翔安校区各类型劳动者的风采。

5 月 5 日，学校印发《关于聘任黄妙琴等 13 人担任相应工程、实验等系列专业技术职务的通知》(厦大人〔2019〕72 号)，图书馆陈丽琴试用期满，考核合格，晋升助理工程师。

5 月 17 日，暨南大学图书馆史小军馆长一行 7 人到访我馆，调研特藏资源建设工作。

5 月 20 日，福建省高校数字图书馆(FULink)印发《关于调整福建省高校数字图书馆(FULink)工作委员会成员及各工作组成员名单的通知》(榕图共〔2019〕3 号)，钞晓鸿馆长、戴鹭涛副馆长任福建省高校数字图书馆(FULink)工作委员会副主任；戴鹭涛任“特藏数据库建设工作组”组长，肖铮任“特藏数据库建设工作”及“信息技术工作组”组员，兼任“特藏数据库建设工作组”秘书，林奕纯任“用户服务工作组”组员，黄国凡任“新媒体工作组”组员，李剑任“知识产权信息服务工作组”组员。

5 月 22—30 日，陈小慧副馆长、陈娟出访马来西亚，为厦门大学马来西亚分校图书馆馆员培训图书编目和采访业务。

5 月 23 日，据学校印发的《关于杨坚强免职的通知》(厦大委组〔2019〕74 号)，免去杨坚强的厦门大学图书馆副馆长职务，免职时间以到年龄退休时间为准。

5 月 28 日，校工会在克立楼三楼报告厅举办“当好主人翁，建功新时代”先进教职工事迹报告会，翔安校区德旺图书馆荣获“福建省五一先锋号”称号。

5 月 31 日，学校印发《关于钞晓鸿等试用期满正式任职的通知》（厦大委组〔2019〕85 号），钞晓鸿任职试用期满，考核合格，经校党委常委会研究决定，正式任厦门大学图书馆馆长。

6 月 6 日，翔安校区德旺图书馆与海外教育学院、国际合作与交流处联合举办的首届“‘我不见外’厦门大学来华留学生摄影展”在德旺图书馆三楼展厅开幕。

6 月 15 日—7 月 30 日，翔安校区德旺图书馆与厦门市图书馆联合举办“文献述说厦门改革开放历程主题图片展”，展示厦门改革开放 40 年的辉煌成果，宣传和推广地方文献征集工作。

6 月 23 日，厦门大学第二十七届教职工游泳运动会在王清明游泳馆举行，图书信息档案部门工会代表队成功卫冕，荣获十二连冠。本次比赛中，陈颖和江雪羚刷新 3 项校记录。

6 月 24 日，陈丽娟荣获厦门大学 2019 年度“人才人事先进工作者”荣誉称号。

7 月 9 日，中山大学图书馆林明副馆长到访我馆，指导交流图书修复工作。

7 月 12 日，我馆与 Ex Libris Ltd（艾利贝斯有限公司）签订《SFX 开放链接服务软件系统续订协议》，合同服务期限 1 年。

7 月，图书馆调整遗失文献赔偿标准。由于近年来物价上涨，原执行的 2014 版《图书馆收费标准》不适宜当前形势，为加强图书资料的管理和保护，适当调整遗失文献的赔偿标准。

8 月 1 日，图书馆聘任委员会召开 2019 年高聘工作资格审核会议，钞晓鸿、陈滨、陈小慧、戴鹭涛、陈江帆等 5 位委员参加会议。会议研究决定，拟推荐周绍彬晋升工程师，龚晓婷晋升副研究馆员，杨薇、王志双晋升研究馆员。

8 月，我馆荣获中国图书馆学会颁发的 2018 年“全民阅读先进单位”荣誉称号。

9 月 1—4 日，钞晓鸿馆长、陈娟应邀参加太平洋地区研究图书馆联盟 2019 年年会。此次大会由韩国高丽大学主办，主题为“图书馆变革：伙伴关系与协调合作”。太平洋地区研究图书馆联盟隶属于太平洋地区研究大学联盟，致力于通过合作、共享、共建来提高学术性研究资料的获取能力。该联盟对成员有严格的要求和标准，我馆是目前中国大陆地区少数成员馆之一。

9月10日，我馆与厦门致领科技有限公司签订《厦门大学图书馆数据备份系统采购技术协议书》，采购1套爱数 Anybackup 7.0 VX1220 数据备份一体机。该系统于9月完成安装调试，通过前期测试及试运行。

9月19日，国家古籍保护中心国家级古籍修复技艺传习中心传习导师胡玉清、肖晓梅，国家图书馆庄秀芬研究馆员到访我馆，参加我馆“国家级古籍修复技艺传习中心厦门大学传习所”申报评审会议。

9月27日，李政道图书馆馆长李中清教授到访我馆，商谈双方合作事宜。

9月28—29日，为隆重庆祝中华人民共和国成立70周年，厦门大学在建南大礼堂举办“我和我的祖国”主题合唱比赛。图书信息档案部门工会合唱团倾情演唱《我们走在大路上》《歌唱祖国》两首曲目，荣获二等奖。

10月14—25日，我馆承办“第四期福建省拓片修复与装帧培训班”。本次培训由福建省古籍保护中心主办，国家级古籍修复技艺传习中心福建传习所邢跃华担任导师，来自福建省图书馆、福建省档案馆、福建省博物院、福建师范大学图书馆、三明学院图书馆及厦门大学图书馆、厦门大学人类博物馆等多家古籍收藏单位的20名学员参加培训。

10月17日，北京大学图书馆陈建龙馆长、姚晓霞副馆长到访我馆，调研古籍特藏资源保存与修复事宜。

10月18日—11月30日，翔安校区德旺图书馆举办“现实与科幻的重叠：赛博朋克世界”摄影展。该展览图片由国际学院程嵩岐同学拍摄，记录城市中快速发展、迭代而现的一些反差景象。

10月21日，中国人民大学图书馆王丽丽、蒋玲到访我馆，调研古籍资料保存及数字化工作。

10月25日，陈武元主任在图书馆总馆一楼会议室主持召开图书情报与档案管理教授委员会2019年第一次会议，参加会议的有陈武元、李翠华、李金庆、范宏伟、黄茂林、谢素原、周红、钟建法等8位委员(图书情报与档案管理教授委员会〔2019〕1号)。会议审议图书馆提交的2019年高聘人员的应聘材料，研究决定向学部委员会推荐周绍彬晋升工程师，龚晓婷晋升副研究馆员，王志双晋升研究馆员。

10 月 30 日，中国人民大学图书馆党委书记刘春鸿等一行 9 人到访翔安校区德旺图书馆。

11 月 1—2 日，厦门大学第 54 届学生田径运动会暨第 19 届教工运动会在演武运动场举办，图书信息档案部门工会代表队取得团体总分第五名的优异成绩，并荣获体育道德风尚奖。

11 月 5 日，《荆楚文库》编纂出版委员会编辑部向我馆致《关于赠送〈荆楚文库〉图书的函》，决定向我馆分批赠送《荆楚文库》图书。《荆楚文库》计划收录历代文献和今人研究专著 1,372 种，约 1,600 册，分为甲编・文献编、乙编・方志编、丙编・研究编。此前 10 月，我馆已经收到第一批《荆楚文库》图书 189 册。

11 月 9 日，山东大学图书馆赵兴胜馆长、四川大学博物馆霍巍馆长来访，商谈图书资源合作共享事宜。

11 月 12 日，厦门市图书馆馆员苏华、林宏，美国华盛顿州温哥华堡图书馆馆员艾文・布朗格、伊丽莎白・莫斯等 4 人到访我馆，调研图书馆建设与管理工作的经验。

11 月 15 日，“厦门大学报刊馆”专题网站（https://lib.xmu.edu.cn/journals/）正式发布。

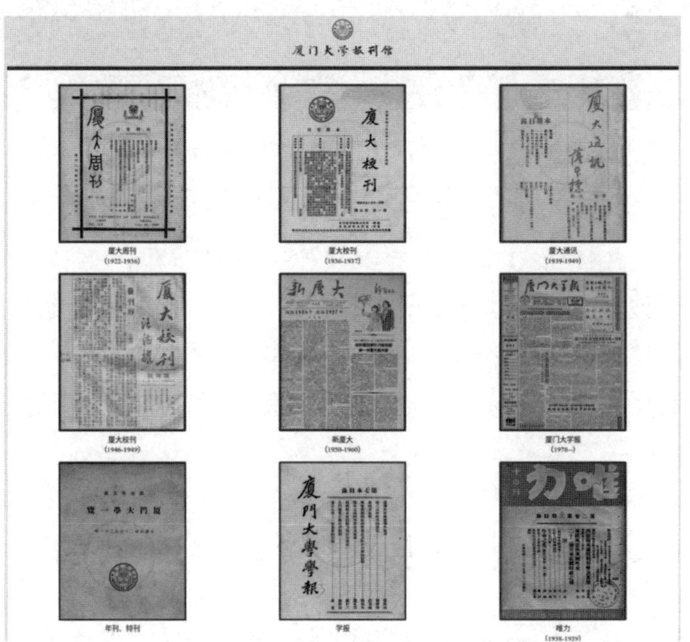

图 35　厦门大学报刊馆专题数据库

11 月 19 日，图书馆举行“《河南历代方志集成》捐赠仪式”。《河南历代方志集成》是由河南省委省政府批准、河南省地方史志办公室主持实施的大型文化项目，以现行河南行政区划为边界，汇编影印新中国成立前的历代综合性方志共 586 种，分省志卷和 18 个省辖(管)市卷共 19 卷 566 册。河南省地方史志办公室向我校捐赠了全套《河南历代方志集成》。

图 36 《河南历代方志集成》捐赠仪式

(右三为邓朝晖副校长，左三为河南省地方史志办公室管仁富书记)

11 月 25 日，图书馆公布《关于 2018—2019 学年年度考核优秀人员的公示》，经各部门推荐并馆长办公会议研究决定，林静、林奕纯、周绍彬、陈和、粘秋红、李颖、兰晓红、钟荣英、甘碧娇、马鲁伟、吴至艺、朱巧青、李金庆、郑咏青、张平国、聂茶庚、罗秀红、张徐芳、陈晓亮、雷萍、林敏、蔡智强、杨小利等 23 人年度考核为“优秀”。

11 月 25 日，图书馆公布《关于推荐陈全松同志申报我校“唐立新奖教金”的公示》，经馆长办公会研究决定，拟推荐陈全松申报学校“唐立新优秀管理服务工作者”奖教金。

11 月 28 日，松下(Panasonic)在厦门大学思明校区举办 2019 年度“松下育英奖学金”颁奖仪式，并向我馆转交台湾松下荣誉顾问洪敏弘先生捐赠的《收藏云门》摄影集。《收藏云门》收录云门舞集创始人林怀民先生 45 年来的多支备受国际好评和观众喜爱的舞作图片，包括《白蛇传》《薪传》《红楼梦》等作品，主要由刘振祥、张赞桃、游辉弘及林敬原等四位摄影家拍摄，全球限量 500 套。

11 月，“不忘初心，牢记使命”主题教育期间，为满足读者实际需求，提升图书馆服务质量，图书馆推行提前开馆制度。思明校区图书馆总馆开馆时间自 11 月 19 日起由 8 点提前至 7 点，翔安校区德旺图书馆开馆时间自 11 月 25 日起由 8 点提前至 7 点，闭馆时间继续维持为 23 点。

11 月，中国韬奋基金会向我馆捐赠图书 9,994 册。

11—12 月，图书馆开展“数据库系列讲座”，以推广数据库的使用和提高服务能力。

12 月 4 日，由厦门大学教务处、通识教育中心主办，翔安校区德旺图书馆承办的“人文大讲堂”第 758 期在 2 号报告厅举行，艺术学院副教授赵纯作题为“小提琴艺术与名曲欣赏:走进你的世界”的讲座。

12 月 10 日，我校校友、马来西亚知名华裔作家朵拉的“南洋风情水墨画展”在翔安校区德旺图书馆中庭展厅开展，展期一个月。

12 月，我馆荣获 CALIS 管理中心授予的“2018—2019 年度 CALIS 联合目录馆藏数据建设先进单位奖”“2018—2019 年度 CALIS 联合目录西文数据库建设先进单位奖”“2018—2019 年度 CALIS 联合目录中文数据库建设先进单位奖”。

12 月，安溪湖头李玉成先生向我馆捐赠安溪李光地家族墓志铭拓片 52 张，卷轴 1 幅。

本年在岗职工 154 人，其中博士 7 人，硕士 43 人，本科 101 人；另外有合同制职工 16 人，临时职工 20 人。本年文献资源购置费 3,026.10 万元。本年购置图书 113,106 册，其中纸本中文 56,851 册，纸本外文 10,386 册，电子中文 21,408册，电子外文 24,461 册；购置报刊 39,104 种 68,208 份，其中纸本中文 1,599种 1,715 份，纸本外文 216 种 216 份，电子中文 17,301 种 17,301 份，电子外文 19,988 种 19,988 份；购置其他电子资源 34 个；购置非书资料 205 件，其中多媒体资料 24 件，手稿、字画 181 件。新增学位论文 5,334 册，接收捐赠和调入文献 13,479 册，剔除、注销文献 400 册。截至 12 月 31 日，馆藏文献资源累计

11,542,700册(件)。本年读者总人数71,656人。本年纸本书刊外借455,860册;馆际互借纸本书刊借入541册,借出855册;文献传递传入1,404篇,传出2,550篇;完成查新385项,定题服务10项,查收查引10,000项。开设信息素养教育课,聘任教师7人,听课总人数13,238人。在数字化建设方面,本馆全覆盖无线网,拥有网络交换机端口2,500个,服务器100台,个人电脑600台,储存总量达235TB。购买96个数据库,自建16个数据库,数字资源达78,535GB。年度扫描加工数据量280,000页。

2020年

1月11日,学校印发《关于陈小慧免职的通知》(厦大委组〔2020〕7号),同意陈小慧辞去中层领导职务的申请,免去其厦门大学图书馆副馆长职务。

1月26日,学校印发《关于公布厦门大学2019年唐立新奖教金获奖名单的通知》(厦大人〔2020〕13号),图书馆陈全松荣获"优秀管理服务工作者奖"。

2月1日,学校印发《关于聘任陈丙年等46人担任相应工程、实验等系列专业技术职务的通知》(厦大人〔2020〕15号),龚晓婷晋升副研究馆员,周绍彬晋升工程师,起聘时间为2019年8月1日。

2月25日,图书馆聘任委员会召开聘期考核和续聘工作会议,钞晓鸿、陈滨、戴鹭涛、陈小慧、陈江帆、刘海伟等6名委员参加会议。会议研究决定,参与聘期考核的29人全部合格并续聘,其中14人岗位档次上调,14人岗位档次保持不变,1人岗位档次下调。

2月26日,图书馆公布《关于2019年聘期考核优秀名单的公示》,经图书馆聘任委员会研究决定,马鲁伟、邵洪婷、林俊伟、曾晟等4人聘期考核为"优秀"。

3月12日,学校印发《关于表彰2020年厦门大学三八红旗集体和三八红旗手的决定》(厦大综〔2020〕18号),戴鹭涛副馆长荣获"三八红旗手"称号。

4月3日,张荣校长到图书馆检查疫情防控工作。

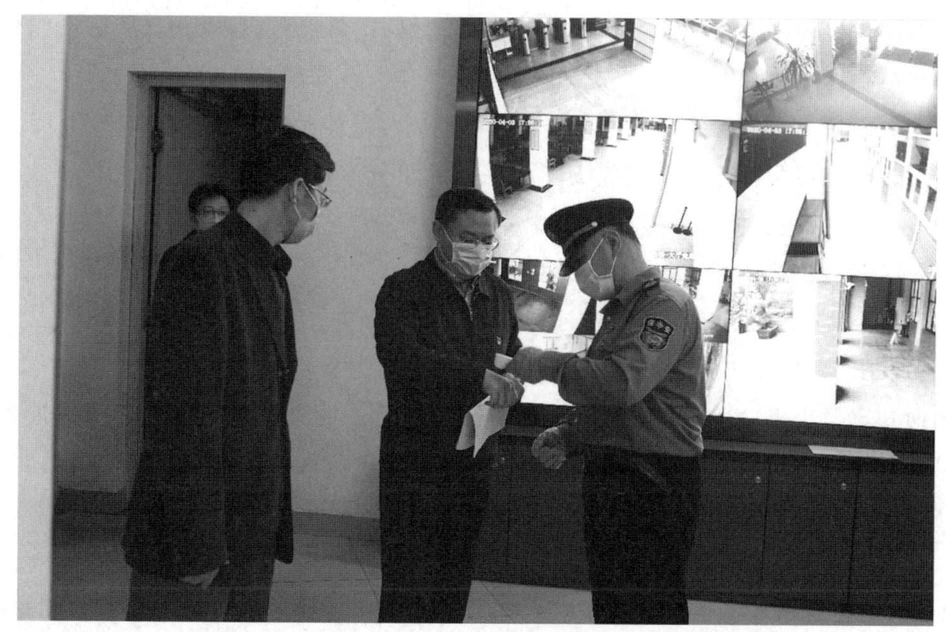

图37　张荣校长(左二)到图书馆检查疫情防控工作

4月4日,学校印发《关于公布厦门大学2020年奖教金获奖名单的通知》(厦大人〔2020〕100号),图书馆王爽荣获"中国建设银行奖教金",刘心舜荣获"中国工商银行奖教金",李剑荣获"厦航奖教金",李慧珍荣获"鹭燕奖教金",朱弋玮、杨巧云、黄国凡荣获"闽都国际银行奖教金"。

4月14日,据《关于成立中共厦门大学图书馆委员会的通知》(厦大委组〔2020〕47号),经校党委研究决定,成立中共厦门大学图书馆委员会。

4月24日,据《关于中共厦门大学图书馆委员会岗位设置方案的通知》(厦大人〔2020〕141号),校党委决定中共厦门大学图书馆委员会设书记岗位(由专业技术人员担任)1个,副书记岗位(由专业技术人员或专职党政管理人员担任)1个,秘书(科级)岗位1个;原中共厦门大学图书信息档案委员会书记、秘书岗位相应撤销。

6月3日,据学校印发《关于陈滨同志任职的通知》(厦大委组〔2020〕84号)和《关于陈滨免职的通知》(厦大委组〔2020〕85号),陈滨任中共厦门大学图书馆委员会委员、书记,免去其厦门大学图书馆常务副馆长职务。

6月16日,学校印发《关于陈佳桦职务任免的批复》(厦大委组〔2020〕23

号)，陈佳桦任中共厦门大学图书馆委员会秘书(正科级)，因机构调整，原任职务自然免除。

6月23日，国家古籍保护中心印发《国家古籍保护中心关于同意设立国家级古籍修复技艺传习中心厦门大学传习所的批复》(国家中心发〔2020〕9号)，我校成立“国家级古籍修复技艺传习中心厦门大学传习所”，挂靠图书馆，重点在厦门地区开展古籍修复、书画修复装裱技艺的传习工作。

6月，德旺图书馆推出有道词典翻译笔借用服务。

7月14日，学校印发的《关于启用中国共产党厦门大学图书馆委员会印章的通知》(厦大办〔2020〕24号)，校党委同意启用“中国共产党厦门大学图书馆委员会”印章一枚，自即日起使用。原“中国共产党厦门大学图书信息档案委员会”印章一枚同时废止。

7月29日，据学校印发的《关于同意成立厦门大学图书馆妇委会及妇委会委员、主任候选人预备人选的批复》(〔2020〕厦大妇委4号)，校妇委会研究同意：第一，成立厦门大学图书馆妇委会。第二，撤销厦门大学图信档妇委会。第三，厦门大学图书馆妇委会按如下方案组成：(1)妇女委员会设委员5人；(2)毕媛媛、杨巧云、邵碧珠、陈丽琴、林月华、郑秀燕6位同志为妇委会委员候选人(按姓氏笔画为序)；(3)杨巧云同志为妇委会主任候选人。

8月28日，国家知识产权局办公室印发《国家知识产权局办公室关于启动第四批技术与创新支持中心(TISC)筹建工作的通知》(国知办函服字〔2020〕763号)，厦门大学入选世界知识产权组织(WIPO)在华技术与创新支持中心(TISC)筹建机构。筹建1年期满后，经评估可成为TISC正式承办机构。在前期工作中，厦门大学以挂靠于图书馆的校知识产权信息服务中心作为牵头单位，协调校内知识产权研究院、科技处等研究与职能部门进行申报；在筹建过程中，厦门大学将以知识产权信息服务中心为主导来筹建、运行TISC，充分发挥信息资源、人才队伍和TISC全球网络的优势，为政府、高校和企业提供高质量技术和创新支持服务。

9月7日，据学校印发的《关于陈全松同志任职的通知》(厦大委组〔2020〕144号)，陈全松任中共厦门大学图书馆委员会委员、副书记(试用期一年)。

9月7日，据学校印发的《关于肖铮等职务任免的通知》(厦大委组〔2020〕145号)，肖铮、陈娟、吴明杰任厦门大学图书馆副馆长(试用期一年)，李剑任厦门大学图书馆副馆长兼翔安校区图书分馆馆长(试用期一年);免去戴鹭涛的厦门大学图书馆副馆长兼翔安校区图书分馆馆长职务。

9 月 16 日,由漳州校友会与校友总会、图书馆、艺术学院、档案馆、校庆办联合举办的"'大唐杯'喜迎母校百年校庆艺术作品展开幕式"在图书馆隆重举行。在开幕式上,漳州校友会副会长郭少泽代表 6 位校友捐赠著作与图书,执行会长兼秘书长吴两同代表 30 位校友与特邀作者捐赠书画作品与雕塑。这次艺术作品展展出漳州校友与特邀作者的国画、书法、篆刻、油画、水彩、版画、雕塑等各类艺术作品 83 件。

9 月 17 日,在厦门大学 100 周年校庆倒计时 200 天之际,图书馆党委举行"迎百年,读书知史"活动启动仪式。陈滨书记详细介绍了开展"迎百年,读书知史"的活动背景、实施方案和工作安排,活动将分别围绕党史、新中国史、改革开放史、社会主义发展史以及厦门大学校史,通过"五个一行动",即"阅读一本图书,提交一篇书评,开展一次沙龙,组织一场报告,举办一场书展"开展。

9 月 28 日,"福建恒地集团董事长游国权校友捐赠仪式暨厦门大学文化艺术基金、德旺图书馆壁画创作启动仪式"举行。游国权捐赠 309 万元,并将其纳入"厦门大学文化艺术基金"项目,用于资助德旺图书馆的壁画创作。

图 38 翔安校区德旺图书馆壁画创作启动仪式
(左六为李建发常务副书记,右六为游国权董事长)

9 月，李剑申报的国家社会科学基金一般项目“高校图书馆知识产权信息服务绩效评价的体系构建与实证研究”获批立项。

10 月 6 日，根据学校印发的《关于钞晓鸿同志任职的通知》(厦大委组〔2020〕164 号)，钞晓鸿任中共厦门大学图书馆委员会委员、副书记。

10 月 9 日，学校印发《关于同意厦门大学图书馆妇委会选举结果的批复》(〔2020〕厦大妇委 7 号)，厦门大学妇委会同意厦门大学图书馆妇委会选举结果。图书馆妇委会由毕嫒嫒、杨巧云、陈丽琴、邵碧珠、林月华(以姓氏笔画为序)等 5 人组成，杨巧云任主任委员。

10 月 13 日，“国家级古籍修复技艺传习中心厦门大学传习所”揭牌暨拜师仪式在图书馆隆重举行。

10 月 13—16 日，由中国高等教育文献保障系统(CALIS)管理中心和高校图书馆数字资源采购联盟(DRAA)理事会主办的“数字资源建设与长期保存研讨会暨 CALIS 第十八届引进数据库培训周”在北京大学举行，会议对为 DRAA 发展做出优异成绩的高校图书馆进行了表彰。我馆荣获“DRAA 十周年突出贡献奖”和“DRAA 十周年特别奉献奖”。

10 月 18 日，在厦门市第十六届社会科学普及宣传周启动仪式上，我馆荣获厦门市社会科学界联合会授予的“2019 年度厦门市社科普及先进单位”荣誉称号。

10 月 29 日，学校印发《关于启用厦门大学图书馆检索证明章(1)、(2)的通知》(厦大办〔2020〕30 号)，图书馆启用“厦门大学图书馆检索证明章(1)”“厦门大学图书馆检索证明章(2)”印章二枚，原印章因不符合相关规定，同时废止。

10 月，为积极响应我校研究生支教团发出的《决胜攻坚 · 大爱同行：厦门大学第 22 届研究生支教团宁夏助学倡议书》，图书馆党委向全馆员工发出助学倡议，号召大家助力西部的教育脱贫工作，为贫困学子献上一份爱心。此次捐助活动共收到捐款22,900元，图书 157 册、杂志期刊 139 本，笔记本 87 本，保温杯(水壶)55 个，电子手写板 2 个以及数百件学习用品和体育用品。

11 月 10 日，学校印发《关于表彰抗击新冠肺炎疫情优秀共产党员、先进基层党组织和先进个人、先进集体的决定》(厦大委综〔2020〕68 号)，图书馆陈晓亮、陈宇人荣获“优秀共产党员”称号，马鲁伟、李显辉荣获“先进个人”称号。

11 月 17 日，德旺图书馆在五楼香山书房举办首期“和数学名师一起体验智力玩具”活动，特邀厦门大学陈景润数学特聘教授、国家级“教学名师”林亚南教授进行指导，70 余名师生到现场体验智力玩具的独特魅力与乐趣。

11 月 20 日，图书馆向琳艳馆员、杨薇副研究馆员分别作题为“OFFICE 软件使用技巧（PPT）”和“OFFICE 软件使用技巧（WORD、EXCEL）”的专题报告，对 2020 年新入职的党政管理人员和辅导员进行岗前技能培训。

11 月 23 日，陈娟副馆长、陈全松副书记带队走访信息学院，就图书馆学科资源和服务、专业分馆建设、学院自购及自建数据库情况摸底、《图书资料采购工作实施细则》修订意见征集、图书馆信息化等方面开展座谈和交流。

11 月 27 日，由福建省高校数字图书馆（FULink）、闽南师范大学图书馆共同主办的“FULink 新媒体工作组成立大会暨新媒体服务研讨会”通过线上直播的方式召开，龚晓婷作题为“设计——不止好看，还有诗和远方”的报告，毕媛媛作题为“线上读书会的进阶之路”的报告。

12 月 1 日，图书馆启动“迎百年、读四史、守初心、担使命”主题系列活动。该活动为期四周，紧密结合“四史”学习教育要求，通过图书展示、书目推荐、电影欣赏、主题报告等多种形式，引导师生深入开展“四史”学习。

12 月 3 日，陈娟副馆长在总馆一楼会议室主持召开经管学科文献信息资源共建共享座谈会，经济学院、管理学院、信息与网络中心的相关领导和代表出席会议。围绕学科资源建设与服务、图书资料采购管理、自购数据库开放共享、服务平台建设等问题，会议深入研讨并达成共识：充足的文献资源是全校师生跟踪学术发展前沿、提升科研产出和进行科技创新的基石利器，建议学校有关职能部门加大对图书馆文献资源建设持续性投入，确保资源与学科建设协调发展；加强文献资源建设在经费预算、项目审批、财务报销等环节的顶层设计和协调管理，通过体制机制建设规范图书资料采购和资源开放共享；汇聚学院、信息与网络中心、图书馆的技术力量，以点带面共同推动数据集成共享平台建设，全面提升学科资源保障和服务水平。

12 月 19—20 日，“‘当好主人翁，奋进新百年’2020 厦门大学教职工气排球比赛”在本部风雨球馆举行，图书信息档案部门工会女子代表队卫冕成功，荣获四连冠。

12 月 27 日，“‘当好主人翁，奋进新百年’2020 厦门大学教职工喜迎百年华诞趣味运动会”在演武运动场举行，图书信息档案部门工会代表队荣获一等奖。

12月,《厦门大学图书馆古籍普查登记目录》由国家图书馆出版社出版发行。

12月,由中国图书馆学会阅读推广委员会主办,内蒙古大学图书馆、武汉大学图书馆联合承办的“2020年高校图书馆阅读推广案例风采展示活动”获奖作品揭晓,我馆毕媛媛、黄国凡、李慧珍联名申报的“书香满园庭,读书不间断”案例被评为银榜作品。

12月,我馆荣获CALIS管理中心颁发的2019—2020年度CALIS联合目录“西文数据库建设先进单位奖”“中文数据库建设先进单位奖”“小语种数据库建设先进单位奖”“馆藏数据库建设先进单位奖”。

2020年在岗职工152人,其中博士8人,硕士45人,本科97人;另外有合同制职工16人,临时职工20人。本年文献资源购置费2,916.31万元(本年含各学院分拨的经费)。本年购置图书525,806册,其中纸本中文45,705册,纸本外文3,540册,电子中文409,527册,电子外文67,034册;购置报刊25,432种25,563份,其中纸本中文1,582种1,714份,纸本外文174种174份,电子中文12,432种12,432份,电子外文11,243种11,243份;购置其他电子资源19个。新增学位论文3,698册,接收捐赠和调入文献31,238册。截至12月31日,馆藏文献资源累计12,101,152册(件)。本年读者总人数68,059人。本年纸本书刊外借254,736册;馆际互借纸本书刊借入668册,借出565册;文献传递传入1,933篇,传出1,915篇;完成查新464项,定题服务2项,查收查引3,100项。开设信息素养教育课,聘任教师7人,选修课培训读者13,449人。在数字化建设方面,本馆全覆盖无线网,拥有网络交换机端口888个,服务器46台,电脑610台,储存总量达234TB。购买173个数据库,自建16个数据库,数字资源达79,535GB。年度扫描加工数据量68,983页。

2021年

1月7日,据学校印发的《关于中共厦门大学图书馆委员会委员、书记、副书记候选人预备人选的批复》(厦大委组〔2021〕2号),校党委同意图书馆党的委员会按如下方案组成:第一,党的委员会设委员9人。第二,毕媛媛(女)、李剑、杨小利、杨巧云(女)、肖铮、吴明杰、陈娟(女)、陈滨、陈全松、钞晓鸿、谢明诠等11

名同志(按姓氏笔画为序)为党的委员会委员候选人预备人选。第三,陈滨同志为党的委员会书记候选人预备人选;钞晓鸿、陈全松等2名同志为党的委员会副书记候选人预备人选。

1月8日,厦门大学第二十三次工会会员代表大会在科学艺术中心召开。大会表彰了2016—2019年度工会工作先进集体、奉献奖、优秀工会干部和优秀工会积极分子,图书信息档案部门工会荣获"工会工作先进集体"称号,工会主席戴鹭涛荣获"优秀工会干部"称号,王丽瑜、刘珊珊、李政、李育红、肖铮、林丽敏等荣获"优秀工会积极分子"称号。

1月10日,"1979级校友黄毅捐赠仪式"在科学艺术中心4号会议室举行。1979级外贸系校友、中升集团有限公司董事长黄毅献礼母校百年华诞,捐资5,000万元支持建设法学图书馆。

1月13日,学校印发《关于聘任连奕新等28人担任相应工程、实验等系列专业技术职务的通知》(厦大人〔2021〕7号),图书馆张徐芳晋升副研究馆员,起聘时间为2020年8月1日。

2月9日,学校印发《关于物理科学与技术学院等4个单位调整聘任委员会的通知》(厦大人〔2021〕14号),图书馆聘任委员会由李剑、肖铮、吴明杰、陈全松、陈娟、陈滨、钞晓鸿(以姓氏笔画为序)等7人组成,钞晓鸿任主任,陈滨任副主任。

3月6日,在"三八"国际妇女节来临之际,福建省委常委周联清,福建省妇联党组书记、主席林叶萍,厦门市委副书记陈秋雄一行莅临我馆,看望慰问我馆女员工代表,向她们致以节日祝福。校党委书记张彦、副校长邓朝晖及学校有关部门负责人出席。

图 39 福建省委常委周联清(左五)等领导考察图书馆
(右四为张彦书记,右三为邓朝晖副校长,左四为图书馆陈滨书记)

3 月 20 日,图书馆女子排球队在"'当好主人翁,奋进新百年'2021 年厦门大学第九届女教职工气排球比赛"中卫冕成功,荣获五连冠。

3 月 22 日,图书馆举行 2021 年度厦门大学"心青年"(即心智障碍青年)职业素养培育课程实习项目的启动仪式。该项目将为"心青年"提供 4 个实习工作岗位及个别化职业转衔支持服务。

4 月 2 日,由校友游国权捐资、我校艺术学院师生团队创作的《文明之光》和《世纪南强》壁画顺利完成,分别镶嵌在翔安校区德旺图书馆的南、北厅墙壁。德旺图书馆举办揭幕仪式,校党委书记张彦、福建恒地集团董事长游国权以及学校相关单位负责人、壁画创作团队等人参加活动。

4 月 3 日,"厦门大学法学院扩建工程(法学图书馆)土地移交及开工"活动举行,校党委书记张彦,校党委原书记王豪杰,原校长、校友总会理事长朱崇实,厦门市副市长孟芊,思明区委书记廖华生,厦门大学副校长邱伟杰,党委原副书记赖虹凯出席。

4 月 3 日,图书馆在总馆二楼大厅举办"厦门大学校办刊物特藏展"。该展览以实物陈列、展板展出和数字图像展出等三种形式呈现,展品主要是馆藏民国期间校办刊物，包括《厦大周刊》《厦大校刊》等校报和校刊，《厦门大学季刊》《厦门大学学报》等学术期刊，《厦门大学文科半月刊》《厦大生物学会期刊》等学生社团刊物，以及《救亡言论》《唯力》等反映厦大师生抗日救亡运动的刊物。

4月3日，"厦门大学校史展(翔安校区)"开展活动在德旺图书馆二楼中庭举行，副校长邓朝晖，校党委副书记徐进功，校长助理、翔安校区管委会主任陈光等人出席活动。

4月6日，学校印发《关于公布厦门大学2021年奖教金获奖名单的通知》(厦大人〔2021〕41号)，图书馆洪辉、吴至艺、张晓静、蔡云涌荣获"中国银行奖教金"，林奕纯、张育梅、林月华荣获"鹭燕奖教金"，向琳艳荣获"闽都·国际银行奖教金"。

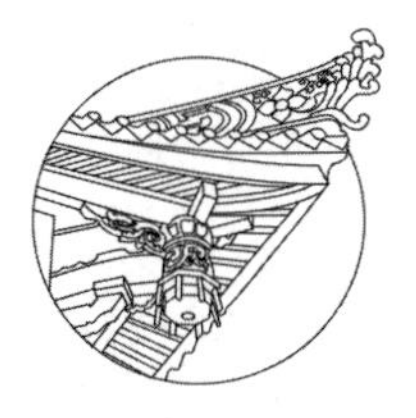

附录

1949—2021 年入职图书馆员工名录

1949—2021 年入职图书馆员工名录

入馆年份	姓　名	性别	离馆年份
1949	杨　钤	男	1987
1950	王以炎	男	1985
	吴人珊	男	1987
1951	王世聪	男	1972
1952	柯翊鲸	男	1963
	汤兰芳	男	1984
	吴忠华	女	1962
1953	黄诚意	女	1977
	徐轩在	男	1987
1954	谢植桂	女	1976
	黄奕好	女	1983
1956	邱丽琼	女	1972
1958	陈家忠	男	1990
	周永[illegible]	女	1985
	石翠金	女	1992
	刘淑珍	女	1987
1960	李秉乾	男	1997
1961	李文桂	男	1985

续表

入馆年份	姓　名	性别	离馆年份
1962	杨怀贞	女	1986
	郭其旭	男	1993
	陈德辉	男	1989
	傅儒林	男	1998
1964	陈淑女	女	1987
	郑瑞龙	男	1995
1968	刘永琰	女	1976
1970	洪瑞美	女	1976
	陈安尼	女	1976
	林金声	女	1994
	林顺泉	男	1987
	孙景雪	女	1989
1972	朱梅兰	女	1995
	蔡淑珠	女	1979
	潘毅梅	女	1996
1973	赵启安	男	1989
	朱立文	男	1997
	李丽卿	女	1983
	谢焕先	男	1978
1974	林世惠	女	1993
1975	郭秋月	女	1980

续表

入馆年份	姓　名	性别	离馆年份
1976	王小牧	女	1990
	郑安康	女	1987
	林梦如	女	2005
1977	甘美凤	女	1988
	陈永良	男	1992
	武　红	女	1995
1978	孙婉芬	女	1987
	谢传洁	男	2018
	张兴文	男	1992
	王金海	男	1990
	陈曼丽	女	1998
	黄惠芬	女	1999
	孔雷音	女	1988
	卢维春	男	2003
	王喜沅	男	1998
1979	蔡白扬	女	1999
	王忠俊	男	1997
	郑雅华	女	2014
	向毓轩	女	2007
	陈钦霖	男	1985

续表

入馆年份	姓　名	性别	离馆年份
1980	胡中奇	男	1993
	陈金莲	女	1989
	王淑琴	女	2013
	魏江施	男	2005
	叶欣荣	男	1988
	周寿康	男	1990
1981	林强缠	男	1992
	陈顺斌	男	2006
	彭文权	男	1991
	吴　成	男	2007
	张秋蘋	女	2006
	廖鹭芬	女	2019
1982	许仲凯	男	1989
	周慧明	女	2005
1983	萧德洪	男	在馆
1984	叶素莲	女	2008
	陈建南	男	1993
	李金庆	男	在馆
	林振锋	男	在馆
	张康从	男	1986
	林一琼	女	1990

续表

入馆年份	姓　名	性别	离馆年份
1984	张宗剑	男	1998
	何爱贞	女	1989
	黄小敏	女	1996
	林长峰	男	1992
	苏秀芬	女	1994
	周水琳	女	1991
	蔡智强	男	在馆
	戴鹭涛	女	在馆
	柯素贞	女	1996
	唐希文	女	2019
	吴秉岚	女	2021
	苏劲红	女	在馆
1985	李小陵	男	1993
	苏美英	女	1991
	黄若青	女	1994
	李国强	男	在馆
	陈江帆	男	在馆
	陈　颖	女	2021
	刘晓婷	女	1992
	颜剑国	男	1995
	张丽闽	女	1989

续表

入馆年份	姓　名	性别	离馆年份
1985	钟　斌	男	1989
	陈迎欣	女	2021
	傅　强	女	在馆
	洪　霞	女	在馆
	吴彩红	女	在馆
	朱小明	男	在馆
1986	陈玉青	女	2014
	曹　凌	女	1988
	庄呈芳	女	1987
	赖寿康	男	在馆
	刘坚宁	女	1991
	刘小岚	女	1990
	郑　瑛	女	1993
1987	粘秋虹	女	在馆
	孙晋华	男	1997
	郭惠兰	女	1999
	陈小慧	女	在馆
	陈雪琴	女	2005
	苏海潮	男	在馆
	周建昌	男	在馆
	苏慧英	女	2005

续表

入馆年份	姓　名	性别	离馆年份
1987	高　青	女	1992
	黄慧玲	女	2005
	蔡秀英	女	在馆
	陈　菁	女	1994
	郭韶青	女	1994
	胡朝东	男	1990
	黄丽蓉	女	1999
	邱慧星	女	在馆
	沙毅埭	男	在馆
	沈　泓	女	1995
	吴丽丽	女	1991
	许妙娟	女	2021
1988	林坤山	男	1992
	林萍芳	男	2014
	林彩红	女	2021
	马　昕	男	1992
	洪淑瑜	女	1994
	洪国栋	男	1996
	蔡云涌	女	在馆
1989	陈剑峰	男	1991
	卜卫兵	女	在馆

续表

入馆年份	姓　名	性别	离馆年份
1990	林黎胜	男	1993
	郑道建	男	在馆
	胡德芳	女	2000
1991	崔晓西	男	2016
	徐荻蕙	女	2012
	庄玲玲	女	1992
	苏怀阳	男	1999
	钟建法	男	在馆
	陈逸华	女	2013
	吴　广	男	1993
1992	陈晓青	女	2018
	黄国凡	男	在馆
	吴加银	男	1994
	杨巧云	女	在馆
	吕联钟	男	2009
	王　榕	女	在馆
	尤慧玲	女	在馆
	高秀闽	女	在馆
	黄毅惠	女	在馆
	李育红	女	在馆
	张淑敏	女	2014
	郑燕华	女	2019

续表

入馆年份	姓　名	性别	离馆年份
1993	洪　梅	女	在馆
	赖春萍	女	1997
	吴涵生	男	2000
	郑贵榕	女	在馆
	黄　海	男	2003
	许建生	男	2012
1994	余紫冈	女	2000
	江慧萍	女	2007
	林　敏	女	在馆
1995	陈　滨	男	在馆
	李　明	男	2005
	刘心舜	女	在馆
	邹定宏	男	2005
	王　辉	男	1997
	吴　兵	女	2013
1996	甘碧娇	女	在馆
	刘海伟	男	在馆
	邵碧珠	女	在馆
	舒治政	男	2002
	王赛熹	女	在馆

续表

入馆年份	姓　名	性别	离馆年份
1997	董爱萍	女	2008
	曾曼玲	女	2009
	吴小冰	女	2000
	卓晓云	女	在馆
1998	刘　丹	女	2012
	洪丹萍	女	2010
	黄东毅	女	2000
	黄丽瑾	女	2012
	李景云	女	2012
	林　杨	女	在馆
	罗高屏	男	2007
	王慧珍	女	2012
	吴荫东	男	2013
	严小璇	女	2003
	赵时燕	女	2009
	郑淑丽	女	2005
	钟琴珠	女	2001
	陈全松	男	在馆
	傅春晖	女	在馆
	王明理	男	2017
	彭旭南	男	1999

续表

入馆年份	姓　名	性别	离馆年份
1998	赵　伟	女	在馆
	刘晓洁	女	2002
	谢慧娟	女	1998
1999	邱晓君	女	2007
	张小琴	女	1999
	王小凤	女	2010
	王秀珍	女	2001
	刘彤波	女	在馆
	郑雅真	女	2011
	邹晓霞	女	2011
	陈琼华	女	2018
	李　红	女	2019
	宋天赐	男	2010
	卓桂英	女	2001
	尤冬青	女	2018
	周　群	女	2001
	麦　林	男	在馆
	苏素尽	女	2019
	杨玉花	女	在馆
	王　爽	女	在馆
	王丽俊	女	2021

续表

入馆年份	姓　名	性别	离馆年份
1999	罗萍平	女	在馆
	李　僧	男	2015
	洪群滴	女	2002
	张爱武	女	在馆
2000	全成干	男	2005
	毕　赓	男	2004
	韩冬丽	女	在馆
	周　红	女	在馆
	谢明诠	男	在馆
	陈　晔	女	在馆
	李娇蓉	女	2018
	贺　颖	女	2001
	徐庆立	男	2009
	张　洁	女	2002
2001	邵洪婷	女	在馆
	孟　敏	女	2003
	吴韵娟	女	2003
	林丽敏	女	在馆
	黄映玉	女	在馆
	徐文蕾	女	在馆
	陈　簣	男	在馆

续表

入馆年份	姓　名	性别	离馆年份
2001	何映菊	女	2021
	沈冰文	女	在馆
	张智玲	女	2020
	蔡文兰	女	2003
	周永勇	男	2004
	马　然	女	2004
	马鲁伟	男	在馆
	林俊伟	男	在馆
	张　萍	女	2002
	李碧霞	女	2002
	林亚羡	女	2014
	刘希平	女	2008
	郑东锋	男	在馆
2002	袁晓琴	女	2019
	徐　敏	女	在馆
	廖　恒	女	在馆
	江　湍	男	2014
	高玛琍	女	2006
	姜小民	女	2009
	陈华全	男	2006
	陈晓亮	男	在馆

续表

入馆年份	姓　名	性别	离馆年份
2002	郭俊达	男	2004
	林镜桂	男	2006
	王上进	男	在馆
	向琳艳	女	在馆
	曾惠颖	女	在馆
	洪婷瑜	女	在馆
	张育梅	女	在馆
	赵依珍	女	2003
	谢　英	女	在馆
	刘艳红	女	2002
	洪晓梅	女	2002
2003	蔡茂宇	男	2016
	应巧兰	女	在馆
	兰晓红	女	在馆
	杨小利	男	在馆
	邵剑彬	男	在馆
	洪　辉	男	在馆
	李灿元	男	在馆
	朱巧青	女	在馆
	张晓静	女	在馆
	黄援生	男	在馆

续表

入馆年份	姓 名	性别	离馆年份
2003	戴贤聪	男	在馆
	王凤英	女	在馆
	杨 晶	女	在馆
	李佳悦	女	在馆
	肖 铮	男	在馆
	智晓静	女	在馆
	张云丽	女	在馆
	李春燕	女	在馆
2004	吴明杰	男	在馆
	龚晓婷	女	在馆
	李玲敏	女	在馆
	陈丽娟	女	在馆
	李显辉	男	在馆
	魏小威	男	2008
	曾 晟	男	在馆
	吴至艺	男	在馆
	陈 和	男	在馆
	向佳丽	女	在馆
	李 剑	男	在馆
	胡友斌	男	在馆
	雷 萍	女	在馆

续表

入馆年份	姓　名	性别	离馆年份
2004	殷　玲	女	在馆
	林　霞	女	2014
	康　凌	女	2008
	成　健	女	2016
	朱弋玮	女	在馆
	聂茶庚	男	在馆
2005	胡　丹	女	2008
	张育芬	女	在馆
	陈志梅	女	在馆
	林奕纯	女	在馆
	陈俊杰	男	在馆
	杨　薇	女	在馆
	郭富霞	女	在馆
2006	郑咏青	女	在馆
	李　颖	女	在馆
	陈　娟	女	在馆
	张平国	男	在馆
	刘文颖	女	在馆
	郑思冬	男	在馆
	韩　闯	男	在馆
	吴建南	男	在馆

续表

入馆年份	姓　名	性别	离馆年份
2007	朱俊波	男	在馆
2008	王志双	女	在馆
	张徐芳	女	在馆
	李　政	男	在馆
	文新兰	女	2021
2009	郭亮明	女	在馆
	黄秀菁	女	2015
	李碧瑜	女	2013
	罗秀红	女	在馆
	陈萌宜	女	在馆
2011	崔小红	女	在馆
2012	林　静	女	在馆
	张妮妮	女	在馆
	林月华	女	在馆
	周理斌	男	在馆
	刘明磊	女	在馆
2013	庄锐锌	男	在馆
	郑秀燕	女	在馆
	傅　雁	女	2018
	陈密容	女	2020

续表

入馆年份	姓　名	性别	离馆年份
2014	洪　涛	男	在馆
	毕媛媛	女	在馆
	高　雅	女	在馆
	魏小燕	女	在馆
	黄文君 *	女	在馆
	李慧珍 *	女	在馆
	彭明玉 *	女	在馆
	彭旋宝 *	女	在馆
	汪　玲 *	女	在馆
	吴陈霞 *	女	在馆
	郑玉伟	男	在馆
	付　天 *	男	2017
2015	钟荣英	女	在馆
2016	周绍彬	男	在馆
	黄　倩 *	女	在馆
	俞小云 *	女	2018
	吴祥美 *	女	2019
	林丽珍 *	女	2019
	张淑媛 *	女	2020

续表

入馆年份	姓　名	性别	离馆年份
2017	张竹悠	女	在馆
	杨坚强	男	2019
	林琦丁 *	男	2020
2018	陈丽琴	女	在馆
	陈宇人	女	在馆
	江雪羚 *	女	在馆
	陈颖娜 *	女	在馆
	吴小艺 *	女	在馆
2019	卢舒婷 *	女	在馆
	苏春穗 *	女	在馆
	吴紫云 *	女	2020
2020	陈佳桦	女	在馆
	盛　承	男	在馆
	黄　依 *	女	在馆
	陈莎农 *	女	在馆
	陈舒婕 *	女	在馆
	张佳雯 *	女	2020
2021	侯利标	男	在馆
	李舒芸	女	在馆
	李　雪	女	在馆
	黄　衍	女	在馆

说明：本表根据学校人事信息数据库中的资料制作，在图书馆挂职、兼职的人员不列入本表；本表以入馆年份为序排列，离馆年份为相应的退休、离休、辞职、离职、开除、在职亡故等时间，“在馆”则指2021年仍为在职在岗状态；姓名带“＊”的为图书馆自聘人员。

另外，根据相关档案记载，部分人员曾在图书馆工作，但未录入学校人事信息数据库，因此不能确知这些员工的进馆或离馆时间，谨列名如下（按音序排列）：

白玉时　蔡丽珠　陈　浦　陈曾唯　陈继红　陈君菡　陈仁雅　陈社潮
陈声贵　方锡鹏　郭德凤　郭载中　黄春强　黄聪华　黄祥钟　江月仙
蒋淑贞　赖传汉　李玲玲　林　瑛　林娟娟　林任珧　刘玉龙　欧声和
潘秀霞　盛新民　苏垂昌　童雪清　王宝珠　王立祥　王珊珊　王云翔
吴赛莺　许国栋　许玲子　叶德泉　叶文挺　郑泗湖　邹佩芳

后 记

编纂工作历时三年有余,《厦门大学图书馆百年纪事》终于要与读者见面了,这将是厦大图书馆史首次正式出版。在这里,本书编写组想说几句心里话。

首先要说"感谢"。本书编写过程中得到图书馆党政领导和全体在职员工的鼎力支持,谨致谢忱!朱立文、李金庆、陈滨、苏海潮等人曾先后编写过或繁或简的"馆史",这些前期积累对本书的编写大有裨益。另需特别说明的是,石翠金、吕联钟、朱立文、向毓轩、刘希平、陈孔立、陈明光、廖鹭芬(按姓氏笔画排列)等退休同志提供了宝贵的馆史材料或修改建议,老馆长陈明光教授还承担了本书的审稿工作。在此,对他们的无私奉献深表感谢与敬佩!

其次要说"抱歉"。常言道"编书不易著书难","编书"较"著书"似乎要容易些,实则未必。个人著书往往可以自由发挥而成一家之言,而集体编书则要受诸多因素的制约,尤其是编纂存史立言的史部图书。虽然我们在编写过程中力求内容全面、表达准确,而实际上很难完全做到。一本书的编写也有自己的历程,不可能尽善尽美,因此本书难免存在疏漏甚至错讹之处。对此,我们向广大读者尤其是当事人谨致歉意,并请大家不吝赐教,提出宝贵意见。

最后要说"期望"。本书的编写工作虽已完成,但我们期望在后续的五年、十年以至百年里,有人继续修订旧史、编纂新史,将厦大图书馆的发展历程和图书馆人的精神气质一代又一代地记录、传承下去,为厦门大学的发展继续发挥应有的功用。长江后浪推前浪,一代新人胜旧人,我们相信未来会有超越本书的佳作问世。

是为记。

《厦门大学图书馆百年纪事》编写组